皮〈けがわ〉 二一九
皿〈さら〉 二二〇
目〈め〉 二二一
矛〈ほこへん〉 二二五
矢〈や〉 二二五
石〈いし〉 二二六
示（ネ）〈しめす・しめすへん〉 二二九
内（内）〈ぐうのあし〉 二三二
禾〈のぎ〉 二三三
穴〈あな〉 二三七
立〈たつ〉 二三九
罒〈よこめ〉 二五八
ネ〈ころもへん〉 二九〇
旡→旡〈すでのつくり〉 一三九
氺→水〈みず〉 一七七
牙→牙〈きばへん〉 二〇二

六画

竹〈たけ〉 二四〇
米〈こめ〉 二四六
糸〈いと〉 二四九
缶〈ほとぎ〉 二五七
网（⺳）〈あみがしら〉 二五八
羊（⺶・⺷）〈ひつじ・ひつじへん〉 二五九
羽（羽・⽻）〈はね〉 二六一
老（耂）〈おいかんむり〉 二六二
而〈しかして〉 二六二
耒（耒）〈すきへん〉 二六二
耳〈みみ〉 二六三
聿〈ふでづくり〉 二六五
肉〈にく〉 二六五
自〈みずから〉 二六五
至〈いたる〉 二六六
臼（臼）〈うす〉 二六六
舌〈した〉 二六七
舛（舛）〈ます〉 二六七
舟〈ふね〉 二六[illegible]
艮〈うしとら〉 二六[illegible]
色〈いろ〉 二六[illegible]
艸（艹）〈くさ・くさかんむ[illegible]
二六[illegible]
虍〈とらかんむり〉 二八[illegible]
虫〈むし〉 二八[illegible]
血〈ち〉 二八[illegible]
衣〈ころも〉 二八[illegible]
襾（覀）〈かなめのかしら〉
二九二

七画

臣〈しん〉 二九三
見〈みる〉 二九三
角〈つの〉 二九五
言〈ごんべん〉 二九六
谷〈たに〉 三〇五
豆〈まめ〉 三〇五
豕〈いのこ〉 三〇六
豸〈むじな〉 三〇七
貝〈かい〉 三〇七
赤〈あか〉 三一二
走〈そうにょう〉 三一二
足（⻊）〈あし・あしへん〉 三一三
[illegible] 三一六
[illegible] 三一七
[illegible] 三二〇
[illegible] 三二〇
[illegible]んにゅう〉 三二一
[illegible] 三一九
[illegible] 三三一
[illegible] 三三三
里〈さと〉 三三三
臼→臼〈うす〉 二六六
舛→舛〈ます〉 二六七
麦→麥〈むぎ〉 三七八

八画

金〈かね〉 三三三
長〈ながい〉 三四〇
門〈もんがまえ〉 三四一
阜（阝）〈こざとへん〉 三四二
隶〈たい〉 三四六
隹〈ふるとり〉 三四七
雨（⻗）〈あめ・あめかんむり〉 三四九
青（青）〈あお〉 三五一
非〈あらず〉 三五一
食→食〈しょく〉 三五九
斉→齊〈せい〉 三八二

九画

面〈めん〉 三五一
革〈かわへん〉 三五二
韋（韋）〈なめしがわ〉 三五三
韭〈にら〉 三五四
音〈おと〉 三五四
頁〈おおがい〉 三五五
風〈かぜ〉 三五八
飛〈とぶ〉 三五九
食（𩙿・飠）〈しょく・しょくへん〉 三五九
首〈くび〉 三六二
香〈かおり〉 三六二

十画

馬〈うま〉 三六二
骨〈ほね〉 三六五
高〈たかい〉 三六六
髟〈かみがしら〉 三六六
鬥〈たたかいがまえ〉 三六七
鬯〈ちょう〉 三六八
鬲〈れき〉 三六八
鬼〈おに〉 三六八
韋→韋〈なめしがわ〉 三五三
竜→龍〈りゅう〉 三八三

十一画

魚〈うお〉 三六九
鳥〈とり〉 三七四
鹵〈ろ〉 三七七
鹿〈しか〉 三七八
麥（麦）〈むぎ・ばくにょう〉 三七八
麻（麻）〈あさ〉 三七九
黄→黄〈きいろ〉 三七九
黒→黑〈くろ〉 三八〇
亀→龜〈かめ〉 三八四

十二画

黃（黄）〈きいろ〉 三七九
黍〈きび〉 三八〇
黑（黒）〈くろ〉 三八〇
歯→齒〈は〉 三八三

十三画

黽〈もう〉 三八〇
鼎〈かなえ〉 三八一
鼓〈つづみ〉 三八一
鼠〈ねずみ〉 三八一

十四画

鼻（鼻）〈はな〉 三八二
齊（斉）〈せい〉 三八二

十五画

齒（歯）〈は〉 三八三

十六画

龍（竜）〈りゅう〉 三八三
龜（亀）〈かめ〉 三八四

日本難字異体字大字典

コンパクト版

文字編

井上辰雄　監修

遊子館

監修のことば

日本に中国から漢字が導入され、日本語が記されはじめたのは、五世紀代に遡るといわれている。それは中国系の渡来人が、ヤマト王権の文書を取り扱い、外国文書の作成や、その解読に当たっていたことにはじまると考えられている。

おそらく彼らは、すでに中国の王朝において、日本の固有名詞を表記することに苦慮したすえに、漢字の意味は完全に排除し、ただその音（おん）だけを用いて、日本語を表記する方法を考案し、習得していったようである。

たとえば、『魏志倭人伝（ぎしわじんでん）』には、「日の巫女（ひのみこ）」と称された邪馬台国（やまたいこく）の女王を、「卑弥呼（ひみこ）」の文字に当てているのがその一例である。この場合、中国の官人達は、あくまで中華思想的な漢字をことさらに採用して、あえて「卑弥呼」とし、「卑（ヒ／いやし）」の文字を用いているが、日本の王朝に仕えた中国系の官人、つまり「史（ふひと）」と呼ばれる人達は、それとは逆に、仁徳天皇（大雀命（おおさぎのみこと））の「サ」の音をとりだし、「倭王讃（さん）」の尊称を案出しているのである。

このように漢字で日本語を表記する努力が蓄積されて、しだいに日本人にも広く普及し、漢字を用いて多くの日本語を記載することが可能となっていくのである。

しかし、中国の華北と華南の地方では、その字音自体がまったく異なり、時代の変遷と共に中国文化を輸入した人達に大いに混乱をもたらしたことも否めない事実であった。

現在でも、儒教の教典は華北系の音（おん）、いわゆる漢音（かんおん）で訓（よ）むことを原則とするが、仏教のお経は呉音（ごおん）で訓まれている。ご存じのように、孔子は「聖人（せいじん）」と呼ばれるが、親鸞は「聖人（しょうにん）」と訓まなければならないのである。

その上、漢字には、篆書（てんしょ）や隷書（れいしょ）などがあり、古い時代には、多くの異体字が混入している。しかし、日本人は当然のように平然とそれらの言葉を咀嚼してきたのである。

日本人は、平安朝を迎える頃には、堅苦しい漢字よりも、流麗な草書体を好み、漢字を崩して流れるような書体を愛するようになるのである。よく知られるように、平安朝の初め頃に、漢字の草書体を日本語化させて、平仮名を考案することに成功していくのである。一般には空海の創出とされているが、教典の講義を速記する必要などに迫られて、自然に略字体を作っていったものであろう。それと並行して、漢字の一部を省略し、日本語の音を表記する方法も考え出され、片仮名が誕生するのである。

まことに日本人は驚くべきほど多くの漢字を導入し、いろいろと苦心をしてきた。現代においても、わたくしたちは、古記録や古文書、古典文学をひもとくときなど、異体字を含め、多くの漢字の音や意味を知るために苦労させられている。それを克服するためには、便利な字典が是非とも必要になるのである。

そのため本字典では、昔より刊行されている日本の辞書類（古文書字典を含む）はもとより、中国で刊行された厖大な辞典までも調査し、異体字の採取につとめ、その本字に遡り、併せて、その古字、同字、俗字などを挙げ、加えて合字や草字を併載することにしたのである。

本字典は、「文字編」と「解読編」の全二冊構成となっており、「文字編」に収録した異体字は一万二千六百余字にのぼり、そのほかに、草字（くずし字）九千五百余字を含み、それらが、対応する見出し字「新字体・旧字体」四千七百余字に分類され収録されている。「解読編」では、収録したすべての異体字を総画数順・部首順に配列し、それに対応する見出し字「新字体・旧字体」がすぐ検索できるように工夫されているので、異体字の解読には至便な構成となっている。

本字典に収録された異体字のなかには、わたくしたちにも見慣れた文字がいくつか発見されるだろう。たとえば、喜寿の「喜」の俗字である「㐂」もその一つである。また、「伍（ご）」は、漢字の数字の壱、弐、参、肆、伍、陸、柒、捌、玖、拾の「伍」である。「伍」の字には、隊伍（たいご）のように「組」とか「仲間になる」意が含まれているが、一方において「五」とか「五人組」の「いつつ」を意味する。「倅」の国字は「躮」であるが、これは「己の身を分かった子」から案出されたものである。この「倅」の俗字が「伜」であり、「忰」（漢音スイ。やつれるの意など）は字体が似ていることから起こった誤用による異体字である。

寶（ホウ・たから）は、常用漢字では「宝」であるが、「寶」のなかの文字を抽出して、「珎」「珤」などと略して書かれたこともある。そのため「和同開珎」という日本最古とされる貨幣は、かつては「ワドウカイホウ」と訓まれたこともあったのである。「和同」は大和（やまと）産出の銅が原義である。元明天皇の和銅元（七〇八）年に、武蔵国の秩父郡より、はじめて銅が献上されたのを記念して、「和銅」の年号に改め、これらの銅で貨幣を作り、「和同開珍（わどうかいちん）」と命名したのである。和同の「同」は「銅」の音（おん）を当てた略字であり、「珍」の俗字は「珎」である。

お茶の席で、床の間に「和敬静寂」と書かれた軸が掛けられているのを見るが、その「寂」の字が、よく「𡧘」とか「穼」などと書かれている。「𡧘」は「寂」の古字で、「穼」はその俗字であることが、この字書からも容易に知ることができる。

また、わたくしたちは常用漢字「寿」の旧字体「壽」の字を、「士にフエ一吋」と覚えさせられたが、この字書を見ると「壽」の古字が意外にも「𠷎」であることが知れるのである。「弓」の間に二つの「エ」と「ロ」が含まれている文字である。

「人間は考える葦だ」とは、よく知られたパスカルの言葉であるが、その「考える」の「考」の文字を、本の題目に「攷」という難しい文字を用いられる方があるが、この「攷」は「考」と同音同義である。

「渡辺」という姓があるが、「辺」はあくまで常用漢字に採用された文字に過ぎず、本字は「邉」であり、よく用いられる「邊」でないことが知られるのである。

「辻」の文字の「辶」は、「辵」が本字であり、「はしる」とか「たたずむ」の意をもっている。現代ではさらに略して「辶」と書かれるが、「辻」はいうまでもなく道の十字路である。ところがこの文字は、中国渡来の漢字ではなく、道が十字に交わる所であるから、「十」の文字を付して作られた国字である。「つじ」は「ちまた（巷、岐）」つまり十字に交わるつちまた」が原義であるから、漢字にならって「辻」という国字を作り出したのである。同様に、山の坂を登り、下るところが「峠」という国字である。ちなみに「とうげ」の本来の意は、「手向け」であろう。

これらは、本字典を無作為にひもといて知られる知識の幾つかに過ぎないのである。漢字は確かに難しいが、よくよく調べていくと、わたくしたちに色々なことを示唆してくれる。

本字典は、古記録や古文書、古典などの歴史・文学資料に書かれている難字・異体字の総覧と解読を目途とした研究者向けの字典として編纂されたものであり、研究者の方々にとっては、資料の読解に欠かせない字書となっている。

その一方で、前述したように、わたくしたち日本人の祖先は、漢字をむしろ玩んできた面もあるのである。その意味で、一般の漢字愛好者の方々も、本字典を気ままにひもとき、漢字のなりたちや、その歴史的背景に想像力をめぐらせ、知的好奇心を発揮して、漢字文化を楽しんでいただければ、本当にありがたいと思っている。

なお、末尾ながら、厖大な数の異体字を墨書していただいた加藤まり子さんの労を多としたい。

監修者　井上辰雄

編集例言

わが国の古典や古記録・古文書などの史料をひもとくとき、私たちが今日使用している常用漢字を主とした新字体と旧来の字体である旧字体とは著しく字形が異なる「異体字」や、いまや難字ともなった「くずし字」(草字)に出会うことがある。そして、その文字が、新字体や旧字体のどの漢字に対応した文字なのかが分からず、古典や史料の解読に際し、大きな障壁となることが多い。異体字やくずし字の数の多さから、初学者ばかりでなく、研究者にとっても、その解読に苦労することはままあろう。

そのため、本書では、新字体や旧字体と同じ漢字でありながら、字形が異なるために判読が困難な異体字とくずし字を一揃いとして広範に収集し、「異体字＋くずし字」の総覧字典と、異体字の解読字典の二つの機能をもたせた「文字編」と「解読編」の二分冊の編集構成とした。

異体字と総称される字体は、漢字文化の長い歴史の中で多様に生み出されたものであり、なかには筆者の誤記や、略して書かれたものがそのまま文字として広く通用したものも少なくない。

康熙字典を基準とし、漢字の統一をはかった現在の常用漢字（一九八一年告示、前身は当用漢字）を主とした新字体と旧来の字体である旧字体に対し、それらに対応する異体字は計数できないほど多く、異体字のすべてを字典として網羅することは、ほとんど不可能といっても過言ではないであろう。もちろん本書に収録した異体字も代表的なものにとどまっている。

それでも、古典や史料に登場する難字や異体字の解読の壁に突き当たった方々にとって、難解な異体字を検索し、解読できる手がかりとなる字典の存在の意味は大きいと考える。

これらの方々の要望に多少なりとも応えるべく、本書では、後出の「依拠・参考文献」に収録した異体字字典・異体字資料や異体字を収載した漢和辞典、古文書字典などの成果を広範囲に統合し、「文字編」として一万二六〇〇余字の異体字を現行の漢和辞典の見出し漢字に対応させて総覧し、それに加えて中国の古典草字九五〇〇余字を「くずし字」資料として収録した。

さらに「解読編」として、異体字の総画引き検索により、異体字に対応する現行の字体との照合が可能な機能を持たせた。

本書に収録した多くの異体字は、その一字一字が漢字の字形の変遷史の中に厳密に位置づけられるべきものであるが、本書では、異体字を現行の文字と照合するという点に照準を合わせ、先人の成果をまとめる範囲にとどめたことをご理解いただきたい。

契文、金文、籀文（大篆）、小篆（篆書）、楷書、行書、草書（草字）などの歴史的な書体、さらに康熙字典を正楷とし、それ以外の本字、古字、同字、俗字などの異体字など、中国に生まれた漢字文化はそのまま日本の文字文化の歴史でもあり、その中で、日本独自の国字を含め、多様な漢字が通用してきたことは自然な成り行きであろう。逆に考えれば、このことは現在の漢字の統一以前の古典や歴史資料には、異体字が豊富に使用されていることを物語っている。

それは漢字文化の豊かさでもあり、難解さでもあろう。加えて、筆という筆記具によって書かれたくずし字も、その字形の簡略化のため、冒頭に記したごとく、現代人にとっては、書家や国語学・歴史学などの研究者を除いて難字となっている。

私たちが、古典や古記録によって日本の歴史文化を知り、理解することは、日本人の精神と文化を未来につなげる重要な営みといえる。その意味で、五年余の歳月をかけてなったこの「異体字＋くずし字」の総覧と、異体字の解読を目途とした本書が、不十分ながらも活用されれば幸いである。

なお、異体字のほとんどは、現行の組版媒体としての活字にはないものであり、本書では、収集した異体字を書家の協力を得て、その筆になる楷書を主として文字組・編集をした。

現在の情報化社会でも活字化されていない異体字の多くを収載しているという点で、本書は貴重な字典の一つともいえよう。

凡　例

一、本書の構成

『日本難字異体字大辞典』は「文字編」と「解読編」の二冊構成よりなる。本書はその「文字編」であり、巻頭に「音訓索引」を収録した。

二、文字編

1　文字編の構成は『新漢語林』(大修館書店)に準拠して、親字(見出し字)の配列は部首、画数順とし、親字は、新字体(常用漢字・人名漢字のうち旧来の字体を改めたもの)、旧字体(旧来の字体)、国字とし、それらに対応した「異体字」と「くずし字」(草字)を収録した。

2　親字で、新字体は【　】を、旧字体は〖　〗を、国字は［　］を用いて表記した。複数ある旧字体は並列して〖　〗内に収録した。また、それぞれに一般的な音訓(音はカタカナ、訓は平仮名)を表記した。

【例】　【乱】〖亂〗ラン・みだれる・みだす

［蛯］えび

3　親字二字を一字とした異体字の「合字」は、別項を立ててまとめ、親字は〔　〕で表記した。

【例】　〔木工〕もく

三、異体字・草字

1　本書には、異体字を約一万二六〇〇余字、くずし字(草字)九五〇〇余字、それに対応する親字(見出し字)四七〇〇余字を収録した。

2　異体字の種別については、一定したものがなく、諸説あるが、本書では、おおむね『新漢語林』(大修館書店)で定めた種別に準じた。すなわち『康熙字典』(清の康熙帝の勅命により、『字彙』(明の梅膺祚編の字典)・『正字通』(明の張自烈著の『字彙』にならった字書)に基づいて体系的に編纂された字書。今日の漢字の規範となっている)で標準とされる字体を「正字」とし、それと異なる字体の文字を異体字として、次の五つの種別に分類し、草字を加えて収録した。

なお、本書では、一般に「譌字」とよばれる誤字、また、同音のため当てられた「通用字」はつとめて削除した。

①**本　字**　字源的に忠実で、『説文解字』(後漢の許慎撰になる最古の部首別字書)収録の篆文に従った文字。たとえば「備」に対する「俻」などである。本書では［本］として略記した。

②**古　字**　『説文解字』に「古文」と記されている文字と、『康熙字典』などに「古字」と記されている文字。本書では［古］として略記した。たとえば「南」に対する「𡴀」などである。また則天武后による造字(「国・國」に対する「圀」など)は［古・則］と略記した。

③**同　字**　『康熙字典』、『集韻』(宋の丁度らの撰。異体字や異読を収載した韻書)、『正字通』などで「〜に同じ」などと記され、正字と同等に用いられてきた文字。たとえば「婚」に対する「𡣍」などである。「別体」ともいう。本書では［同］として略記した。

④**俗　字**　正字が公式の場で用いられてきたのに対して、通俗的に広く用いられてきた文字。その多くは、字画の一部を省略・簡略化したもの(たとえば「幾」に対する「戈」など)や、同音の簡略な文字に置き換えたりしたもの(たとえば「糧」に対する「粮」など)で、いわゆる「略字」といわれるものである。本書では［俗］として略記した。

⑤**合　字**　親字二字を一字とした異体字である。たとえば「木工」に対する「杢」などである。本書では、［合］と略記し、別項を立ててまとめた。

⑥**草　字**　草字(草書)と呼ばれる「くずし字」は、楷書体の親字を特定することが困難なほど簡略・抽象化した文字が多く、異体字と同様、書家や国語学・歴史学などの研究者以外の現代人にとってはまさに「難字」とい

えるものとなっている。本書では、掲出した異体字の親字に対応した草字（中国の古典より採字）を、異体字の末尾に収録した。本書では［草］として略記した。

2　本書収録の異体字は、一般に使用されている書体・字形の活字が少ないため、書家の加藤まり子さんに二年余の歳月をかけて揮毫の労をとっていただいた。

四、異体字・草字の配列

1　異体字の配列は、（1）総画数順、（2）総画数が同じ場合は部首順、（3）総画数・部首が同じ場合は異体字の種別の［本］［古］［同］［俗］の順、（4）部首不明は異体字の末尾とし、草体は［草］として異体字の最後に収録した。

2　文字編における異体字・草字の掲載例を次に示す。

【例】

【夙】シュク　つとに

［俗］[illegible]　［本］[illegible]　［俗］[illegible]
［古］[illegible]　［古］[illegible]　［古］[illegible]
［俗］[illegible]　［俗］[illegible]　［草］[illegible]

〔木工〕もく

五、異体字の解読について

1　「解読編」において、本書に収録した異体字を総画数別、部首別に配列し、異体字一字ごとに親字との対応関係を示し、その場で検索・解読ができるようにした。異体字の検索・解読は「解読編」をご活用いただきたい。

十三画・乙（乚）部

【例】

[illegible]［俗］⇩ 乱・亂 ラン　みだれる

2　本書の部首配列は、おおむね『新漢語林』に依拠した。ただし、同一ないし分類上同じ部首群として表記されている部首は、検索の混乱を避けるため、一つの部首として統合して表記した。表紙見返しの「部首索引」を参照いただきたい。

依拠・参考文献

杉本つとむ『異体字研究資料集成』雄山閣、一九七五～九五
（本資料集成には、異体字関連の主要古文献の復刻が収録されている。以下、各巻の主な収録文献を記す）

【一巻】新井白石『同文通考』（早大図書館蔵）宝暦一〇年

【二巻】中根元珪編『異体字弁』（無窮会平沼文庫蔵）元禄五年

【三巻】雲石堂寂本編『異字篇』（国立国会図書館蔵）元禄三年
洛東隠士『正俗字例』（国立国会図書館亀田文庫蔵）享保四年
一心院響誉上人口説・恬養補『刊繆正俗字弁』（国立国会図書館蔵）寛延元年

【四巻】太宰春台編『倭楷正訛』（東京大学文学部国語研究室蔵）宝暦三年
田中道斎著・金田宏編『道斎随筆』（静嘉堂文庫蔵）宝暦七年
岩倉家具編『楷林』（国立国会図書館蔵）寛政五年

【五巻】布山叟編『俗書正譌』（国立国会図書館蔵）寛政一二年

松本愚山編『省文纂攷』（国立国会図書館亀田文庫蔵）享和三年
宇田容編『正楷字覧』（国立国会図書館蔵）天保五年
松井義編『古今字様考』（国立国会図書館白井文庫蔵）文久元年序
永井勝山編『疑字貫双』（学習院大学図書館蔵）安政四年
【六巻】萩原秋巌編『別体字類』（国立公文書館内閣文庫蔵）明治四年序
小此木観海編『楷法弁体』（無窮会織田文庫蔵）明治一四年
長梅外輯・長三洲校・長古雪書『古今異字叢』（国立国会図書館蔵）明治一六年
【七巻】竹内某編『異体字彙』（東北大学総合図書館狩野文庫蔵）
近藤西涯『正楷録』（国立国会図書館所蔵）寛延三年序
【八巻】石野正永編『抜萃正俗字弁』（宮内庁書陵部蔵）寛政九年序
岡本保孝編『古今文字』（国立国会図書館蔵）嘉永五年
岡本保孝編『古今字様』（静嘉堂文庫蔵）嘉永五年
中山竹之進編『古字便覧』（無窮会神習文庫蔵）
『別躰字考』（静嘉堂文庫蔵）
【九巻】山本格安編『和字正俗通』（国立国会図書館蔵）享保一八年序
伴直方編『国字考』（静嘉堂文庫蔵）文化一五年序
岡本況斎編『倭字攷』（静嘉堂文庫蔵）
比丘円一編『瑣玉集』（山岸徳平氏蔵）
『小野篁哥字尽』（東大総合図書館蔵）元禄五年
【一〇巻】『異体同字編』（東京大学史料編纂所蔵）
狩谷棭斎『和名類聚抄箋註異体字弁』（国立公文書館内閣文庫・静嘉堂文庫所蔵の複製）
黒柳勲編『俗字略字』（静嘉堂所蔵）明治四三年
【別巻一】顔元孫編著『干禄字書』（林大氏蔵）文化一四年刊
張参編著『五経文字』（国立公文書館蔵）文化七年
唐玄度編著『九経字様』（国立公文書館蔵）文化七年
黄元立校『字考』（国立公文書館蔵）慶安二年
李秘園編著『字学七種』（国立公文書館蔵）天保七年
黄虎痴原『字学挙隅』（国立国会図書館蔵）光緒一二年
【別巻二】行均著竜龕手鑑（国立公文書館内閣文庫所蔵）
【二期一～三巻】市河米庵編『楷行薈編』
【二期四巻】関克明・関思亮編『行書類纂』
【二期五巻】源孺皮編『漢篆千字文』
【二期六巻】木村正辞編『語彙書類』
亀田鵬斎『国字攷』
伴直方『以呂波考』
伴信友『仮名の本末』
【二期七巻】顧起淹編『韻書通用字考』
狩谷棭斎編『古京遺文』
【二期八巻】陳士元『古俗字略』
劉復・李家瑞編『宋元以来俗字譜』

＊

『殿版・康熙字典』（文渕閣蔵本）文渕書店
東大史料編纂所編『大日本古文書　編年附録』「異字一覧」
中沢宥澄編『国字通解』私家版、一八九三
正宗敦夫『和名類聚抄校譌異体字弁』（国立国会図書館蔵）一九一八
松田舒編『五体字鑒』共益商社書店、一九二一
相田二郎『日本の古文書』岩波書店、一九六二
伊地知鉄男『日本古文書学提要』新生社、一九六六
佐藤進『古文書学入門』法政大学出版局、一九七一
林英夫・他編『近世古文書解読字典』柏書房、一九七二
杉本つとむ『異体字弁の研究並びに索引』文化書房博文社、一九七二
山田勝美監修『難字大鑑』柏書房、一九七六
上田万年・他『大字典』講談社、一九七八
佐野光一編『金石異体字典 ：偏類金石文字弁異』雄山閣出版、一九八〇
大槻文彦『大言海』冨山房、一九八二
水野栗原『千字文異体字類』近藤出版社、一九八四
浅井潤子・藤本篤編『古文書大字典』柏書房、一九八七

有賀要延編『難字・異体字典』国書刊行会、一九八七
蓑毛政雄編『必携草字林』柏書房、一九八九
国士舘大学文学部考古学研究室『正倉院文書異体字集成』一九九四
日外アソシエーツ編『漢字異体字典』日外アソシエーツ、一九九五
藤堂明保編『学研漢和大字典』学習研究社、一九九八
諸橋轍次『大漢和辞典（修訂増補）』大修館書店、二〇〇〇
鎌田正・米山寅太郎『新漢語林』大修館書店、二〇〇五
小池和夫『異体字の世界：旧字・俗字・略字の漢字百科』河出書房新社、二〇〇七

協力者

文献資料の調査等、本書の編集にあたり、つぎの機関・個人の方々にご協力をいただいた。
国立国会図書館、国立公文書館・内閣文庫、東京都立中央図書館、麻生九美、太田奈緒子、牟田敏保

音訓索引

一、この索引は、本辞典に収録の見出し字漢字の検索の便を図るため、その音訓読みを五十音に順に配列し、その収録頁を示したものである。
二、音読みはカタカナ、訓読みは平仮名表記を原則とした。
三、同一読みの場合はカタカナ、平仮名の順、画数順に配列した。

【あ】

ア　亜　七
　　阿　三四三
　　唖　四九
　　婀　七二
　　椏　一六一
　　蛙　二八四
　　痾　二一六
　　鴉　三七四
　　錏　三三六
　　鐚　三三九
ああ　吁　四五
　　嗟　五二
　　噫　五四
アイ　阨　三四二
　　哀　四七
　　埃　五九
　　愛　一一〇
　　隘　三四五
　　鞋　三五二
　　曖　一四六
　　靄　三五一
　　鰀　三七三
　　靉　三五一
あい　相　二二二
　　藍　二八〇
あいだ　間　三四一
あう　会　一〇
　　佸　一三
　　逢　三二四
　　期　一五一
　　遇　三二五
　　遭　三二七
　　遘　三二七
あえ　饗　三六二
あえぐ　喘　五一
あえて　敢　一三四
あえる　齏　三八二
あお　青　三五一
　　碧　二二八
　　襖　二九二
あおい　蒼　二七七
あおがえる　黽　三八〇
あおぐ　卬　三九
　　仰　一一
あおる　煽　一九六
あか　丹　四
　　赤　三一二
　　垢　五九
あかい　赤　三一二
　　赫　三一二
あかがね　銅　三三六
あかぎれ　皸　二一九
あかざ　萊　二七五
あかし　証　二九七
あかす　証　二九七
あかつき　暁　一四四
あがなう　購　三一一
　　贖　三一一
あかね　茜　二七二
　　蒨　二七七
あがる　昂　一四〇
　　揚　一二九
　　騰　三六四
あかるい　明　一四一
あき　秋　二三三
あきなう　商　八
　　賈　三〇九
あきらか　冏　二六
　　亮　八
　　昭　一四二
　　炳　一九五
　　哲　四八
　　晃　一四二
　　晟　一四三
　　晢　一四三
　　章　二三九
　　晶　一四四
　　晰　一四四
　　煥　一九六
　　皞　二一九
　　叡　四三
　　瞭　二二四
　　顕　三五七
あきらめる　諦　三〇一
あきる　飫　三六〇
　　飽　三六〇
　　厭　四一
アク　悪　一〇九
　　握　一二八
　　幄　九四
　　渥　一八六
あくた　芥　二七〇
あくる　翌　二六一
あげつらう　論　三〇一
あけぼの　曙　一四六
あげまき　丱　四
あける　開　三四一
あげる　上　二
　　挙　一二一
　　揚　一二九
あけん　安　八七
あご　頤　三五六
　　頷　三五六
　　顎　三五七
あごひげ　鬚　三六七
あさ　麻　三七九
　　晨　一四三
　　朝　一五一
あざ　字　七七
　　痣　二一六
あさい　浅　一八一
あさぎ　荇　二七二
あざける　嘲　五三
あざなう　糾　二四九
あさひ　旭　一四〇
あざみ　薊　二七九
あざむく　詑　二九七
　　謾　三〇三
あざやか　鮮　三七〇
あさり　蜊　二八四
　　鯏　三七〇
あし　疋　二一五
　　芦　二七〇
　　足　三一三
　　脚　一五〇
　　趾　三一三
あじ　鰺　三七二
あしきる　臏　一五三
あした　旦　一四〇
　　晨　一四三
あずける　預　三五六
あずさ　梓　一六一
あずち　垜　五九
あせ　汗　一七八
あぜ　畔　二一三
　　畦　二一四
あそぶ　遊　三二六
あだ　仇　九
　　寇　七九
　　讐　三〇四
あたい　価　一三
　　値　一六
あたう　能　一四九
あたえる　与　二
あたたか　温　一八六
あたたかい　昷　二二〇
　　暄　一四五
　　暖　一四五

煖 一九六
あたま 頭 三五六
あたらしい 新 一三七
あたり 辺 三三一
あたる 当 八三
抵 一二四
アツ 圧 五七
あつい 厚 四〇
淳 一八五
惇 一一五
敦 一三五
渥 一八六
熱 二〇〇
醇 三三二
篤 二四四
あつまる 萃 二七四
集 三四七
聚 二六四
湊 一九一
攢 一三二
欒 一七〇
あつめる 集 三四七
蒐 二七六
纂 二五六
あつもの 羹 二六〇
あつらえる 誂 二九八
あて 宛 七七
あでやか 娟 七二
あてる 充 二三
当 八三
抵 一二四
あと 址 五八
迹 三二二
跡 三一四
踪 三一四
墟 六三
あな 孔 七六
穴 二三七
坑 五八
坎 五八
あなどる 侮 一四
あに 兄 二二
昆 一四一
豈 三〇五
あによめ 姒 七一
嫂 七四
あね 姉 七一
あねご 姐 七一
あばく 暴 一四五
あばら 肋 一四六
あばれる 暴 一四五
あびる 浴 一八三
あぶ 虻 二八三
あぶない 危 三九
肪 一四八
あぶら 脂 一四九
膏 一五一
膩 一五二
あぶる 炙 一九五
あふれる 溢 一八八
あま 天 六七
尼 八四
雨 三四九
あまい 甘 二一一
甜 二一一
あまねく 遍 三二六
あまねし 浹 一八二
普 一四五
あまる 剰 三二
嬴 七五
贏 三一一
あみ 网 二五八
罠 二五八
網 二五三
羅 二五九
あむ 編 二五四
あめ 天 六七
雨 三四九
飴 三六〇
糖 二四八
あや 紋 二五〇
章 二三九
絢 二五二
綾 二五三
あやうい 殆 一七三
あやしい 怪 一一三
あやつる 操 一三一
あやまる 愆 一一〇
誤 二九九
謝 三〇二
謬 三〇三
あゆ 鮎 三七〇
あゆむ 歩 一七二
あらい 荒 二七二
粗 二四七
麤 三七八
あらう 浣 一八二
濯 一九二
盪 二二一
あらがう 抗 一二二
あらかじめ 予 六
あらがね 鉱 三三四
礦 二二九
あらし 嵐 八九
あらそう 争 六
あらた 畬 二一四
あらためる 改 一三三
あられ 霰 三五〇
あらわす 表 二八八
著 二七四
あり 蟻 二八六
ありさま 態 一一一
ある 在 五七
存 七六
有 一四六
あるいは 或 一一九
儻 二二
あるく 歩 一七二
あれた 菑 二七五
あれる 荒 二七二
あわ 泡 一八〇
沫 一八〇
粟 二四七
粱 二四七
あわい 淡 一八五
あわせ 袷 二九〇
あわせる 併 一四
勠 三六
あわただしい 慌 一一六
あわび 鰒 三七二
あわれ 哀 四七
あわれむ 哀 四七
矜 二二五
愍 一一一
憫 一一七
憐 一一八
アン 安 七七
案 一五八
庵 九七
菴 二七三
暗 一四五
鞍 三五二
鮟 三七〇
黯 三八〇

【い】

イ 以 一〇
伊 一〇
夷 六七
衣 二八八
位 一二
医 三七
囲 五六
矣 二二五
易 一四〇
苡 二七〇
威 七一
胃 一四八
為 一九八
畏 二一二
迤 三二二
韋 三五三
倚 一五
恚 一〇八
唯 五〇
尉 八二
帷 九四
惟 一一五
異 二一四

移 二三四
愇 一一六
椅 一六一
詒 二九七
偉 一八
彙 一〇三
意 一一〇
暐 一四五
瑋 二〇八
違 三二六
骫 三六五
煒 一九六
禕 二三一
飴 三六〇
慰 一一一
熨 一九六
緯 二五四
蝟 二八五
褘 二九一
遺 三二七
噫 五四
謂 三〇一
諱 三〇二
韹 三五三
縊 二五四
闈 三四二
頤 三五六
餧 三六一
彝 一〇三
韙 三五四
韡 三五四
饐 三六一
懿 一一三
い　亥 八
豕 三〇六
猪 二〇六
いう　云 七
言 二九六
謂 三〇一
いえ　宇 七七
舎 一三
家 七八
廈 九八
いえども　雖 三四八
いえる　癒 二一七
いおり　庵 九七
菴 二七三
廬 九九
いかだ　筏 二四二
いがむ　啀 四九
いかり　碇 二二七
錨 三三七
いかる　忿 一〇八
怒 一〇八
恚 一〇八
嗔 五二
嚇 五四
いかん　奈 六八
イキ　域 五九
いき　息 一〇九
いきおい　勢 三五
いきどおる　慨 一一六
憤 一一七
いきる　生 二一一
活 一八一
イク　育 一四七
郁 三二九
いく　行 一〇四
幾 九六
いくさ　兵 二四
軍 三一七
戦 一一九
いくさぶね　艦 二六八
いけ　池 一七八
いげた　韓 三五三
いけにえ　犠 二〇三
いこい　憩 一一二
いさお　功 三三
勲 二〇〇
いさぎよい　廉 九八
潔 一九一
いささか　些 七
聊 二六三
いさましい　勇 三四
いさむ　勇 三四
いさめる　諍 三〇〇
諫 三〇一
いし　石 二二六
いしずえ　礎 二二八
いしぶみ　碑 二二七
いしやき　瓷 二一〇
いずくんぞ　焉 一九九
いずみ　泉 一七七
いずれ　奚 六八
いそ　磯 二二八
いそがしい　忙 一一三
いそぐ　急 一〇八
いたい　痛 二一六
いだく　抱 一二四
擁 一三二
いたす　致 二六六
輸 三一九
いただき　頂 三五五
顛 三五七
巓 九〇
いただく　戴 一二〇
いたち　鼬 三八一
いたむ　疼 二一六
悼 一一五
いためる　炒 一九五
いたる　至 二六六
迄 三二一
格 一五八
臻 二六六
イチ　一 二
壱 六五
いち　市 九二
いちご　苺 二七二
イツ　一 二
佚 一二
佾 一三
逸 三二四
溢 一八八
噎 五三
鷸 三七六
いつくしむ　慈 一一〇
憮 一一七
いつつ　五 七
いつわる　偽 一七
詐 二九七
誕 三〇〇
譎 三〇三
いと　糸 二四九
純 二五〇
綸 二五三
線 二五四
緡 二五四
縷 二五六
いとう　斁 一三五
いとなむ　営 八三
いどむ　挑 一二五
誂 二九八
いな　否 四六
いなずま　電 三四九
いぬ　犬 二〇四
戌 一一八
狗 二〇五
いね　稲 二三五
いのこ　豕 三〇六
猪 二〇六
いのち　命 一四
いのる　祈 二三〇
禱 二三二
いばら　楚 一六四
棘 一六二
いぶかる　訝 二九六
いぶす　熏 一九九
燻 一九七
いぼ　疣 二一五
贅 三一一
いま　今 九
いましめる　戒 一一九
勅 三四
飭 三五九
誡 二九九
警 三〇三

読み	漢字	頁
いまわしい	忌	一〇七
いみな	諱	三〇二
いむ	忌	一〇七
	諱	三〇二
いも	芋	二六九
	薯	二八〇
	藷	二八一
いもうと	妹	七二
いやしい	卑	三八
	俚	一五
	賤	三一〇
いやす	癒	二一七
	医	三七
	療	二一七
いらか	甍	二一〇
いり	圦	五七
いる	居	八五
	炒	一九五
	要	二九三
	射	八二
	煎	一九九
	熬	二〇〇
	鋳	三三六
いれずみ	黥	三八〇
いれる	容	七九
いろ	色	二六九
いろどる	彩	一〇四
いろり	炉	一九五
いわ	岩	八七
	磐	二二八
いわう	祝	二三〇
	賀	三〇八
いわお	嵒	八九
	巌	九〇
いわし	鰮	三七二
	鰯	三七二
いわや	窟	二三八
いわんや	況	一七九
イン	允	二二
	尹	八四
	引	一〇一
	印	三九
	因	五五
	咽	四七
	姻	七一
	胤	一四八
	茵	二七二
	音	三五四
	員	四八
	蚓	二八三
	院	三四三
	婬	七三
	寅	七九
	淫	一八三
	陰	三四四
	堙	六一
	湮	一八六
	飲	三五九
	隕	三四六
	蔭	二七七
	隠	三四六
	闉	三四二
	霪	三五〇
	韻	三五五
	鷣	三七七

【う】

読み	漢字	頁
ウ	于	七
	右	四三
	吁	四五
	宇	七七
	有	一四六
	羽	二六一
	芋	二六九
	杅	一五四
	迂	三三一
	盂	二二〇
	雨	三四九
	禹	二三二
	傴	一九
	嫗	七四
う	卯	三九
	鵜	三七五
うえ	上	二
うえる	栽	一五九
	飢	三五九
	植	一六二
	饑	三六一
うお	魚	三六九
うかがう	伺	一二
	俔	一四
	偵	一八
	覘	二九四
	逌	三三五
	窺	二三八
	覰	二九四
うがつ	穿	二三七
	鑿	三四〇
うかぶ	泛	一七九
	浮	一八三
うきくさ	萍	二七四
うく	浮	一八三
うぐい	鯎	三七一
うぐいす	鶯	三七六
うけたまわる	承	一二一
うける	享	八
	受	四二
	稟	二三五
	饗	三六二
うごかす	撼	一三一
うごく	動	三五
うごめく	蠢	二八七
うさぎ	兎	二三
うし	丑	二
	牛	二〇二
うじ	氏	一七六
	蛆	二八四
うしとら	艮	二六九
うしなう	失	六七
うしろ	後	一〇五
うす	臼	二六六
うず	渦	一八六
うすい	薄	二七九
うすぎぬ	紗	二五〇
うずく	疼	二一六
うずくまる	踞	三一四
	蹲	三一六
うずたかい	堆	六〇
うすづく	舂	二六六
うずみび	熅	一九六
うずめる	塡	六二
うずら	鶉	三七六
うそ	嘘	五三
	鷽	三七七
うそぶく	嘯	五四
うた	唄	四九
	歌	一七一
うたい	謡	三〇二
うたう	歌	一七一
	謳	三〇三
うたがう	疑	二一五
うたげ	宴	七八
	讌	三〇四
うち	内	二五
うつ	打	一二二
	批	一二三
	拍	一二四
	拷	一二五
	挌	一二五
	摽	一三〇
	撲	一三一
	撃	一二一
ウツ	熨	一九六
	鬱	三六八
うつくしい	妍	七二
	美	二六〇
うつす	写	二六
	移	二三四
	謄	三〇二
うったえる	訟	二九六
	訴	二九七
	愬	一一一
うつぼ	靫	三五二
うつむく	俯	一七
うつる	映	一四一
	移	二三四
	遷	三三八
うつわ	器	五三

うで　腕　一五一
　臂　一五三
うてな　台　四四
　蕚　二七五
うとい　疎　二一五
うながす　促　一五
うなぎ　鰻　三七二
うなずく　頷　三五六
うね　畝　二一三
　壟　六五
　隴　三四六
うば　姥　七二
うばう　奪　六九
　簒　二四四
うべなう　肯　一四七
　諾　三〇〇
うま　午　三八
　馬　三六二
うまや　厩　四一
　廏　九九
うまれる　生　二一一
　産　二一一
うみ　海　一八一
うむ　倦　一六
　娩　七二
　孳　七六
うめ　梅　一六〇
うめく　吟　四五
うめる　埋　五九
うやうやしい　恭　一〇九
うやまう　敬　一三四
うら　裏　二八九
うらかた　卦　三八
うらなう　卜　三八
うらむ　怨　一〇八
　恨　一一四
　悒　一一六
　憾　一一七
うらやむ　羨　二六〇
うり　瓜　二一〇
うりよね　糶　二四九
うる　売　六五
　沽　一七九
　得　一〇五
うるう　閏　三四一
うるおす　儒　二一
うるし　漆　一八九
うるち　粳　二四七
うるわしい　麗　三七八
　懿　一一三
うれえる　恤　一一四
　戚　一一九
　愁　一一一
　憂　一一二
　感　一一二
うれしい　嬉　七五
うれる　熟　二〇〇
うろこ　鱗　三七三
うわごと　囈　五五
うわさ　噂　五三
うわばみ　蟒　二八六
ウン　云　七
　耘　二六二
　運　三三五
　雲　三四九
　慍　一一六
　鄖　三三〇
　熅　一九六
　薀　二七九
　縕　二五四
　饂　三六一
　蘊　二八一
　韗　三五四
　韞　三五四

【え】

エ　会　一〇
　恵　一〇九
　絵　二五一
え　江　一七八
　柄　一五八
　餌　三六〇
エイ　永　一七七
　曳　一四〇
　泳　一七九
　英　二七一
　栄　一五六
　枻　一五六
　栐　一五七
　洩　一八一
　盈　二二〇
　郢　三三〇
　営　八三
　映　一四一
　詠　二九七
　裔　二八九
　影　一〇四
　穎　二三六
　鋭　三三六
　叡　四三
　嬴　七五
　衛　一〇七
　殪　一七三
　嬰　七五
　翳　二六一
　贏　三一一
　纓　二五七
　籯　二四六
えい　鱝　三七三
えがく　画　二一八
　描　一二八
エキ　亦　七
　役　一〇四
　易　一四〇
　疫　二一五
　益　二二〇
　液　一八四
　腋　一五〇
　蜴　二八五
　駅　三六三
　嶧　九〇
　斁　一三五
　繹　二五六
えぐる　冎　二五
　抉　一二二
　剔　三二
えさ　餌　三六〇
えそ　鱛　三七三
えだ　朶　一五四
　条　一五四
　枝　一五五
えだち　役　一〇四
　徭　一〇六
エツ　悦　一一四
　粤　二四七
　越　三一二
　鉞　三三四
　噎　五三
　閲　三四一
えつ　鱭　三七三
えのき　榎　一六五
えび　蛯　二八四
　蝦　二八五
えびす　夷　六七
　戎　一一八
　狄　二〇四
　胡　一四八
えびら　箙　二四三
えぶり　杁　一五四
えやみ　疫　二一五
えらい　偉　一八
えらぶ　択　一二二
　撰　一三一
　選　三二八
えり　衿　二九〇
　衽　二九〇
える　得　一〇五
　撰　一三一
　獲　二〇六
　鏤　三三九
　鐫　三三九
エン　円　二五
　延　九九
　奄　六八
　宛　七七
　沿　一七九
　炎　一九五
　苑　二七一
　兗　二四
　垣　五九
　衍　一〇五
　怨　一〇八

爰 二〇一
俺 一五
宴 七八
捐 一二六
袁 二八八
偃 一七
冤 二六
掩 一二六
焉 一九九
堰 六一
援 一二八
掾 一二八
淵 一八六
焔 一九五
園 五七
塩 六二
煙 一九六
猿 二〇六
遠 三二六
鉛 三三四
厭 四一
演 一八九
鳶 三七四
縁 二五四
豌 三〇六
燕 二〇〇
閻 三四二
閹 三四二
檐 一六八
懕 一一二
艶 二六九
臙 一五三
鼴 三八二
讌 三〇四
灩 一九四
えんぐみ 婚 七三

【お】

オ 汚 一七八
於 一三八
烏 一九八
悪 一〇九
淤 一八四
塢 六二
お 小 八二
尾 八五
雄 三四七
おい 笈 二四〇
甥 二一一
おいて 于 七
於 一三八
おいる 老 二六二
オウ 尢 八三
王 二〇七
央 六七
応 一〇七
往 一〇四
拗 一二五
旺 一四〇
枉 一五五
欧 一七〇
殴 一七三
皇 二一八
桜 一五八
凰 二八
黄 三七九
奥 六九
媼 七四
嘔 五二
横 一六六
甌 二一〇
鴨 三七四
甕 二一一
襖 二九二
謳 三〇三
鏖 三三八
罌 二五八
鶯 三七六
鷗 三七六
おう 負 三〇七
趁 三一三
追 三二三
逐 三二四
おうぎ 扇 一二〇
おうな 媼 七四
嫗 七四
おおい 多 六六
庶 九七
衆 二八七
黎 三八〇
おおう 掩 一二六
蓋 二七六
冪 二七
蔽 二七八
幎 九四
翳 二六一
おおきい 大 六七
丕 三
巨 三七
厖 四〇
おおごと 瑟 二〇八
おおしか 麋 三七八
おおつづみ 鼖 三八一
凰 二八
おおとり 鳳 三七四
鴻 三七五
おおむね 概 一六五
おおやけ 公 二四
おか 丘 三
岡 八七
阜 三四二
陸 三四四
隴 三四六
おかす 犯 二〇四
奸 七〇
侵 一五
冒 一四二
略 二一四
おがむ 拝 一二四
おき 沖 一七九
おぎ 荻 二七三
おきな 叟 四三
おぎなう 補 二九一
おぎのる 賒 三一〇
おきる 起 三一二
オク 屋 八五
億 二〇
憶 一一七
臆 一五二
おく 奥 六九
措 一二七
置 二五八
おくみ 衽 二九〇
おくりな 諡 三〇一
おくる 送 三二三
詒 二九七
贈 三一一
おくれる 遅 三二五
おこす 興 二六六
おこぜ 鰧 三七二
おごそか 荘 二七二
厳 八三
儼 二二
おこたる 惰 一一六
慢 一一七
懈 一一七
懶 一一八
おこなう 行 一〇四
おこる 怒 一〇八
起 三一二
興 二六六
おごる 忕 一一三
侈 一三
奓 六八
奢 六九
傲 一九
僭 二〇
驁 三六四
驕 三六五
おさ 筬 二四二
酋 三三一
おさえる 圧 五七
抑 一二三
扼 一二三
おさない 幼 三三
稚 二三四
おさめる 尹 八四
収 四二
治 一八〇
紀 二四九
修 一〇三
おじ 叔 四二
おしえる 教 一三四

訓 二九六
誨 二九九
おしはかる 億 二〇
おしむ 啬 五二
おす 牡 二〇三
捺 一二八
雄 三四七
おそう 襲 二九〇
おそれ 虞 二八二
おそれる 兕 二二
恟 一一四
畏 二一二
恐 一〇九
悸 一一五
惕 一一五
慄 一一六
懼 一一八
おだやか 妥 七〇
穏 二三六
おちいる 陥 三四三
おちる 落 二七六
隊 三四五
隕 三四六
零 三四九
墜 六四
オツ 乙 五
嗢 五一
おっと 夫 六七

おと 音 三五四
おとうと 弟 一〇一
おとがい 頤 三五六
おとこ 男 二一二
郎 三二九
おとこだて 侠 一四
おとしあな 穽 二三七
おとしめる 貶 三〇八
おとす 堕 六一
おどす 威 七一
おとずれる 訪 二九六
おとり 囮 五六
おどり 踊 三一四
おとる 劣 三三
おどる 踊 三一四
躍 三一六
おとろえる 衰 二八八
おどろく 愕 一一六
駭 三六三
驚 三六五
おなじ 同 二六
おに 鬼 三六八
おにび 粦 二四七
おにやらい 儺 二二
おの 斤 一三七
斧 一三七
おのれ 己 九一
おび 帯 九四
おびえる 怯 一一三
おびただしい 夥 六七
おびやかす 劫 三三
脅 一四九
剽 三二
おびる 帯 九四
佩 一三
おぼえる 覚 二九四
おぼれる 溺 一八八
おみ 臣 二九三
おも 主 四
おもい 重 三三三
おもう 念 一〇八
思 一〇八
想 一一一
憶 一一七
おもがい 羇 二五九
羈 二五九
おもて 表 二八八
面 三五一
おもねる 阿 三四三
おもむき 趣 三一三

おもむく 赴 三一二
おもむろ 徐 一〇五
おもり 錘 三三七
おもんぱかる 慮 一一二
おや 親 二九四
おやゆび 拇 一二四
およぐ 泳 一七九
游 一八八
およそ 凡 二七
およぶ 及 四
逮 三一五
おり 折 一二二
牢 二〇三
滓 一八八
檻 一六九
櫳 一六九
おりる 降 三四三
おる 処 二七
折 一二二
織 二五六
おれ 俺 一五
おろか 愚 一一〇
痴 二一六
懵 一一八
魯 三六九
おろし 卸 四〇
おろす 卸 四〇
おわる 了 六

訖 二九六
畢 二一四
終 二五一
竣 二三九
オン 怨 一〇八
音 三五四
恩 一〇八
盌 二二〇
温 一八六
遠 三二六
穏 二三六
縕 二五四
鰮 三七二
おん 御 一〇六
おんな 女 七〇

【か】

カ 下 二
个 九
化 九
火 一九四
可 四三
瓜 二一〇
冎 二五
何 一二
囮 五六
花 二七〇
価 一三
卦 三八

呵 四六
果 一五五
迦 三三二
架 一五七
枷 一五七
科 二三三
夏 六六
家 七八
崋 八八
荷 二七二
蚜 二八三
掛 一二七
訛 二九六
華 二七三
菓 二七三
谺 三〇五
貨 三〇八
渦 一八六
訶 二九七
過 三二五
嘩 五一
廈 九八
暇 一四五
瑕 二〇八
禍 二三一
靴 三五二
嘉 五二
夥 六七
寡 八〇

読み	字	頁
	榎	一六五
	歌	一七一
	箇	二四二
	稼	二三五
	蝦	二八五
	課	二九九
	霞	三五〇
	罅	二五七
	鍋	三三七
	鏵	三三八
	驊	三六四
か	日	一三九
	哉	四八
	香	三六二
	蚊	二八三
	歟	一七一
ガ	牙	二〇二
	瓦	二一〇
	我	一一九
	画	二八
	枒	一五五
	芽	二七一
	迓	三二一
	臥	二九三
	峨	八八
	訝	二九六
	雅	三四七
	賀	三〇八
	衙	一〇六
	蛾	二八四
	蝦	二八五
	駕	三六三
	鵝	三七五
	齖	三八三
カイ	介	九
	夬	六七
	会	一〇
	价	一一
	回	五五
	灰	一九四
	快	一一三
	戒	一一九
	改	一三三
	芥	二七〇
	乖	五
	佪	一三
	屆	八五
	怪	一一三
	拐	一二三
	咼	四七
	廻	九九
	悔	一一四
	恢	一一四
	枴	一五七
	海	一八一
	界	二一三
	皆	二一八
	偕	一七
	掛	一二七
	晦	一四三
	盔	二二〇
	傀	一八
	喙	五〇
	堺	六一
	絵	二五一
	開	三四一
	階	三四五
	匯	三七
	楷	一六三
	解	二九五
	塊	六二
	膾	一五二
	瑰	二〇八
	誨	二九九
	誡	二九九
	魁	三六八
	槶	一六六
	潰	一九〇
	壊	六四
	廨	九九
	懐	一一七
	懈	一一七
	諧	三〇一
	檜	一六八
	蟹	二八六
かい	貝	三〇七
	峡	八八
	柙	一五六
	櫂	一六九
ガイ	刈	二九
	外	六六
	艾	二六九
	亥	八
	劾	三四
	咳	四七
	害	七九
	豈	三〇五
	啀	四九
	崖	八八
	涯	一八四
	凱	二八
	蓋	二七六
	該	二九八
	慨	一一六
	概	一六五
	漑	一八九
	駭	三六三
	骸	三六五
	礙	二二九
かいこ	蚕	二八三
かいばおけ	槽	一六六
かいよね	糴	二四九
かう	買	三〇九
	飼	三六〇
かえす	返	三二二
かえりみる	省	二二二
	眷	二二二
	顧	三五七
かえる	替	一四四
	返	三二二
	帰	九三
	復	一〇六
	換	一二八
	蛙	二八四
	貿	三〇九
	還	三二八
かお	貌	三〇七
	顔	三五七
かおり	香	三六二
かおる	薫	二七九
	馨	三六二
かかあ	嬶	七五
かかげる	掲	一二七
かかと	踵	三一五
かがみ	鏡	三三八
	鑑	三四〇
かがむ	屈	八五
	傴	一九
	跼	三一四
かがやく	曄	一四五
	燁	一九六
	輝	三一八
	曜	一四六
	耀	二六一
かがり	篝	二四四
かがりび	燎	一九七
かかる	県	二二二
	罹	二五九
かき	垣	五九
	柿	一五七
	堵	六一
	牆	二〇一
	蠣	二八七
かぎ	鉤	三三四
	鍵	三三八
	鑰	三四〇
かきね	院	三四三
かぎる	画	二八
	限	三四三
カク	角	二九五
	画	二八
	拡	一二三
	客	七八
	恪	一一四
	挌	一二五
	革	三五二
	格	一五八
	核	一五八
	鬲	三六八
	殻	一七四
	郭	三三〇
	隺	三四七

瓠 二一〇
峈 二八七
覚 二九四
嗃 五一
獲 二〇六
蒦 二七六
貉 三〇七
較 三一八
隔 三四六
劃 三三
廓 九八
慤 一一一
摑 一三〇
槨 一六六
殻 一七四
赫 三一二
閣 三四一
確 二二八
嚇 五四
馘 三六二
穫 二三六
鞹 三五三
鶴 三七六
攪 一三二
攫 一三二
かく 欠 一七〇
舁 二六六
書 一四三
掻 一三〇

闕 三四二
かぐ 嗅 五一
ガク 学 七六
岳 八七
愕 一一六
蕚 二七五
楽 一六三
額 三五七
諤 三〇一
遻 三二七
鍔 三三七
顎 三五七
鰐 三七一
鶚 三七六
鷟 三七七
齶 三八三
かくす 庋 九八
隠 三四六
かくれる 隠 三四六
蟄 二八六
竄 二三八
かぐわしい 郁 三二九
かげ 陰 三四四
景 一四四
蔭 二七七
影 一〇四
がけ 厂 四〇
崖 八八

かけはし 桟 一五九
かける 欠 一七〇
架 一五七
県 二二二
掛 一二七
駆 三六三
賭 三一一
虧 二八二
懸 一一三
かげる 陰 三四四
曖 一四六
かご 筐 二四一
籠 二四六
かこむ 囲 五六
かさ 笠 二四〇
傘 一八
瘡 二一七
かさなる 累 二五一
層 八六
かさねる 重 三三三
かざり 錺 三三六
かざる 飾 三六〇
かし 樫 一六八
かじ 舵 二六八
楫 一六四
槳 一六六
かじか 鮖 三七〇
かしこい 儇 二〇
賢 三一一

かしら 孟 七六
頁 三五五
頭 三五六
かじる 齧 三八三
かしわ 柏 一五八
かす 粕 二四七
貸 三〇九
糟 二四八
かず 員 四八
算 二四三
数 一三五
かすか 幽 九六
微 一〇六
かすがい 鎹 三三八
かずとり 籌 二四五
かすみ 霞 三五〇
かすめる 抄 一二二
掠 一二八
かずら 鬘 三六七
かすり 絣 二五二
縒 二五七
かせ 枷 一五七
纑 二五七
かぜ 風 三五八
かせぐ 稼 二三五
かぞえる 算 二四三
かた 方 一三八
片 二〇二
形 一〇三

肩 一四七
型 五九
模 一六六
潟 一九一
かたい 堅 六一
硬 二二七
艱 二六九
難 三四八
かたき 仇 九
敵 一三五
かたくな 頑 三五五
かたじけない 忝 一〇八
かたち 形 一〇三
状 二〇四
象 三〇六
貌 三〇七
かたどる 像 二〇
かたな 刀 二九
かたまり 塊 六二
かたみ 筐 二四一
箪 二四五
かたむく 昃 一四一
敧 一三三
傾 一九
かためる 固 五六
かたよる 偏 一八
かたる 騙 三六四
かたわら 旁 一三八

側 一八
傍 一八
かち 徒 一〇五
かちどき 凱 二八
がちょう 鵝 三七五
カツ 匃 三六
佸 一三
刮 三〇
括 一二五
曷 一四一
活 一八一
戛 一一九
渇 一八四
葛 二七五
割 三二
滑 一八八
褐 二九一
豁 三〇五
轄 三一九
闊 三四二
蠍 二八六
轕 三一九
かつ 且 三
克 二三
剋 三一
勝 三五
ガツ 月 一四六
歹 一七二
かつお 鰹 三七二

読み	漢字	頁
かつぐ	担	一二四
	舁	二六六
かつら	桂	一五九
	楿	一六五
かて	糧	二四八
かど	角	二九五
	門	三四一
	棱	一六三
	稜	二三五
かどわかす	拐	一二三
かな	矣	二二五
	金	三三三
	哉	四八
かなう	叶	四三
	協	三八
	諧	三〇一
かなえ	鼎	三八一
かなしい	悲	一一〇
かなでる	奏	六八
かならず	必	一〇七
かに	蟹	二八六
かね	金	三三三
	鐘	三三九
かねぐら	帑	九三
かねる	兼	二五
	該	二九八
かの	彼	一〇四
かのえ	庚	九七
かばう	庇	九六
かばね	姓	七一
かばん	鞄	三五二
かび	黴	三八〇
かぶ	株	一五九
かぶと	冑	二六
	兜	二四
	盔	二二〇
かぶらや	鏑	三三九
かべ	壁	六四
かま	釜	三三四
	鬲	三六八
	窯	二三八
	鎌	三三八
がま	蒲	二七七
	蟇	二八六
かまえる	搆	一三〇
	構	一六五
かまど	竈	二三九
かまびすしい	喧	五〇
	嘩	五一
	噌	五三
	囂	五五
かみ	守	七七
	神	二三〇
	紙	二五〇
	髪	三六六
かみなり	雷	三四九
かむ	咬	四八
	噬	五四
	嚙	五四
	齟	三八三
	齧	三八三
かめ	瓶	二一〇
	瓷	二一〇
	亀	三八四
	甕	二一一
	罌	二五八
かも	鳧	三七四
	鴨	三七四
かもす	醸	三三二
かもめ	鷗	三七六
かや	萱	二七五
かゆ	粥	二四七
かゆい	痒	二一六
から	唐	四九
	殻	一七四
がら	柄	一五八
からい	辛	三二〇
	辣	三二〇
からうた	詩	二九八
からげる	紮	二五一
からし	芥	二七〇
からす	烏	一九八
	鴉	三七四
からだ	体	一二
	軀	三一七
からなし	棠	一六二
からむ	絡	二五二
かり	畋	一三四
	狩	二〇五
	猟	二〇六
	雁	三四七
	債	一九
	鴈	三七四
かりそめ	苟	二七一
かりもがり	殯	一七三
かりる	借	一六
かる	刈	二九
	狩	二〇五
	穫	二三六
かるい	軽	三一八
	嫖	七四
かれ	彼	一〇四
かれい	餉	三六〇
かれる	枯	一五七
	涸	一八四
	嗄	五二
かれる	槁	一六五
かろやか	軽	三一八
ガロン	呏	四六
かわ	川	九一
	皮	二一九
	革	三五二
	側	一八
かわうそ	獺	二〇七
かわく	渇	一八四
	乾	六
	熙	二〇〇
	燥	一九七
かわや	廁	九八
かわら	瓦	二一〇
かわる	変	六六
	渝	一八七
かわるがわる	逓	三二四
かわらげ	駱	三六三
カン	厂	四〇
	干	九五
	丱	四
	刊	二九
	甲	二一二
	甘	二一一
	奸	七〇
	扞	一二二
	汗	一七八
	缶	二五七
	坎	五八
	杆	一五四
	罕	二五八
	侃	一三
	函	二八
	官	七七
	巻	九二
	姦	七二
	看	二二一
	竿	二四〇
	冠	二六
	宦	七九
	悍	一一四
	栞	一五八
	桓	一五九
	浣	一八二
	陥	三四三
	乾	六
	勘	三五
	患	一〇九
	梡	一六〇
	涵	一八四
	菅	二七三
	貫	三〇八
	釬	三三四
	喚	五〇
	堪	六一
	寒	八〇
	換	一二八
	敢	一三四
	棺	一六二
	款	一七〇
	稈	二三四
	酣	三三一
	間	三四一
	閑	三四一

勧 三五
寛 八〇
揵 八四
幹 九五
感 一一〇
漢 一八八
煥 一九六
僩 二〇
慣 一一六
管 二四二
箝 二四二
銜 三三五
関 三四一
嫺 七四
歓 一七一
澗 一九一
監 二二一
緩 二五四
憾 一一七
撼 一三一
橺 一六七
盥 二二一
翰 二六一
諫 三〇一
還 三二八
館 三六一
環 二〇九
癇 二一七
瞰 二二四
艱 二六九
韓 三五三
駻 三六四
簡 二四五
観 二九四
檻 一六九
灌 一九三
鹹 三七七
艦 二六八
鰥 三七二
鑑 三四〇
鸛 三七七
顴 三五八
かん　燗 一九七
ガン　厂 四〇
丸 五
元 二二
刓 三〇
豻 三〇七
含 四五
岸 八七
岩 八七
莟 二七三
眼 二二二
喦 八九
雁 三四七
頑 三五五
㘖 五三
翫 二六一
鴈 三七四
頷 三五六
顔 三五七
贋 三一一
願 三五七
巌 九〇
龕 三八四
かんがえる　攷 一三三
考 二六二
勘 三五
かんざし　鈿 三三五
簪 二四五
かんな　鉋 三三五
かんなぎ　巫 九一
かんむり　冠 二六

【き】

キ　己 九一
开 一〇〇
卉 三八
企 一一
伎 一一
危 三九
肌 一四六
机 一五四
気 一七六
岐 八七
希 九二
忌 一〇七
汽 一七八
其 二五
奇 六八
季 七六
歧 一三三
炁 一九八
癸 二一八
祁 二二九
祈 二三〇
紀 二四九
軌 三一七
倚 一五
剞 三一
姫 七二
帰 九三
既 一三九
耆 二六二
記 二九六
起 三一二
飢 三五九
鬼 三六八
基 五九
埼 六〇
寄 七九
崎 八八
悸 一一五
掎 一二七
規 二九三
亀 三八四
喜 五〇
幾 九六
揮 一二八
揆 一二九
攲 一三三
晷 一四四
期 一五一
棋 一六二
貴 三〇八
逵 三二四
愧 一一六
棄 一六三
毀 一七四
睢 二二三
跪 三一四
跬 三一四
匱 三七
墍 六三
旗 一三九
箕 二四二
蔇 二七七
器 五三
嬉 七五
槻 一六六
毅 一七四
熙 二〇〇
畿 二一四
輝 三一八
麾 三七九
冀 二五
憙 一一二
機 一六七
熹 二〇〇
窺 二三八
磯 二二八
徽 二五五
虧 二八二
櫃 一六九
簣 二四五
騎 三六四
麒 三七八
夔 六六
饑 三六一
羇 二五九
羈 二五九
驥 三六五
き　木 一五三
黄 三七九
樹 一六七
ギ　伎 一一
宜 七七
祇 二三〇
偽 一七
義 二六〇
疑 二二五
儀 二〇
戯 一一九

誼 三〇〇
劓 三三三
巇 九〇
羲 二六〇
犠 二〇三
蟻 二八六
曦 一四六
議 三〇四
巍 九〇
きえる 消 一八二
キク 掬 一二七
菊 二七四
鞠 三五二
麴 三七九
きく 利 三〇
効 三四
聞 二六四
聴 二六四
きこえる 聞 二六四
きこり 樵 一六七
きさき 后 四五
妃 七〇
きざし 兆 二三
きざはし 陛 三四四
階 三四五
きざむ 刻 三〇
きし 岸 八七
埼 六〇
きじ 雉 三四八

きず 傷 一九
瑕 二〇八
きずく 築 二四四
きずな 紲 二五一
絆 二五一
韁 三五三
きそう 競 二三九
きた 北 三六
きたえる 鍛 三三八
きたない 汚 一七八
キチ 吉 四四
キツ 乞 五
吉 四四
吃 四四
迄 三二一
肸 一四七
訖 二九六
喫 五〇
詰 二九八
橘 一六七
きっさき 鋩 三三六
きつね 狐 二〇五
きぬ 絹 二五二
きぬた 砧 二二六
きのう 昨 一四一
きのえ 甲 二一二
きのこ 菌 二七四
蕈 二七八
きのと 乙 五

きば 牙 二〇二
きはだ 檗 一六八
きび 黍 三八〇
稷 二三六
きびしい 凜 二七
緊 二五四
厳 八三
きまる 決 一七八
きみ 王 二〇七
君 四五
皇 二一八
きめる 決 一七八
きも 胆 一四八
きもの 服 一四七
キャク 却 三九
客 七八
脚 一五〇
ギャク 虐 二八一
逆 三二二
キュウ 九 五
久 四
及 四
弓 一〇一
仇 九
丘 三
旧 一三九
艽 二六九
休 一一
吸 四四

朽 一五四
臼 二六六
求 一七七
汲 一七八
灸 一九四
究 二三七
咎 四六
泣 一七九
穹 二三七
糾 二四九
虬 二八二
急 一〇八
柩 一五七
級 二四九
韭 三五四
宮 七九
笈 二四〇
赳 三一二
躬 三一六
救 一三四
梟 一六〇
毬 一七五
球 二〇八
経 二五〇
嗅 五一
舅 二六六
鳩 三七四
廐 四一
髹 三六六

窮 二三八
鬮 三六七
ギュウ 牛 二〇二
キョ 巨 三七
去 四一
居 八五
拠 一二三
苣 二七一
挙 一二一
虚 二八二
渠 一八六
距 三一三
筥 二四二
嘘 五三
墟 六三
踞 三一四
歔 一七一
欅 一六九
ギョ 圄 五六
魚 三六九
御 一〇六
馭 三六三
漁 一八九
禦 二三二
きよい 浄 一八一
洌 一八二
清 一八五
キョウ 廾 一〇〇
供 一三

凶 二八
兄 二二
叶 四三
兇 二二
共 二四
匈 三六
匡 三七
叫 四五
邛 三二九
享 八
亨 八
劫 三三
夾 六八
狂 二〇四
京 八
劻 三四
協 三八
怯 一一三
況 一七九
羌 二五九
峡 八八
恟 一一四
洶 一八一
狭 二〇五
矜 二二五
香 三六二
俠 一四
卿 四〇
恐 一〇九

恭 一〇九
脅 一四九
胸 一四九
脇 一四九
陜 三四三
強 一〇二
教 一三四
郷 三三〇
喬 五〇
愜 一一六
筐 二四一
筴 二四一
睍 三〇九
兢 二四
境 六三
誑 二九九
嬌 七五
篋 二四三
鋏 三三六
頰 三五六
彊 一〇二
橇 一六七
橋 一六七
興 二六六
薑 二七九
襁 二九二
矯 二二六
繈 二五五
嚮 五四
疆 二一四
鏡 三三八
響 三五五
饗 三六二
競 二三九
韁 三五三
驚 三六五
驕 三六五
鱂 三七三
ギョウ 卬 三九
仰 一一
行 一〇四
形 一〇三
嶢 八九
暁 一四四
業 一六三
凝 二七
キョク 旭 一四〇
曲 一四〇
局 八四
亟 七
洫 一三
勖 三五
棘 一六二
極 一六二
跼 三一四
ギョク 玉 二〇七
きらめく 煌 一九六
きり 桐 一六〇
雩 三四九
霧 三五〇
鑽 三四〇
きる 切 二九
剪 二九
着 二二三
截 一一九
斲 一三七
鑽 三四〇
きわ 際 三四六
きわまる 窮 二三八
究 二三七
きわめる 劾 三四
極 一六二
キン 巾 九二
今 九
斤 一三七
均 五八
芹 二七〇
近 三二二
欣 一七〇
金 三三三
昑 九二
衿 二九〇
衾 二八八
菫 二七四
勤 三五
欽 一七一
琴 二〇八
窘 二三八
筋 二四一
鈞 三三四
僅 一九
禁 二三一
禽 二三二
廑 九八
箘 二四三
箘 二七四
緊 二五四
噤 五四
錦 三三六
麇 三七八
謹 三〇二
饉 三六一
ギン 听 四五
吟 四五
銀 三三五
慭 一一二

【く】

ク 九 五
久 四
工 九一
口 四三
区 三七
功 三三
句 四四
吁 四五
供 一三
狗 二〇五
苦 二七一
紅 二四九
倶 一五
痀 二一五
矩 二二五
埧 六〇
嶇 八九
阝區 三四六
駆 三六三
駒 三六三
窶 二三八
鴝 三七五
軀 三一七
懼 一一八
臞 一五三
グ 具 二五
俁 一四
倶 一五
愚 一一〇
虞 二八二
くい 弋 一〇〇
樴 一六八
橛 一六七
くいる 悔 一一四
懺 一一八
クウ 空 二三七
くう 喰 五〇
グウ 食 三五九
宮 七九
寓 八〇
遇 三二五
隅 三四五
くき 茎 二七一
くぎり 域 五九
段 一七三
くぐい 鵠 三七五
くぐつ 傀 一八
くぐり 闇 三四二
くくる 括 一二五
くさ 卉 三八
草 二七二
くさい 臭 二六五
くさぎる 耘 二六二
耨 二六三
くさび 楔 一六四
くさむら 莽 二七三
くさめ 嚏 五四
くさり 鎖 三三八
くさる 腐 二六五
くし 梳 一六一
櫛 一六九
籤 二四六
くじ 鬮 三六七
麇 三七八
くじか 麞 三七八
くじく 挫 一二六

読み	漢字	頁
くじら	鯨	三七一
くじり	觽	二九五
くす	楠	一六四
くず	屑	八五
	葛	二七五
くすのき	楠	一六四
くすり	薬	二八〇
くずれる	崩	八九
	頽	三五六
くせ	癖	二一七
くそ	屎	八五
	糞	二四八
くだ	管	二四二
くだく	砕	二二六
くだもの	菓	二七三
くち	口	四三
くちすすぐ	漱	一九〇
くちなし	梔	一六一
くちばし	喙	五〇
くちびる	唇	四八
	吻	四六
くちる	朽	一五四
クツ	卉	三八
	屈	八五
	倔	一五
	堀	六〇
	掘	一二七
	窟	二三八
	欻	一七一
くつ	沓	一七七
	舄	二六六
	靴	三五二
	鞋	三五二
くつがえす	覆	二九三
くつわ	勒	三五二
	銜	三三五
くどい	諄	三〇〇
くに	邦	三二九
	国	五六
くぬぎ	櫟	一六九
	椚	一六三
くばる	配	三三一
くび	首	三六二
	領	三五六
	頸	三五六
くびき	軛	三一八
くびきる	馘	三六二
くびはねる	刎	三〇
くびれる	縊	二五四
くぼ	窪	二三八
くま	隈	三四五
	熊	一九九
くむ	汲	一七八
	冓	二六
	斟	一三六
ぐむ	萌	二七五
くめ	粂	二四六
くも	雲	三四九
くもる	曇	一四六
くやむ	悔	一一四
くら	府	九七
	倉	一六
	庾	九八
	蔵	二七八
	鞍	三五二
	廩	九九
くらい	位	一二
	昧	一四二
	冥	二六
	惛	一一五
	暗	一四五
	溟	一八九
	瞢	二二四
くらう	啖	四九
くらべる	比	一七五
	校	一五九
	較	三一八
くり	栗	一六〇
くりや	庖	九七
	厨	四一
くる	来	一五五
	繰	二五六
くるう	狂	二〇四
くるしい	苦	二七一
くるま	車	三一七
くるわ	郭	三三〇
	廓	九八
くれ	呉	四五
	昏	一四一
	晩	一四四
くれない	紅	二四九
くれる	暮	一四五
くろ	玄	二〇七
	畔	二一三
	淄	一八四
	黒	三八〇
	緇	二五三
	黎	三八〇
くろい	玆	二〇七
	黒	三八〇
くろがね	鉄	三三五
くわ	桑	一六〇
	鍬	三三八
くわしい	詳	二九八
	精	二四八
くわだてる	企	一一
クン	君	四五
	捃	一二六
	訓	二九六
	裙	二九一
	皸	二一九
	勲	二〇〇
	熏	一九九
	薫	二七九
	燻	一九七
グン	軍	三一七
	郡	三三〇
	群	二六〇
【け】		
ケ	化	九
	気	一七六
	卦	三八
	家	七八
	華	二七三
	袈	二八八
	罫	二五八
け	毛	一七五
ゲ	外	六六
	下	二
	解	二九五
ケイ	冂	二五
	彑	一〇三
	兮	二四
	兄	二二
	刑	三〇
	圭	五七
	冏	二六
	形	一〇三
	系	二四九
	邢	三二九
	京	八
	坰	五八
	径	一〇四
	茎	二七一
	勁	三四
	型	五九
	契	六八
	烱	一九五
	迴	三二二
	邽	三二九
	卿	四〇
	奚	六八
	啓	四九
	恵	一〇九
	枅	一五九
	桂	一五九
	掲	一二七
	脛	一五〇
	渓	一八四
	畦	二一四
	経	二五〇
	絅	二五一
	蛍	二八三
	頃	三五五
	嵆	八九
	敬	一三四
	景	一四四
	筓	二四一
	軽	三一八

傾 一九
携 一二九
犖 一九六
継 二五二
罫 二五八
褉 二三一
綮 二五二
夐 六六
慶 一一一
稽 二三五
憩 一一二
薊 二七九
頸 三五六
髻 三六七
巂 三四八
瓊 二〇九
繫 二五六
警 三〇三
鶏 三七五
馨 三六二
鱖 三七二
鱧 二九五
ゲイ 芸 二七〇
迎 三二二
猊 二〇五
睨 二三三
鯨 三七一
黥 三八〇
囈 五五

けがす 汚 一七八
浼 一八三
けがれる 穢 二三六
ケキ 丮 四
ゲキ 郤 三三〇
戟 一一九
毄 一七四
隙 三四六
劇 三三
撃 一二一
激 一九一
檄 一六八
闃 三四二
鴃 三七六
けしかける 嗾 五三
けす 消 一八二
けずる 刊 二九
刓 三〇
删 三〇
刮 三〇
削 三一
剗 三二
ケツ 欠 一七〇
夬 六七
穴 二三七
血 二八七
抉 一二二
決 一七八

頁 三五五
桀 一五九
訣 二九六
傑 一九
結 二五一
揳 一二九
歇 一七一
竭 二三九
潔 一九一
蕨 二七八
橛 一六七
闕 三四二
蠍 二八六
譎 三〇三
蹶 三一五
ゲツ 月 一四六
嚙 五四
孽 七六
蘖 二四九
齧 三八三
けまり 鞠 三五二
けみする 閲 三四一
けむり 煙 一九六
けもの 獣 二〇四
けやき 欅 一六九
けら 螻 二八六
ける 蹴 三一五
けわしい 険 三四四
嶇 八九

嶮 九〇
巇 九〇
ケン 犬 二〇四
妍 七二
見 二九三
券 二九
肩 一四七
俔 一四
建 九九
畎 二一三
県 二二二
研 二二六
倦 一六
倹 一六
兼 二五
剣 三一
娟 七二
拳 一二一
虔 二八二
軒 三一八
健 一七
捲 一二七
牽 二〇三
眷 二二二
桊 二三一
険 三四四
喧 五〇
圏 五七
堅 六一

暄 一四五
検 一六二
硯 二二七
絢 二五二
萱 二七五
間 三四一
愆 一一〇
腱 一五一
楦 一六四
献 二〇四
絹 二五二
遣 三二六
甄 二一〇
儇 二〇
慳 一一七
権 一六六
嶮 九〇
憲 一一二
撿 一三一
諠 三〇一
賢 三一一
壎 六四
謙 三〇二
謇 三〇二
蹇 三一五
鍵 三三八
瞼 二二四
繭 二五六
顕 三五七

鵑 三七五
験 三六四
懸 一一三
攓 一三二
譴 三〇四
鰹 三七二
鹼 三七七
ゲン 元 二二
幻 九六
玄 二〇七
言 二九六
弦 一〇一
彦 一〇三
玆 二〇七
限 三四三
原 四〇
衒 一〇五
減 一八六
源 一八八
諺 三〇一
厳 八三
験 三六四
儼 二二

【こ】

コ 己 九一
戸 一二〇
乎 五
古 四四

呼 四七
固 五六
姑 七一
拋 一二三
股 一四七
沽 一七九
虎 二八一
孤 七六
弧 一〇二
故 一三三
胡 一四八
枯 一五七
狐 二〇五
個 一六
扈 一二〇
涸 一八四
虚 二八二
袴 二九〇
壺 六五
琥 二〇八
菰 二七四
辜 三二〇
雇 三四七
誇 二九八
賈 三〇九
鼓 三八一
滬 一八九
箍 二四三
糊 二四八
顧 三五七

こ
子 七五
小 八二
木 一五三
児 二三
粉 二四六

ゴ
五 七
互 七
冱 二七
午 三八
呉 四五
吾 四六
後 一〇五
圄 五六
娯 七二
悟 一一四
牾 四九
御 一〇六
期 一五一
碁 二二七
誤 二九九
護 三〇四
齬 三八三

こい
恋 一〇九
濃 一九二
鯉 三七〇

こいし
礫 二二九

こいねがう
冀 二五

コウ
口 四三
工 九一
亢 七
公 二四
孔 七六
功 三三
叩 四四
尻 八四
巧 九一
広 九六
弘 一〇一
甲 二一二
亙 七
交 八
光 二三
后 四五
向 四五
好 七〇
行 一〇四
扣 一二二
攷 一三三
江 一七八
考 二六二
匣 三七
坑 五八
宏 七七
抗 一二二
攻 一三三
更 一四〇
孝 二六二
邢 三二九
効 三四
呷 四七
岡 八七
岬 八七
幸 九五
庚 九七
拘 一二三
昂 一四〇
昊 一四一
肯 一四七
肴 一四七
肱 一四七
狗 二〇五
狎 二〇五
耇 二六二
苟 二七一
侯 一四
厚 四〇
咬 四八
垢 五九
巷 九二
後 一〇五
恒 一一四
栲 一五九
洪 一八一
狡 二〇五
皇 二一八
紅 二四九
荒 二七二
荇 二七二
虹 二八二
香 三六二
候 一六
冓 二六
晃 一四二
校 一五九
浩 一八二
盍 二二〇
紘 二五〇
罡 二五八
耕 二六三
耗 二六三
航 二六七
袷 二九〇
降 三四三
高 三六六
冦 七九
康 九七
控 一二七
梗 一六〇
皐 二一九
皎 二一九
黄 三七九
倣 一八
喉 五〇
慌 一一六
港 一八六
猴 二〇六
皓 二一九
硬 二二七
蛤 二八四
嗥 五二
幌 九四
溝 一八八
煌 一九六
觥 二九五
詬 二九八
粳 二四七
鉱 三三四
鉤 三三四
慷 一一六
搆 一三〇
敲 一三五
膏 一五一
構 一六五
槁 一六五
綱 二五二
遘 三二七
媾 七四
膠 一五二
皞 二一九
稿 二三五
縆 二五四
講 三〇〇
衡 一〇七

篝 二四四
糕 二四八
興 二六六
薨 二七九
謊 三〇一
鋼 三三六
鮯 三五三
鬨 三六七
磽 二二八
糠 二四八
藁 二八〇
覯 二九四
講 三〇二
購 三一一
鴻 三七五
闔 三四二
餱 三六一
曠 一四六
櫜 一六九
羹 二六〇
韝 三五四
礦 二二九
纊 二五七
鼛 三八一
攪 一三二
灝 一九四
こう 乞 五
ゴウ 卬 三九
号 四四
劫 三三
昂 一四〇
拷 一二五
剛 三一
強 一〇二
毫 一七五
郷 三三〇
傲 一九
業 一六三
豪 三〇六
廒 九八
熬 二〇〇
謷 三〇三
囂 五五
轟 三一九
驁 三六四
鼇 三八〇
こうがい 笄 二四一
こうし 犢 二〇三
こうじ 糀 二四七
麴 三七九
糵 二四九
こうぞ 楮 一六四
こうむる 蒙 二七七
こえ 声 六五
こえる 肥 一四七
越 三一二
超 三一二
逾 三二六
こおり 氷 一七七
郡 三三〇
こおる 冱 二七
凍 二七
コク 石 二二六
谷 三〇五
克 二三
国 五六
刻 三〇
剋 三一
勊 三四
哭 四八
斛 一三六
黒 三八〇
[illegible] 二三四
縠 二三五
鵠 三七五
嚳 五四
こぐ 漕 一九〇
ゴク 獄 二〇六
こけ 苔 二七一
こけら 柿 一五六
こげる 焦 一九九
ここ 此 一七二
ここに 爰 二〇一
ここのつ 九 五
こころ 心 一〇七
意 一一〇
こころざす 志 一〇七
こころよい 快 一一三
愜 一一六
こし 腰 二五一
輿 三一九
こしき 甑 二二一
こしらえる 拵 一二五
こす 越 三一二
超 三一二
漉 一九〇
濾 一九二
こずえ 梢 一六一
こたえ 答 二四一
こたえる 対 八一
応 一〇七
こだま 谺 三〇五
こち 鮴 三七〇
鯒 三七一
コツ 乞 五
忽 一〇八
笏 二四〇
骨 三六五
こて 釬 三三四
こと 言 二九六
事 六
殊 一七三
異 二一四
琴 二〇八
箏 二四三
ことば 詞 二九七
ことぶき 寿 八一
ことわざ 諺 三〇一
ことわる 断 一三七
こな 粉 二四六
こなもち 糕 二四八
こねる 捏 一二六
この 此 一七二
是 一四二
這 三二三
斯 一三七
このしろ 鮗 三七〇
鰶 三七一
このむ 好 七〇
こびる 媚 七四
こぶ 瘤 二一七
こぶし 拳 一二一
こぼれる 零 三四九
こま 狛 二〇五
駒 三六三
ごまめ 鱓 三七三
こまる 困 五六
こみち 径 一〇四
こめ 米 二四六
こめる 罩 二五九
こよみ 暦 一四五
こらえる 怺 一一四
こりる 懲 一二三
こる 凝 二七
これ 之 四
伊 一〇
是 一四二
惟 一一五
ころ 頃 三五五
ころがる 転 三一八
ころす 殺 一七四
戮 一一九
ころも 衣 二八八
こわい 怖 一一四
こわす 毀 一七四
壊 六四
コン 今 九
艮 二六九
困 五六
坤 五八
昏 一四一
金 三三三
昆 一四一
建 九九
恨 一一四
根 一五九
衮 二八八
惛 一一五
涽 一八四
婚 七三
崑 八八

梱　一六〇
献　二〇四
稛　二三四
狠　三〇六
髡　三六六
滾　一八九
褌　二九一
魂　三六八
墾　六四
懇　一一二
鯤　三七一
ゴン　言　二九六
勤　三五
権　一六六
厳　八三

【さ】

サ　屮　八六
乍　五
左　九一
扠　一二二
些　七
作　一二
佐　一二
沙　一七八
查　一五七
砂　二二六
茶　二七二
唆　四八
差　九一
紗　二五〇
梭　一六一
詐　二九七
傻　一九
嗟　五二
嗄　五二
嵯　八九
瑳　二〇九
蓑　二七六
裟　二八九
瑣　二〇九
鮓　三六九
鎖　三三八
鯊　三七〇
鱋　三八二
ザ　剉　三一
坐　五八
座　九七
挫　一二六
ざ　莝　二七七
サイ　才　一二二
再　二六
西　二九二
災　一九四
妻　七一
采　一五五
哉　四八
柴　一五九
洒　一八一
砕　二二六
菑　二七五
倅　一六
宰　七九
晒　一四三
栽　一五九
豺　三〇七
財　三〇八
彩　一〇四
採　一二七
済　一八四
淬　一八四
猜　二〇五
砦　二二七
祭　二三一
細　二五一
菜　二七四
斎　三八二
犀　二〇三
裁　二八八
靫　三五二
債　一九
催　一九
塞　六二
歳　一七二
跴　三一四
載　三一八
際　三四六
綷　二五三
儕　二一
臍　一五三
齎　三八二
灑　一九三
ザイ　在　五七
剤　三二
財　三〇八
罪　二五八
さいわい　幸　九五
祚　二三〇
祥　二三一
福　二三二
さえぎる　遮　三二七
さお　竿　二四〇
さか　坂　五八
阪　三四三
坡　五九
さが　性　一一三
さかい　区　三七
界　二一三
堺　六一
境　六三
疆　二一四
さかえる　栄　一五六
さかき　榊　一六六
さがす　捜　一二六
さかずき　卮　三九
杯　一五六
昝　九二
盞　二二〇
醆　三三二
爵　二〇一
觴　二九五
さかな　魚　三六九
肴　一四七
さかのぼる　遡　三一七
さからう　逆　三二二
さかん　壮　六五
旺　一四〇
昌　一四一
隆　三四五
熾　一九七
韡　三五四
さき　先　二三
崎　八八
曩　一四六
さぎ　鷺　三七七
さきがけ　魁　三六八
サク　冊　二五
作　一二
削　三一
昨　一四一
柵　一五七
厝　四〇
朔　一四九
索　二五〇
策　二四一
酢　三三一
搾　一三〇
嘖　五三
栔　一六五
簀　二四四
錯　三三七
齰　三八三
鑿　三四〇
さく　析　一五六
咲　四八
剖　三二
裂　二八九
さくら　桜　一五八
さぐる　探　一二八
ざくろ　榴　一六六
さけ　酒　三三一
鮭　三六九
さげすむ　蔑　二七八
さけぶ　号　四四
叫　四五
嘖　五三
さける　裂　二八九
僻　二一
避　三三八
さげる　下　二
提　一二九
ささ　笹　二四一
ささえる　支　一三三

撐 一三一
ささげる 捧 一二八
ささやく 囁 五五
ささら 筅 二四一
簓 二四五
さし 緡 二五四
さじ 匙 三六
さしがね 矩 二二五
さしずばた 麾 三七九
さしでる 儳 二一
さしはさむ 縉 二五五
さす 刺 三〇
指 二二五
差 九一
挿 一二六
劄 三三
さずける 授 一二七
さする 摩 一二一
さそう 誘 二九九
さそり 蠍 二八六
さだめる 定 七八
さち 幸 九五
サツ 冊 二五
札 一五三
刹 三〇
刷 三〇
挱 一二五
殺 一七四
紮 二五一
劄 三三
察 八〇
颯 三五八
撮 一三〇
薩 二八〇
ザツ 雑 三四八
さて 偖 一七
さと 郷 三三〇
さとい 俐 一五
倢 一六
聡 二六四
さとうきび 蔗 二七七
さとす 喩 五一
諭 三〇二
さとる 悟 一一四
さなぎ 蛹 二八四
さなだ 絛 二五二
さね 核 一五八
さば 鯖 三七一
さばく 裁 二八八
さび 銹 三三六
錆 三三七
さびしい 寂 七九
さま 様 一六六
さまたげる 礙 二二九
さまよう 仿 一一
彷 一〇四
徊 一一三
さむい 寒 八〇
さむらい 士 六五
さめる 醒 三三二
さや 鞘 三五二
さら 皿 二二〇
更 一四〇
盤 二二一
さらう 浚 一八二
渫 一八七
さらす 晒 一四三
曝 一四六
さる 去 四一
狙 二〇五
猴 二〇六
猿 二〇六
さわ 沢 一七九
皐 二一九
さわぐ 鬧 三六七
噪 五四
騒 三六四
譟 三〇四
躁 三一六
さわやか 爽 二〇一
さわら 椹 一六四
さわる 触 二九五
障 三四六
サン 三 二
山 八七
删 三〇
杉 一五四
参 四一
珊 二〇七
剗 三二
桟 一五九
蚕 二八三
惨 一一五
産 二二一
傘 一八
喰 五〇
散 一三五
盞 二二〇
粲 二四七
朁 一四四
算 二四三
酸 三三二
噆 五三
憯 一一七
撒 一三〇
潸 一九一
賛 三一〇
醆 三三二
簒 二四四
餐 三六一
攅 一三二
鏟 三三八
纂 二五六
霰 三五〇
儹 二二
灒 一九三
酇 三三一
欑 一六九
瓚 二〇九
纔 二五七
纘 二五七
鑽 三四〇
ザン 残 一七三
嶄 八九
慙 一一一
暫 一四五
塹 六三
竄 二三八
儳 二一
懺 一一八
讒 三〇五

【し】

シ 士 六五
子 七五
尸 八四
巳 九二
支 一三三
止 一七一
氏 一七六
仕 一〇
卮 三九
只 四四
司 四四
史 四四
四 五五
市 九二
矢 二二五
示 二二九
之 四
弛 一〇一
旨 一四〇
次 一七〇
此 一七二
死 一七二
糸 二四九
自 二六五
至 二六六
芝 二六九
芓 二七〇
伺 一二
兕 二三
址 五八
志 一〇七
私 二三三
豕 三〇六
使 一三
侈 一三
刺 三〇
姉 七一

始　七一
肢　一四七
枝　一五五
祀　二二九
俟　一四
呰　四八
咫　四八
姿　七二
屎　八五
屍　八五
思　一〇八
指　一二五
施　一三八
柿　一五七
師　九三
恣　一〇九
脂　一四九
砥　二二六
祇　二三〇
祠　二三〇
紙　二五〇
翅　二六一
耆　二六二
舐　二六七
偲　一七
匙　三六
梓　一六一
梔　一六一
淄　一八四
瓷　二一〇
眥　二二二
耜　二六三
視　二九四
趾　三一三
啻　五〇
孳　七六
廁　九八
斯　一三七
獅　二〇六
痣　二一六
紫　二五二
覗　二九四
詞　二九七
歯　三八三
嗣　五二
嗜　五二
嗤　五二
滓　一八八
肆　二六五
蓍　二七六
詩　二九八
訾　二九八
資　三〇九
趑　三一三
飼　三六〇
漬　一八九
稵　二三二
緇　二五三
雌　三四八
幟　九五
厮　九八
摯　一二一
諮　三〇一
賜　三一〇
輜　三一九
餈　三六〇
熾　一九七
篩　二四四
縒　二五四
謚　三〇一
錙　三三七
髭　三六七
鴟　三七五
鮨　三七〇
鳲　三七五
鵄　三七五
鰤　三七二
ジ　仕　一〇
示　二二九
地　五七
字　七七
寺　八一
次　一七〇
而　二六二
耳　二六三
自　二六五
似　一二
你　一二
児　二三
事　六
怩　一一三
治　一八〇
持　一二五
茲　二七二
姒　七一
時　一四三
痔　二一六
滋　一八六
慈　一一〇
蒔　二七六
辞　三二〇
爾　二〇一
磁　二二七
餈　三六〇
膩　一五二
邇　三二八
璽　二〇九
鶿　三七六
轜　三一九
じ　路　三一四
しあわせ　幸　九五
シイ　弑　一〇一
しいたげる　虐　二八一
しいな　秕　二三三
しいら　鱰　三七三
しいる　誣　二九九
しお　塩　六二
潮　一九一
しおからい　鹹　三七七
しおつち　鹵　三七七
しおり　栞　一五八
しおれる　凋　二七
しか　鹿　三七八
しかして　而　二六二
しかばね　尸　八四
屍　八五
しかめる　顰　三五八
しかり　兪　二四
然　一九九
しかる　叱　四四
呵　四六
咄　四七
咤　四八
訶　二九七
シキ　式　一〇〇
色　二六九
織　二五六
識　三〇三
しぎ　鴫　三七五
鷸　三七六
しきみ　梱　一六〇
梻　一六一
樒　一六七
しきりに　頻　三五七
しく　肣　一四七
敷　一三五
藉　二八〇
ジク　竺　二四〇
忸　一一三
衄　二八七
軸　三一八
しげる　茂　二七二
茲　二七二
滋　一八六
繁　二五五
鬱　三六八
しころ　錏　三三六
錣　三三七
しし　肉　二六五
獅　二〇六
じじ　祖　二三〇
しずか　倓　一六
静　三五一
謐　三〇三
闃　三四二
しずく　雫　三四九
滴　一九〇
しずむ　沈　一七九
没　一七九
しずめる　鎮　三三八
した　下　二
舌　二六七

したう　慕　一一一
したがう　従　一〇五
　殉　一七三
　循　一〇六
　順　三五五
　随　三四五
　遵　三二七
したがき　稿　二三五
したしい　親　二九四
したたる　溜　一八九
　滴　一九〇
したばかま　襠　二九二
シチ　七　二
　質　三一〇
シツ　叱　四四
　失　六七
　室　七八
　疾　二一五
　執　六〇
　悉　一〇九
　湿　一八七
　蛭　二八四
　嫉　七四
　瑟　二〇八
　漆　一八九
　膝　一五二
　蝨　二八五
　質　三一〇
　櫛　一六九
　鷙　三六四
ジツ　日　一三九
　実　七七
　昵　一四二
しつけ　躾　三一七
しと　尿　八四
しとね　茵　二七二
　褥　二九一
しとみ　蔀　二七八
しな　品　四八
　科　二三三
　級　二四九
しなやか　娜　七二
　婀　七二
　靭　三五二
　橈　一六八
しぬ　死　一七二
　歿　一七二
しの　篠　二四四
しのぐ　凌　二七
しのぶ　忍　一〇七
　偲　一七
しば　芝　二六九
　柴　一五九
しばしば　屢　八六
しばらく　暫　一四五
しばる　縛　二五五
しびれる　痺　二一六
しぶ　渋　一八四
しぶい　渋　一八四
しべ　蕊　二七八
しぼむ　凋　二七
しぼる　搾　一三〇
しま　洲　一八一
　島　八八
しむ　俾　一七
しめす　示　二二九
しめる　湿　一八七
しも　霜　三五〇
しもべ　卒　八
しもべ　僕　二〇
シャ　写　二六
　社　二二九
　車　三一七
　舎　一三
　卸　四〇
　炙　一九五
　者　二六二
　奓　六八
　砂　二二六
　射　八二
　紗　二五〇
　偖　一七
　赦　一三四
　斜　一三六
　這　三二三
　奢　六九
　煮　一九九
　硨　二二七
　賖　三一〇
　遮　三二七
　藉　二八〇
　謝　三〇二
　瀉　一九二
ジャ　邪　三二九
　蛇　二八三
シャク　勺　三六
　尺　八四
　芍　二七〇
　杓　一五四
　灼　一九四
　赤　三一二
　借　一六
　笏　二四〇
　釈　三三三
　綽　二五三
　爵　二〇一
　癪　二一七
ジャク　若　二七一
　迹　三二二
　寂　七九
　弱　一〇二
　雀　三四七
　惹　一一〇
　箬　二四三
しゃべる　喋　五一
シュ　手　一二一
　主　四
　守　七七
　取　四二
　狩　二〇五
　首　三六二
　修　一〇三
　株　一五九
　殊　一七三
　酒　三三一
　娶　七三
　袾　二三一
　衆　二八七
　須　三五五
　腫　一五一
　種　二三五
　諏　三〇〇
　趣　三一三
　鬚　三六七
ジュ　寿　八一
　受　四二
　呪　四七
　従　一〇五
　授　一二七
　就　八四
　需　三四九
　儒　二一
　樹　一六七
　豎　三〇六
　嬬　七五
　濡　一九二
　襦　二九二
シュウ　収　四二
　州　九一
　舟　二六七
　秀　二三三
　周　四七
　宗　七八
　洲　一八一
　祝　二三〇
　秋　二三三
　臭　二六五
　酋　三三一
　修　一〇三
　祥　二三一
　袖　二九〇
　脩　一五〇
　終　二五一
　羞　二六〇
　習　二六一
　週　三二四
　就　八四
　楫　一六四
　萩　二七五
　葺　二七五
　衆　二八七
　集　三四七
　愁　一一一

溲 一八八
蒐 二七六
遒 三二五
酬 三三二
聚 二六四
皺 二一九
[illegible] 三一四
踪 三一四
銹 三三六
醜 三六九
繡 二五六
蹴 三一五
鰌 三七一
襲 二九〇
讐 三〇四
鷲 三七七
ジュウ
十 三七
什 九
廿 三八
汁 一七八
充 二三
戎 一一八
成 一一八
狃 二〇四
柔 一五七
重 三三三
従 一〇五
渋 一八四
揉 一二九

絨 二五二
絛 二五二
獣 二〇四
縦 二五五
遶 三二七
しゅうと
舅 二六六
しゅうとめ
姑 七一
シュク
夙 二八
叔 四二
祝 二三〇
宿 八〇
淑 一八五
倏 二〇四
粛 二六五
粥 二四七
縮 二五五
蹙 三一五
蹴 三一五
ジュク
塾 六三
孰 七六
熟 二〇〇
しゅくば
郵 三三〇
シュツ
出 二八
ジュツ
戌 一一八
述 三二二
恤 一一四
術 一〇五
シュン
旬 一四〇

俊 一四
春 一四二
峻 八八
浚 一八二
偆 一七
竣 二三九
舜 二六七
雋 三四七
駿 三六四
瞬 二二四
蠢 二八七
ジュン
旬 一四〇
巡 三二一
徇 一〇五
洵 一八一
盾 二二二
准 二七
殉 一七三
純 二五〇
隼 三四七
惇 一一五
淳 一八五
循 一〇六
筍 二四一
閏 三四一
順 三五五
楯 一六四
準 一八八
詢 二九八

蓴 二七七
諄 三〇〇
遵 三二七
醇 三三二
鶉 三七六
じゅんさい
蓴 二七七
ショ
処 二七
初 二九
所 一二〇
書 一四三
庶 九七
渚 一八五
蛆 二八四
黍 三八〇
署 二五八
雎 三四八
蔗 二七七
諸 三〇〇
曙 一四六
薯 二八〇
覷 二九四
藷 二八一
鱮 三七三
ジョ
女 七〇
助 三四
序 九六
叙 四二
徐 一〇五

除 三四三
舒 二六七
鋤 三三六
ショウ
小 八二
少 八三
升 一〇〇
召 四四
正 一七一
生 二一一
匠 三七
庄 九六
听 四六
妝 七〇
床 九六
抄 一二二
肖 一四七
妾 七一
姓 七一
性 一一三
承 一二一
招 一二四
昇 一四一
昌 一四一
松 一五五
炒 一九五
青 三五一
咲 四八
政 一三四
昭 一四二

相 二二二
省 二二二
迠 三二二
倢 一六
哨 四八
宵 七九
将 八二
浹 一八二
消 一八二
称 三三三
秤 三三四
笑 二四〇
陞 三四四
商 八
唱 四九
娼 七三
捷 一二七
梢 一六一
清 一八五
渉 一八五
章 三三九
笙 二四〇
紹 二五一
舂 二六六
訟 二九六
勝 三五
廂 九八
品 一四四
椒 一六二

焼 一九六
焦 一九九
粧 二四七
装 二八九
証 二九七
詔 二九七
象 三〇六
鈔 三三四
傷 一九
塍 六二
奨 六九
照 一九九
睫 二三三
聖 二六三
蛸 二八四
詳 二九八
頌 三五六
嘗 五三
摺 一三〇
精 二四八
蔣 二七七
裳 二八九
障 三四六
嘯 五四
屧 八六
廠 九九
衝 一〇六
憔 一一七
槳 一六六
漿 一七七
箱 二四三
蕭 二七九
賞 三一〇
餉 三六〇
樵 一六七
薔 二七九
踵 三一五
鍋 三三七
鞘 三五二
償 二一
檣 一六八
燮 一九七
牆 二〇一
礁 二二八
篠 二四四
聳 二六四
醬 三三二
鍬 三三八
瀟 一九三
觴 二九五
鏘 三三九
鐘 三三九
囁 五五
麞 三七八
鷦 三七七
鱶 三七三
ジョウ
上 二
丈 二
仍 一〇
冗 二六
丞 三
条 一五四
杖 一五四
状 二〇四
定 七八
乗 五
城 五九
浄 一八一
奘 六九
娘 七二
烝 一九八
剰 三二
常 九四
情 一一五
場 六一
畳 二一四
嫋 七四
蒸 二七七
裊 二八九
嘗 五三
縄 二五四
嬢 七五
遶 三二七
錠 三三七
襄 二九〇
擾 一三二
穣 二三六
繞 二五六
攘 一三二
譲 三〇四
醸 三三二
饒 三六一
鑲 三三九
じょう
掾 一二八
しょうが
薑 二七九
ショク
色 二六九
昃 一四一
拭 一二五
食 三五九
埴 六〇
嗇 五二
寔 八〇
属 八六
植 一六二
殖 一七三
触 二九五
飾 三六〇
囑 五三
稷 二三六
蝕 二八五
樴 一六八
燭 一九七
穡 二三六
織 二五六
職 二六四
贖 三一一
矚 二二四
しょく
喞 五〇
ジョク
辱 三二〇
褥 二九一
しらべる
査 一五七
検 一六二
調 三〇〇
撿 一三一
しらみ
蝨 二八五
しり
尻 八四
臀 一五二
しりぞく
却 三九
屏 八六
退 三二三
しりぞける
斥 一三七
しる
汁 一七八
知 二二五
液 一八四
識 三〇三
しるし
印 三九
標 一六七
験 三六四
璽 二〇九
しるす
記 二九六
疏 二一五
署 二五八
録 三三七
しろ
白 二一八
城 五九
しろい
皎 二一九
皓 二一九
しろがね
銀 三三五
しわ
皺 二一九
シン
心 一〇七
申 二一二
囟 五六
伸 一二
臣 二九三
身 三一六
辛 三二〇
辰 三二〇
信 一四
侵 一五
津 一八一
矧 二二五
神 二三〇
唇 四八
娠 七二
宸 七九
振 一二六
晋 一四三
浸 一八二
疹 二一五
真 二二二
秦 二三三
袗 二九〇
針 三三三

晨 一四三
深 一八五
紳 二五一
進 三二四
森 一六二
診 二九七
嗔 五二
寝 八〇
慎 一一六
斟 一三六
新 一三七
蜃 二八四
榛 一六五
滲 一九〇
蔘 二七八
賑 三一〇
審 八一
震 三五〇
縉 二五五
臻 二六六
薪 二七九
親 二九四
駸 三六四
齔 三八三
簪 二四五
譖 三〇三
鐔 三七二
讖 三〇五
ジン 人 九
刃 二九
仁 一〇
壬 六五
仞 一〇
尽 八四
迅 三二一
臣 二九三
甚 二一一
神 二三〇
衽 二九〇
紝 二五〇
訊 二九六
陣 三四四
腮 一五〇
尋 八二
靭 三五二
腎 一五一
稔 二三四
飪 三五九
塵 六三
蕈 二七八
儘 二一
燼 一九七
贐 三一一
しんし 簇 二四四

【す】

ス 主 四
守 七七
素 二五〇
須 三五五
州 九一
す 洲 一八一
巣 八三
酢 三三一
ズ 図 五六
豆 三〇五
事 六
頭 三五六
ず 不 三
弗 一〇一
スイ 水 一七七
出 二八
吹 四六
垂 五八
炊 一九五
帥 九三
祟 二三〇
衰 二八八
彗 一〇三
悴 一一五
萃 二七四
酔 三三一
遂 三二五
瘁 二一六
睡 二二三
睢 二二三
翠 二六一
穂 二三六
巂 三四八
邃 三二八
錘 三三七
隧 三四六
燧 一九七
雖 三四八
すい 酸 三三二
ズイ 猚 二一一
随 三四五
蕊 二七八
髄 三六五
スウ 枢 一五六
芻 二七〇
崇 八八
嵩 八九
数 一三五
趨 三一三
雛 三四八
すう 吸 四四
呷 四七
すえ 末 一五四
季 七六
陶 三四四
甄 二一〇
すえる 饐 三六一
すがた 姿 七二
すがる 縋 二五五
すき 耜 二六三
犂 二〇三
隙 三四六
銚 三三五
鋤 三三六
鍬 三三八
すぎ 杉 一五四
椙 一六三
すぎる 過 三二五
すく 好 七〇
ずく 銑 三三五
すくう 抔 一二三
救 一三四
掬 一二七
すくない 少 八三
尠 八三
寡 八〇
すぐれる 卓 三八
俊 一四
雋 三四七
傑 一九
すけ 輔 三一八
すげ 菅 二七三
すける 透 三二四
すこし 少 八三
すこやか 健 一七
すさまじい 凄 二七
すし 鮓 三六九
鮨 三七〇
すじ 条 一五四
筋 二四一
ずし 龕 三八四
すず 鈴 三三五
すずき 鱸 三七三
すずしい 涼 一八六
すすむ 進 三二四
晋 一四三
すずめ 雀 三四七
すすめる 羞 二六〇
勧 三五
奨 六九
慂 一一一
薦 二七九
すずり 硯 二二七
すそ 裔 二八九
すだま 魑 三六九
すたれる 廃 九八
すっぽん 鼈 三八〇
すでに 既 一三九
すてる 捐 一二六
すてる 棄 一六三
すな 沙 一七八
砂 二二六
すなどる 漁 一八九
すなはら 漠 一八九
すなわち 乃 四
迺 三二三
曾 一四四

輒 三一八
すね 脛 一五〇
すのこ 簀 二四四
すばしり 鯐 三七一
すばやい 僄 一九
すばる 昴 一四二
すべ 術 一〇五
すべて 凡 二七
すべる 辷 三二一
統 二五二
滑 一八八
総 二五三
すます 済 一八四
すみ 炭 一九五
隅 三四五
墨 六三
すみやか 亟 七
すみれ 菫 二七四
すむ 棲 一六二
栖 一五九
済 一八四
澄 一九一
すもも 李 一五五
する 刷 三〇
戛 一一九
摺 一三〇
ずるい 狡 二〇五
するどい 鋭 三三六
すわる 坐 五八
座 九七
スン 寸 八一

【せ】

セ 世 三
施 一三八
せ 背 一四八
脊 一四九
畝 二一三
瀬 一九三
ゼ 是 一四二
セイ 世 三
正 一七一
生 二一一
成 一一八
西 二九二
声 六五
制 三一
姓 七一
征 一〇四
性 一一三
青 三五一
斉 三八二
政 一三四
星 一四二
省 二二二
砌 二二六
穽 二三七
凄 二七
晟 一四三
栖 一五九
栬 一六〇
筬 二四二
情 一一五
清 一八五
盛 二二〇
婿 七三
掣 一二一
最 一四四
晴 一四四
棲 一六二
甥 二一一
貰 三〇九
勢 三五
歳 一七二
靖 三三九
聖 二六三
精 二四八
緀 二五三
蜻 二八五
製 二八九
誓 二九九
静 三五一
整 一三五
醒 三二二
錆 三三七
鮏 三六九
瀞 一九三
薺 二八〇
臍 一五三
鯖 三七一
鯯 三七一
齎 三八二
霽 三五一
齏 三八二
鱭 三七三
ゼイ 脆 一四九
税 二三四
筮 二四二
説 二九九
噬 五四
贅 三一一
せがれ 倅 一六
躮 三一七
セキ 夕 六六
尺 八四
斥 一三七
石 二二六
赤 三一二
昔 一四一
析 一五六
席 九三
脊 一四九
迹 三二二
隻 三四七
寂 七九
戚 一一九
責 三〇八
晰 一四四
舄 二六六
跡 三一四
塉 六三
慼 一一二
潟 一九一
瘠 二一七
積 二三六
績 二五五
藉 二八〇
籍 二四五
せき 咳 四七
堰 六一
関 三四一
セチ 節 二四二
セツ 卩 三九
切 二九
折 一二二
刹 三〇
拙 一二四
泄 一八〇
洩 一八一
窃 二三七
屑 八五
接 一二七
晢 一四三
紲 二五一
雪 三四九
渫 一八七
摂 一三〇
楔 一六四
節 二四二
截 一一九
説 二九九
薛 二七九
褻 二九〇
爇 一九八
ゼツ 舌 二六七
焫 一九五
絶 二五二
ぜに 銭 三三五
せぼね 呂 四六
膂 一五二
せまい 阨 三四二
狭 二〇五
陋 三四三
陜 三四三
隘 三四五
褊 二九一
せまる 迫 三二二
逼 三二六
蹙 三一五
せみ 蜩 二八五
蟬 二八六
せめる 攻 一三三
呰 四八
責 三〇八

謫 三〇三
譴 三〇四
せり
芹 二七〇
せる
競 二三九
セン
千 三八
川 九一
仙 一〇
先 二三
宣 七八
専 八一
染 一五七
泉 一七七
浅 一八一
穿 二三七
倩 一六
扇 一二〇
栴 一六〇
涎 一八二
茜 二七二
剪 二九
旋 一三八
船 二六八
揃 一二九
筅 二四一
僉 一九
尠 八三
戦 一一九
煎 一九九
碊 二二七
蒨 二七七
践 三一四
雋 三四七
僭 二〇
僎 二〇
僊 二〇
煽 一九六
箋 二四三
銭 三三五
銑 三三五
撰 一三一
潜 一九一
璇 二〇九
箭 二四三
籤 二四六
線 二五四
賤 三一〇
選 三二八
遷 三二八
擅 一三一
薦 二七九
氈 一七六
纎 二五五
鑯 三五四
餞 三六一
鮮 三七〇
擶 一三二
瞻 二二四
蟬 二八六
鐫 三三九
饌 三六二
譾 三〇四
躚 三一六
鱓 三七三
韆 三五三
鹼 三七七
殲 一七三
せん
ゼン
冉 二五
全 一一
苒 二七一
前 三一
善 五一
喘 五一
然 一九九
禅 二三二
羨 二六〇
髯 三六六
膳 一五二
繕 二五六
蠕 二八七

【そ】

ソ
且 三
姐 七一
岨 八七
狙 二〇五
爼 一五
祖 二三〇
祚 二三〇
租 二三三
措 一二七
梳 一六一
粗 二四七
甦 二一一
疏 二一五
疎 二一五
訴 二九七
詛 二九七
塑 六二
想 一一一
楚 一六四
鼠 三八一
愬 一一一
遡 三二七
礎 二二八
素 二五〇
蘇 二八一
菹 二七四
齟 三八三
麤 三七八
ソウ
双 四二
爪 二〇〇
匆 三六
匝 三七
争 六
壮 六五
早 一四〇
皁 二一八
走 三一二
刱 二九
宗 七八
帚 九三
奏 六八
怱 一〇八
相 二二二
草 二七二
荘 二七二
送 三二三
倉 一六
叟 四三
奘 六九
捜 一二六
挿 一二六
桑 一六〇
蚤 二八三
傯 一八
巣 八三
掃 一二七
搔 一三〇
曹 一四三
爽 二〇一
窓 二三七
創 三二
喪 五一
惣 一一〇
曾 一四四
棗 一六二
湊 一八七
葬 二七五
葱 二七六
装 二八九
僧 一九
剿 三二
勦 三五
嫂 七四
廋 九八
想 一一一
蒼 二七七
嗽 五三
層 八六
槍 一六五
漕 一九〇
漱 一九〇
箒 二四三
箏 二四三
総 二五三
聡 二六四
遭 三二七
噌 五三
槽 一六六
澡 一九一
瘡 二一七
痩 二一七
諍 三〇〇
踪 三一四

噪　五四
操　一三一
甑　二一一
艘　二六八
燥　一九七
簇　二四四
糟　二四八
霜　三五〇
叢　四三
藪　二八〇
贈　三一一
騒　三六四
繰　二五六
藻　二八一
鏓　三三九
騣　三六四
譟　三〇四
躁　三一六
囃　五五
竈　二三九
籔　二四六
鯵　三七二
そう
沿　一七九
副　三二
ゾウ
造　三三三
象　三〇六
像　二〇
増　六三
慥　一一七
雑　三四八
蔵　二七八
贈　三一一
臓　一五三
臟　三一一
そうろう
候　一六
そえる
式　一〇一
副　三二
添　一八五
ソク
仄　四〇
即　三九
束　一五五
足　三一三
促　一五
則　三一
息　一〇九
捉　一二六
速　三二三
側　一八
喞　五〇
測　一八七
塞　六二
ゾク
俗　一五
族　一三八
属　八六
粟　二四七
続　二五二
賊　三〇九
そこ
底　九七
そこなう
害　七九
損　一三〇
賊　三〇九
そしる
訾　二九八
誹　三〇〇
謗　三〇三
謷　三〇三
譖　三〇三
讒　三〇五
そそぐ
沃　一七九
注　一八〇
洒　一八一
漑　一八九
瀉　一九二
灌　一九三
灑　一九三
そそのかす
唆　四八
そだつ
育　一四七
そだてる
育　一四七
ソツ
卒　八
倅　一六
率　八
埣　六〇
そで
袖　二九〇
褻　二九〇
そと
外　六六
そなえる
供　一三
備　一八
饌　三六二
そなわる
具　二五
そね
埣　六〇
磽　二二八
そねむ
猜　二〇五
その
其　二五
苑　二七一
園　五七
そびえる
聳　二六四
そむく
乖　五
叛　四二
背　一四八
そめる
染　一五七
そら
宙　七八
昊　一四一
穹　二三七
空　二三七
そり
橇　一六七
そる
反　四二
剃　三一
髡　三六六
それがし
某　一五八
それる
逸　三二四
そろう
揃　一二九
そわ
岨　八七
ソン
存　七六
村　一五五
拵　一二五
孫　七六
尊　八二
巽　九二
損　一三〇
飧　三五九
遜　三二七
噂　五三
樽　一六八
蹲　三一六
鱒　三七三
ゾン
存　七六

【た】

タ
太　六七
他　一〇
多　六六
汰　一七八
拖　一二四
沱　一八〇
陀　三四三
咤　四八
庹　九八
詑　二九七
跎　三一三
詫　二九八
躱　三一七
鉈　三三四
た
手　一二一
咫　四八
ダ
打　一二二
朶　一五四
兌　二三
妥　七〇
沱　一八〇
陀　三四三
埵　五九
娜　七二
唾　四九
舵　二六八
蛇　二八三
雫　三四九
堕　六一
媠　七四
惰　一一六
楕　一六四
駄　三六三
駝　三六三
懦　一一八
糯　二四八
儺　二二
驒　三六五
タイ
忕　一一三
帯　九四
替　一四四
体　一二
泰　一七七
耐　八二
胎　一四八
太　六七

台 四四
対 八一
苔 二七一
待 一〇五
殆 一七三
玳 二〇七
退 三二三
堆 六〇
袋 二八八
逮 三二五
貸 三〇九
隊 三四五
滞 一八八
態 一一一
腿 一五二
駘 三六三
頽 三五六
黛 三八〇
戴 一二〇
擡 一三二
[illegible] 二一七
たい 鯛 三七一
ダイ 乃 四
大 六七
内 二五
台 四四
弟 一〇一
迺 三二三
第 二四〇

醍 三三二
嬭 七五
餒 三六一
題 三五七
たいら 平 九五
坦 五九
たえ 妙 七〇
栲 一五九
たえる 耐 八二
堪 六一
絶 二五二
たおやか 嫋 七四
たおれる 仆 一〇
弊 一〇〇
殪 一七三
斃 一三六
たか 鷹 三七七
たが 箍 二四三
たかい 倬 一六
峻 八八
高 三六六
崇 八九
崇 八八
隆 三四五
喬 五〇
嵩 八九
嶄 八九
巍 九〇
たがい 互 七

たかつき 鐙 三三九
たかどの 楼 一六五
閣 三四一
たかぶる 亢 七
たかむしろ 簟 二四五
たがやす 耕 二六三
墾 六四
たから 宝 七八
財 三〇八
貨 三〇八
たき 滝 一八九
瀑 一九二
たきぎ 梳 一六〇
薪 二七九
たぎる 滾 一八九
タク 宅 七七
度 九七
択 一二二
沢 一七九
卓 三八
拓 一二四
柝 一五七
倬 一六
琢 二〇八
馲 三六三
槖 一六八
斲 一三七
磔 二二八

濯 一九二
謫 三〇三
鐸 三三九
たく 炊 一九五
焚 一九六
ダク 諾 三〇〇
濁 一九二
だく 抱 一二四
たぐい 類 三五七
疇 二一五
たくみ 工 九一
巧 九一
匠 三七
たくわえる 畜 二一三
貯 三〇九
蓄 二七七
たけ 丈 二
竹 二四〇
岳 八七
たけし 威 七一
武 一七二
猛 二〇六
たけだけしい 悍 一一四
たけなわ 酣 三三一
たけのこ 筍 二四一
たこ 胼 一五一
蛸 二八四

たしか 慥 一一七
確 二二八
たしなむ 嗜 五二
たしなめる 窘 二三八
だす 出 二八
たすき 襷 二九二
たすける 介 九
丞 三
佐 一二
助 三四
扶 一二三
毘 二一三
祐 二三一
幇 九四
弼 一〇二
輔 三一八
たずさわる 携 一二九
たずねる 尋 八二
ただ 只 四四
祇 二三〇
唯 五〇
惟 一一五
啻 五〇
たたえる 称 二三三
湛 一八七
賛 三一〇
たたかう 戦 一一九

鬩 三六七
たたかう 闘 三四二
たたく 叩 四四
敲 一三五
ただし 但 一二
ただしい 正 一七一
貞 三〇七
ただす 匡 三七
董 二七六
督 二二三
たたずむ 佇 一二
ただちに 直 二二一
たたみ 畳 二一四
たたむ 畳 二一四
ただよう 漂 一九〇
漾 一九〇
たたる 祟 二三〇
ただれる 爛 一九八
たち 質 三一〇
たちばな 橘 一六七
たちまち 乍 五
奄 六八
忽 一〇八
倏 二〇四
タツ 達 三一五
撻 一三二
たつ 立 二三九
辰 三二〇
建 九九

竜 三八三
断 一三七
絶 二五二
裁 二八八
截 一一九
製 二八九
竪 三〇六
ダツ 獺 二〇七
脱 一五〇
奪 六九
たっとい 尊 八二
たつみ 巽 九二
たて 盾 二二二
楯 一六四
縦 二五五
たてがみ 騣 三六四
鬣 三六七
たてまつる 呈 四六
奉 六八
献 二〇四
たてる 建 九九
たとえる 例 一四
譬 三〇四
たどる 辿 三二一
たな 棚 一六三
たなご 鱮 三七三
たに 谷 三〇五
奚 六八

たぬき 狸 二〇五
たね 胤 一四八
種 二三五
たのしい 楽 一六三
たのしむ 佚 二
娯 七二
愉 一一六
たのむ 嘱 五三
頼 三五六
たば 束 一五五
たび 度 九七
旅 一三八
羈 二五九
たぶ 椨 一六三
たぶらかす 誑 二九九
たべる 食 三五九
たま 玉 二〇七
圭 五七
球 二〇八
弾 一〇二
霊 三五〇
璧 二〇九
瓊 二〇九
たまう 貺 三〇九
賚 三一〇
たまき 環 二〇九
たまご 卵 三九
たましい 魂 三六八

だます 瞞 二二四
騙 三六四
たまや 廟 九九
だまる 黙 三八〇
たまわる 賜 三一〇
たみ 民 一七六
氓 一七六
たむろ 屯 八六
ためし 験 三六四
ためる 矯 二二六
たもつ 保 一五
たもと 袂 二九〇
たより 便 一五
たら 鱈 三七二
たらい 盥 二二一
たりる 足 三一三
たる 樽 一六八
たれ 孰 七六
たれる 垂 五八
たわむ 撓 一三一
たわむれる 嫐 七四
戯 一一九
たわら 俵 一七
タン 丹 四
反 四二
旦 一四〇
但 一二
坦 五九

担 一二四
単 八三
象 一〇三
胆 一四八
炭 一九五
倓 一六
耽 二六三
聃 二六三
啖 四九
探 一二八
淡 一八五
萏 二七四
貪 三〇八
酖 三三一
堪 六一
湛 一八七
短 二二五
亶 九
嘆 五二
端 二三九
綻 二五三
憚 一一七
歎 一七一
潭 一九一
誕 三〇〇
殫 一七三
襌 二九二
鍛 三三八
簞 二四五

壜 六五
譚 三〇四
鐔 三三九
灘 一九四
驒 三六五
ダン 団 五六
男 二一二
柟 一五八
段 一七三
断 一三七
弾 一〇二
暖 一四五
煖 一九六
談 三〇〇
壇 六四
檀 一六八

【ち】

チ 地 五七
池 一七八
治 一八〇
知 二二五
値 一六
恥 一〇九
致 二六六
笞 二四〇
智 一四四
遅 三二五
痴 二一六

稚 二三四
置 二五八
雉 三四八
馳 三六三
褫 二九二
篪 二四四
魑 三六九
躓 三一六
ち 千 三八
血 二八七
乳 六
ちいさい 小 八二
ちえ 智 一四四
ちかい 近 三二二
邇 三二八
ちかう 盟 二二一
誓 二九九
ちがう 違 三二六
ちかづく 昵 一四二
ちから 力 三三
ちからぐさ 莨 二七三
ちぎる 契 六八
チク 竹 二四〇
畜 二一三
逐 三二四
筑 二四一
蓄 二七七
築 二四四

ちち 父 二〇一
乳 六
爺 二〇一
ちぢむ 縮 二五五
チツ 帙 九三
秩 二三三
膣 一五二
蟄 二八六
ちどり 鵆 三七五
ちまた 巷 九二
チャ 茶 二七二
チャク 着 二二三
嫡 七四
チュウ 丑 二
中 四
虫 二八二
沖 一七九
宙 七八
抽 一二四
注 一八〇
冑 二六
昼 一四二
胄 一四八
紐 二五〇
衷 二八八
張 一〇二
紬 二五一
厨 四一
註 二九八
銚 三三五
鋳 三三六
儔 二一
疇 二一五
籀 二四五
籌 二四五
躊 三一六
躕 三一六
チョ 佇 一二
杼 一五六
猪 二〇六
著 二七四
貯 三〇九
楮 一六四
箸 二四三
儲 二一
瀦 一九三
躇 三一六
チョウ 丁 二
弔 一〇一
庁 九六
兆 二三
町 二一二
長 三四〇
挑 一二五
重 三三三
冢 二六
凋 二七
帳 九四
彫 一〇四
眺 二二三
釣 三三四
頂 三五五
鳥 三七四
喋 五一
塚 六一
朝 一五一
脹 一五一
琱 二〇八
貂 三〇七
超 三一二
腸 一五一
牒 二〇二
誂 二九八
跳 三一四
徴 一〇六
暢 一四五
漲 一九〇
肇 二六五
蔦 二七八
蜩 二八五
輒 三一八
嘲 五三
澄 一九一
潮 一九一
蝶 二八五
調 三〇〇
諜 三〇一
聴 二六四
韔 三五三
懲 一一三
寵 八一
鯛 三七一
糶 二四九
チョク 直 二二一
勅 三四
陟 三四四
捗 一二六
飭 三五九
ちり 埃 五九
塵 六三
ちりばめる 婁 七三
ちる 散 一三五
チン 沈 一七九
枕 一五六
珍 二〇七
朕 一四九
砧 二二六
陳 三四四
趁 三一三
椿 一六四
椹 一六四
賃 三〇九
踸 三一五
鎮 三三八

【つ】

ツ 堵 六一
都 三三〇
つ 津 一八一
ツイ 対 八一
追 三三三
堆 六〇
槌 一六五
墜 六四
縋 二五五
鎚 三三八
ついえる 潰 一九〇
ついず 叙 四二
ついたち 朔 一四九
ついで 序 九六
秩 二三三
ついやす 費 三〇九
ツウ 通 三二四
痛 二一六
つえ 杖 一五四
枴 一五七
筇 二四一
つか 把 一二三
冢 二六
塚 六一
欛 一七〇
つが 栂 一五八
つがい 番 二一四
つかう 使 一三
つかえる 仕 一〇
つかさ 司 四四
吏 四五
官 七七
宰 七九
曹 一四三
僚 二〇
つかさどる 職 二六四
つかむ 摑 一三〇
摯 一二一
攫 一三二
つかれる 労 三四
疲 二一六
憊 一一二
瘁 二一六
羸 二六〇
つかわす 遣 三二六
つき 月 一四六
坏 五八
槻 一六六
欟 一七〇
つぎ 次 一七〇
つぎうま 駅 三六三
つきそう 扈 一二〇
つきる 竭 二三九
殫 一七三
つく 即 三九

突 二三七
附 三四三
就 八四
属 八六
搗 一三〇
衝 一〇六
擣 一三二
つぐ 次 一七〇
接 一二七
嗣 五二
継 二五二
つくえ 机 一五四
案 一五八
つくす 尽 八四
悉 一〇九
殲 一七三
つぐなう 償 二一
つぐみ 鶇 三七六
つぐむ 噤 五四
つくる 作 一二
造 三三三
製 二八九
つくろう 繕 二五六
つけもの 菹 二七四
つける 附 三四三
就 八四
漬 一八九
つげる 訃 二九六
つじ 辻 三二一

つた 蔦 二七八
つたない 拙 一二四
つたわる 伝 一一
つち 土 五七
地 五七
槌 一六五
鎚 三三八
つちかう 培 六〇
つちのえ 戊 一一八
つつ 砲 二二七
つづく 続 二五二
つつしむ 恪 一一四
祗 二三〇
虔 二八二
粛 二六五
欽 一七一
慎 一一六
兢 二四
愨 一一一
謹 三〇二
つつましい 倹 一六
つつみ 堤 六一
塘 六三
つづみ 鼓 三八一
つつむ 包 三六
韞 三五四
韜 三五四
つづる 綴 二五三

つとに 夙 二八
つとめる 努 三四
勉 三五
務 三五
勖 三五
勤 三五
つな 紘 二五〇
綱 二五二
つなぐ 系 二四九
繋 二五六
つね 毎 一七五
恒 一一四
常 九四
彝 一〇三
つの 角 二九五
つば 唾 四九
鍔 三三七
鐔 三三九
つばき 唾 四九
椿 一六四
つばさ 翅 二六一
翼 二六一
つばめ 燕 二〇〇
つぶ 粒 二四七
つぶる 瞑 二二四
つぼ 坪 五九
壺 六五
つぼね 局 八四
つぼみ 菩 二七三

つま 妻 七一
褄 二九一
嬬 七五
つまずく 跋 三一三
蹶 三一五
躓 三一六
つまびらか 審 八一
つみ 辜 三二〇
罪 二五八
罰 二五九
つむ 摘 一三〇
積 二三六
薀 二七九
錘 三三七
蘊 二八一
つむぎ 紬 二五一
つむぐ 績 二五五
つむじかぜ 飄 三五八
飆 三五八
つめ 爪 二〇〇
つめたい 冷 二七
つめる 詰 二九八
つや 艶 二六九
つゆ 露 三五〇
つよい 侃 一三
勁 三四
剛 三一

強 一〇二
毅 一七四
彊 一〇二
つら 面 三五一
つらつら 倩 一六
つらなる 列 三〇
連 三二四
聯 二六四
つらぬく 貫 三〇八
つる 弦 一〇一
寉 三四七
釣 三三四
蔓 二七八
鶴 三七六
靏 三五一
つるぎ 剣 三一
つわもの 兵 二四

【て】

て 手 一二
弓 一〇一
デ 弟 一〇一
てあし 肢 一四七
テイ 弟 一〇一
剃 三一
底 九七
体 一二
堤 六一
定 七八

睇 二二三
偵 一八
停 一八
呈 四六
庭 九七
低 一二
程 二三四
帝 九三
汀 一七八
鵜 三七五
丁 二
氐 一七六
廷 九九
抵 一二四
邸 三一九
亭 八
貞 三〇七
酊 三三一
剔 三二
娣 七二
遆 三二四
啼 五一
提 一二九
觝 二九五
碇 二二七
艇 二六八
遉 三二五
鼎 三八一
蔕 二七八

綴 二五三
鄭 三三〇
諦 三〇一
蹄 三一五
嚔 五四
蟶 二八六
デイ 泥 一八〇
鉨 三三四
禰 二三二
てがら 閥 三四一
テキ 狄 二〇四
的 二一八
迪 三二二
剔 三二
荻 二七三
惕 一一五
笛 二四〇
逖 三二四
嫡 七四
摘 一三〇
滴 一九〇
適 三二七
敵 一三五
擢 一三二
擲 一三二
鏑 三三九
糴 二四九
デキ 溺 一八八
できもの 瘍 二一七

てぐるま 輦 三一九
てこ 杆 一五四
デシリットル 竕 二三九
てすり 欄 一六九
テツ 姪 七二
哲 四八
耋 二六二
啜 二一四
鉄 三三五
徹 一〇七
錣 三三七
デツ 涅 一八三
てふき 巾 九二
てら 寺 八一
てらう 衒 一〇五
てる 照 一九九
でる 出 二八
てん 貂 三〇七
テン 天 六七
辿 三二一
典 二五
店 九七
忝 一〇八
恬 一一四
点 一九八
展 八五
添 一八五
甜 二一一

転 三一八
奠 六九
晛 二九四
塡 六二
廛 九九
諂 三〇〇
碾 二二八
簟 二四五
顚 三五七
纏 二五七
鷆 三七六
巓 九〇
デン 伝 一一
畋 一三四
淀 一八六
殿 一七四
鈿 三三五
電 三四九
鮎 三七〇
臀 一五二

【と】

ト 土 五七
斗 一三六
吐 四五
兎 二三
図 五六
杜 一五五
妬 七一

度 九七
徒 一〇五
涂 一八三
途 三二四
兜 二四
菟 二七四
都 三三〇
堵 六一
屠 八六
渡 一八七
登 二一八
塗 六二
睹 二三四
賭 三一一
蠹 二八七
と 戸 一二〇
砥 二二六
ド 土 五七
奴 七〇
努 三四
帑 九三
度 九七
怒 一〇八
駑 三六三
とい 問 五〇
樋 一六六
といし 厝 四〇
砥 二二六
厲 四一

礪 二二九
トウ 刀 二九
冬 六五
当 八三
灯 一九四
佟 一三
投 一二二
豆 三〇五
沓 一七七
逃 三二三
党 二四
凍 二七
唐 四九
套 六九
島 八八
桐 一六〇
桃 一六〇
疼 二一六
透 三二四
偸 一八
兜 二四
悼 一一五
掉 一二八
盗 二二〇
逗 三二四
陶 三四四
塔 六一
搭 一二九
棟 一六二

棠 一六二
湯 一八七
登 二一八
答 二四一
等 二四一
統 二五二
董 二七六
道 三二五
塘 六三
搗 一三〇
滔 一八八
條 二五二
罩 二五九
凳 二八
剳 三三
稲 二三五
読 二九九
樋 一六六
滕 一七七
蕩 二七八
踏 三一四
撐 一三一
檔 一六八
糖 二四八
頭 三五六
擣 一三二
濤 一九二
盪 二二一
謄 三〇二

蹈 三一五
蹋 三一五
檮 一六九
櫂 一六九
礑 二二九
藤 二八〇
襠 二九二
鬪 三四二
禱 二三二
韜 三五四
鶇 三七六
鼟 三八一
鐙 三三九
䲢 三六四
黱 三七二
籐 二四六
儻 二二
饕 三六二
とう
訊 二九六
問 五〇
詢 二九八
ドウ
同 二六
洞 一八二
動 三五
堂 六〇
童 二三九
道 三二五
働 一九
嬲 七四
慟 一一七
銅 三三六
導 八二
撓 一三一
閙 三六七
橈 一六八
耨 二六三
瞠 二二四
艟 二六八
とうとい
尊 八二
貴 三〇八
とお
十 三七
什 九
とおい
遠 三二六
とおる
亨 八
通 三二四
達 三二五
徹 一〇七
とが
咎 四六
栂 一五八
とかげ
蜴 二八五
とかす
解 二九五
融 三六八
とがめる
譴 三〇四
とき
時 一四三
鬨 三六七
鴾 三七五
ときあかし
註 二九八
トク
特 二〇三
得 一〇五
痜 二一六
督 二二三
徳 一〇六
読 二九九
篤 二四四
瀆 一九二
牘 二〇二
犢 二〇三
とく
釈 三三三
解 二九五
説 二九九
とぐ
研 二二六
ドク
毒 一七五
独 二〇五
読 二九九
髑 三六六
とける
融 三六八
とげる
遂 三二五
とこ
常 九四
床 九六
ところ
処 二七
ところ
所 一二〇
とし
年 九五
敏 一三四
歳 一七二
齢 三八三
どじょう
鯲 三七一
鰌 三七一
とじる
杜 一五五
閉 三四一
闔 三四二
とち
栃 一五八
トツ
吶 四六
咄 四七
突 二三七
とても
迚 三二二
とどく
届 八五
とどこおる
滞 一八八
ととのえる
整 一三五
とどまる
停 一八
逗 三二四
遛 三二七
稽 二三五
とどろき
轟 三一九
となえる
徇 一〇五
唱 四九
となり
隣 三四六
との
殿 一七四
どの
殿 一七四
とばり
帳 九四
帷 九四
幄 九四
幕 九四
とび
鳶 三七四
鴟 三七五
鵄 三七五
とびら
扉 一二〇
とぶ
飛 三五九
跳 三一四
とぼしい
乏 五
とぼそ
枢 一五六
とまる
止 一七一
泊 一八〇
留 二一三
とみ
富 八〇
とむ
富 八〇
とむらう
弔 一〇一
とめる
止 一七一
泊 一八〇
留 二一三
とも
友 四二
共 二四
供 一三
朋 一四八
鞆 三五二
艫 二六八
ともがら
儕 二一
儔 二一
ともしび
燭 一九七
ともづな
纜 二五七
ともに
倶 一五
偕 一七
どもる
吃 四四
吶 四六
とら
虎 二八一
寅 七九
とらえる
拘 一二三
捉 一二六
捕 一二六
とり
酉 三三一
鳥 三七四
禽 二三二
とりこ
虜 二八二
とりで
砦 二二七
堡 六一
塁 六二
塞 六二
とる
把 一二三
取 四二
采 一五五
執 六〇
採 一二七
摂 一三〇
撮 一三〇
攬 一三三
ドル
弗 一〇一
とろ
瀞 一九三
どろ
泥 一八〇
淤 一八四
とろける
蕩 二七八
トン
屯 八六
団 五六

惇 一一五
豚 三〇六
敦 一三五
遁 三二六
頓 三五六
飩 三五九
墩 六四
噸 五四
ドン 呑 四六
貪 三〇八
鈍 三三四
嫩 七四
曇 一四六
壜 六五
どんぐり 皁 二一八
とんび 鳶 三七四

【な】

ナ 那 三二九
奈 六八
捺 一二八
儺 二二
な 菜 二七四
ナイ 乃 四
内 二五
迺 三二三
ない 亡 七
無 一九九
なえ 苗 二七一
なお 猶 二〇六
なおす 直 二二一
なか 中 四
ながあめ 霖 三五〇
霪 三五〇
ながい 永 一七七
長 三四〇
なかば 央 六七
ながめる 眺 二二三
なかれ 勿 三六
毋 一七五
莫 二七三
ながれる 流 一八三
なぎ 凪 二八
彅 一〇二
なきがら 骸 三六五
なぎさ 渚 一八五
なく 泣 一七九
哭 四八
唳 五〇
喞 五〇
啼 五一
なぐ 凪 二八
なぐさめる 慰 一一一
なぐる 殴 一七三
なげうつ 抛 一二五
擲 一三二
なげく 嘆 五二
慷 一一六
慟 一一七
歎 一七一
なげる 投 一二二
なさけ 仁 一〇
情 一一五
なし 莫 二七三
梨 一六一
勿 三六
なじむ 昵 一四二
なす 成 一一八
為 一九八
なずな 薺 二八〇
なぞ 謎 三〇三
なぞらえる 准 二七
なた 鉈 三三四
なだ 灘 一九四
なだめる 宥 七八
ナツ 捺 一二八
なつ 夏 六六
なつかしい 懐 一一七
なつめ 棗 一六二
なでる 敉 一三四
撫 一三一
なな 七 二
ななつ 七 二
ななめ 斜 一三六
なに 何 一二
奚 六八
なびく 靡 三五一
なべ 鍋 三三七
なまじいに 憖 一一二
なます 膾 一五二
なまず 鮎 三六九
鯰 三七一
なまめかしい 嬌 七五
艶 二六九
なまめく 妖 七〇
なまり 訛 二九六
鉛 三三四
なまる 訛 二九六
なみ 並 三
波 一八〇
浪 一八三
濤 一九二
なみだ 涙 一八三
なめしがわ 韋 三五三
なめる 舐 二六七
嘗 五三
なやむ 悩 一一五
蹇 三一五
なら 楢 一六四
ならい 俗 一五
ならう 倣 一一七
習 二六一
傚 一八
ならぶ 並 三
幷 九五
儷 二二
駢 三六四
なり 也 五
なる 成 一一八
なれる 狃 二〇四
狎 二〇五
慣 一一六
なわ 苗 二七一
索 二五〇
縄 二五四
なわて 畷 二一四
ナン 男 二一二
南 三八
軟 三一八
楠 一六四
難 三四八
なん 何 一二
你 一二
なんじ 爾 二〇一
なんぞ 曷 一四一
盍 二二〇

【に】

ニ 二 六
仁 一〇
尼 八四
弍 一〇一
児 二三
に 丹 四
荷 二七二
にえ 錵 三三六
にえる 煮 一九九
にお 鳰 三七四
にかわ 膠 一五二
にきび 皰 二一九
にぎる 握 一二八
にぎわう 賑 三一〇
ニク 肉 二六五
にげる 逃 三二三
にごる 濁 一九二
にし 西 二九二
にじ 虹 二八二
にしき 錦 三三六
にじむ 滲 一九〇
にじゅう 廿 三八
にせ 偽 一七
贋 三一一
ニチ 日 一三九
にな 螺 二八六
になう 担 一二四
にぶい 鈍 三三四
ニュウ 乳 六
柔 一五七

ニョ　女　七〇
ニョウ　尿　八四
にら　韮　三五四
にらぐ　淬　一八四
にらむ　睨　二二三
にる　似　一二二
　肖　一四七
　煮　一九九
にわ　庭　九七
にわとり　鶏　三七五
ニン　人　九
　任　一一
　妊　七〇
　忍　一〇七
　荵　二七三

【ぬ】

ぬいとり　繡　二五六
ぬう　縫　二五五
ぬえ　鵺　三七六
ぬか　糠　二四八
ぬかずく　頓　三五六
ぬく　抜　一二三
　抽　一二四
　擢　一三二
ぬぐ　脱　一五〇
ぬぐう　拭　一二五
ぬさ　幣　九五
ぬし　主　四
ぬすむ　窃　二三七
　偸　一八
　盗　二二〇
ぬの　布　九二
ぬのこ　褐　二九一
ぬる　塗　六二
ぬれぎぬ　冤　二六
ぬれる　濡　一九二

【ね】

ネ　涅　一八三
　禰　二三二
ね　音　三五四
　値　一六
　根　一五九
ネイ　佞　一三
　甯　二一二
　寧　八一
ねがう　願　三五七
ねぎ　葱　二七六
ねこ　猫　二〇六
ねじる　捩　一二八
ねじれる　拗　一二五
ねずみ　鼠　三八一
ねたむ　妬　七一
　嫉　七四
ネツ　捏　一二六
　熱　二〇〇
ねむい　眠　二二二
ねむる　眠　二二二
　睡　二二三
ねらう　覘　三一七
ねる　寝　八〇
　寐　八〇
　練　二五四
　煉　一九六
　錬　三三七
ネン　年　九五
　念　一〇八
　捻　一二八
　然　一九九
　稔　二三四
　燃　一九七
ねんごろ　懇　一一二

【の】

の　野　三三三
ノウ　悩　一一五
　能　一四九
　脳　一五〇
　瑙　二〇八
　農　三三〇
　濃　一九二
　嚢　五五
　曩　一四六
のがれる　遁　三三六
のき　宇　七七
　軒　三一八
　檐　一六八
のぎ　芒　二七〇
のこす　遺　三三七
のこる　残　一七三
のし　熨　一九六
のせる　載　三一八
のぞく　除　三四三
　覗　二九四
のぞむ　望　一五〇
　臨　二九三
のち　後　一〇五
のど　咽　四七
　喉　五〇
のどか　閑　三四一
ののしる　罵　二五九
のばす　伸　一二
　延　九九
のびる　伸　一二
　延　九九
　展　八五
　暢　一四五
のべる　述　三三二
　宣　七八
　陳　三四四
　舒　二六七
　演　一八九
のぼり　幟　九五
　幡　九五
のぼる　昇　一四一
　陞　三四四
　陟　三四四
　登　二一八
　襄　二九〇
　騰　三六四
のみ　蚤　二八三
　鑿　三四〇
のむ　呑　四六
　飲　三五九
のり　式　一〇〇
　典　二五
　法　一八〇
　則　三一
　律　一〇五
　規　二九三
　範　二四四
　糊　二四八
　憲　一一二
のる　乗　五
　載　三一八
　騎　三六四
のろ　麇　三七八
　麞　三七八
のろう　呪　四七
のろう　詛　二九七
のろし　烽　一九五

【は】

ハ　把　一二三
　坡　五九
　波　一八〇
　派　一八二
　破　二三七
　琶　二〇八
　跛　三一三
　播　一三一
　覇　二九三
　欛　一七〇
　灞　一九四
は　刃　二九
　牙　二〇二
　羽　二六一
　葉　二七六
　歯　三八三
バ　馬　三六二
　婆　七三
　罵　二五九
ば　場　六一
ハイ　坏　五八
　佩　一三
　拝　一二四
　杯　一五六
　柿　一五六
　背　一四八
　肺　一四八
　胚　一四八
　旆　一三八
　配　三三一

敗 一三四
廃 九八
牌 二〇二
稗 二三四
裴 二八九
輩 三一九
霈 三五〇
憊 一一二
鞴 三五四
はい 灰 一九四
バイ 売 六五
貝 三〇七
倍 一七
唄 四九
梅 一六〇
浼 一八三
培 六〇
陪 三四四
買 三〇九
黴 三八〇
はう 匐 三六
這 三二三
はえ 蝿 二八六
はか 墓 六三
墳 六四
はかどる 捗 一二六
はかない 儚 二一
はがね 鋼 三三六
はかま 袴 二九〇

はかり 秤 二三四
衡 一〇七
はかる 図 五六
料 一三六
揆 一二九
測 一八七
量 三三三
詢 二九八
権 一六六
課 二九九
諏 三〇〇
諮 三〇一
謀 三〇二
謨 三〇三
議 三〇四
はぎ 萩 二七五
蘒 二八一
ハク 白 二一八
拍 一二四
泊 一八〇
狛 二〇五
迫 三二二
柏 一五八
剥 三二
粕 二四七
舶 二六八
博 三八
薄 二七九
檗 一六八

はく 吐 四五
佩 一三
欧 一七〇
掃 一二七
嘔 五二
履 八六
はぐ 剝 三二
褫 二九二
バク 麦 三七八
莫 二七三
幕 九四
漠 一八九
貉 三〇七
貊 三〇七
縛 二五五
貘 三〇七
瀑 一九二
霡 三五〇
曝 一四六
爆 一九八
はぐき 齶 三八三
はげしい 烈 一九八
劇 三三
激 一九一
はげます 励 三四
はげむ 励 三四
ばける 化 九
はこ 匣 三七
函 二八

筥 二四二
畚 六九
箱 二四三
篋 二四三
はこぶ 運 三二五
搬 一三〇
はざま 峡 八八
はさみ 鋏 三三六
はさむ 夾 六八
箝 二四二
はし 端 二三九
箸 二四三
橋 一六七
はじかみ 椒 一六二
薑 二七九
はしばみ 榛 一六五
はじまる 始 七一
はじめ 初 二九
はじめる 創 三二
刱 二九
始 七一
肇 二六五
はしる 走 三一二
奔 六八
趨 三一三
はじる 忸 一一三
怩 一一三
恥 一〇九
羞 二六〇

愧 一一六
慙 一一一
はずかしめる
辱 三二〇
詬 二九八
はぜ 鯊 三七〇
櫨 一六九
はせる 馳 三六三
はた 畑 二一三
旆 一三八
畠 二一四
秦 二三三
旗 一三九
幡 九五
機 一六七
旛 一三九
籏 二四六
はだ 肌 一四六
膚 一五二
はたあし 旒 一三九
はたいと 紝 二五〇
はだか 裸 二九一
はたがしら
覇 二九三
はだぎ 繻 二九二
はたけ 畑 二一三
圃 五六
はたす 果 一五五
はたと 磕 二二九

はたはた 鰰 三七二
鱩 三七三
はたらく 挊 一二五
働 一九
ハチ 鉢 三三五
はち 盂 二二〇
盆 二二〇
蜂 二八四
バチ 罰 二五九
はちまき 帕 九三
ハツ 朳 一五四
発 二一八
鉢 三三五
髪 三六六
潑 一九一
醱 三三二
バツ 抜 一二三
帕 九三
筏 二四二
跋 三一三
罰 二五九
閥 三四一
靺 三五三
魃 三六八
はっかん 鶡 三七七
はと 鳩 三七四
はとば 埠 六〇
はな 花 二七〇
英 二七一

華 二七三
鼻 三八二
はなきる 劓 三三
はなし 話 二九九
噺 五四
譚 三〇四
はなす 放 一三三
話 二九九
はなだ 縹 二五五
はなぢ 衄 二八七
はなつ 発 二一八
はなはだ 甚 二一一
はなぶさ 英 二七一
はなむけ 餞 三六一
贐 三一一
はなれる 離 三四八
はに 埴 六〇
はね 羽 二六一
翅 二六一
はねる 跳 三一四
はは 母 一七五
嬢 七五
嬭 七五
ばば 婆 七三
はば 幅 九四
はばかる 憚 一一七
はばき 鑷 三三八
はびこる 滔 一八八
はま 浜 一八三
はまぐり 蛤 二八四
はめる 扒 一二二
はやい 早 一四〇
迅 三二一
速 三二三
捷 一二七
はやし 林 一五六
囃 五五
はやす 囃 五五
はやぶさ 隼 三四七
はら 原 四〇
腹 一五一
はらう 払 一二二
祓 二三〇
攘 一三二
はらか 鰚 三七二
はらむ 孕 七六
妊 七〇
胎 一四八
胚 一四八
娠 七二
はららご 鯤 三七一
はらわた 腸 一五一
はらわた 臓 一五三
はり 針 三三三
梁 一六一
はりつけ 桀 一五九
磔 二二八
はりねずみ 彙 一〇三
蝟 二八五
はりふだ 箋 二四三
はる 春 一四二
張 一〇二
はるか 迥 三二二
悠 一一〇
遥 三二六
夐 六六
遼 三二八
はれる 晴 一四四
腫 一五一
霽 三五一
ハン 反 四二
犯 二〇四
氾 一七八
帆 九二
坂 五八
泛 一七九
判 三〇
阪 三四三
凡 二七
版 二〇二
叛 四二
班 二〇八
畔 二一三
般 二六七
絆 二五一
販 三〇八
斑 一三六
飯 三六〇
搬 一三〇
幡 九五
範 二四四
繁 二五五
藩 二八〇
攀 一二一
旛 一三九
襻 二九二
バン 万 二
判 三〇
挽 一二六
晩 一四四
絆 二五一
番 二一四
蛮 二八四
輓 三一八
盤 二二一
磐 二二八
鑁 三三九
鰻 三七二
鷭 三七七
はんぞう 遞 二一〇

【ひ】

ヒ 比 一七五
丕 三
皮 二一九
妃 七〇
否 四六
庇 九六
屁 八五
批 一二三
彼 一〇四
披 一二四
肥 一四七
卑 三八
毘 二一三
秕 二三三
飛 三五九
俾 一七
疲 二一六
秘 二三四
婢 七三
悲 一一〇
扉 一二〇
斐 一三六
脾 一五一
賁 三〇九
費 三〇九
痺 二一六
碑 二二七
鄙 三三〇
罷 二五九
誹 三〇〇
避 三二八
霏 三五〇
臂 一五三
貔 三〇七
蟦 二八六
髀 三六五
羆 二五九
譬 三〇四
贔 三一一
ひ 日 一三九
火 一九四
氷 一七七
灯 一九四
杼 一五六
梭 一六一
陽 三四五
樋 一六六
ビ 尾 八五
弥 一〇二
弭 一〇二
眉 二二二
美 二六〇
敉 一三四
備 一八
媚 七四
寐 八〇
琵 二〇八
微 一〇六
鼻 三八二
糒 二四八

読み	漢字	頁
	靡	三五一
	瀰	一九三
ひいでる	秀	二三三
ひうち	燧	一九七
ひえ	稗	二三四
ひえる	冷	二七
ひかえる	扣	一二二
	控	一二七
ひかげ	晷	一四四
ひかり	光	二三
	炯	一九五
ひかる	熙	二〇〇
ひき	匹	三七
ヒキ	疋	二一五
ひきいる	帥	九三
	将	八二
	率	八
ひきまく	幔	九四
ひく	引	一〇一
	曳	一四〇
	抽	一二四
	拖	一二四
	挽	一二六
	牽	二〇三
	惹	一一〇
	掣	一二一
	援	一二八
	輓	三一八
	彎	一〇三
	櫟	三二〇
ひくい	低	一二
ひぐま	羆	二五九
ひげ	髯	三六六
	髭	三六七
	鬚	三六七
ひこ	彦	一〇三
ひこばえ	孼	七六
ひざ	膝	一五二
ひざかけ	韍	三五三
	韠	三五四
	褘	二九一
ひさぐ	販	三〇八
ひさご	瓠	二一〇
	瓢	二一〇
	庇	九六
	廂	九八
ひさしい	久	四
	弥	一〇二
ひざまずく	跪	三一四
ひし	菱	二七五
ひじ	肱	一四七
	臂	一五三
ひしゃく	勺	三六
	杓	一五四
ひじり	聖	二六三
ひそか	密	八九
ひそむ	潜	一九一
びた	鐚	三三九
ひたい	額	三五七
	題	三五七
ひたす	浸	一八二
	涵	一八四
ひだり	屮	八六
	左	九一
ヒツ	匹	三七
	必	一〇七
	畢	二一四
	弼	一〇二
	筆	二四二
	逼	三二六
	謐	三〇三
	蹕	三一五
	韠	三五四
ひつ	匱	三七
	櫃	一六九
ひつぎ	柩	一五七
	棺	一六二
	槨	一六六
ひつじ	羊	二五九
ひつじさる	坤	五八
ひづめ	蹄	三一五
ひでり	魃	三六八
ひと	一	二
	人	九
ひとえ	袗	二九〇
	襌	二九二
ひとしい	均	五八
	侔	一四
	斉	三八二
	等	二四一
ひとつ	一	二
	単	八三
	隻	三四七
ひとや	牢	二〇三
	圄	五六
	獄	二〇六
ひとり	孤	七六
	独	二〇五
	特	二〇三
	煢	一九六
ひな	鄙	三三〇
	雛	三四八
ひねる	捻	一二八
ひのえ	丙	三
ひのき	檜	一六八
ひのし	熨	一九六
ひのと	丁	二
ひび	皸	二一九
	罅	二五七
ひびき	韻	三五五
ひびく	響	三五五
ひま	閑	三四一
	暇	一四五
	隙	三四六
ひめ	姫	七二
ひめる	秘	二三四
ひも	紐	二五〇
ヒャク	百	二一八
ビャク	白	二一八
ビュウ	謬	三〇三
ヒョウ	氷	一七七
	兵	二四
	凭	二八
	拍	一二四
	表	二八八
	俵	一七
	票	二三一
	慓	一九
	剽	三二
	嫖	七四
	摽	一三〇
	漂	一九〇
	憑	一一二
	標	一六七
	瓢	二一〇
	縹	二五五
	飄	三五八
	飆	三五八
ビョウ	平	九五
	苗	二七一
	病	二一六
	屏	八六
	描	一二八
	猫	二〇六
	廟	九九
	渺	一八七
	錨	三三七
ヒョク	逼	三二六
ひよめき	囟	五六
ひら	平	九五
ひらく	拓	一二四
	啓	四九
	開	三四一
	披	一二四
ひらける	豁	三〇五
ひらめ	鮃	三七〇
ひる	干	九五
	昼	一四二
	蛭	二八四
ひるがえる	翻	二六一
ひろ	仞	一〇
ひろい	広	九六
	弘	一〇一
	宏	七七
	恢	一一四
	浩	一八二
	博	三八
	寛	八〇
	闊	三四二
	瀰	一九三
ひろう	捃	一二六

ひろにわ　廷　九九
ひろめる　拡　一二三
ヒン　牝　二〇二
品　四八
浜　一八三
彬　一〇四
貧　三〇八
稟　二三五
賓　三一〇
頻　三五七
嬪　七五
臏　一五三
殯　一七三
瀕　一九三
顰　三五八
ビン　泯　一八〇
便　一五
秤　二三四
罠　二五八
敏　一三四
瓶　二一〇
貧　三〇八
愍　一一一
黽　三八〇
憫　一一七
緡　二五四
檳　一六九
鬢　三六七
びん　壜　六五

【ふ】

フ　不　三
仆　一〇
分　二九
夫　六七
父　二〇一
布　九二
伕　一一
孚　七六
巫　九一
扶　一二三
芙　二七〇
府　九七
怖　一一四
斧　一三七
附　三四三
阜　三四二
訃　二九六
負　三〇七
赴　三一二
俯　一七
浮　一八三
釜　三三四
埠　六〇
婦　七三
符　二四〇
富　八〇
普　一四五
稃　二三四
鳧　三七四
腐　二六五
誣　二九九
敷　一三五
膚　一五二
賦　三一〇
麩　三七九
鮒　三七〇
譜　三〇四
ブ　不　三
分　二九
毋　一七五
侮　一四
奉　六八
武　一七二
歩　一七二
部　三三〇
無　一九九
誣　二九九
憮　一一七
撫　一三一
舞　二六七
儛　二一
フイ　頼　三五六
ふいごう　鞴　三五四
フウ　夫　六七
封　八二
風　三五八
富　八〇
諷　三〇一
ふえ　笛　二四〇
ふえる　殖　一七三
増　六三
ふか　鱶　三七三
ふかい　深　一八五
フク　伏　一一
服　一四七
副　三二
匐　三六
幅　九四
復　一〇六
複　二九一
腹　一五一
福　二三二
箙　二四三
蝮　二八五
覆　二九三
鞴　三五三
鰒　三七二
ふく　吹　四六
拭　一二五
葺　二七五
噴　五三
ふくべ　瓢　二一〇
ふくむ　含　四五
哺　四九
ふくれる　脹　一五一
ふくろ　袋　二八八
ふくろ　橐　一六八
囊　五五
ふくろう　梟　一六〇
ふける　更　一四〇
老　二六二
耽　二六三
酖　三三一
ふご　畚　二一三
ふさ　房　一二〇
ふさがる　阨　三四二
ふさぐ　塞　六二
堙　六一
壅　六四
ふし　節　二四二
ふじ　藤　二八〇
ふす　臥　二九三
偃　一七
ふすま　衾　二八八
麩　三七九
襖　二九二
ふせぐ　扞　一二二
防　三四三
禦　二三二
ふせご　篝　二四四
ふせる　伏　一一
ふた　二　六
双　四二
蓋　二七六
ふだ　版　二〇二
札　一五三
牌　二〇二
牒　二〇二
簡　二四五
牘　二〇二
ぶた　豚　三〇六
ふたたび　再　二六
ふたつ　二　六
両　三
ふだんぎ　褻　二九〇
ふち　淵　一八六
潭　一九一
縁　二五四
フツ　弗　一〇一
払　一二二
岪　八七
沸　一八〇
祓　二三〇
韍　三五三
髴　三六六
ブツ　仏　一〇
勿　三六
物　二〇三
ぶつ　撲　一三一
ふで　筆　二四二
ふとい　太　六七
ふな　舟　二六七
船　二六八

鮒　三七〇
ふね　舟　二六七
船　二六八
舫　二六八
艘　二六八
ふびと　史　四四
ふまき　帙　九三
ふみ　文　一三六
冊　二五
典　二五
篇　二四四
籍　二四五
ふむ　践　三一四
踏　三一四
蹈　三一五
蹋　三一五
蹐　三一六
躙　三一六
ふもと　梺　一六一
麓　三七八
ぶやく　賦　三一〇
ふゆ　冬　六五
ぶり　鰤　三七二
ふりつづみ　鼗　三八一
ふる　振　一二六
掉　一二八
ふるい　古　四四
旧　一三九
篩　二四四
ふるう　掉　一二八
揮　一二八
奮　六九
ふるえる　震　三五〇
ふるさと　郷　三三〇
ふれる　觝　二九五
触　二九五
フン　刎　三〇
吻　四六
坌　五八
扮　一二三
忿　一〇八
粉　二四六
紛　二五〇
焚　一九六
雰　三四九
噴　五三
憤　一一七
墳　六四
奮　六九
濆　一九二
獖　二〇六
蕡　二七九
糞　二四八
豶　三〇六
餴　三六一
鱝　三七三
ブン　分　二九
文　一三六
蚊　二八三
聞　二六四
ふんどし　褌　二九一

【へ】

へ　屁　八五
べ　辺　三二一
ヘイ　丙　三
平　九五
兵　二四
並　三
併　一四
坪　五九
幷　九五
屏　八六
柄　一五八
炳　一九五
病　二一六
陛　三四四
萍　二七四
閉　三四一
敝　一三五
睥　二二三
聘　二六四
幣　九五
弊　一〇〇
蔽　二七八
餅　三六〇
篦　二四四
鮃　三七〇
斃　一三六
へい　昺　一四二
ベイ　米　二四六
皿　二二〇
袂　二九〇
ページ　頁　三五五
ヘキ　碧　二二八
僻　二一
壁　六四
璧　二〇九
癖　二一七
躄　三一六
ベキ　覓　二九四
幎　九四
冪　二七
へさき　艫　二六八
へそ　臍　一五三
へた　蔕　二七八
へだたる　距　三一三
へだてる　隔　三四六
ベツ　別　三〇
蔑　二七八
瞥　二二四
韤　三五四
鼈　三八〇
へつらう　佞　一三
諂　三〇〇
諀　三〇二
べに　紅　二四九
臙　一五三
へび　蛇　二八三
へら　篦　二四四
へりくだる　謙　三〇二
へる　耗　二六三
経　二五〇
減　一八六
歴　一七二
ヘン　片　二〇二
辺　三二一
返　三二二
変　六六
扁　一二〇
偏　一八
貶　三〇八
胼　一五一
遍　三二六
褊　二九一
篇　二四四
編　二五四
翩　二六一
蝙　二八六
諞　三〇一
駢　三六四
騙　三六四
ベン　弁　一〇〇
汴　一七九
便　一五
眄　二二二
勉　三五
娩　七二
黽　三八〇
鞭　三五三
べんと　標　一六八

【ほ】

ホ　歩　一七二
保　一五
哺　四九
圃　五六
捕　一二六
畝　二一三
埠　六〇
堡　六一
補　二九一
蒲　二七七
輔　三一八
餔　三六一
簠　二四五
ほ　火　一九四
帆　九二
穂　二三六
ボ　戊　一一八
母　一七五
牡　二〇三

拇 一二四
姥 七二
莫 二七三
菩 二七四
墓 六三
嫫 七四
慕 一一一
暮 一四五
模 一六六
謨 三〇三
簿 二四五
ホウ 匚 三六
方 一三八
包 三六
仿 一一
彷 一〇四
抔 一二三
抛 一二五
邦 三二九
咆 四七
奉 六八
宝 七八
庖 九七
抱 一二四
放 一三三
朋 一四八
泡 一八〇
法 一八〇
封 八二
倣 一七
剖 三二
峰 八八
炮 二一九
砲 二二七
舫 二六八
堋 六〇
崩 八九
弸 一〇二
捧 一二八
烽 一九五
萌 二七五
訪 二九六
逄 三二三
逢 三二四
報 六二
幇 九四
掤 一二九
棚 一六三
迸 三二五
滂 一八九
硼 二二七
蜂 二八四
豊 三〇六
鉋 三三五
飽 三六〇
繃 二五六
蔀 二七八
蓬 二七八
鞄 三五二
鳳 三七四
磅 二二八
褒 二八九
鋒 三三六
麃 三七八
縫 二五五
鄷 三三一
ボウ 亡 七
乏 五
卯 三九
妄 七〇
忙 一一三
牟 二〇二
网 二五八
芒 二七〇
坊 五八
忘 一〇七
防 三四三
侔 一四
房 一二〇
肪 二四八
苺 二七二
氓 一七六
厖 四〇
昴 一四二
冒 一四二
某 一五八
虻 二八三
剖 三二
旁 一三八
耄 二六二
蚌 二八三
望 一五〇
傍 一八
帽 九四
貿 三〇九
滂 一八九
膀 二五二
榜 一六五
貌 三〇七
儚 二一
暴 一四五
甍 二一〇
瞢 二二四
蟒 二八六
鄮 三三〇
懜 一一八
謀 三〇二
謗 三〇三
鋩 三三六
ぼう 棒 一六三
ほうき 帚 九三
彗 一〇三
箒 二四三
ほうける 耄 二六二
ほうむる 葬 二七五
ほえる 咆 四七
嘷 五二
ほお 朴 一五四
頰 三五六
ほか 外 六六
他 一〇
ほがらか 朗 一五〇
ホク 北 三六
ボク 卜 三八
攴 一三三
木 一五三
目 二二一
朴 一五四
牧 二〇三
墨 六三
睦 二二三
僕 二〇
幞 九五
撲 一三一
濹 一九三
ほこ 矛 二二五
戟 一一九
槊 一六五
ほこさき 鋒 三三六
ほこら 祠 二三〇
ほこる 誇 二九八
詑 二九八
ほころびる
綻 二五三
ほさき 穎 二三六
ほし 星 一四二
ほしい 欲 一七〇
ほしいい 糒 二四八
餱 三六一
ほしいまま
恣 一〇九
肆 二六五
擅 一三一
ほじし 脩 一五〇
ほす 干 九五
ほぞ 臍 一五三
ほそい 細 二五一
ほそいと 緬 二五四
ほたる 蛍 二八三
ぼち 点 一九八
ホツ 発 二一八
ボツ 没 一七九
歿 一七二
勃 三四
渤 一八七
悖 一一五
ほっする 欲 一七〇
ほど 程 二三四
ほとけ 仏 一〇
ほとけぐさ
菩 二七四
ほどこす 施 一三八
ほとばしる
迸 三二五

ほとんど 殆 一七三
ほね 骨 三六五
ほのお 炎 一九五
焰 一九五
ほのか 仄 四〇
ほばしら 檣 一六八
ほふる 屠 八六
ほまれ 誉 二九八
ほめる 頌 三五六
褒 二八九
賞 三一〇
ほら 洞 一八二
ぼら 鯔 三七〇
ほり 堀 六〇
塹 六三
ほる 刳 三一
彫 一〇四
掘 一二七
琱 二〇八
鏤 三三九
鐫 三三九
ほろ 幌 九四
ぼろ 襤 二九二
ほろぐるま 轜 三一九
ほろびる 泯 一八〇
滅 一八九
ほろぼす 殲 一七三
ホン 本 一五三
奔 六八
畚 二一三
賁 三〇九
逩 三二六
獖 二〇六
翻 二六一
ボン 凡 一七
盆 二二〇
ポンド 听 四五
磅 二二八

【ま】

マ 麻 三七九
摩 一二一
碼 二二八
磨 二二八
蟇 二八六
魔 三六九
ま 間 三四一
馬 三六二
マイ 毎 一七五
米 二四六
枚 一五六
昧 一四二
埋 五九
邁 三二八
まい 舞 二六七
まいる 参 四一
まう 舞 二六七
儛 二一
まえ 前 三一
まがき 藩 二八〇
籬 二四六
まかせる 任 一一
まかなう 賄 三一〇
まがる 曲 一四〇
枉 一五五
まき 牧 二〇三
まきもの 軸 三一八
まぎれる 紛 二五〇
マク 幕 九四
まく 巻 九二
捲 一二七
蒔 二七六
撒 一三〇
播 一三一
まぐさ 秣 二三四
芻 二七〇
まくら 枕 一五六
まける 負 三〇七
まご 孫 七六
まこと 允 二二
信 一四
洵 一八一
真 二二二
亶 九
諒 三〇〇
まことに 寔 八〇
まこも 菰 二七四
まさかり 鉞 三三四
まさる 勝 三五
愈 一一一
まじる 雑 三四八
錯 三三七
まじわる 交 八
ます 升 一〇〇
枡 一五六
倍 一七
益 二二〇
陪 三四四
増 六三
鱒 三七三
ますがた 枅 一五九
まずしい 貧 三〇八
窶 二三八
ますます 兪 二四
また 又 四一
亦 七
股 一四七
俣 一五
またたく 瞬 二二四
まだら 斑 一三六
まち 町 二一二
マツ 末 一五四
沫 一八〇
秣 二三四
まつ 松 一五五
俟 一四
待 一〇五
須 三五五
まつげ 睫 二二三
まったく 全 一一
まつり 祭 二三一
まつりごと 政 一三四
まつる 祀 二二九
祭 二三一
奠 六九
まで 迄 三二一
迠 三二二
まと 的 二一八
侯 一四
まど 窓 二三七
牖 二〇二
まとう 纏 二五七
繞 二五六
まどう 惑 一一〇
まないた 俎 一五
まなこ 眼 二二二
まなじり 眥 二二二
まなぶ 学 七六
まぬかれる 免 二四
まねく 招 一二四
まぶた 瞼 二二四
まぼろし 幻 九六
まま 儘 二一
墟 六四
まむし 蝮 二八五
まめ 豆 三〇五
まもる 守 七七
衛 一〇七
護 三〇四
まゆ 眉 二二二
繭 二五六
まゆずみ 黛 三八〇
まゆみ 檀 一六八
まよう 迷 三二三
まり 毬 一七五
鞠 三五二
まる 丸 五
円 二五
まるい 円 二五
丸 五
団 五六
まれ 希 九二
罕 二五八
まろうど 客 七八
賓 三一〇
まわしもの 諜 三〇一
まわり 周 四七
まわる 回 五五
廻 九九
マン 万 二

曼 一四三
満 一八七
幔 九四
慢 一一七
漫 一九〇
瞞 二二四
蔓 二七八
懣 一一三
謾 三〇三
蹣 三一五
鏝 三三九
鬘 三六七

【み】

ミ 魅 三六八
み 三 二
巳 九二
身 三一六
実 七七
躬 三一六
躲 三一七
箕 二四二
みいる 魅 三六八
みうち 姻 七一
みえる 見 二九三
みおろす 瞰 二二四
みがく 琢 二〇八
瑳 二〇九
磨 二二八
みかど 帝 九三
みき 幹 九五
みぎ 右 四三
みぎり 砌 二二六
みぎわ 汀 一七八
涯 一八四
みこ 巫 九一
みことのり 詔 二九七
みさお 操 一三一
みさき 岬 八七
みさご 雎 三四八
鶚 三七六
みささぎ 陵 三四五
みじかい 短 二二五
矮 二二六
みじめ 惨 一一五
みず 水 一七七
みずから 自 二六五
みずち 虬 二八二
みずのえ 壬 六五
みずのと 癸 二一八
みずもり 準 一八八
みせ 店 九七
廛 九九
みぞ 畎 二一三
渠 一八六
溝 一八八
瀆 一九二
みそか 晦 一四三
みそぎ 禊 二三一
みだす 攪 一三二
みたまや 宗 七八
みだら 婬 七三
淫 一八三
みだり 妄 七〇
漫 一九〇
みだれる 乱 六
擾 一三二
濫 一九二
みち 迪 三三二
倫 一七
涂 一八三
途 三三四
道 三三五
隧 三四六
みちびく 導 八二
みちる 盈 二二〇
満 一八七
ミツ 密 八九
蜜 二八五
樒 一六七
みつぎ 租 二三三
税 二三四
みっつ 三 二
みどり 碧 二二八
緑 二五三
翠 二六一
みどりご 嬰 七五
みな 皆 二一八
みなぎる 漲 一九〇
みなごろし 鏖 三三八
みなと 港 一八六
湊 一八七
みなみ 南 三八
みなもと 源 一八八
みにくい 亜 七
醜 三六九
みね 峰 八八
嶺 九〇
みの 蓑 二七六
みのる 実 七七
稔 二三四
みはり 哨 四八
みはる 瞠 二二四
みまかる 薨 二七九
みみ 耳 二六三
みみず 蚓 二八三
みや 宮 七九
ミャク 脈 一四九
眽 二二三
みやこ 京 八
都 三三〇
畿 二一四
みやび 雅 三四七
みやびやか 嫺 七四
ミョウ 妙 七〇
命 一四
みる 見 二九三
看 二二一
視 二九四
覗 二九四
診 二九七
睹 二二四
監 二二一
瞥 二二四
覧 二九四
覯 二九四
瞻 二二四
観 二九四
矚 二二四
ミン 民 一七六
眠 二二二

【む】

ム 毋 一七五
矛 二二五
牟 二〇二
武 一七二
務 三五
無 一九九
夢 六六
謀 三〇二
霧 三五〇
鵡 三七六
むかう 嚮 五四
むかえる 迎 三三二
迓 三三一
邀 三三八
むかし 昔 一四一
むぎ 麦 三七八
むぎこ 麺 三七九
むく 向 四五
むくいる 報 六二
酬 三三二
むくろ 骸 三六五
むこ 婿 七三
むさぼる 婪 七三
貪 三〇八
饕 三六二
むし 虫 二八二
むじな 貉 三〇七
むしばむ 蝕 二八五
むしる 毟 一七五
挘 一二五
むしろ 席 九三
むす 烝 一九八
蒸 二七七
むすぶ 約 二四九
掬 一二七
結 二五一
むすめ 娘 七二
嬢 七五

むせびなく 歔 一七一
むせぶ 噎 五三
饐 三六一
むだ 冗 二六
むち 笞 二四〇
策 二四一
鞭 三五三
むちうつ 撻 一三二
むつ 鰻 三七三
むっつ 六 二四
むつむ 睦 二二三
むな 胸 一四九
むなしい 虚 二八二
曠 一四六
むね 匈 三六
旨 一四〇
宗 七八
胸 一四九
棟 一六二
臆 一五二
膺 一五三
むら 村 一五五
邑 三二九
党 二四
むらがる 簇 二四四
叢 四三
欑 一六九
むらさき 紫 二五二
むらざと 庄 九六
むれ 群 二六〇
むれる 群 二六〇
むろ 室 七八

【め】

め 女 七〇
目 二二一
芽 二七一
萌 二七五
雌 三四八
メイ 命 一四
明 一四一
迷 三二三
冥 二六
溟 一八九
盟 二二一
酩 三三二
瞑 二二四
謎 三〇三
めい 姪 七二
めぐみ 恩 一〇八
めぐむ 恵 一〇九
萌 二七五
めぐる 匝 三七
巡 三二一
廻 九九
般 二六七
旋 一三八
週 三二四
遶 三二七
めし 飧 三五九
飯 三六〇
餔 三六一
めしぶみ 檄 一六八
めす 召 四四
牝 二〇二
徴 一〇六
雌 三四八
めずらしい 奇 六八
珍 二〇七
メツ 滅 一八九
めでる 愛 一一〇
めどぎ 筮 二四二
蓍 二七六
めとる 娶 七三
メン 免 二四
面 三五一
棉 一六三
緬 二五四
麵 三七九

【も】

モ 茂 二七二
模 一六六
麼 三七九
も 喪 五一
裙 二九一
裳 二八九
藻 二八一
モウ 亡 七
毛 一七五
妄 七〇
孟 七六
盲 二二一
莽 二七三
耄 二六二
耗 二六三
望 一五〇
猛 二〇六
蒙 二七七
蝄 二八五
網 二五三
濛 一九二
魍 三六九
もうけ 儲 二一
もうす 申 二一二
もえのこり 燼 一九七
もえる 萌 二七五
燃 一九七
モク 木 一五三
目 二二一
黙 三八〇
もぐさ 艾 二六九
もぐら 鼹 三八二
もぐる 潜 一九一
もじ 綟 二五三
もじり 綟 二五三
もだえる 悶 一一〇
懣 一一三
もたげる 擡 一三二
もたらす 齎 三八二
もたれる 凭 二八
モチ 勿 三六
もち 餅 三六〇
もちいる 用 二一二
庸 九八
もちごめ 糯 二四八
モツ 物 二〇三
もつ 持 一二五
もっこ 畚 二一三
簣 二四五
もって 以 一〇
もっとも 尤 八三
最 一四四
もっぱら 壱 六五
専 八一
もつれる 縺 二五六
もてあそぶ 弄 一〇〇
揶 一二九
翫 二六一
もと 元 二二
本 一五三
氏 一七六
原 四〇
素 二五〇
基 五九
資 三〇九
もとい 基 五九
もどす 戻 一二〇
もとどり 髻 三六七
もとめる 求 一七七
覓 二九四
需 三四九
もとる 悖 一一五
もどる 戻 一二〇
もの 物 二〇三
者 二六二
ものいみ 斎 三八二
もみ 籾 二四六
もみ 穀 二三五
もみじ 栬 一六〇
椛 一六一
もむ 揉 一二九
もも 百 二一八
股 一四七
桃 一六〇
腿 一五二
髀 三六五
もや 靄 三五一
もやい 舫 二六八
もよおす 催 一九

もらう 貰 三〇九
もり 杜 一五五
森 一六二
もる 盛 二二〇
もれる 泄 一八〇
洩 一八一
漏 一九〇
もろい 脆 一四九
もろもろ 諸 三〇〇
モン 文 一三六
門 三四一
紋 二五〇
問 五〇
悶 一一〇
聞 二六四
懣 一一三
もんめ 匁 三六

【や】

ヤ 也 五
夜 六六
揶 一二九
椰 一六四
野 三三三
爺 二〇一
鎁 三三六
鵺 三七六
や 乎 五
矢 二二五
舎 一三
哉 四八
屋 八五
家 七八
箭 二四三
歟 一七一
ヤード 碼 二二八
やかた 館 三六一
やがて 軈 三一七
やから 族 一三八
輩 三一九
ヤク 厄 四〇
役 一〇四
扼 一二三
阨 三四二
礿 二三〇
疫 二一五
約 二四九
益 二二〇
訳 二九七
軛 三一八
薬 二八〇
躍 三一六
鑰 三四〇
やく 灼 一九四
焚 一九六
焼 一九六
爆 一九八
やぐら 櫓 一六九
やさしい 易 一四〇
やさしい 優 二一
やし 椰 一六四
やしき 邸 三三九
やしなう 養 三六〇
やしろ 社 二二九
やす 扠 一二二
やすい 安 七七
恬 一一四
康 九七
甯 二一二
靖 三三九
寧 八一
やすむ 休 一一
歇 一七一
やすらか 泰 一七七
やすり 鑢 三四〇
やせる 瘦 二一七
瘠 二一七
臞 一五三
やち 萢 二七五
やつ 奴 七〇
やっこ 奴 七〇
やつれる 悴 一一五
憔 一一七
やど 宿 八〇
やとう 雇 三四七
傭 二〇
賃 三〇九
やどる 宿 八〇
やな 簗 二四五
やなぎ 柳 一五八
やぶ 藪 二八〇
やぶ 籔 二四六
やぶさか 吝 四六
悋 一一五
慳 一一七
やぶる 破 二二七
やぶれる 敗 一三四
敝 一三五
偪 二一
やま 山 八七
やまあらし 豪 三〇六
やまい 疾 二一五
病 二一六
痾 二一六
やまいぬ 豺 三〇七
やまにれ 梗 一六〇
やまのはな ⿰山鼻 九〇
やまみち ⿱山弟 八七
やめる 弭 一〇二
辞 三二〇
罷 二五九
やもお 鰥 三七二
やらい 柵 一五七
やり 槍 一六五
鑓 三四〇
やわらか 柔 一五七
軟 三一八
やわらぐ 和 四七
燮 一九七

【ゆ】

ユ 由 二一二
兪 二四
臾 二六六
喩 五一
庾 九八
愉 一一六
渝 一八七
萸 二七六
游 三二六
愈 一一一
逾 三三六
瘉 二一七
諭 三〇二
諛 三〇二
輸 三一九
籲 二四六
ゆ 湯 一八七
ユイ 唯 五〇
遺 三二七
ユウ 又 四一
友 四二
尤 八三
右 四三
由 二一二
有 一四六
邑 三三九
酉 三三一
勇 三四
宥 七八
幽 九六
疣 二一五
祐 二三一
莠 二六〇
悠 一一〇
郵 三三〇
揖 一二九
游 一八八
湧 一八八
猶 二〇六
裕 二九一
遊 三三六
雄 三四七
楢 一六四
猷 二〇四
熊 一九九
誘 二九九
憂 一一二
槱 一六七
牖 二〇二
褎 二九〇
輶 三一九

融 三六八
優 二二
鼬 三八一
ゆう 夕 六六
結 二五一
ゆうべ 夕 六六
ゆえ 故 一三三
ゆか 床 九六
ゆき 雪 三四九
ゆく 之 四
往 一〇四
征 一〇四
適 三三七
邁 三三八
ゆごて 韝 三五四
ゆずる 禅 二三二
遜 三三七
譲 三〇四
ゆたか 裕 二九一
豊 三〇六
穣 二三六
饒 三六一
ゆび 指 一二五
ゆみ 弓 一〇一
弧 一〇二
ゆみぶくろ 韔 三五三
ゆめ 夢 六六
ゆるい 緩 二五四
ゆるす 宥 七八
赦 一三四
釈 三三三
ゆるめる 弛 一〇一
ゆるやか 綽 二五三
ゆれる 揺 一二九

【よ】

ヨ 与 二
予 六
伃 一一
舁 二六六
畬 二一四
誉 二九八
輿 三一九
預 三五六
飫 三六〇
歟 一七一
蕷 二四五
よ 世 三
夜 六六
よい 可 四三
价 一一
吉 四四
良 二六九
宵 七九
淑 一八五
善 五一
義 二六〇
嘉 五二
儀 二〇
徽 二五五
䠯 三五四
ヨウ 幺 九六
夭 六七
幼 一三三
孕 七六
用 二一二
羊 二五九
妖 七〇
拗 一二五
洋 一八二
要 二九三
容 七九
庸 九八
痒 二一六
揚 一二九
揺 一二九
湧 一八八
葉 二七六
遥 三三六
陽 三四五
傭 二〇
徭 一〇六
腰 一五一
櫻 一六五
蛹 二八四
墉 六三
慂 一一一
様 一六六
漾 一九〇
瘍 二一七
踊 三一四
曄 一四五
燁 一九六
瞱 二二四
窯 二三八
養 三六〇
壅 六四
擁 一三三
曄 二一九
謡 三〇二
膺 一五三
邀 三二八
曜 一四六
燿 一九八
蠅 二八六
颻 三五八
耀 二六一
譍 三〇四
瓔 二〇九
癰 二一七
よう 酊 三三一
酔 三三一
酩 三三二
鷹 三七七
ヨク 弋 一〇〇
抑 一二三
沃 一七九
浴 一八三
欲 一七〇
翌 二六一
廙 九九
翼 二六一
瀷 一九三
よく 能 一四九
よこ 横 一六六
よこいと 緯 二五四
よこがく 扁 一二〇
よこしま 邪 三二九
姦 七二
よし 由 二一二
芦 二七〇
よしみ 誼 三〇〇
よじる 攀 一二一
よそおう 妝 七〇
扮 一二三
装 二八九
粧 二四七
よだれ 涎 一八二
よつぎ 冑 一四八
嫡 七四
よど 淀 一八六
よぶ 呼 四七
籲 二四六
よみがえる 甦 二一一
蘇 二八一
よむ 詠 二九七
読 二九九
よめ 嬪 七五
よもぎ 艾 二六九
蓬 二七八
蕭 二七九
よる 仍 一〇
因 五五
凭 二八
夜 六六
拠 一二三
倚 一五
寄 七九
寓 八〇
憑 一一二
縒 二五四
よろい 冑 二六
よろこぶ 兌 二三
欣 一七〇
悦 一一四
喜 五〇
慶 一一一
歓 一七一
憙 一一二
よろしい 宜 七七
よろず 万 二
よわい 冄 二五

弱 一〇二
懦 一一八
齢 三八三
よん 四 五五

【ら】

ラ 裸 二九一
螺 二八六
羅 二五九
覶 二九四
騾 三六五
ライ 礼 二二九
来 一五五
莱 二七五
雷 三四九
厲 四一
磊 二二八
賚 三一〇
瀬 一九三
儡 二一
ラク 洛 一八二
絡 二五二
落 二七六
楽 一六三
酪 三三二
駱 三六三
ラチ 埒 五九
ラツ 埓 五九
辣 三二〇
らば 騾 三六五
ラン 乱 六
卵 三九
婪 七三
嵐 八九
燗 一九七
覧 二九四
濫 一九二
藍 二八〇
懶 一一八
蘭 二八一
欄 一六九
襤 二九二
爛 一九八
襴 二九二
欒 一七〇
攬 一三三
纜 二五七

【り】

リ 吏 四五
利 三〇
李 一五五
俚 一五
俐 一五
狸 二〇五
莅 二七三
梨 一六一
蜊 二八四
裏 二八九
履 八六
璃 二〇九
罹 二五九
鯉 三七〇
離 三四八
籬 二四六
リキ 力 三三
リク 陸 三四四
勠 三六
戮 一一九
リチ 律 一〇五
リツ 立 二三九
律 一〇五
栗 一六〇
率 八
慄 一一六
リャク 掠 一二八
略 二一四
リュウ 立 二三九
柳 一五八
流 一八三
留 二一三
竜 三八三
笠 二四〇
粒 二四七
隆 三四五
硫 二二七
旒 一三九
溜 一八九
鉚 三三五
榴 一六六
綾 二五三
遛 三三七
劉 三三
瘤 二一七
窿 二三八
糧 二四八
鐂 三三九
鰡 三六四
リョ 呂 四六
旅 一三八
虜 二八二
慮 一一二
膂 一五二
鑢 三四〇
驢 三六五
リョウ 了 六
両 三
良 二六九
亮 八
倆 一七
凌 二七
料 一三六
梁 一六一
涼 一八六
猟 二〇六
聊 二六三
菱 二七五
陵 三四五
棱 一六三
量 三三三
稜 二三五
粱 二四七
僚 二〇
漁 一八九
綾 二五三
領 三五六
寮 八一
諒 三〇〇
輛 三一九
遼 三二八
霊 三五〇
燎 一九七
療 二一七
瞭 二二四
糧 二四八
魎 三六九
鬣 三六七
リョク 力 三三
緑 二五三
リン 吝 四六
林 一五六
厘 四〇
倫 一七
悋 一一五
粦 二四七
稟 二三五
鈴 三三五
僯 二〇
鄰 二四八
綸 二五三
凜 二七
嶙 九〇
撛 一三一
澟 一九一
輪 三一九
隣 三四六
廩 九九
懍 一一八
燐 一九七
璘 二〇九
霖 三五〇
斴 一三七
臨 二九三
轔 三一九
鏻 三三九
躙 三一六
鱗 三七三
麟 三七八

【る】

ル 留 二一三
婁 七三
屢 八六
瑠 二〇九

縷 二五六
盧 九九
顱 三五八
ルイ 涙 一八三
累 二五一
塁 六二
類 三五七
羸 二六〇

【れ】

レイ 令 一〇
礼 二二九
冷 二七
励 三四
戻 一二〇
例 一四
岭 八八
玲 二〇七
唳 五〇
捩 一二八
犂 二〇三
鈴 三三五
零 三四九
厲 四一
綟 二五三
霊 三五〇
黎 三八〇
隷 三四六
嶺 九〇
齢 三八三
礪 二二九
麗 三七八
蠣 二八七
儷 二二
蠡 二八七
レキ 暦 一四五
歴 一七二
櫟 一六九
礫 二二九
轢 三二〇
鬲 三六八
レツ 列 三〇
劣 三三
冽 一八二
烈 一九八
裂 二八九
レン 恋 一〇九
連 三二四
廉 九八
煉 一九六
奩 六九
練 二五四
憐 一一八
輦 三一九
錬 三三七
縺 二五六
聯 二六四
鎌 三三八

【ろ】

ロ 呂 四六
芦 二七〇
炉 一九五
鹵 三七七
路 三一四
魯 三六九
濾 一九二
櫓 一六九
櫨 一六九
艪 二六八
露 三五〇
髏 三六六
纑 二五七
艫 二六八
轤 三二〇
鑪 三四〇
鷺 三七七
顱 三五八
驢 三六五
鱸 三七三
ロウ 老 二六二
労 三四
弄 一〇〇
牢 二〇三
挊 一二五
陋 三四三
郎 三二九
朗 一五〇
浪 一八三
莨 二七三
婁 七三
桹 一六一
琅 二〇八
僂 二〇
楼 一六五
滝 一八九
榔 一六六
漏 一九〇
撈 一三一
瘻 二一七
蒚 二八〇
螂 二八六
螻 二八六
糧 二四八
壟 六五
臘 一五三
鏤 三三九
隴 三四六
櫳 一六九
蠟 二八七
籠 二四六
聾 二六四
礲 三〇五
鑞 三四〇
ロク 六 二四
肋 一四六
勒 三五二
鹿 三七八
禄 二三一
漉 一九〇
緑 二五三
録 三三七
轆 三一九
麓 三七八
ろば 驢 三六五
ロン 崙 八九
論 三〇一

【わ】

ワ 和 四七
窪 二三八
話 二九九
夥 六七
わ 我 一一九
輪 三一九
ワイ 隈 三四五
匯 三七
矮 二二六
賄 三一〇
穢 二三六
わかい 夭 六七
若 二七一
嫩 七四
わかさぎ 鰙 三七一
わかす 沸 一八〇
わかる 分 二九
わかれ 派 一八二
わかれる 別 三〇
岐 八七
訣 二九六
わき 協 一四九
腋 一五〇
わきばら 膀 一五二
わきまえる 弁 一〇〇
ワク 或 一一九
枠 一五六
惑 一一〇
わく 沸 一八〇
洶 一八一
湧 一八八
濆 一九二
わけ 訳 二九七
わける 分 二九
判 三〇
班 二〇八
わざ 伎 一一
芸 二七〇
倆 一七
業 一六三
わざわい 厄 四〇
災 一九四
禍 二三一
わし 鷲 三七七

わずか　毫　一七五
　　　　僅　一九
　　　　纔　二五七
わずらう　患　一〇九
わすれる　忘　一〇七
　　　　遺　三二七
　　　　諠　三〇一
わた　棉　一六三
　　　　纊　二五七
わたくし　私　二三三
わだち　軌　三一七
わたる　亙　七
　　　　渉　一八五
　　　　渡　一八七
わな　罠　二五八
わに　鰐　三七一
わびる　詫　二九八
わめく　喚　五〇
わら　稿　二三五
　　　　藁　二八〇
　　　　稈　二三四
わらう　笑　二四〇
　　　　嗤　五二
わらび　蕨　二七八
わらべ　童　二三九
わらわ　妾　七一
わりご　箪　二四五
わりふ　符　二四〇
わる　割　三二

わるい　凶　二八
　　　　悪　一〇九
われ　吾　四六
　　　　我　一一九
　　　　朕　一四九
ワン　捥　一二八
　　　　腕　一五一
　　　　椀　一六三
　　　　碗　二二七
　　　　彎　一〇三
わん　甌　二一〇

日本難字異体字大字典【文字編】

本編

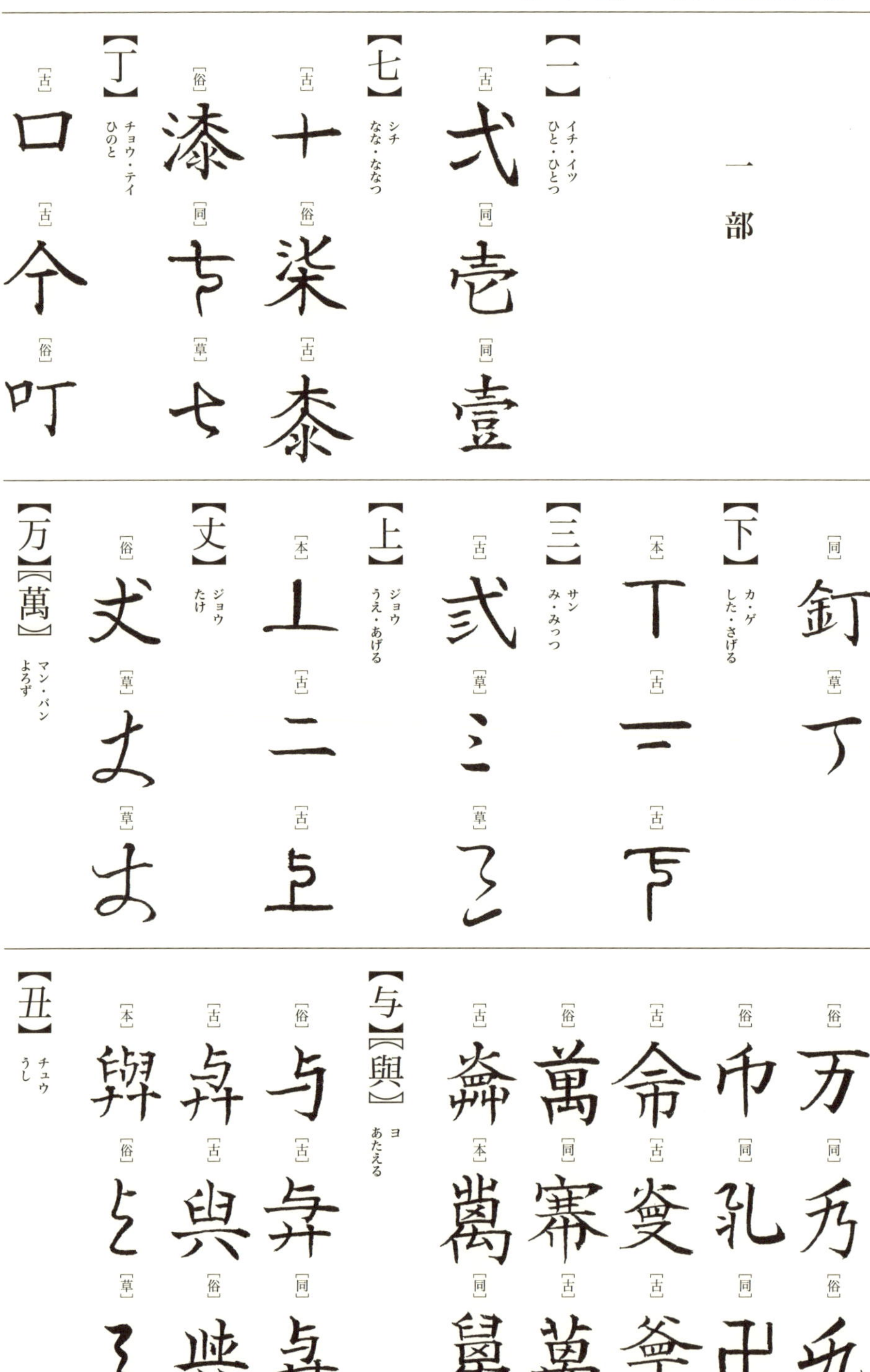

一部

【一】イチ・イツ　ひと・ひとつ
[古] 弌　[同] 壱　[同] 壹

【七】シチ　なな・ななつ
[古] 十　[俗] 柒　[古] 桼　[俗] 漆　[同]　[草]

【丁】チョウ・テイ　ひのと
[古] 口　[古] 个　[俗] 叮　[同] 釘　[草]

【下】カ・ゲ　した・さげる
[本] 丅　[古] 二　[古]

【三】サン　み・みっつ
[古] 弎　[草]　[草]

【上】ジョウ　うえ・あげる
[本] 丄　[古] 二　[古]

【丈】ジョウ　たけ
[俗]　[草]　[草]

【万】〔萬〕マン・バン　よろず
[俗] 万　[同]　[俗]　[俗]　[同]　[同] 卍　[古]　[古]　[古]　[俗] 萬　[同]　[古] 萬　[古]　[本] 萬　[同]

【与】〔與〕ヨ　あたえる
[俗] 与　[古] 舁　[同] 舁　[古]　[古] 與　[俗]　[本]　[俗]　[草]

【丑】チュウ　うし

〔俗〕乇　〔俗〕丒　〔俗〕丒
〔俗〕丒　〔同〕丒　〔草〕丒

【不】フ・ブ　ず

〔古〕不　〔古〕丆　〔古〕不
〔俗〕不　〔俗〕不　〔俗〕不
〔俗〕不　〔古〕不　〔草〕ふ

【丘】キュウ　おか

〔同〕𠀉　〔俗〕乒　〔同〕北
〔本〕北　〔同〕垕　〔古〕𡊅
〔俗〕坵　〔同〕邱　〔俗〕邨

〔古〕𡊅　〔俗〕邨　〔同〕𡊅

【且】ソ　かつ

〔古〕且　〔古〕且　〔草〕且

【世】セイ・セ　よ

〔同〕丗　〔古〕卋　〔同〕卋
〔同〕𠀍　〔同〕卋　〔同〕卋

【丕】ヒ　おおきい

〔同〕丕　〔草〕丕　〔草〕丕

【丙】ヘイ　ひのえ

〔古〕丙　〔俗〕丙　〔俗〕丙

【丞】ジョウ　たすける

〔俗〕丞　〔俗〕丞　〔同〕丞
〔俗〕烝　〔草〕丞　〔草〕丞

【両】【兩】リョウ　ふたつ

〔俗〕両　〔古〕兩　〔俗〕兩
〔俗〕兩　〔同〕兩　〔俗〕兩
〔俗〕兩　〔俗〕兩　〔俗〕兩

【並】【竝】ヘイ　なみ・ならぶ

〔本〕竝　〔同〕竝　〔同〕並
〔同〕竝　〔草〕並　〔草〕並

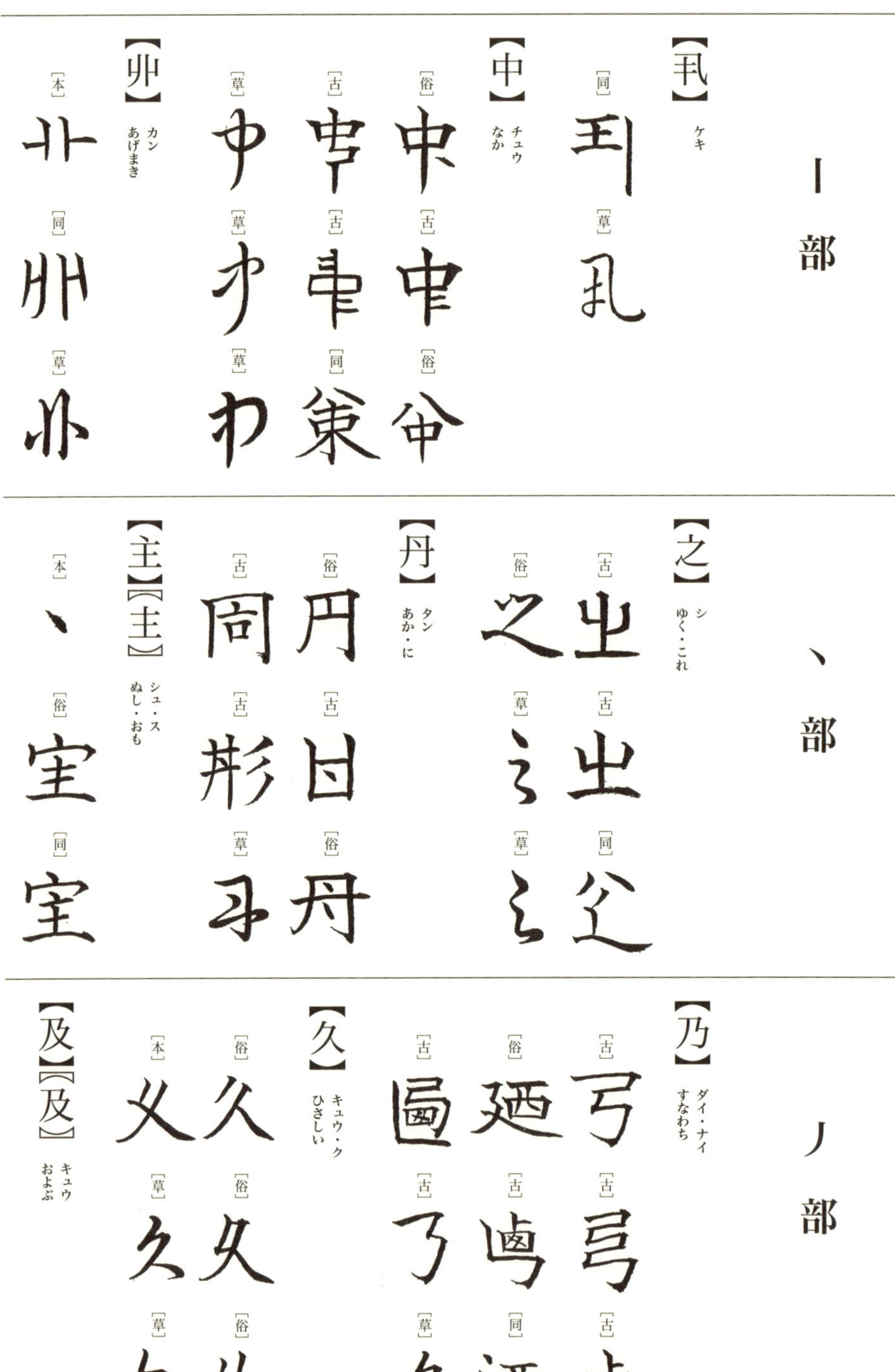

丨部

【丮】ケキ

【中】チュウ　なか

【丱】カン　あげまき

丶部

【之】シ　ゆく・これ

【丹】タン　あか・に

【主】【主】シュ・ス　ぬし・おも

丿部

【乃】ダイ・ナイ　すなわち

【久】キュウ・ク　ひさしい

【及】【及】キュウ　およぶ

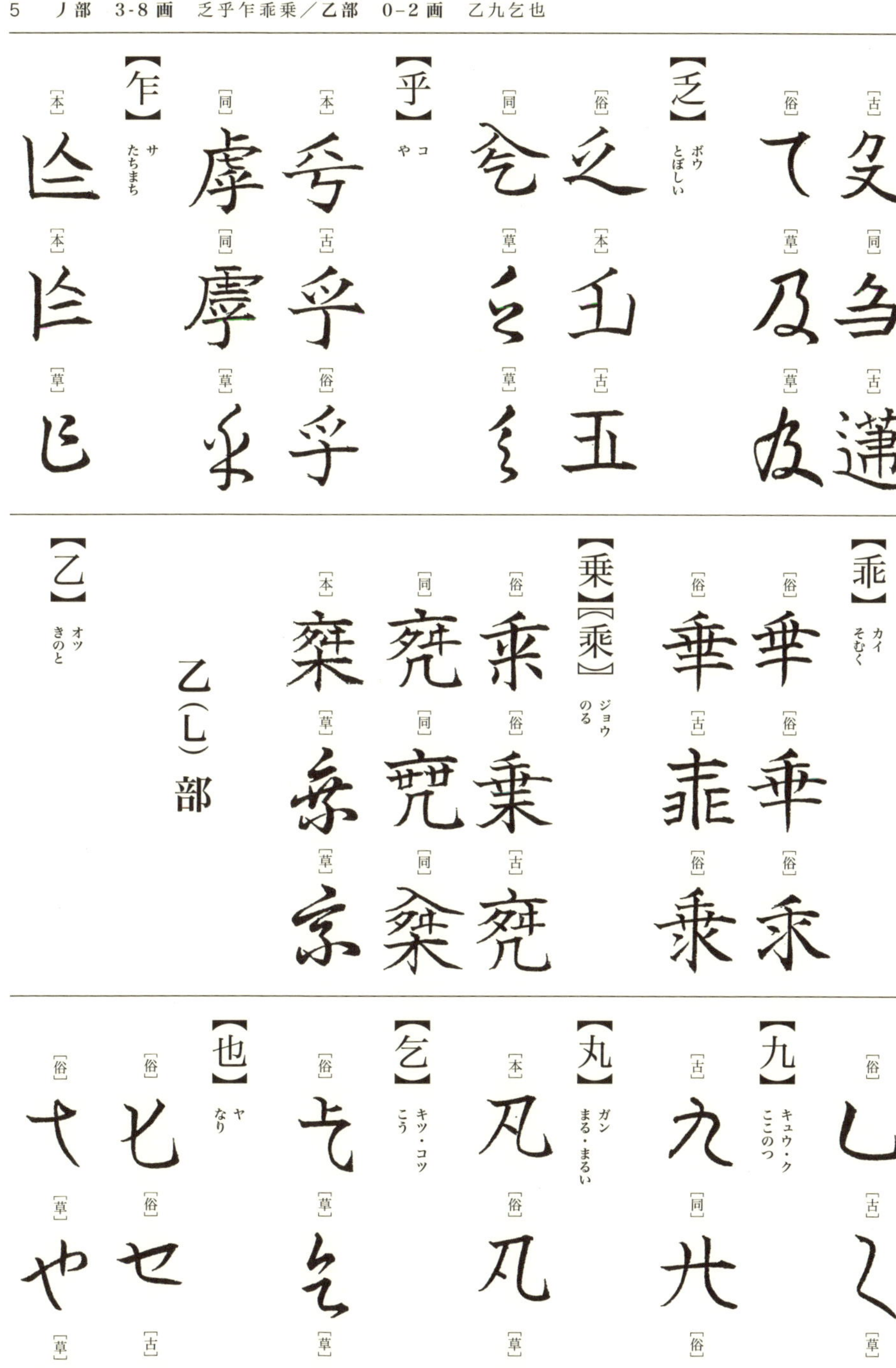
【乏】ボウ とぼしい
［古］［同］［古］［俗］［草］［草］
［俗］［本］［古］［同］［草］［草］
【乎】コ や
［本］［古］［俗］［同］［同］［草］
【乍】サ たちまち
［本］［本］［草］
【乖】カイ そむく
［俗］［俗］［俗］［俗］［古］［俗］
【乘】〔乗〕ジョウ のる
［俗］［俗］［古］［同］［同］［同］［本］［草］［草］
乙(乚)部
【乙】オツ きのと
［俗］［古］［草］
【九】キュウ・ク ここのつ
［古］［同］［俗］
【丸】ガン まる・まるい
［本］［俗］［草］
【乞】キツ・コツ こう
［俗］［草］［草］
【也】ヤ なり
［俗］［俗］［古］［俗］［草］［草］

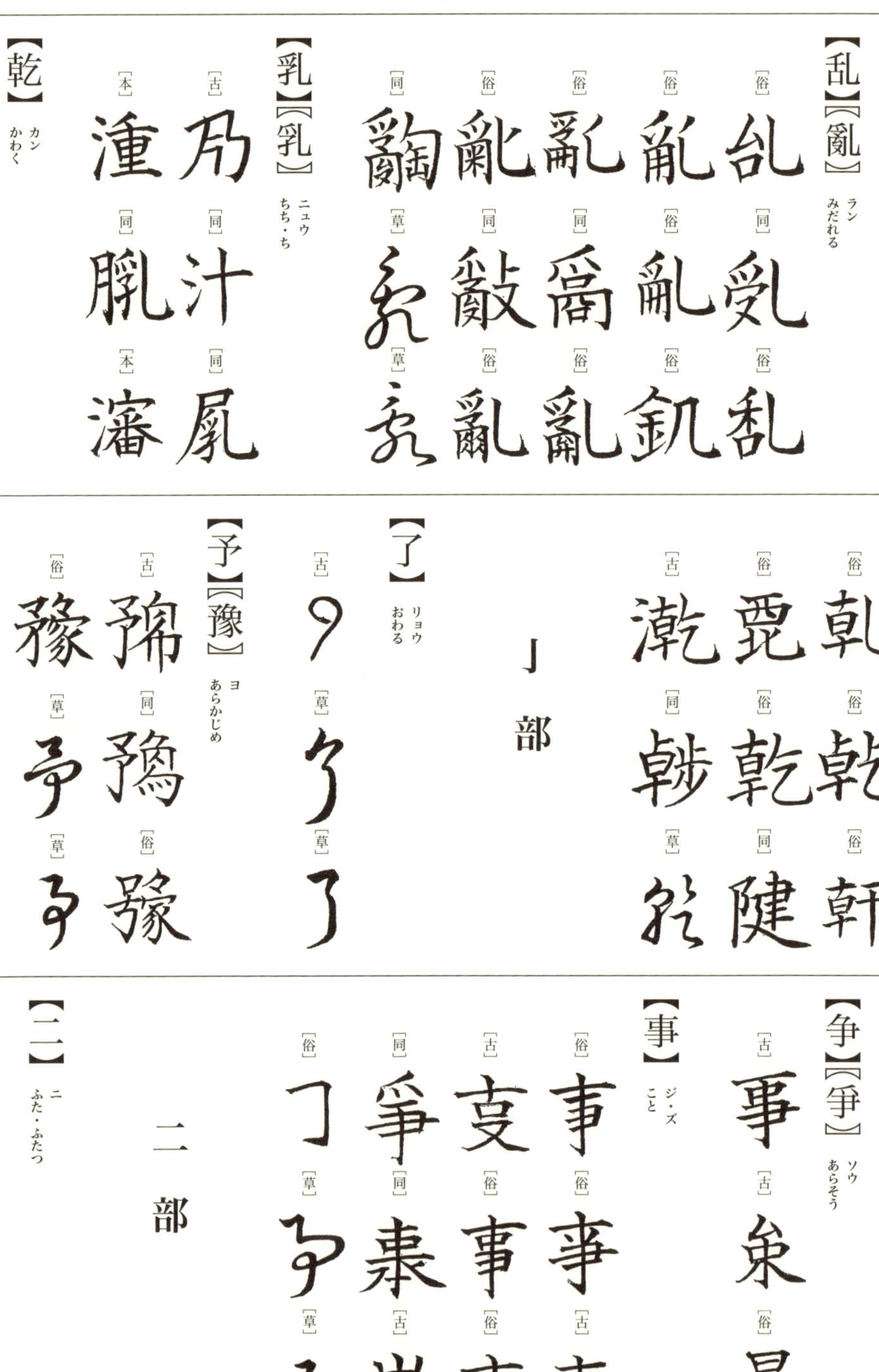
【乱】〔亂〕
ラン
みだれる
【乳】〔乳〕
ニュウ
ちち・ち
【乾】
カン
かわく
亅部
【了】
リョウ
おわる
【予】〔豫〕
ヨ
あらかじめ
【争】〔爭〕
ソウ
あらそう
【事】
ジ・ズ
こと
二部
【二】
ニ
ふた・ふたつ

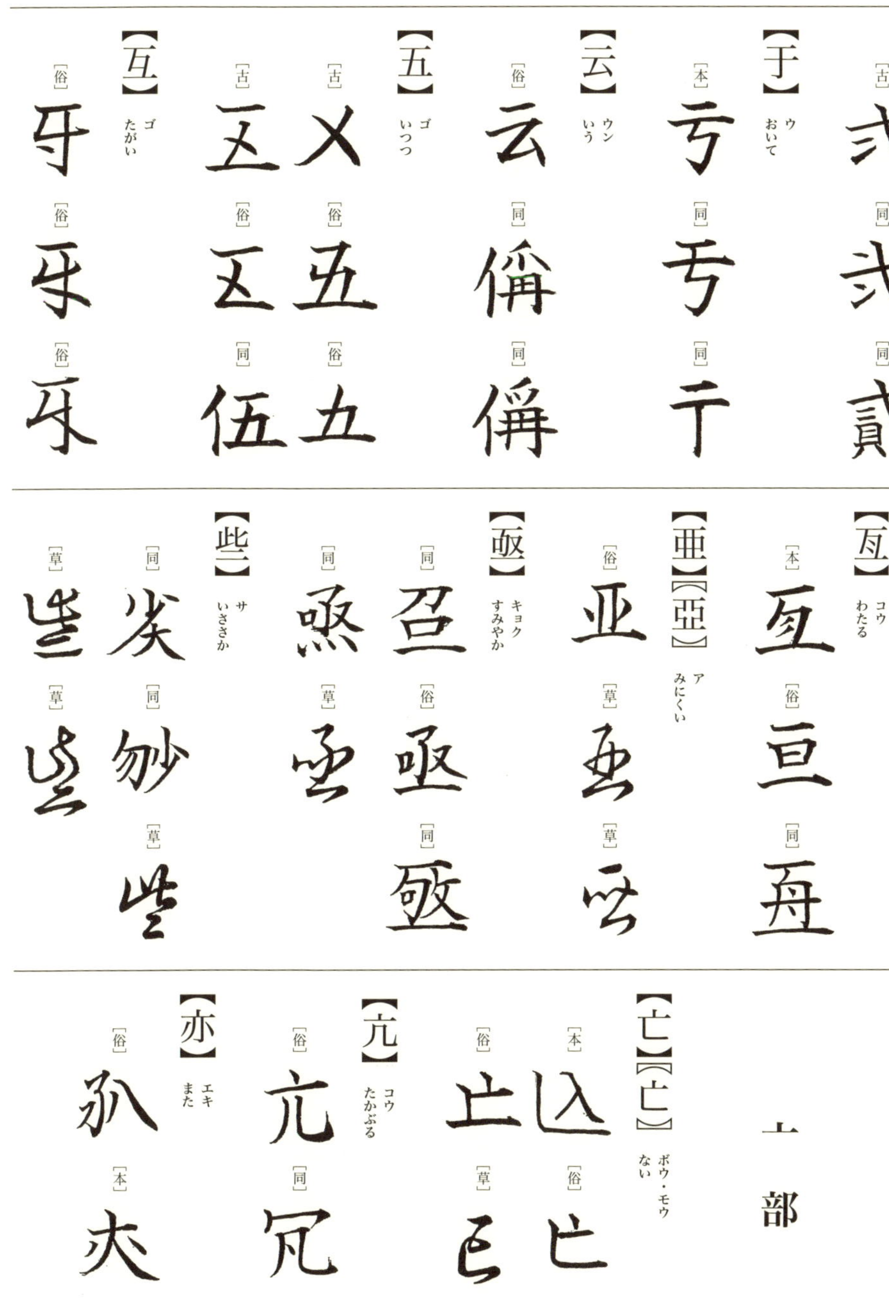

【于】ウ　おいて

【云】ウン　いう

【五】ゴ　いつつ

【互】ゴ　たがい

【亙】コウ　わたる

【亜】【亞】ア　みにくい

【亟】キョク　すみやか

【些】サ　いささか

亠部

【亡】【亾】ボウ・モウ　ない

【亢】コウ　たかぶる

【亦】エキ　また

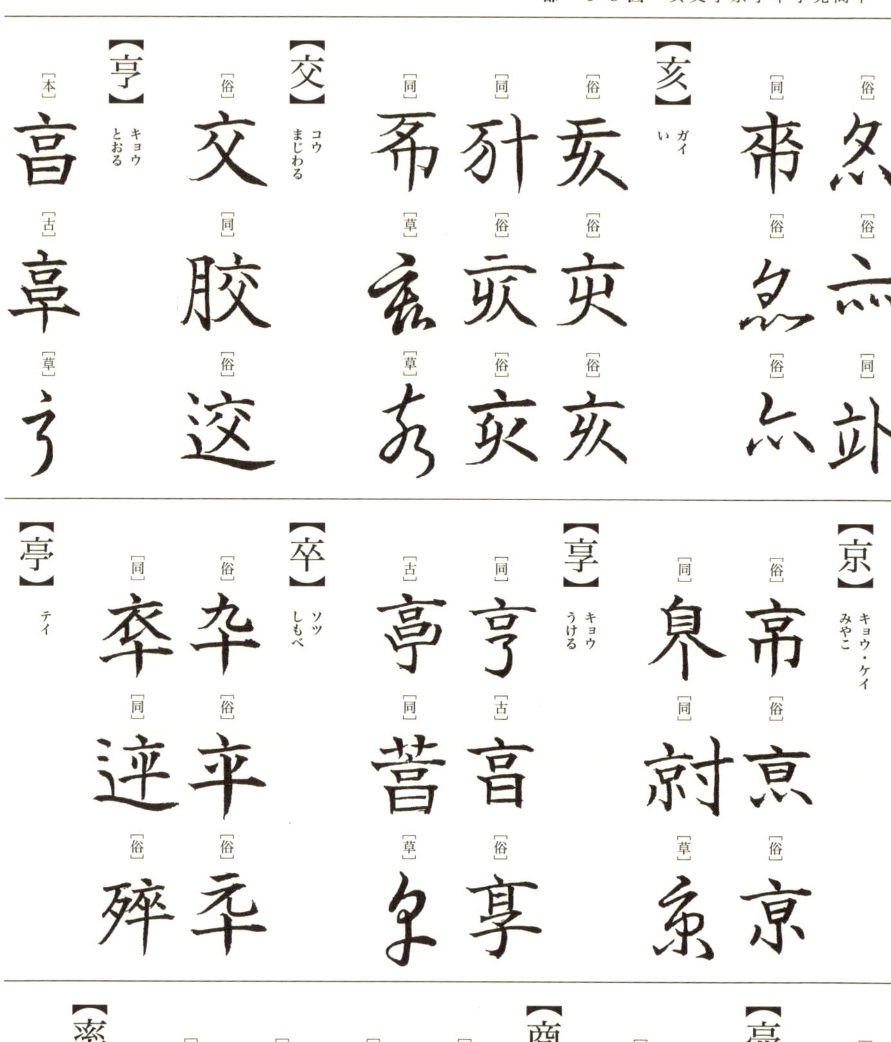

【亥】ガイ　い

【交】コウ　まじわる

【亨】キョウ　とおる

【京】キョウ・ケイ　みやこ

【享】キョウ　うける

【卒】ソツ　しもべ

【亭】テイ

【亮】リョウ　あきらか

【商】〔商〕ショウ　あきなう

【率】〔率〕ソツ・リツ　ひきいる

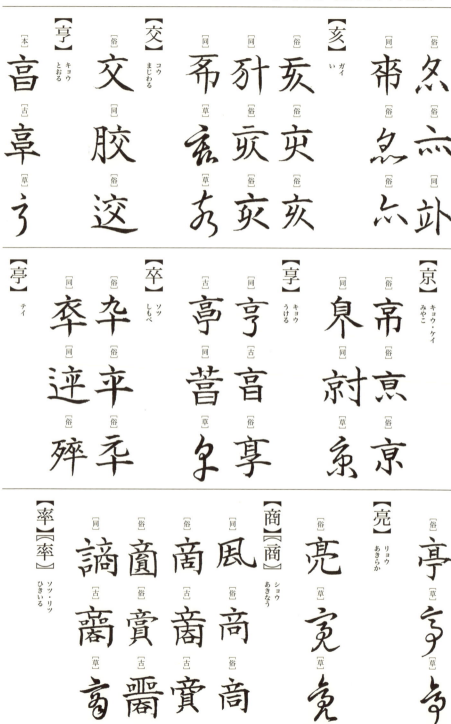

〔古〕

〔草〕

〔草〕

【亶】タン　まこと

〔同〕擅

〔草〕

〔草〕

人（亻・𠆢）部

【人】ジン・ニン　ひと

〔同〕

〔古〕儿

〔古〕

〔古・則〕

〔草〕

〔草〕

【个】カ

〔同〕

〔同〕個

〔同〕箇

【化】〖化〗カ・ケ　ばける

〔古〕

〔俗〕

〔俗〕

〔同〕

〔古〕

〔草〕

【介】カイ　たすける

〔同〕

〔俗〕

〔同〕价

〔同〕

〔草〕

〔草〕

【仇】キュウ　あだ・かたき

〔俗〕

〔草〕

〔草〕

【今】コン・キン　いま

〔俗〕

〔草〕

〔草〕

【什】ジュウ　とお

〔古〕十

〔草〕

〔草〕

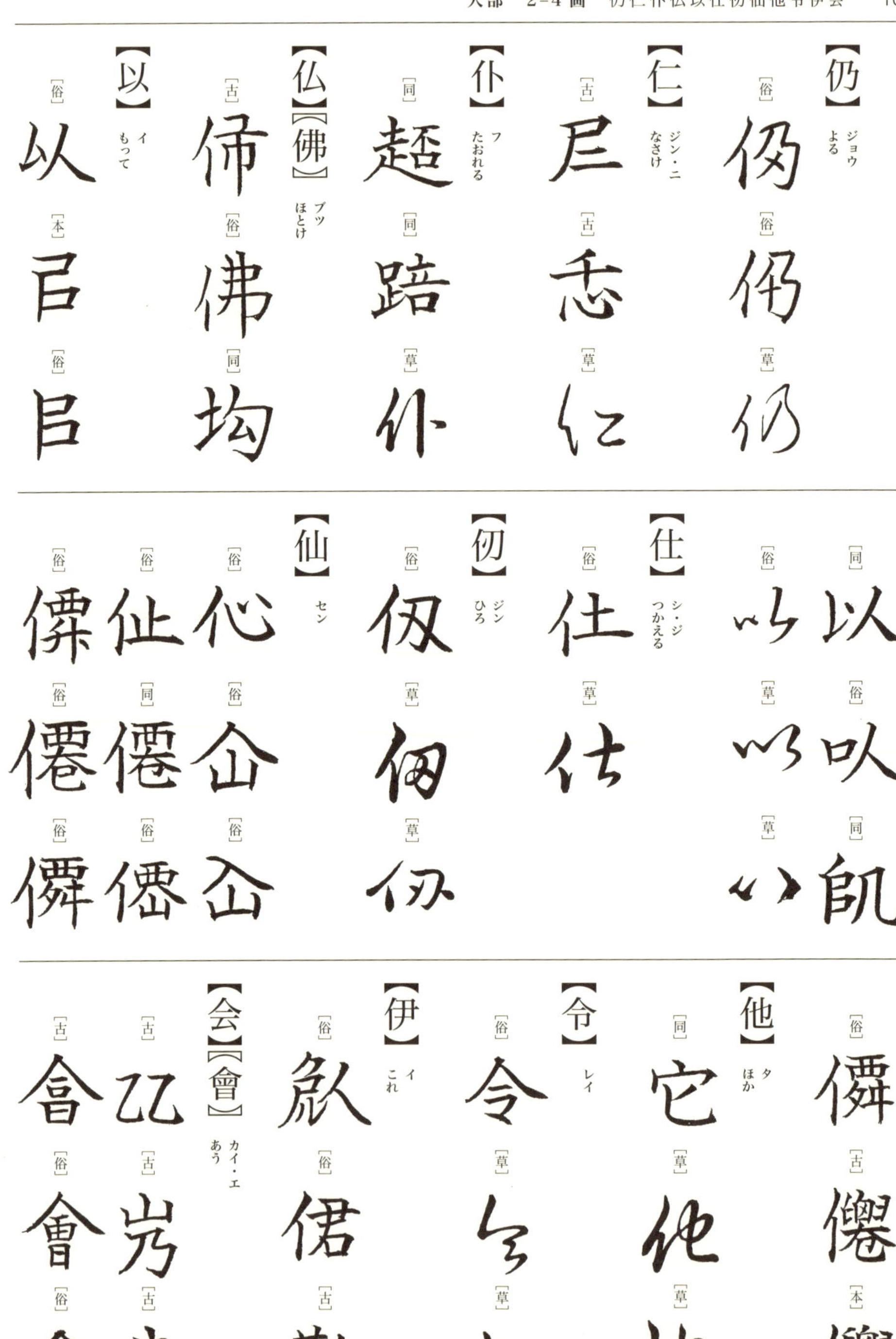
【仍】ジョウ よる
【仁】ジン・ニ なさけ
【仆】フ たおれる
【仏】〔佛〕ブツ ほとけ
【以】イ もって
【仕】シ・ジ つかえる
【仞】ジン ひろ
【仙】セン
【他】タ ほか
【令】レイ
【伊】イ これ
【会】〔會〕カイ・エ あう

〔俗〕會　〔草〕　〔草〕

【价】カイ　よい
〔同〕　〔同〕　〔草〕

【企】キ　くわだてる
〔俗〕　〔俗〕　〔俗〕企
〔同〕　〔同〕　〔同〕

【伎】キ・ギ　わざ
〔俗〕　〔草〕　〔草〕

【休】キュウ　やすむ
〔俗〕　〔俗〕　〔俗〕

〔俗〕　〔俗〕　〔草〕

【仰】ギョウ　あおぐ
〔俗〕　〔俗〕　〔俗〕

【全】〖仝〗ゼン　まったく
〔俗〕　〔俗〕　〔古〕
〔俗〕全　〔古〕　〔古〕

【伝】〖傳〗デン　つたわる
〔俗〕　〔俗〕　〔俗〕傳
〔俗〕傳　〔俗〕　〔草〕

【任】ニン　まかせる
〔俗〕任　〔同〕　〔草〕

【佚】フ
〔同〕夫　〔草〕

【伏】フク　ふせる
〔同〕　〔草〕　〔草〕

【仿】ホウ　さまよう
〔同〕彷　〔同〕　〔同〕眆
〔同〕髣　〔草〕

【伃】ヨ
〔同〕妤　〔草〕

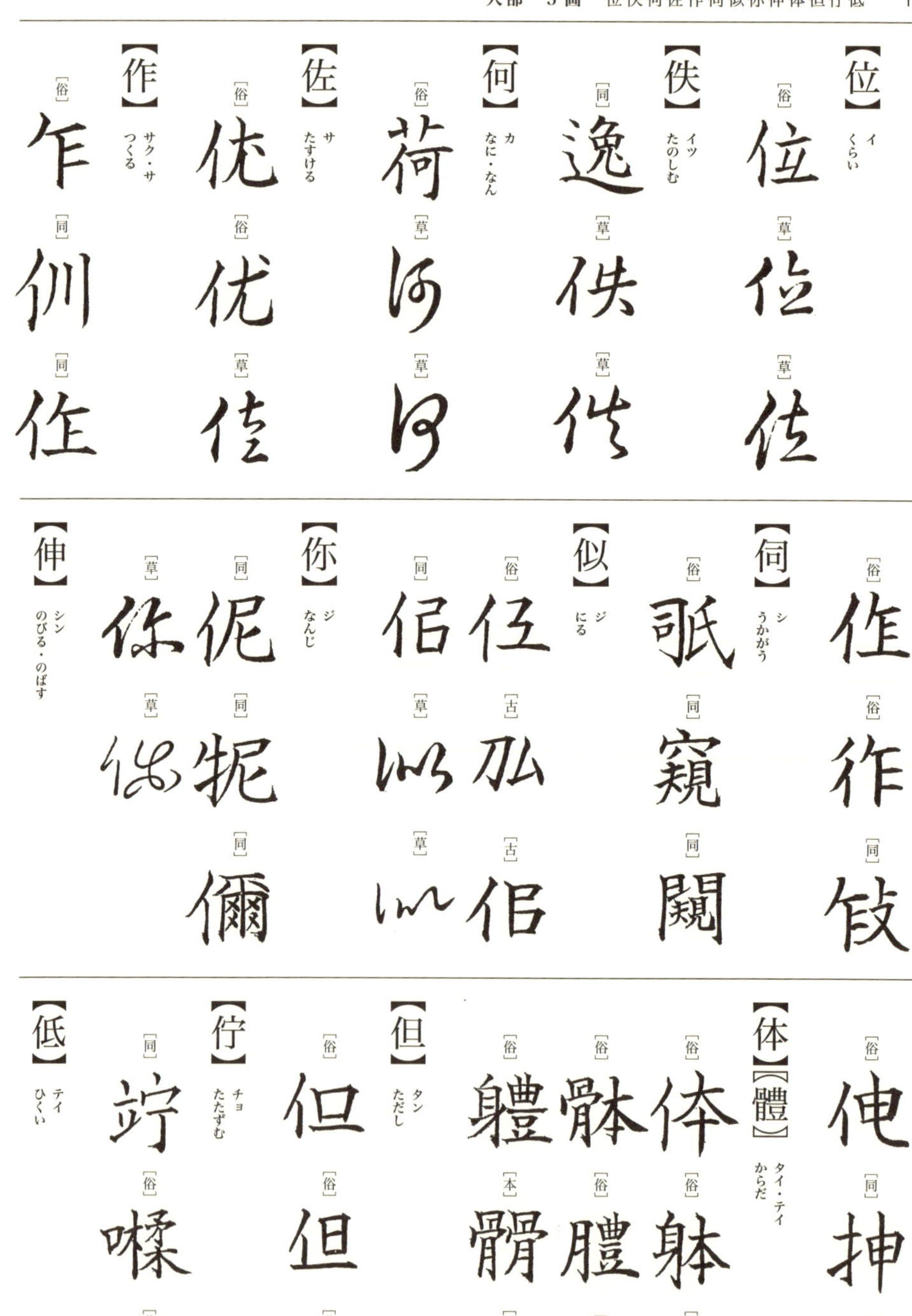
【位】イ くらい
【佚】イツ たのしむ
【何】カ なに・なん
【佐】サ たすける
【作】サク・サ つくる
【伺】シ うかがう
【似】ジ にる
【你】ジ なんじ
【伸】シン のびる・のばす
【体】〔體〕タイ・テイ からだ
【但】タン ただし
【佇】チョ たたずむ
【低】テイ ひくい

〔本〕氐　〔俗〕伍　〔俗〕低
〔俗〕低　〔俗〕低　〔草〕低

【佟】トウ
〔同〕彳冬　〔草〕佟　〔草〕佟

【佞】ネイ　へつらう
〔俗〕侫　〔俗〕言安　〔草〕佞

【佾】イツ
〔古〕彳肖　〔草〕佾

【価】【價】カ　あたい
〔俗〕价　〔俗〕金賈　〔草〕價

【佪】カイ　さまよう
〔俗〕佪　〔同〕徊　〔草〕佪

【佸】カツ　あう
〔本〕亻昏　〔草〕佸　〔草〕佸

【侃】カン　つよい
〔古〕侃　〔同〕偘　〔草〕侃

【供】キョウ・ク　そなえる・とも
〔同〕供　〔草〕供　〔草〕供

【侐】キョク
〔同〕侐　〔草〕侐　〔草〕侐

【使】シ　つかう
〔俗〕使　〔古〕使　〔俗〕使
〔古〕使　〔古〕使　〔草〕使

【侈】シ　おごる
〔古〕侈　〔同〕侈　〔草〕侈

【舎】【舍】シャ　いえ・や
〔同〕舎　〔草〕舎　〔草〕舎

【佩】ハイ　おびる・はく
〔俗〕佩　〔俗〕佩　〔俗〕佩
〔俗〕佩　〔同〕珮　〔俗〕佩

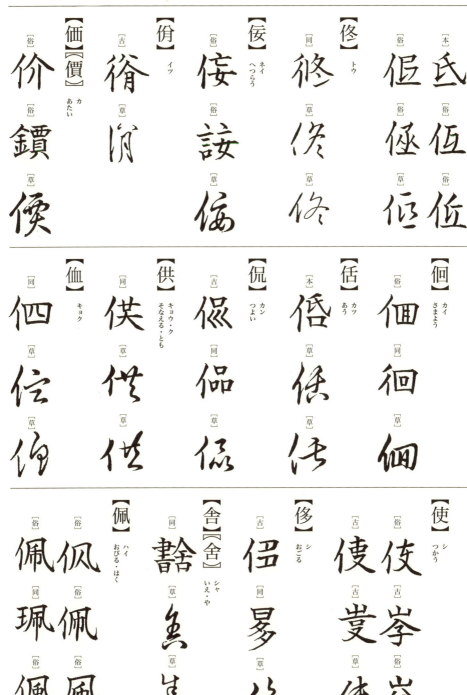

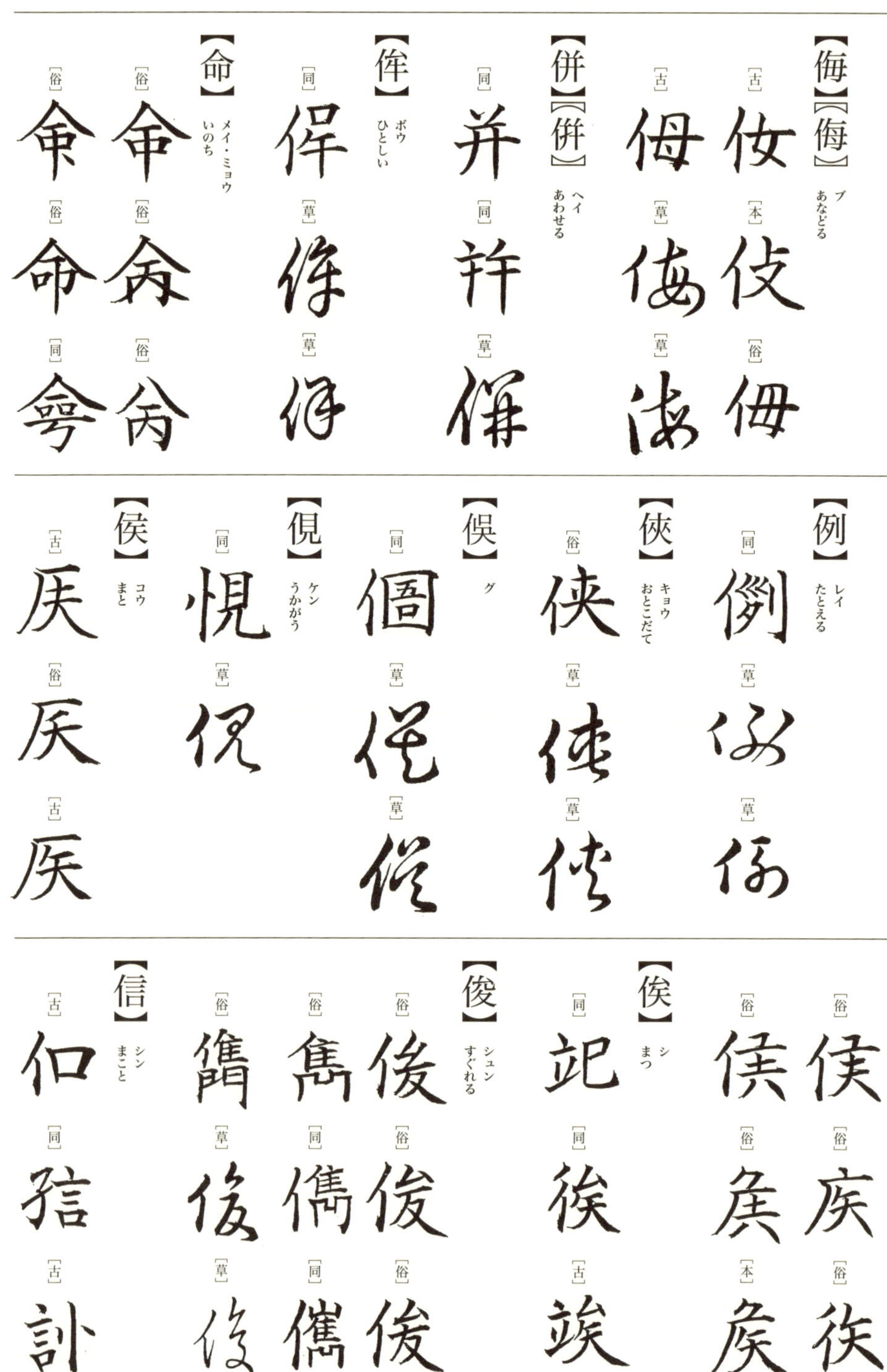
【侮】〔侮〕
ブ
あなどる
【併】〔併〕
ヘイ
あわせる
【侔】
ボウ
ひとしい
【命】
メイ・ミョウ
いのち
【例】
レイ
たとえる
【侠】
キョウ
おとこだて
【俁】
グ
【俔】
ケン
うかがう
【侯】
コウ
まと
【俟】
シ
まつ
【俊】
シュン
すぐれる
【信】
シン
まこと

[古]　[草]　[草]

【侵】【𠉀】シン　おかす

[同]　[同]　[草]

【俎】ソ　まないた

[俗]　[俗]　[草]

【促】ソク　うながす

[俗]　[俗]　[俗]

【俗】ゾク　ならい

[古]　[俗]　[俗]

[俗]　[俗]　[俗]

[俗]　[俗]　[草]

【便】ベン・ビン　たより

[本]　[草]　[草]

【保】ホ　たもつ

[古]　[古]　[同]

[同]　[同]　[古]

[古]　[草]　[草]

【俚】リ　いやしい

[俗]　[草]　[草]

【俐】リ　さとい

[同]　[草]

【俁】また

[同]　[草]

【倚】イ・キ　よる

[俗]　[草]　[草]

【俺】エン　おれ

[同]　[草]

【倶】ク・グ　ともに

[俗]　[草]　[草]

【倔】クツ

〔同〕
〔同〕
〔草〕

【倹】〖儉〗 ケン つつましい

〔古〕
〔俗〕 俭
〔草〕

【倦】 ケン うむ

〔古〕 劵
〔俗〕
〔俗〕 倦
〔同〕 勌
〔俗〕
〔同〕 惓
〔本〕
〔古〕
〔草〕

【個】 コ

〔俗〕
〔同〕 箇
〔草〕

【候】 コウ そうろう

〔俗〕
〔俗〕
〔同〕
〔同〕
〔俗〕
〔俗〕
〔草〕
〔草〕
〔草〕

【借】 シャク かりる

〔俗〕
〔古〕
〔草〕

【倢】 ショウ さとい

〔同〕
〔同〕
〔草〕

【倩】 セン つらつら

〔俗〕 倩
〔草〕
〔草〕

【倉】 ソウ くら

〔俗〕 仓
〔古〕
〔俗〕
〔古〕
〔古〕
〔草〕

【倅】 サイ・ソツ せがれ

〔俗〕 伜
〔俗〕 体
〔俗〕 躮

【倬】 タク たかい

〔本〕
〔草〕
〔草〕

【倓】 タン しずか

〔同〕
〔草〕
〔草〕

【値】 チ ね・あたい

〔俗〕 値
〔俗〕 值
〔草〕

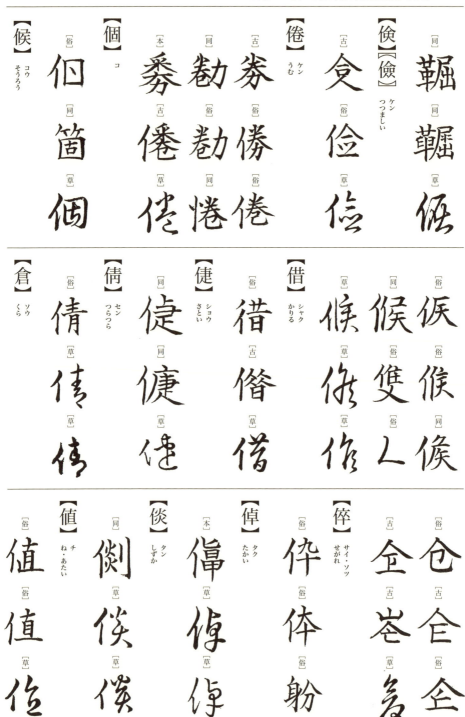

【倍】バイ　ます
〔同〕　〔古〕倍　〔同〕

【俾】ヒ　しむ
〔俗〕俾　〔草〕　〔草〕

【俵】ヒョウ　たわら
〔同〕　〔草〕　〔草〕

【俯】フ　うつむく
〔俗〕府　〔同〕俛　〔同〕頫

【倣】ホウ　ならう
〔同〕仿　〔本〕　〔同〕　〔本〕效　〔同〕傚　〔草〕

【倆】リョウ　わざ
〔俗〕倆　〔草〕　〔草〕

【倫】リン　みち
〔俗〕伦　〔草〕　〔草〕

【偃】エン　ふす
〔俗〕　〔俗〕　〔俗〕　〔同〕　〔草〕　〔草〕

【偕】カイ　ともに
〔同〕諧　〔草〕　〔草〕

【偽】【僞】ギ　いつわる・にせ
〔俗〕伪　〔俗〕　〔俗〕

【健】ケン　すこやか
〔俗〕健　〔俗〕　〔草〕

【偲】シ　しのぶ
〔同〕愢　〔草〕　〔草〕

【偖】シャ　さて
〔同〕　〔草〕

【偆】シュン
〔本〕　〔同〕賰　〔草〕

【偬】ソウ
【側】ソク かわ・かたわら
【停】テイ とどまる
【偵】テイ うかがう
【偸】トウ ぬすむ
【偏】〖偏〗ヘン かたよる
【偉】〖偉〗イ えらい
【傀】カイ くぐつ
【傚】コウ ならう
【傘】サン かさ
【備】ビ そなえる
【傍】ボウ かたわら

〔同〕傍 〔草〕 〔草〕

【傴】ウ かがむ
〔俗〕伛 〔同〕傴 〔草〕

【僅】キン わずか
〔俗〕僅 〔同〕勤 〔草〕

【傾】ケイ かたむく
〔俗〕傾 〔俗〕傾 〔俗〕傾 〔俗〕傾 〔草〕 〔草〕

【傑】〔傑〕ケツ すぐれる
〔俗〕杰 〔俗〕傑 〔俗〕傑 〔俗〕傑 〔俗〕傑 〔俗〕傑 〔俗〕檠 〔草〕 〔草〕

【傲】ゴウ おごる
〔俗〕傲 〔同〕嫐 〔同〕嫯 〔同〕慠 〔同〕慠 〔同〕慠

【傻】サ
〔同〕儍 〔草〕

【催】サイ もよおす
〔本〕趣 〔草〕 〔草〕

【債】サイ かり
〔俗〕債 〔草〕 〔草〕

【傷】ショウ きず
〔俗〕伤 〔俗〕傷 〔同〕殤

【僉】セン
〔俗〕㑒 〔俗〕僉 〔草〕

【僧】〔僧〕ソウ
〔俗〕僧 〔草〕 〔草〕

【働】ドウ はたらく
〔俗〕仂 〔草〕 〔草〕

【僄】ヒョウ すばやい

[同]徱　[同]㹱　[俗]僊

[本]僊　[本]𢕸　[草]僊

【傭】ヨウ　やとう

[俗]傭　[俗]傭　[草]傭

【僂】ロウ

[俗]僂　[草]僂　[草]僂

【僩】カン

[俗]僩　[草]僩

【僭】セン　おごる

[俗]僭　[草]僭　[草]僭

【僎】セン

[本]僎　[草]僎　[草]僎

【僢】セン

[俗]僢　[草]僢　[草]僢

【像】ゾウ　かたどる

[俗]像　[同]像　[俗]像

【僕】ボク　しもべ

[本]僕　[俗]僕　[俗]僕

[俗]䑑　[同]𦺇　[古]䑑

[草]僕　[草]僕

【僚】リョウ　つかさ

[本]僚　[同]寮　[草]僚

【僯】リン

[俗]僯　[草]僯　[草]僯

【億】オク　おしはかる

[俗]亿　[古]意　[本]億

【儀】ギ　よい

[俗]仪　[俗]仪　[本]儀

[俗]儀　[俗]儀　[俗]儀

【儇】ケン　かしこい

〔本〕儇　〔草〕　〔草〕

【僻】ヘキ さける
〔俗〕　〔草〕　〔草〕

【儚】ボウ はかない
〔同〕懜　〔同〕傮　〔同〕僧
〔同〕懜　〔同〕慒　〔同〕𩕄

【儕】サイ ともがら
〔俗〕　〔俗〕儕　〔草〕

【儒】ジュ うるおす
〔俗〕仟　〔俗〕偄　〔俗〕儒
〔俗〕傿　〔草〕　〔草〕

【儘】ジン まま
〔俗〕侭　〔俗〕儘　〔草〕

【儔】チュウ ともがら
〔俗〕　〔俗〕　〔俗〕
〔本〕儔　〔俗〕儔　〔俗〕儔
〔同〕　〔草〕　〔草〕

【儛】ブ まう
〔俗〕儛　〔草〕　〔草〕

【償】ショウ つぐなう
〔俗〕偿　〔草〕　〔草〕

【優】ユウ やさしい
〔俗〕优　〔俗〕優　〔俗〕優
〔俗〕　〔同〕獶　〔草〕

【儡】ライ やぶれる
〔同〕　〔同〕　〔同〕櫑

【儲】チョ もうけ
〔同〕貯　〔俗〕儲　〔草〕

【儳】ザン さしでる
〔俗〕　〔俗〕　〔草〕

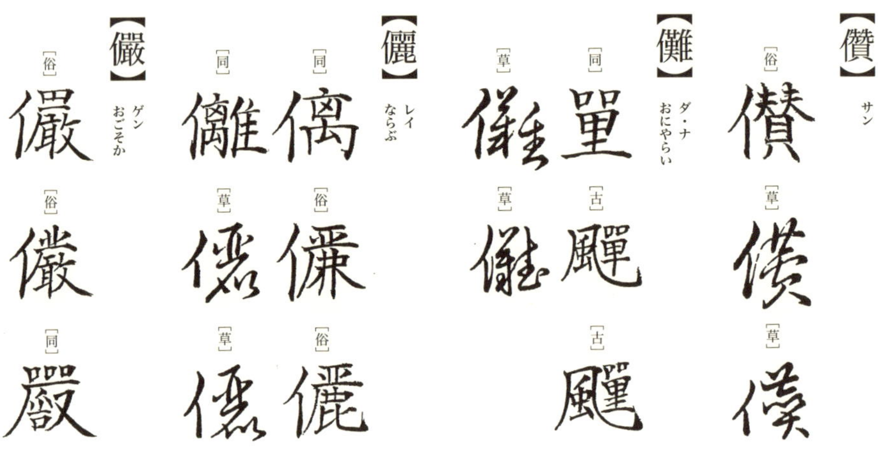

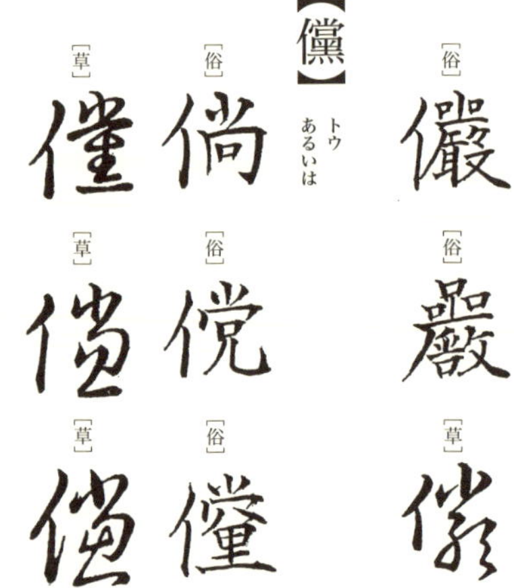

儿部

【允】イン まこと

〔俗〕〔古〕〔草〕

【元】ゲン・ガン もと

〔俗〕〔草〕〔草〕

【兄】ケイ・キョウ あに

〔俗〕〔俗〕〔草〕

【兇】キョウ おそれる

〔俗〕〔俗〕〔草〕

【光】コウ ひかり

〔本〕〔俗〕〔同〕晃　〔古〕〔俗〕〔同〕炗　〔俗〕〔古〕〔草〕

【充】ジュウ あてる

〔本〕〔俗〕〔俗〕　〔俗〕〔俗〕〔草〕

【先】セン さき

〔俗〕〔草〕〔草〕

【兆】チョウ きざし

〔俗〕〔本〕〔俗〕　〔俗〕〔俗〕〔俗〕　〔俗〕〔俗〕〔同〕

【克】コク かつ

〔俗〕〔俗〕〔古〕　〔古〕〔同〕〔同〕　〔俗〕〔古〕〔同〕　〔俗〕〔古〕〔古〕　〔草〕〔草〕

【児】〔兒〕ジ・ニ こ

〔俗〕儿〔俗〕〔本〕　〔同〕〔俗〕〔草〕

【兕】シ

〔同〕〔同〕〔古〕

【兌】ダ よろこぶ

〔俗〕〔俗〕〔俗〕　〔俗〕〔俗〕〔草〕

【兎】〔兔〕ト うさぎ

〔俗〕〔同〕〔俗〕　〔草〕〔草〕〔草〕

【免】〖兎〗 メン まぬかれる
〔俗〕 〔俗〕 〔俗〕
【兗】 エン
〔俗〕 〔草〕 〔草〕
【党】〖黨〗 トウ むら
〔俗〕 〔俗〕 〔俗〕 〔俗〕 〔草〕 〔草〕
【兜】 トウ・ト かぶと
〔同〕 〔同〕 〔俗〕 〔俗〕 〔俗〕 〔草〕
【兢】 キョウ つつしむ
〔古〕 〔草〕 〔草〕
入部
【兪】 ユ しかり・ますます
〔俗〕 〔古〕 〔草〕
八(丷)部
【兮】 ケイ
〔俗〕 〔草〕 〔草〕
【公】 コウ おおやけ
〔本〕 〔古〕 〔草〕
【六】 ロク むっつ
〔俗〕 〔俗〕 〔同〕 〔同〕 〔同〕 〔草〕
【共】 キョウ とも
〔俗〕 〔俗〕 〔同〕 〔俗〕 〔古〕 〔草〕
【兵】 ヘイ・ヒョウ つわもの・いくさ
〔同〕 〔古〕 〔古〕

【其】キ　その

〔古〕亓　〔古〕𠀘　〔俗〕𠀠

【具】〖具〗グ　そなわる

〔本〕〔俗〕〔本〕

【典】テン　ふみ・のり

〔俗〕〔同〕〔同〕〔同〕〔同〕〔古〕

【兼】〖兼〗ケン　かねる

〔同〕〔俗〕〔俗〕

〔俗〕〔古〕〔草〕

【冀】キ　こいねがう

〔同〕〔古〕〔俗〕

冂部

【冂】ケイ

〔古〕〔草〕

【円】〖圓〗エン　まるい・まる

〔俗〕〔俗〕〔俗〕

【内】〖內〗ナイ・ダイ　うち

〔俗〕〔俗〕〔俗〕

【冊】サツ・サク　ふみ

〔同〕〔同〕〔本〕〔俗〕〔同〕〔俗〕〔俗〕〔俗〕〔俗〕〔草〕〔草〕〔草〕

【冉】ゼン　よわい

〔同〕〔俗〕〔草〕

【冎】カ　えぐる

〔同〕〔草〕

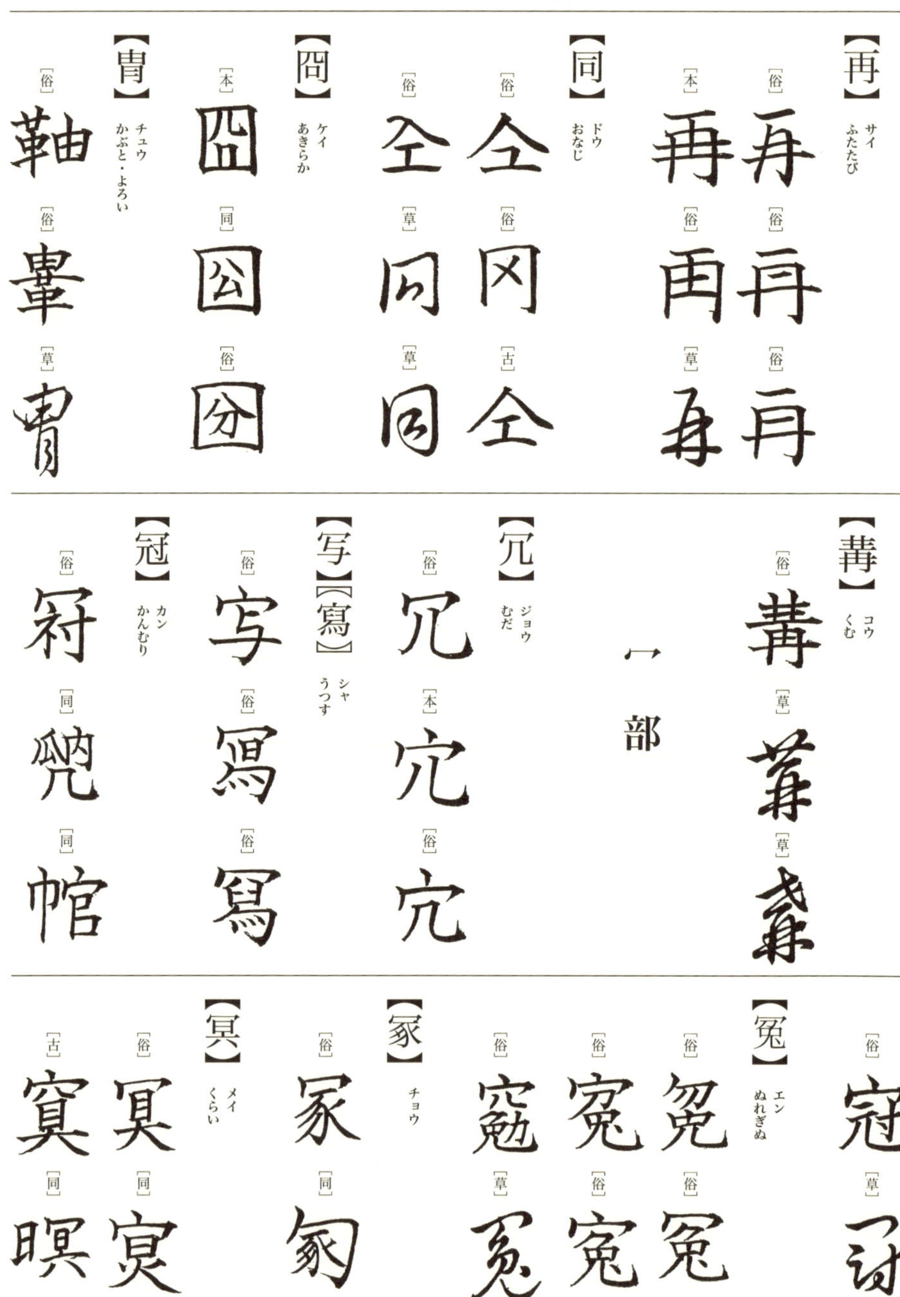

【再】サイ　ふたたび

【同】ドウ　おなじ

【冏】ケイ　あきらか

【冑】チュウ　かぶと・よろい

【冓】コウ　くむ

冖部

【冗】ジョウ　むだ

【写】【寫】シャ　うつす

【冠】カン　かんむり

【冤】エン　ぬれぎぬ

【冢】チョウ

【冥】メイ　くらい

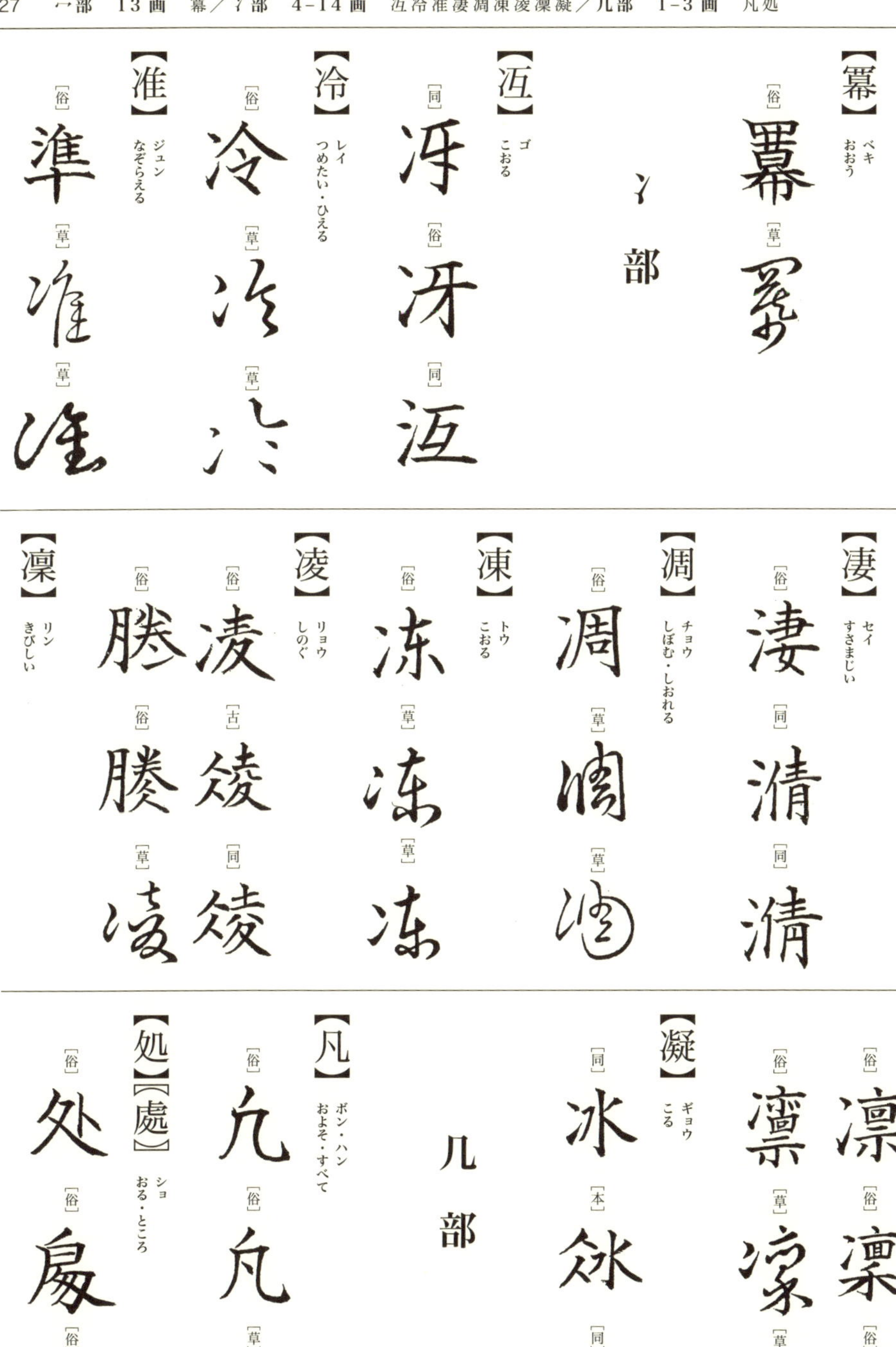

【冪】ベキ　おおう　〔俗〕〔草〕

冫部

【冱】ゴ　こおる　〔同〕〔俗〕〔同〕

【冷】レイ　つめたい・ひえる　〔俗〕〔草〕〔草〕

【准】ジュン　なぞらえる　〔俗〕〔草〕〔草〕

【凄】セイ　すさまじい　〔俗〕〔同〕〔同〕

【凋】チョウ　しぼむ・しおれる　〔俗〕〔草〕〔草〕

【凍】トウ　こおる　〔俗〕〔草〕〔草〕

【凌】リョウ　しのぐ　〔俗〕〔古〕〔同〕〔俗〕〔俗〕〔草〕

【凜】リン　きびしい　〔俗〕〔俗〕〔俗〕〔俗〕〔草〕〔草〕

【凝】ギョウ　こる　〔同〕〔本〕〔同〕

几部

【凡】ボン・ハン　およそ・すべて　〔俗〕〔俗〕〔草〕

【処】〔處〕ショ　おる・ところ　〔俗〕〔俗〕〔俗〕

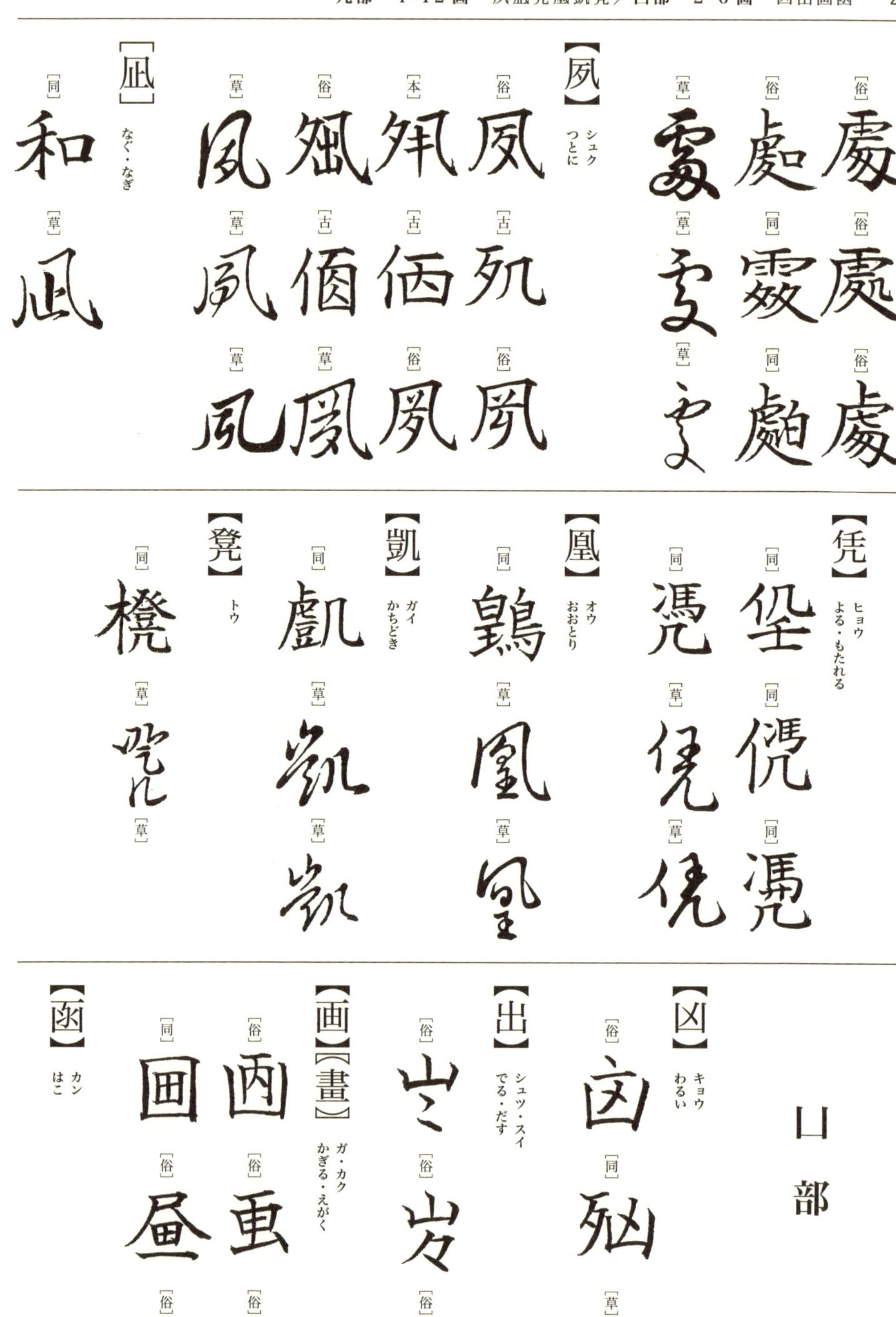
【夙】シュク つとに
【凪】なぐ・なぎ
【凭】ヒョウ よる・もたれる
【凰】オウ おおとり
【凱】ガイ かちどき
【凳】トウ
凵部
【凶】キョウ わるい
【出】シュツ・スイ でる・だす
【画】【畫】ガ・カク かぎる・えがく
【函】カン はこ

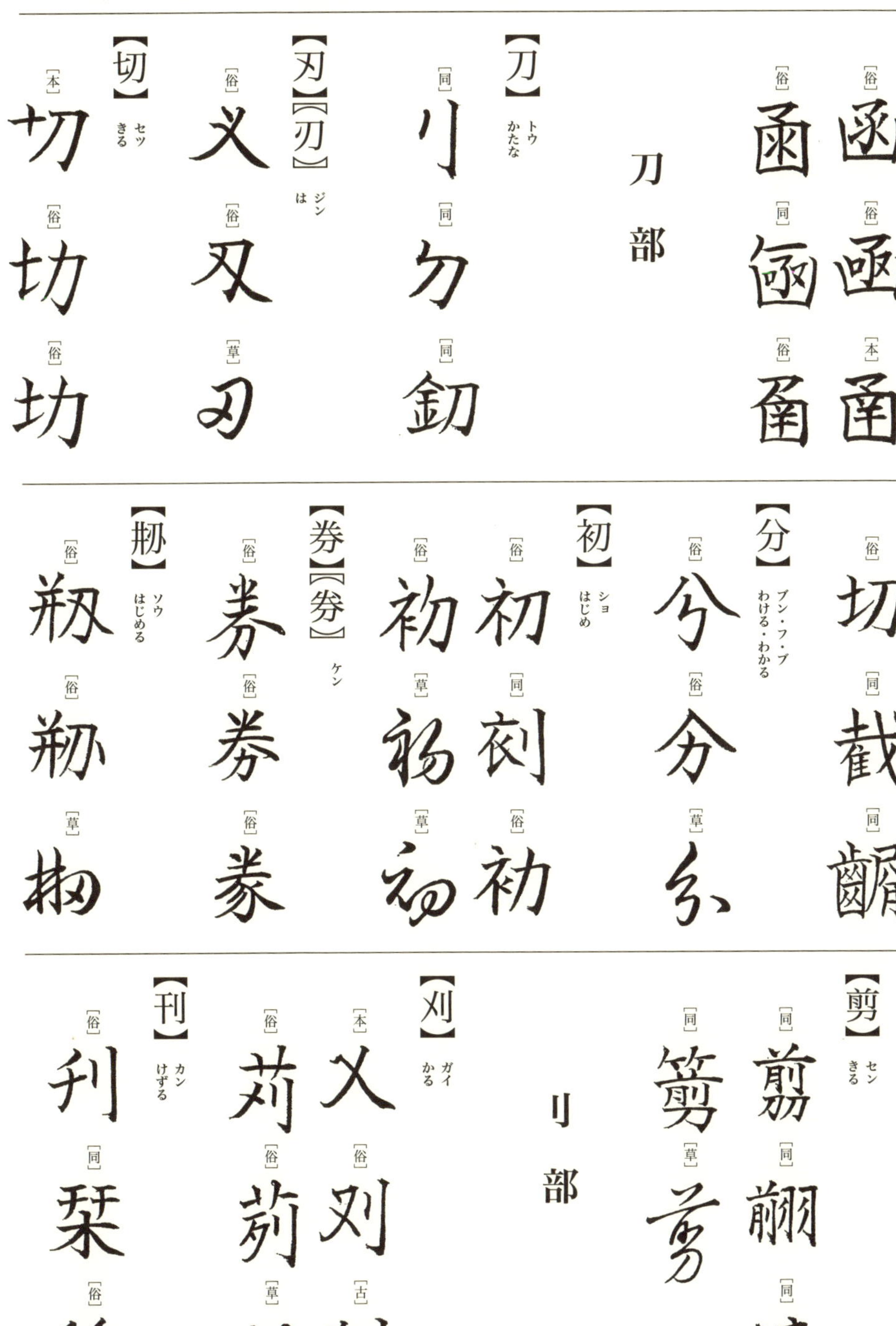

【刓】ガン　けずる

〔同〕冠　〔草〕刓

【刑】ケイ

〔同〕刑　〔本〕刑　〔同〕刲

【刎】フン　くびはねる

〔同〕歾　〔草〕刎　〔草〕刎

【列】レツ　つらなる

〔古〕列　〔同〕列　〔草〕列

【刪】サン　けずる

〔同〕刪　〔俗〕删　〔俗〕删　〔本〕刪　〔俗〕删　〔俗〕删　〔俗〕刪　〔同〕刪　〔草〕刪

【判】〖判〗ハン・バン　わける

〔俗〕判　〔俗〕判　〔同〕牉

【別】ベツ　わかれる

〔古〕𠔁　〔俗〕另　〔俗〕别　〔本〕別　〔俗〕莂　〔草〕別

【利】リ　きく

〔俗〕利　〔俗〕利　〔古〕𥝢　〔古〕𥝢　〔草〕利　〔草〕利

【刮】カツ　けずる

〔本〕刮　〔草〕刮　〔草〕刮

【刻】コク　きざむ

〔同〕刻　〔俗〕刻　〔俗〕剋　〔古〕刻　〔草〕刻　〔草〕刻

【刷】サツ　する

〔俗〕刷　〔本〕㕞　〔俗〕㕞

【刹】サツ・セツ

〔俗〕刹　〔俗〕刹　〔同〕剎

【刺】シ　さす

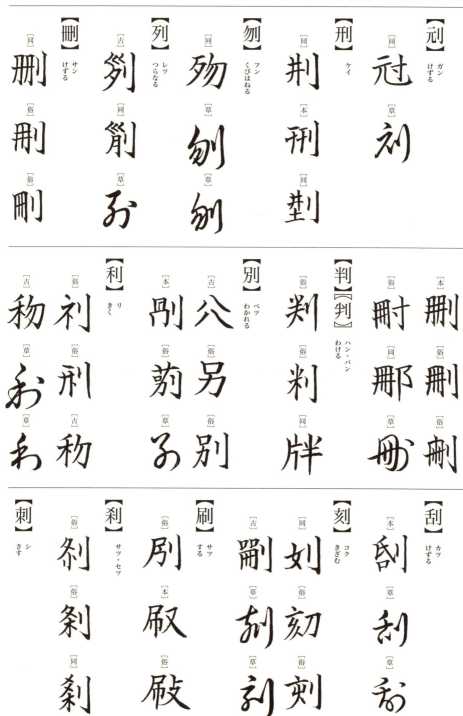

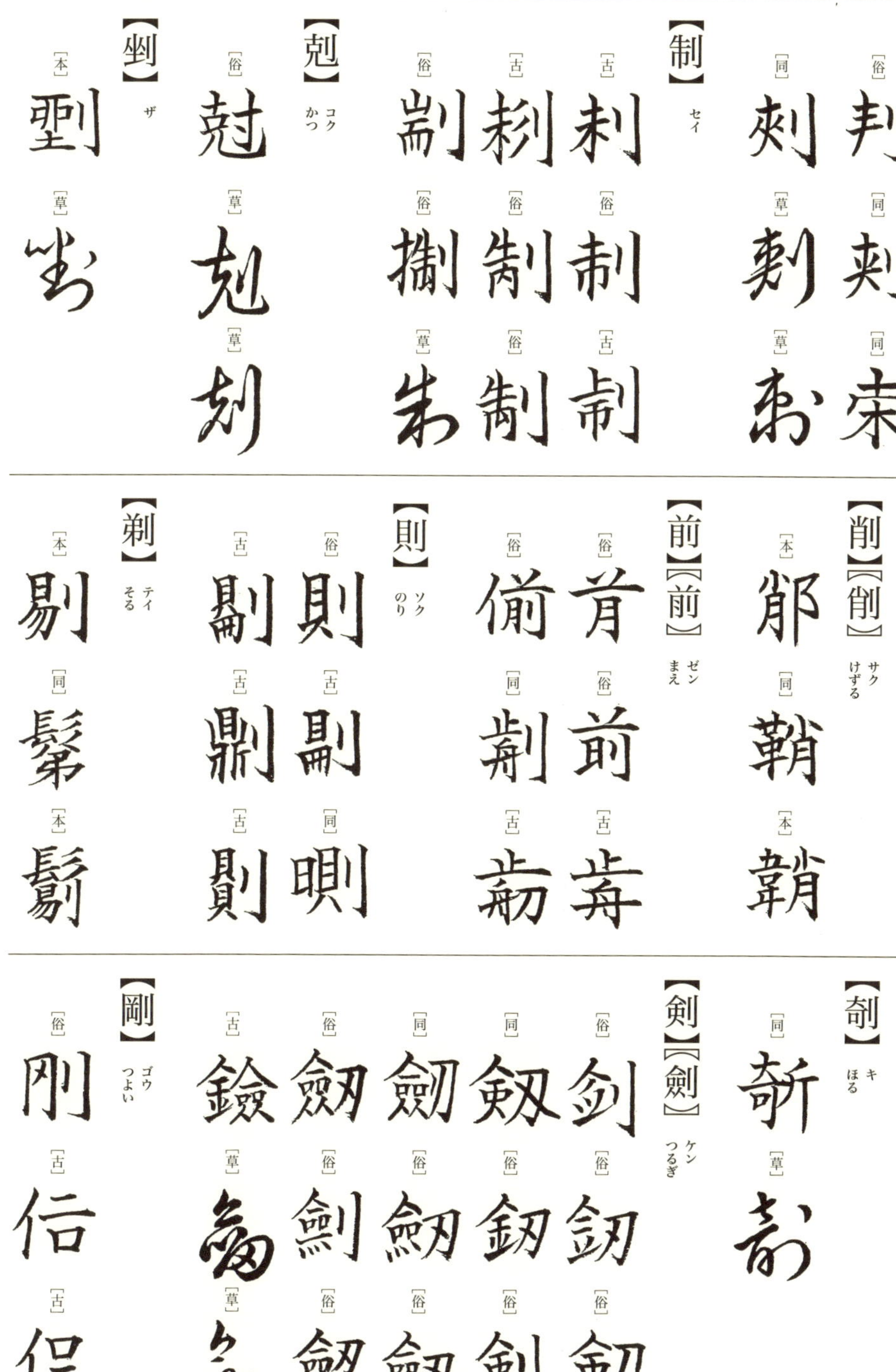

【剤】〖劑〗 ザイ

【剗】 サン けずる

【剔】 テキ・テイ えぐる

【剝】 ハク はぐ

【剖】 ホウ・ボウ さく

【剰】〖剩〗 ジョウ あまる

【副】 フク そう・そえる

【割】〖割〗 カツ わる

【創】 ソウ はじめる

【剿】 ソウ

【剽】 ヒョウ おびやかす

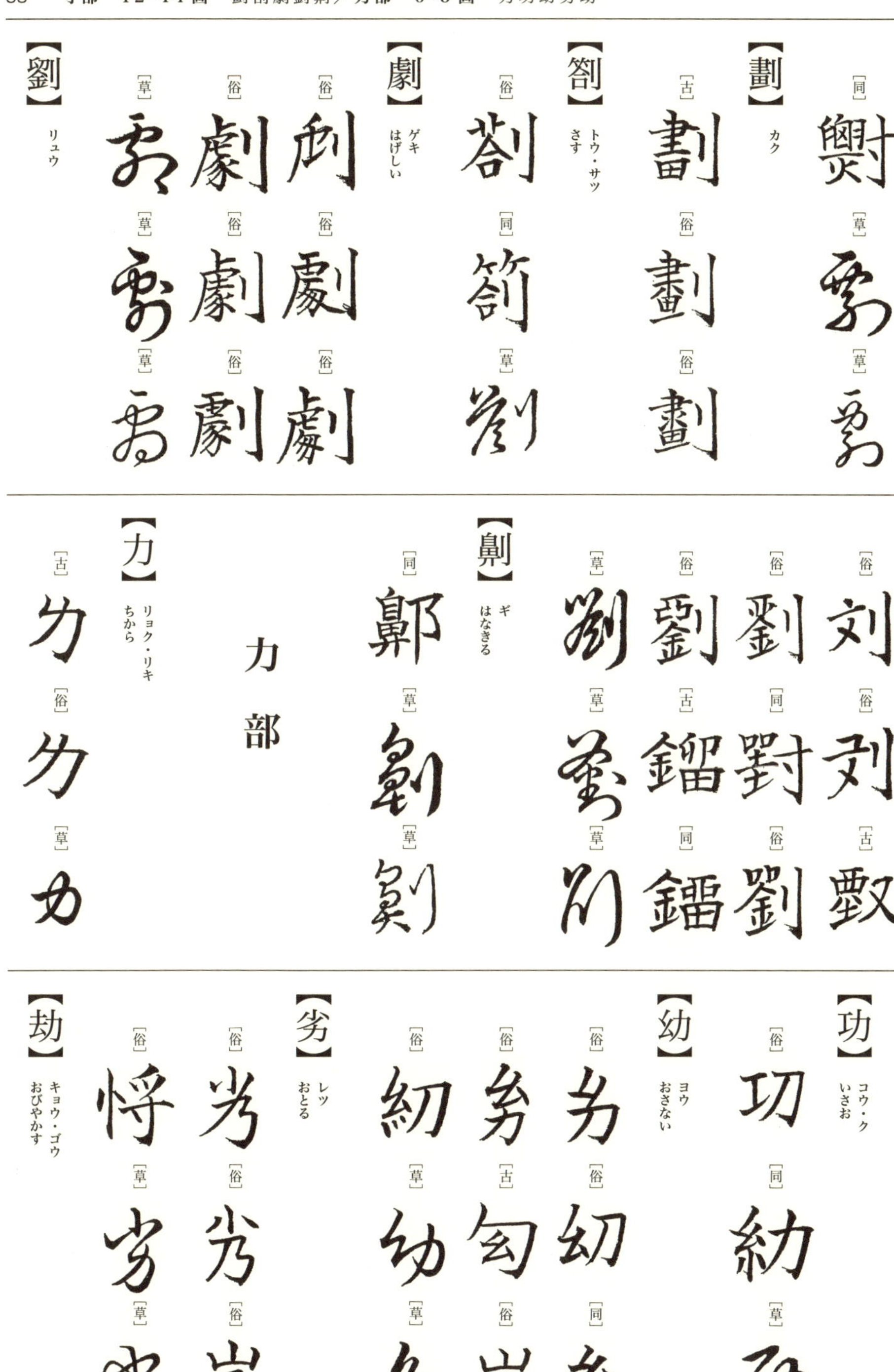
【劃】カク
【剳】トウ・サツ さす
【劇】ゲキ はげしい
【劉】リュウ
【劓】ギ はなきる
力部
【力】リョク・リキ ちから
【功】コウ・ク いさお
【幼】ヨウ おさない
【劣】レツ おとる
【劫】キョウ・ゴウ おびやかす

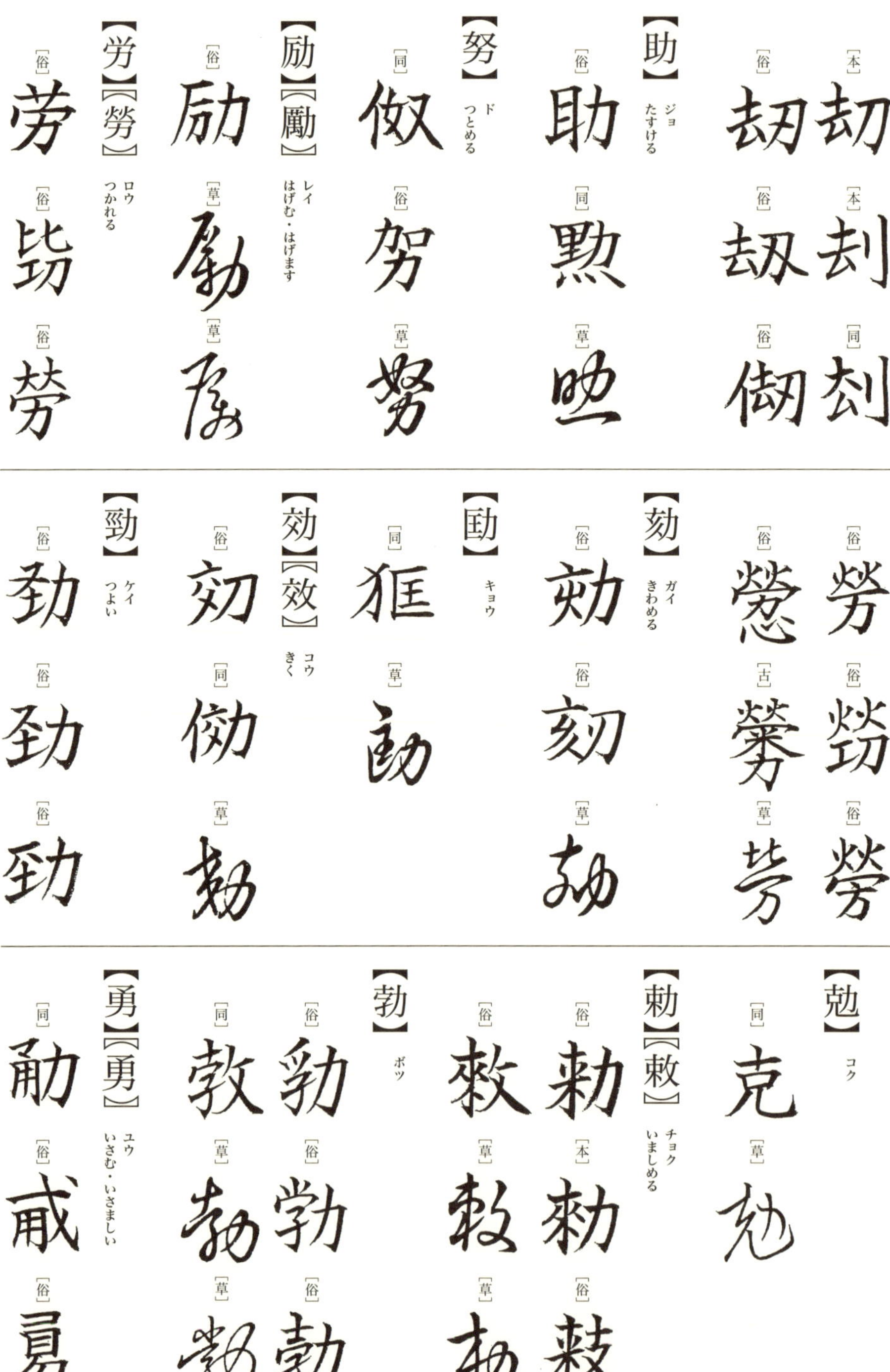

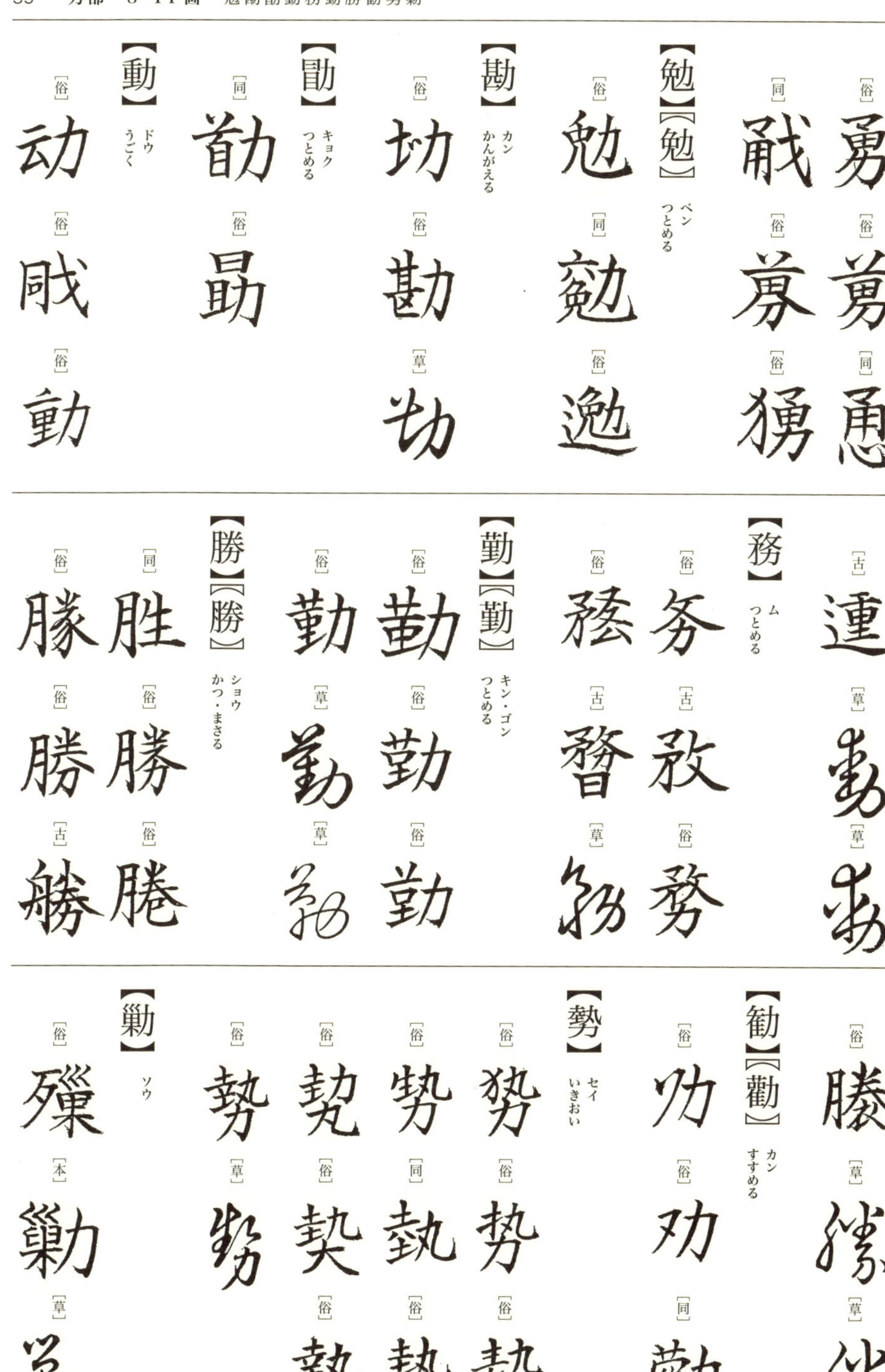
【勉】〖勉〗 ベン つとめる
【勘】 カン かんがえる
【勖】 キョク つとめる
【動】 ドウ うごく
【務】 ム つとめる
【勤】〖勤〗 キン・ゴン つとめる
【勝】〖勝〗 ショウ かつ・まさる
【勧】〖勸〗 カン すすめる
【勢】 セイ いきおい
【勦】 ソウ

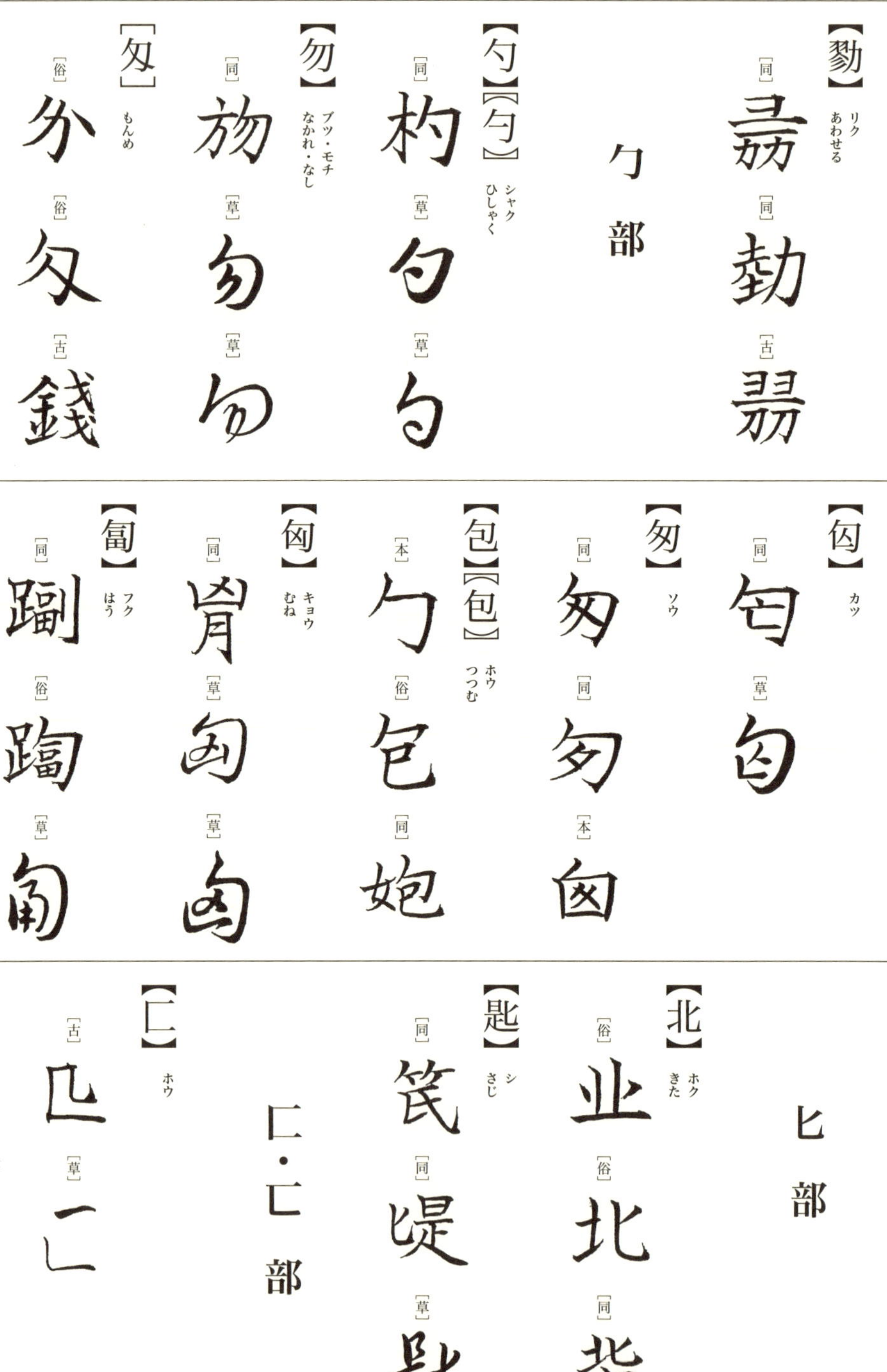
【勠】リク あわせる
〔同〕〔同〕〔古〕
勹部
【勺】〘勺〙シャク ひしゃく
〔同〕〔草〕〔草〕
【勿】ブツ・モチ なかれ・なし
〔同〕〔草〕〔草〕
【匃】もんめ
〔俗〕〔俗〕〔古〕
【匄】カツ
〔同〕〔草〕
【匆】ソウ
〔同〕〔同〕〔本〕
【包】〘包〙ホウ つつむ
〔本〕〔俗〕〔同〕
【匈】キョウ むね
〔同〕〔草〕〔草〕
【匐】フク はう
〔同〕〔俗〕〔草〕
匕部
【北】ホク きた
〔俗〕〔俗〕〔同〕
【匙】シ さじ
〔同〕〔同〕〔草〕
匚・匸部
【匚】ホウ
〔古〕〔草〕

【巨】〖巨〗 キョ おおきい
〔古〕〔古〕〔古〕〔俗〕〔俗〕〔草〕

【区】〖區〗 ク さかい
〔俗〕〔俗〕〔俗〕〔俗〕〔俗〕〔草〕

【匹】〖匹〗 ヒツ ひき
〔本〕〔俗〕〔俗〕〔俗〕〔俗〕〔俗〕

【匝】 ソウ めぐる
〔本〕〔同〕〔草〕

【匡】 キョウ ただす
〔俗〕〔俗〕〔俗〕〔俗〕〔本〕〔本〕〔同〕〔草〕

【匠】 ショウ たくみ
〔同〕〔俗〕〔俗〕〔俗〕〔草〕〔草〕

【医】〖醫〗 イ いやす
〔俗〕〔同〕〔俗〕〔同〕〔俗〕〔俗〕

【匣】 コウ はこ
〔俗〕〔俗〕〔同〕

【匯】 カイ・ワイ
〔同〕〔草〕〔草〕

【匱】 キ ひつ
〔同〕〔草〕〔草〕

十部

【十】 ジュウ とお

【千】セン　ち

〔古〕十　〔草〕　〔草〕

〔同〕仟　〔草〕　〔草〕

【午】ゴ　うま

〔同〕仵　〔草〕　〔草〕

【廿】ジュウ　にじゅう

〔俗〕　〔同〕　〔草〕

【卉】キ・クツ　くさ

〔同〕　〔本〕芔　〔草〕

【協】キョウ　かなう

〔古〕叶　〔古〕旪　〔俗〕

〔俗〕　〔同〕恊　〔草〕

【卓】タク　すぐれる

〔俗〕　〔古〕　〔古〕

〔古〕　〔同〕桌　〔草〕

【南】ナン　みなみ

〔俗〕　〔俗〕　〔俗〕

〔俗〕　〔古〕　〔古〕

〔草〕　〔草〕　〔草〕

【卑】〔卑〕ヒ　いやしい

〔俗〕　〔俗〕　〔俗〕

〔俗〕　〔俗〕　〔草〕

【博】〔博〕ハク　ひろい

〔俗〕　〔俗〕　〔同〕

〔草〕　〔草〕

卜(⺊)部

【卜】ボク　うらなう

〔古〕卜　〔古〕　〔草〕

【卦】ケ・カ　うらかた

〔同〕

〔草〕

〔草〕

卩(㔾)部

【卩】セツ

〔同〕㔾

〔草〕

【卬】ゴウ・ギョウ　あおぐ

〔同〕

〔草〕

〔草〕

【卮】シ　さかずき

〔俗〕巵

〔草〕

〔草〕

【卯】ボウ　う

〔俗〕

〔俗〕

〔俗〕

〔本〕

〔古〕

〔草〕

【印】イン　しるし

〔俗〕

〔俗〕

〔俗〕

〔俗〕

〔俗〕

〔古〕

〔俗〕

〔俗〕

〔草〕

【危】キ　あぶない

〔古〕

〔同〕

〔俗〕

〔俗〕

〔俗〕

〔俗〕

〔俗〕

〔草〕

〔草〕

【却】キャク　しりぞく

〔俗〕

〔本〕

〔俗〕

〔同〕

〔俗〕

〔草〕

【即】【卽】ソク　つく

〔同〕

〔俗〕

〔同〕

〔古〕

〔俗〕

〔草〕

【卵】ラン　たまご

〔俗〕

〔俗〕

〔俗〕

〔俗〕

〔俗〕

〔俗〕

〔俗〕

〔草〕

〔草〕

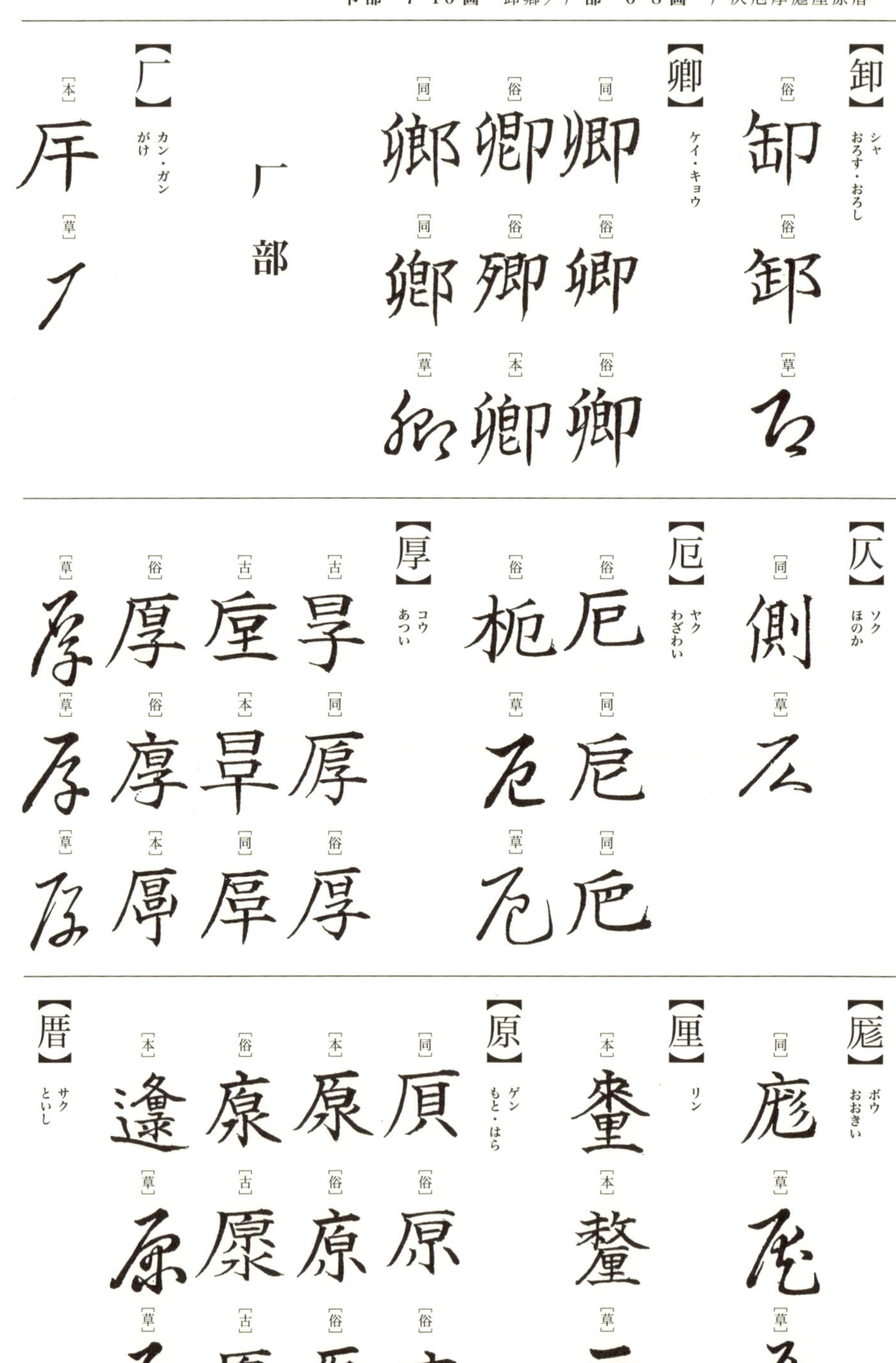

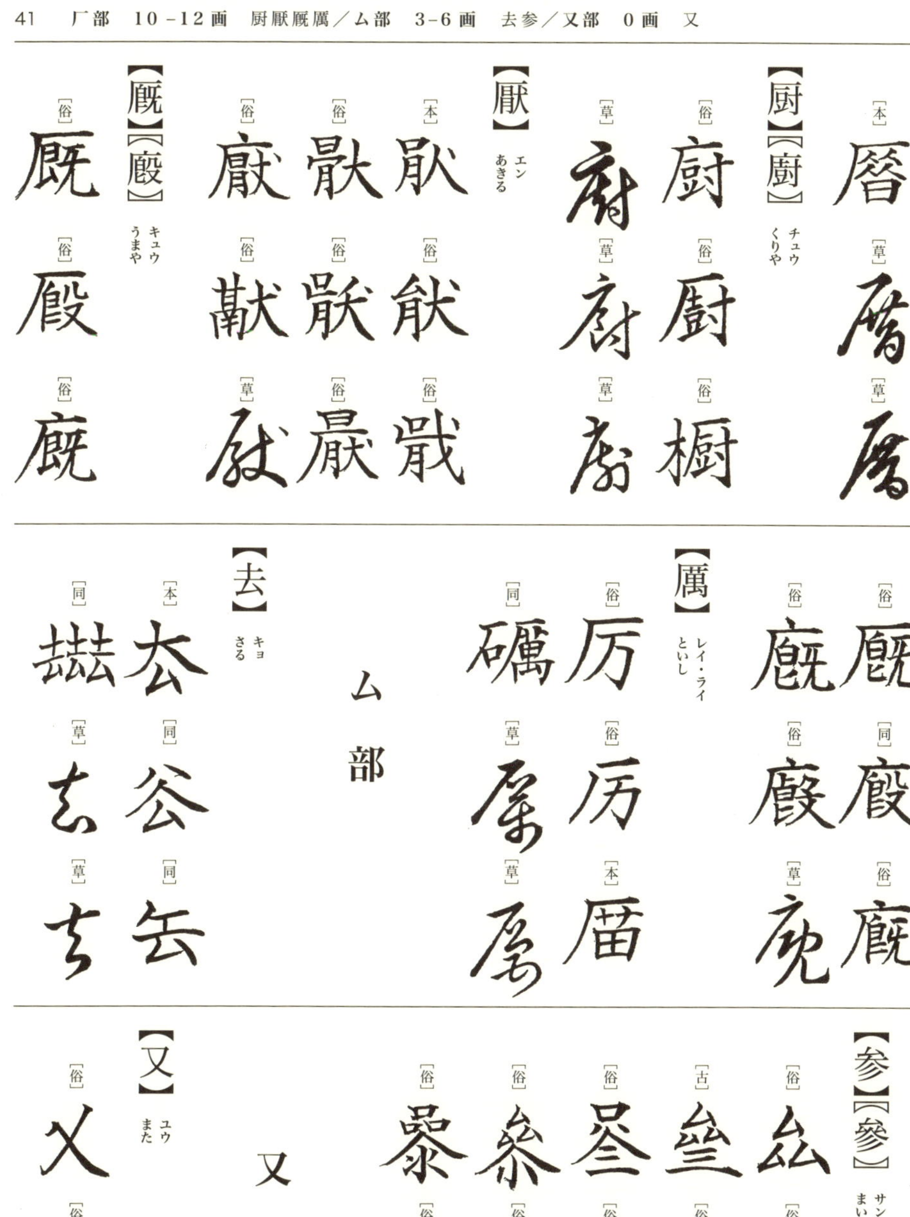

[俗] [同] [古]

[俗] [草] [草]

【収】〖收〗 シュウ おさめる

[古] [俗] [俗]

【双】〖雙〗 ソウ ふた

[俗] [俗] [俗]

[俗] [俗] [俗]

[俗] [俗] [草]

[草] [草]

【反】 ハン・タン そる

[俗] [草] [草]

【友】 ユウ とも

[俗] [同] [俗]

[同] [同] [古]

[古] [草] [草]

【取】 シュ とる

[俗] [俗] [俗]

[草] [草] [草]

【受】 ジュ うける

[俗] [俗] [俗]

[俗] [俗] [同]

[草] [草] [草]

【叔】 シュク おじ

[同] [俗] [俗]

[俗] [俗] [古]

[古] [古] [同]

[草] [草] [草]

【叙】〖敍〗 ジョ ついず

[俗] [草] [草]

【叛】 ハン そむく

［同］炍　［俗］叛　［俗］叛

［俗］粄　［俗］粄　［俗］[illegible]

［同］[illegible]　［草］[illegible]　［草］[illegible]

【叟】ソウ　おきな

［俗］叓　［俗］叟　［本］叜

［同］[illegible]　［同］[illegible]　［草］[illegible]

【叡】エイ　あきらか

［俗］[illegible]　［俗］[illegible]　［俗］睿

［古］睿　［同］叡　［俗］[illegible]

［俗］[illegible]　［古］[illegible]　［同］[illegible]

［草］[illegible]　［草］[illegible]　［草］[illegible]

【叢】ソウ　むらがる

［同］[illegible]　［俗］[illegible]　［俗］[illegible]

［同］[illegible]　［草］[illegible]　［草］[illegible]

口部

【口】コウ・ク　くち

［古］[illegible]　［古］[illegible]　［草］[illegible]

【右】ウ・ユウ　みぎ

［古］[illegible]　［古］[illegible]　［草］[illegible]

【可】カ　よい

［俗］[illegible]　［同］[illegible]　［草］[illegible]

【叶】キョウ　かなう

［同］[illegible]　［草］[illegible]　［草］叶

【句】ク
〔同〕 〔同〕 〔草〕

【古】コ ふるい
〔同〕 〔古〕 〔草〕

【叩】コウ たたく
〔同〕扣 〔同〕敂 〔同〕

【号】〔號〕ゴウ さけぶ
〔俗〕 〔同〕 〔俗〕
〔俗〕 〔俗〕 〔俗〕
〔俗〕 〔同〕 〔草〕

【史】シ ふびと
〔本〕 〔草〕 〔草〕

【司】シ つかさ
〔俗〕 〔同〕 〔草〕

【只】シ ただ
〔同〕 〔同〕 〔草〕

【叱】シツ しかる
〔同〕 〔草〕 〔草〕

【召】ショウ めす
〔俗〕 〔俗〕 〔草〕

【台】〔臺〕ダイ・タイ うてな
〔古〕 〔同〕 〔古〕
〔俗〕 〔俗〕 〔俗〕
〔俗〕 〔俗〕 〔俗〕
〔俗〕 〔古〕 〔俗〕

【吉】キチ・キツ よい
〔俗〕 〔草〕 〔草〕

【吃】キツ どもる
〔同〕 〔同〕 〔同〕

【吸】〔吸〕キュウ すう

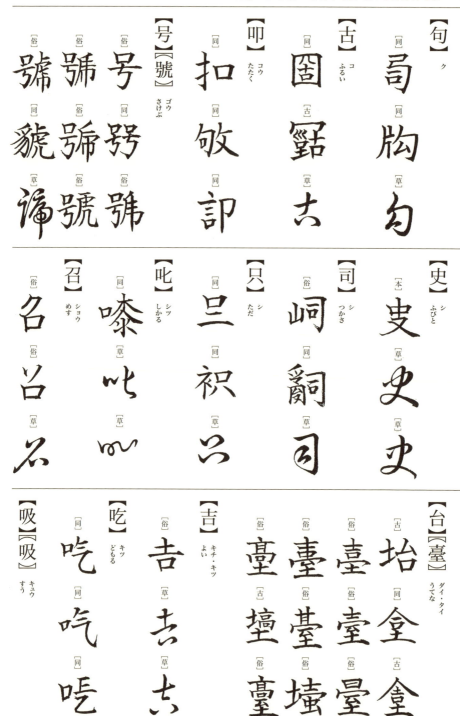

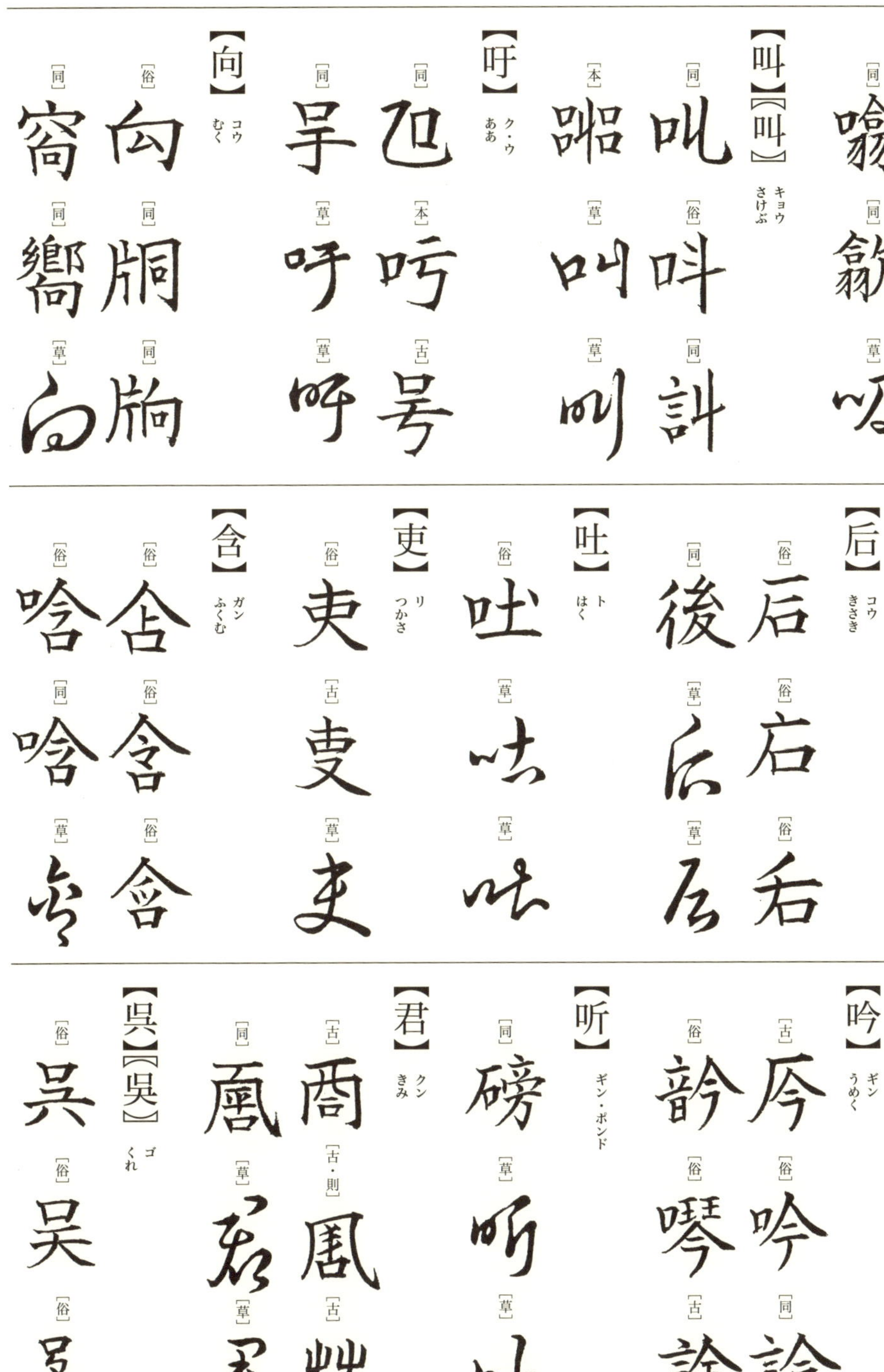

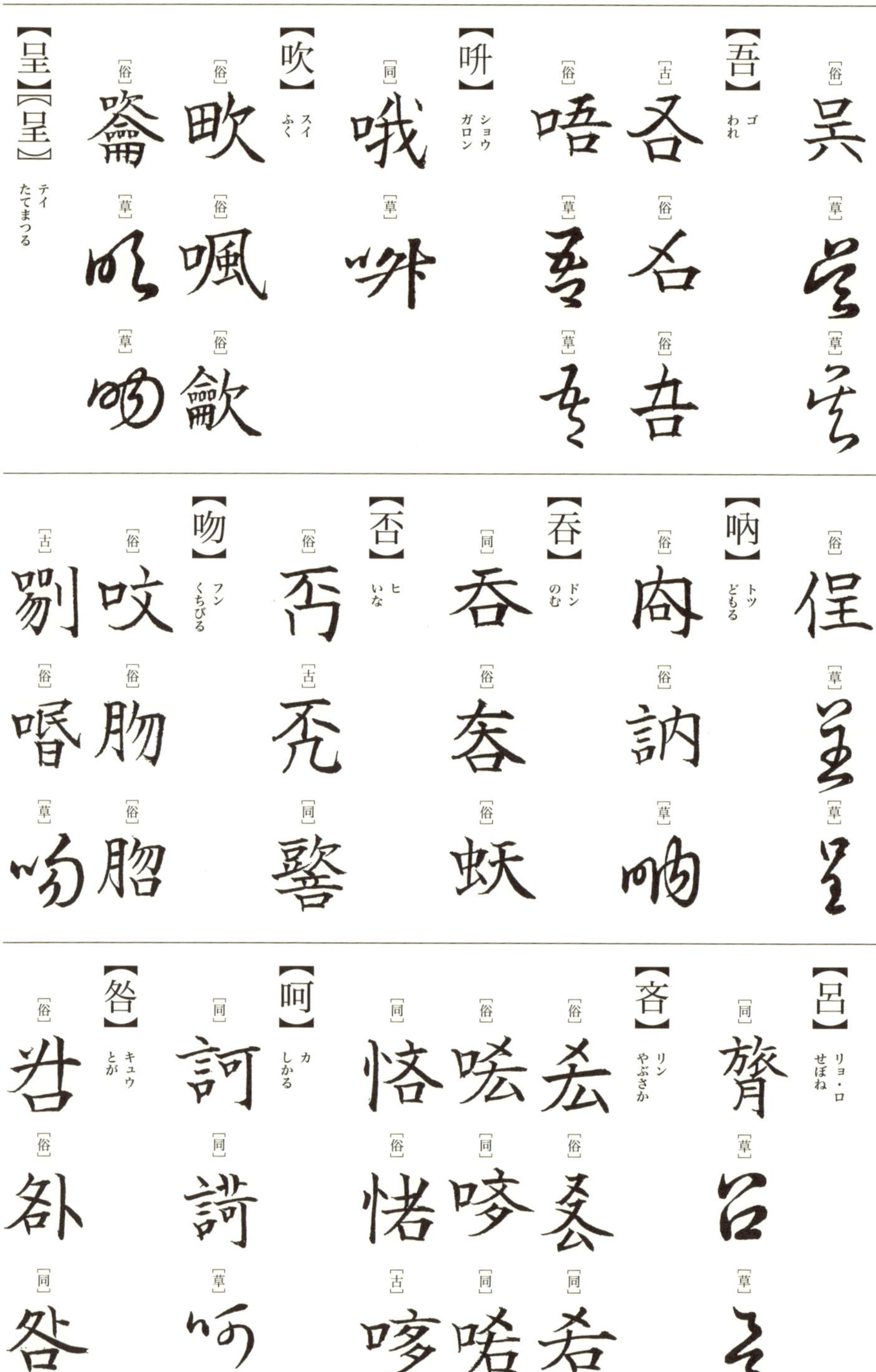

【吾】ゴ われ
【吅】ショウ ガロン
【吹】スイ ふく
【呈】〖呈〗テイ たてまつる
【吶】トツ どもる
【呑】ドン のむ
【否】ヒ いな
【吻】フン くちびる
【呂】リョ・ロ せぼね
【吝】リン やぶさか
【呵】カ しかる
【咎】キュウ とが

【呼】コ よぶ
〔古〕吟　〔俗〕呼　〔俗〕謼
〔同〕嘑　〔俗〕嘑　〔同〕戯
〔同〕謼　〔草〕呼　〔草〕呼

【呷】コウ すう
〔同〕軟　〔同〕哼　〔俗〕瘖

【呪】ジュ のろう
〔同〕咒　〔俗〕呪　〔俗〕咒
〔同〕詋　〔草〕呪　〔草〕呪

【周】〖周〗シュウ まわり
〔俗〕𠀚　〔古〕周　〔古〕周

【咄】トツ しかる
〔同〕嘞　〔草〕咄　〔草〕咄

【咆】ホウ ほえる
〔同〕噑　〔同〕嚦　〔草〕咆

【和】ワ やわらぐ
〔俗〕和　〔古〕咊　〔俗〕私
〔俗〕惒　〔古〕琄　〔古〕龢
〔草〕和　〔草〕和　〔草〕和

【哀】アイ あわれ・あわれむ
〔俗〕哀　〔俗〕哀　〔同〕懐
〔俗〕哀　〔草〕哀　〔草〕哀

【咽】イン のど
〔俗〕咱　〔同〕哩　〔俗〕嘿

【咼】カイ
〔同〕喎　〔草〕咼　〔草〕咼

【咳】ガイ せき
〔同〕孩　〔俗〕侅　〔古〕孩
〔俗〕胲　〔同〕嘊　〔俗〕賅
〔俗〕賌　〔草〕咳　〔草〕咳

【咬】コウ　かむ
〔同〕〔草〕〔草〕
【哉】サイ　や・か・かな
〔俗〕〔俗〕〔古〕〔俗〕〔俗〕〔俗〕〔俗〕〔本〕〔草〕
【咫】シ　た
〔俗〕〔同〕〔同〕〔同〕〔同〕〔草〕
【呰】シ　せめる
〔俗〕〔草〕
【咲】〖咲〗ショウ　さく
〔古〕〔草〕〔草〕
【咤】タ　しかる
〔本〕〔俗〕〔草〕
【品】ヒン　しな
〔俗〕〔俗〕〔草〕
【員】イン　かず
〔俗〕〔俗〕〔古〕
【哭】コク　なく
〔俗〕〔同〕〔俗〕〔俗〕〔俗〕〔草〕
【唆】サ　そそのかす
〔同〕〔草〕
【哨】ショウ　みはり
〔俗〕〔草〕
【唇】シン　くちびる
〔俗〕〔俗〕〔古〕
【哲】テツ　あきらか
〔俗〕〔同〕〔俗〕

[同]悊 [同]喆 [本]晢
[俗]嚞 [俗]銡 [草]

【唐】〖唐〗 トウ から
[俗]唐 [俗]唐 [俗]啺
[俗]唐 [同]𡖒 [古]啺
[草] [草] [草]

【唄】 バイ うた
[同]哥 [同]啡 [同]歌

【哺】 ホ ふくむ
[同]哎 [同]餔 [草]

【啞】 ア
[俗]唖 [俗]啞 [同]瘂
[同]瘷 [草] [草]

【啀】 ガイ いがむ
[同]嘊 [草]

【啓】〖啓〗 ケイ ひらく
[本]启 [俗]攺 [俗]音
[同]啓 [俗]啔 [同]畧
[俗]启 [同]啓 [俗]啓
[俗]啓 [同]啟 [俗]啓
[俗]啓 [俗]啓 [草]
[俗]啓 [草]
[同]啓 [草]

【牾】 ゴ
[同]牾 [草]

【唱】 ショウ となえる
[同]誯 [同]龠昌 [草]

【唾】 ダ つば・つばき
[同]涶 [本]唾 [草]

【啖】 タン くらう
[同]啗 [同]噉 [同]嚪

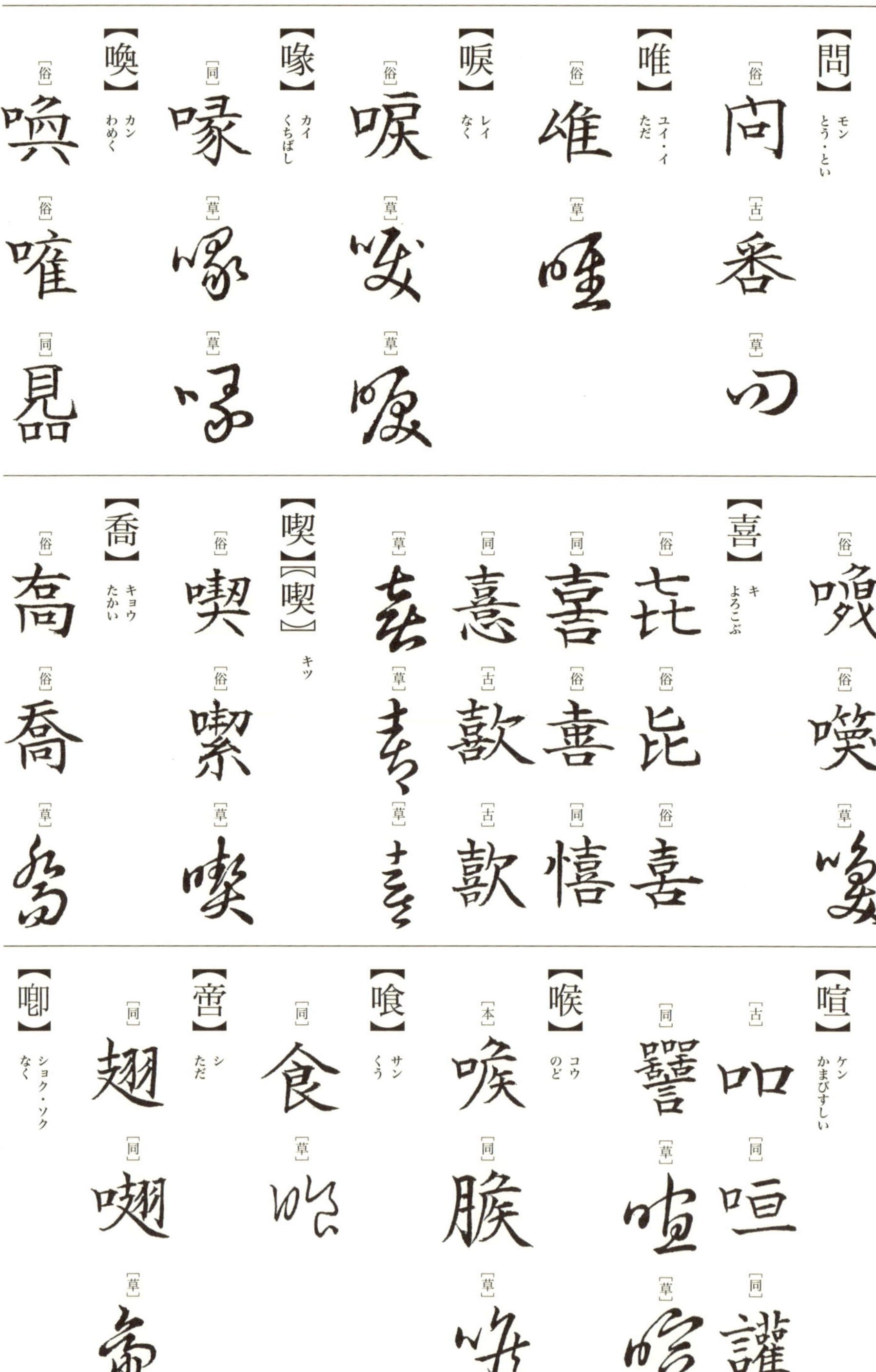
【問】モン とう・とい
【唯】ユイ・イ ただ
【唳】レイ なく
【喙】カイ くちばし
【喚】カン わめく
【喜】キ よろこぶ
【喫】〖喫〗キツ
【喬】キョウ たかい
【喧】ケン かまびすしい
【喉】コウ のど
【喰】サン くう
【啻】シ ただ
【喞】ショク・ソク なく

〔同〕[illegible]　〔同〕喞　〔同〕[illegible]

【善】ゼン　よい

〔俗〕善　〔俗〕善　〔俗〕善

〔古〕譱　〔俗〕善　〔同〕善

〔古〕譱　〔本〕譱　〔草〕善

〔草〕善　〔草〕善　〔草〕善

【喘】ゼン　あえぐ

〔同〕歂　〔俗〕歂　〔同〕[illegible]

〔同〕[illegible]　〔草〕喘　〔草〕喘

【喪】ソウ　も

〔俗〕喪　〔俗〕喪　〔俗〕喪

〔俗〕喪　〔俗〕喪　〔本〕喪

〔俗〕喪　〔俗〕喪　〔俗〕喪

〔俗〕喪　〔同〕喪　〔草〕喪

〔草〕喪　〔草〕喪　〔草〕喪

【喋】チョウ　しゃべる

〔同〕[illegible]　〔俗〕喋　〔草〕喋

【啼】テイ　なく

〔同〕[illegible]　〔同〕唬　〔古〕謕

【喩】ユ　さとす

〔俗〕喻　〔草〕喩　〔草〕喩

【嗢】オツ

〔俗〕嗢　〔草〕嗢

【嘩】〔譁〕カ　かまびすしい

〔俗〕吪　〔俗〕[illegible]　〔同〕嘩

〔同〕[illegible]　〔俗〕譁　〔本〕譁

【嗃】カク

〔俗〕嗃　〔草〕嗃

【嗅】キュウ　かぐ

〔本〕齅　〔草〕嗅　〔草〕嗅

【嗥】コウ ほえる
【嗟】サ ああ
【嗄】サ かれる
【嗣】シ つぐ
【嗜】シ たしなむ
【嗤】シ わらう
【嗇】ショク おしむ
【嗔】シン いかる
【嘆】〔歎〕タン なげく
【嘔】オウ はく
【嘉】カ よい

【嘖】サク さけぶ
〔同〕謮　〔草〕　〔草〕

【嘗】ショウ・ジョウ なめる
〔俗〕尝　〔俗〕甞　〔俗〕嘗
〔俗〕甞　〔俗〕甞　〔俗〕嘗
〔俗〕嚐　〔同〕鱨　〔草〕

【嗾】ソウ けしかける
〔同〕嗾　〔俗〕嗾　〔草〕

【噎】エツ・イツ むせぶ
〔古〕　〔草〕　〔草〕

【嘣】ガン
〔俗〕嘣　〔草〕　〔草〕

【器】〔器〕キ うつわ
〔俗〕　〔俗〕器　〔俗〕器
〔古〕器　〔俗〕器　〔俗〕器
〔俗〕器　〔古〕器　〔草〕

【嘘】キョ うそ
〔本〕嘘　〔俗〕嘘　〔草〕

【噆】サン
〔俗〕噆　〔草〕　〔草〕

【噣】〔囑〕ショク たのむ
〔俗〕　〔草〕　〔草〕

【噌】ソウ かまびすしい
〔俗〕噌　〔草〕　〔草〕

【噂】ソン うわさ
〔俗〕噂　〔同〕譐　〔草〕

【嘲】チョウ あざける
〔俗〕嘲　〔草〕謿　〔草〕

【噴】〔噴〕フン ふく
〔同〕吩　〔同〕喰　〔同〕喯

【噫】イ ああ
【噤】キン つぐむ
【嘯】ショウ うそぶく
【噬】ゼイ かむ
【噪】ソウ さわぐ
【噸】トン
【噺】はなし
【嚇】カク いかる
【嚔】テイ くさめ
【嚙】ゲツ かむ
【嚮】キョウ むかう
【嚳】コク

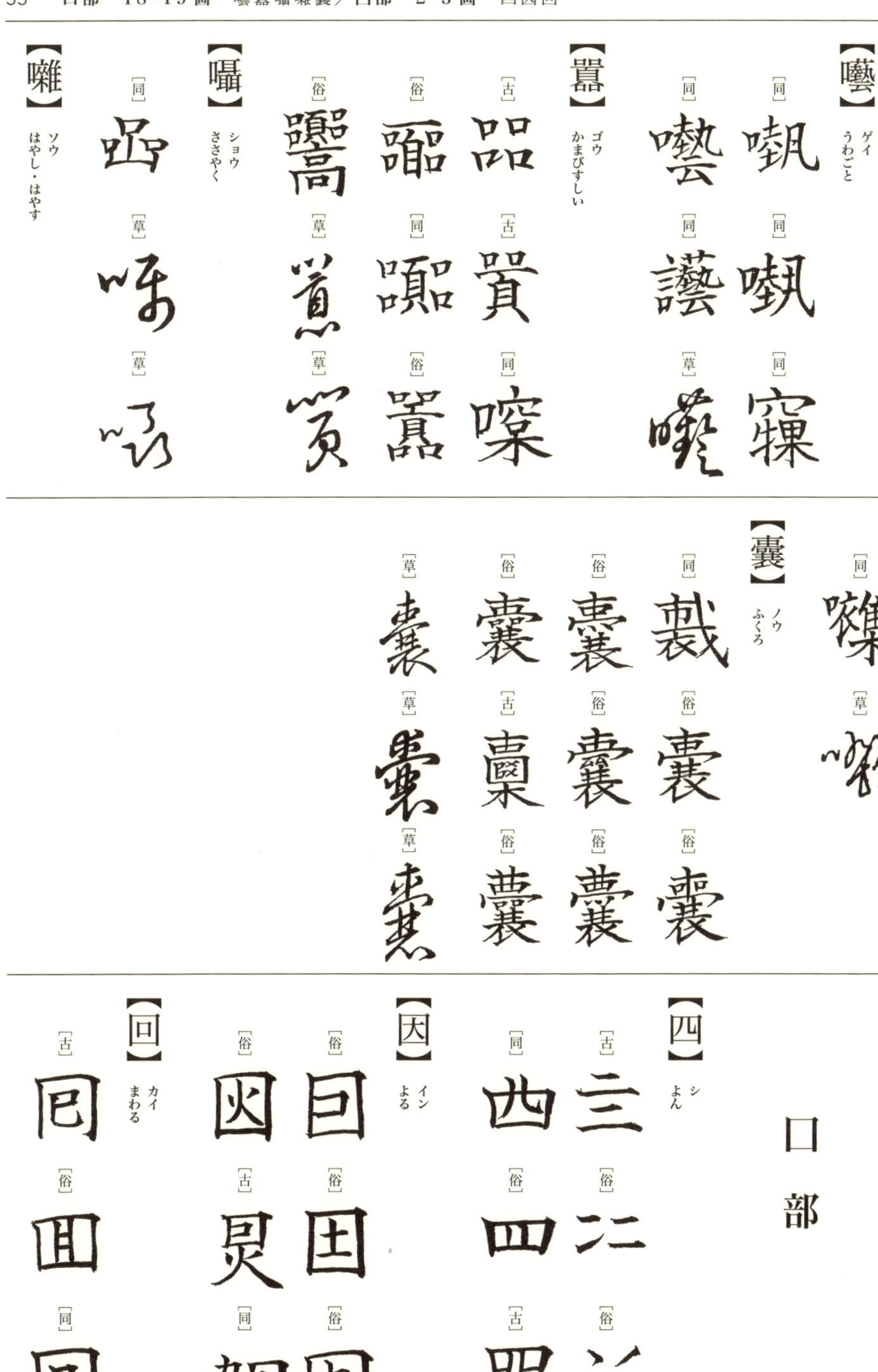

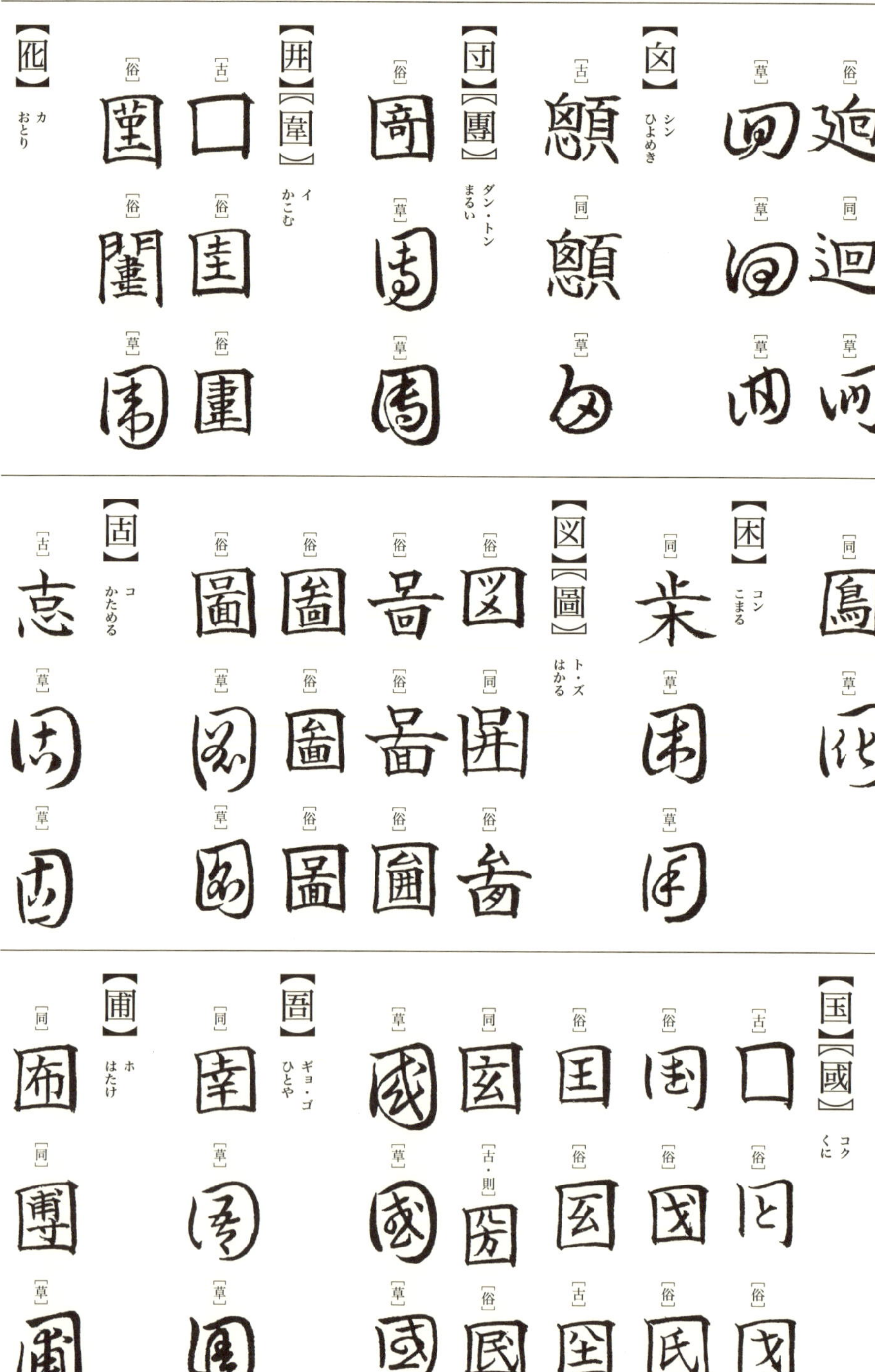

【囟】シン　ひよめき

【団】〔團〕ダン・トン　まるい

【囲】〔圍〕イ　かこむ

【囮】カ　おとり

【困】コン　こまる

【図】〔圖〕ト・ズ　はかる

【固】コ　かためる

【国】〔國〕コク　くに

【圄】ギョ・ゴ　ひとや

【圃】ホ　はたけ

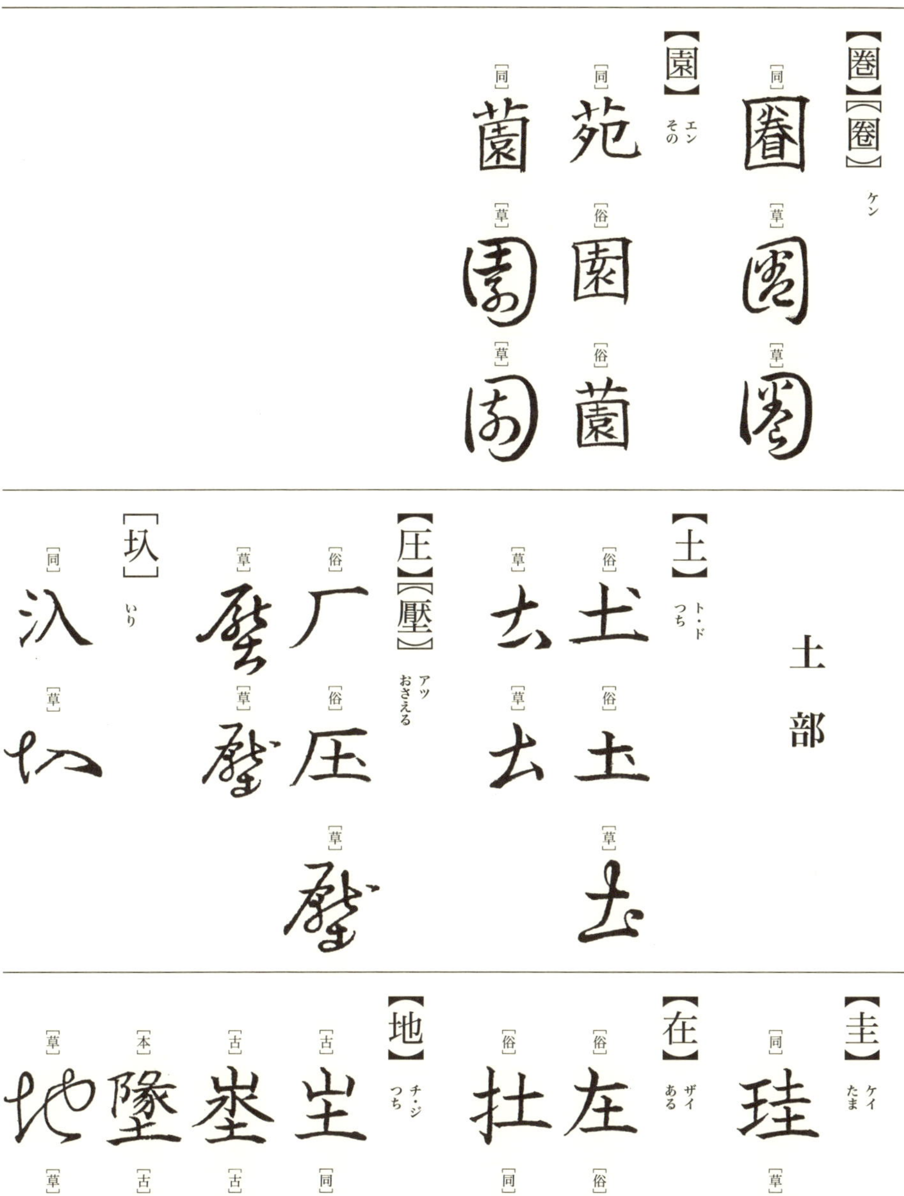

【圏】〔圈〕ケン

【園】エン　その

土部

【土】ト・ド　つち

【圧】〔壓〕アツ　おさえる

【圦】いり

【圭】ケイ　たま

【在】ザイ　ある

【地】チ・ジ　つち

（同）（俗）（俗）
（古）（草）（草）

【坦】タン　たいら
（俗）（俗）（同）

【坡】ハ　さか
（同）（同）（草）

【坪】〖坪〗ヘイ　つぼ
（俗）（草）（草）

【垣】エン　かき
（俗）（古）（草）

【型】ケイ　かた
（古）（本）（古）
（草）（草）

【垢】コウ　あか
（同）（同）（草）

【城】〖城〗ジョウ　しろ
（同）（古）（草）

【埰】ダ　あずち
（同）（草）（草）

【埃】アイ　ちり
（同）（草）（草）

【埋】マイ　うめる
（古）（草）（草）

【埒】ラツ・ラチ
（俗）（俗）（草）

【域】イキ　くぎり
（同）（古）（古）
（古）（草）（草）

【基】キ　もとい・もと
（同）（古）（俗）

【堙】イン ふさぐ
[俗] 堙
[草]
[草]

【堰】エン せき
[同] 隁
[同] 椻
[同] 墕

【堺】カイ さかい
[同] 界
[俗] 堺
[同] 隭

【堪】カン・タン たえる
[俗] 堪
[草]
[草]

【堅】ケン かたい
[俗] 坚
[俗]
[草]

[草]
[草]

【場】ジョウ ば
[俗] 坊
[俗] 塲
[俗] 暘
[草]
[草]
[草]

【堕】【墮】ダ おとす
[同] 墯
[同] 墥
[草]

【塚】【塚】チョウ つか
[俗] 塜
[俗] 塚
[俗] 墏
[俗]
[草]
[草]

【堤】テイ つつみ
[同] 堤
[古] 隄
[同] 隄
[同] 墕
[草]
[草]

【堵】ト・ツ かき
[俗] 堵
[同] 豬
[同]
[草]
[草]

【塔】トウ
[同] 墖
[同] 嗒
[草]
[草]
[草]

【堡】ホ とりで
[同] 垛
[同] 垛
[草]

【報】ホウ むくいる

〔俗〕报　〔本〕報　〔同〕遟

〔草〕　〔草〕　〔草〕

【塁】〔壘〕ルイ とりで

〔俗〕垒　〔同〕壨　〔俗〕壘

〔俗〕罍　〔草〕　〔草〕

【塩】〔鹽〕エン しお

〔俗〕盐　〔俗〕塩　〔俗〕墭

〔俗〕塩　〔俗〕塩　〔俗〕壏

〔俗〕塩　〔俗〕壏　〔同〕盬

〔俗〕監　〔同〕壚　〔同〕醯

〔同〕壜　〔草〕　〔草〕

〔俗〕鹽

【塢】オ

〔同〕隖　〔草〕　〔草〕

【塊】カイ かたまり

〔本〕凷　〔同〕圤　〔俗〕凷

〔俗〕凷　〔同〕塊　〔同〕塊

【塞】サイ・ソク とりで・ふさぐ

〔俗〕塞　〔本〕𡫳　〔同〕寋

【塍】ショウ

〔俗〕䆀　〔本〕塍　〔俗〕塍

〔本〕塞　〔草〕　〔草〕

〔同〕塍　〔草〕

【塑】ソ

〔同〕塐　〔草〕　〔草〕

【填】テン うずめる

〔俗〕填　〔同〕嵮　〔古〕寘

〔同〕寘　〔俗〕塡　〔草〕

【塗】ト ぬる

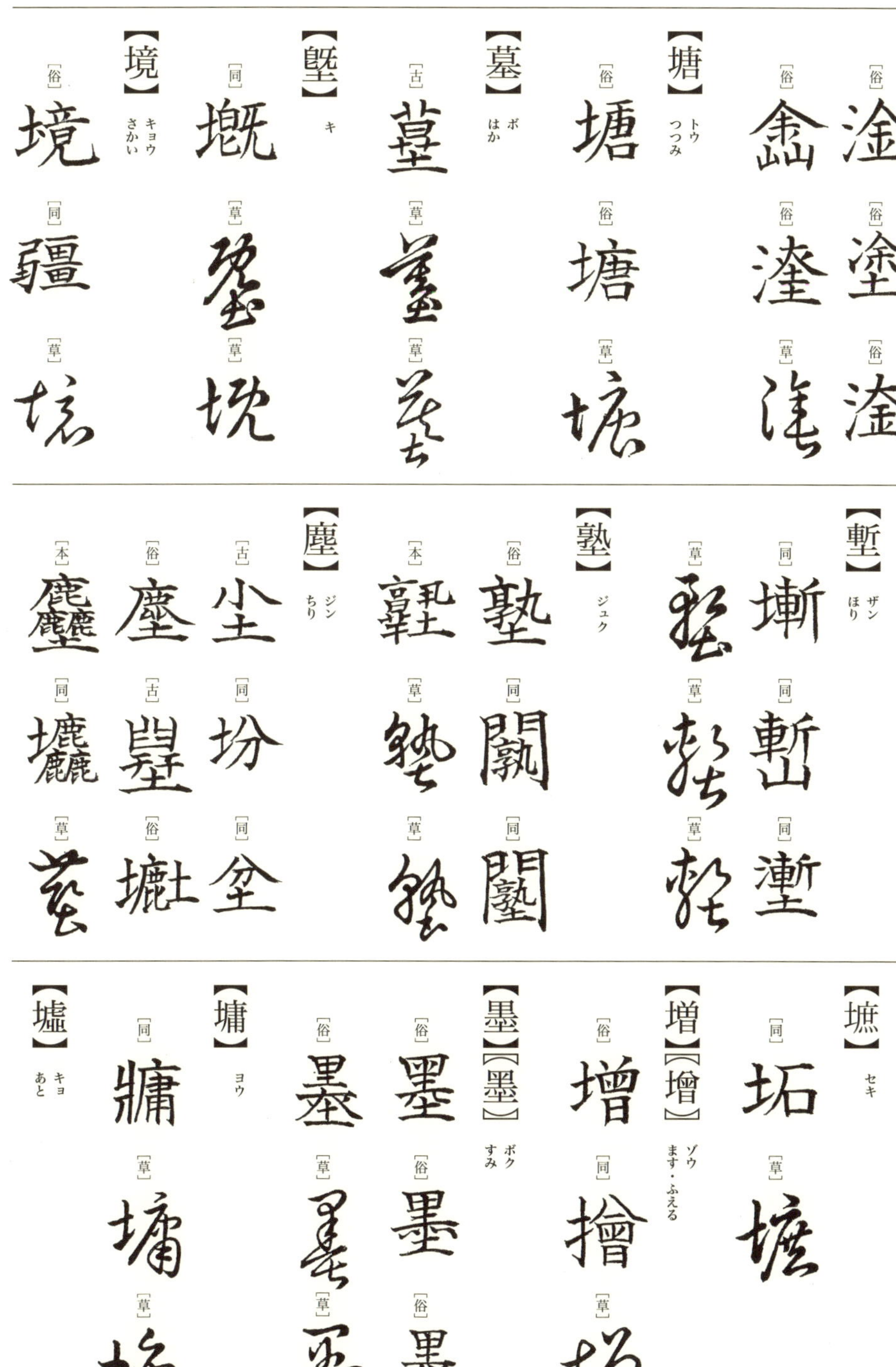

【塘】トウ　つつみ

【墓】ボ　はか

【塈】キ

【境】キョウ　さかい

【塹】ザン　ほり

【塾】ジュク

【塵】ジン　ちり

【墌】セキ

【増】【〔增〕】ゾウ　ます・ふえる

【墨】【〔墨〕】ボク　すみ

【墉】ヨウ

【墟】キョ　あと

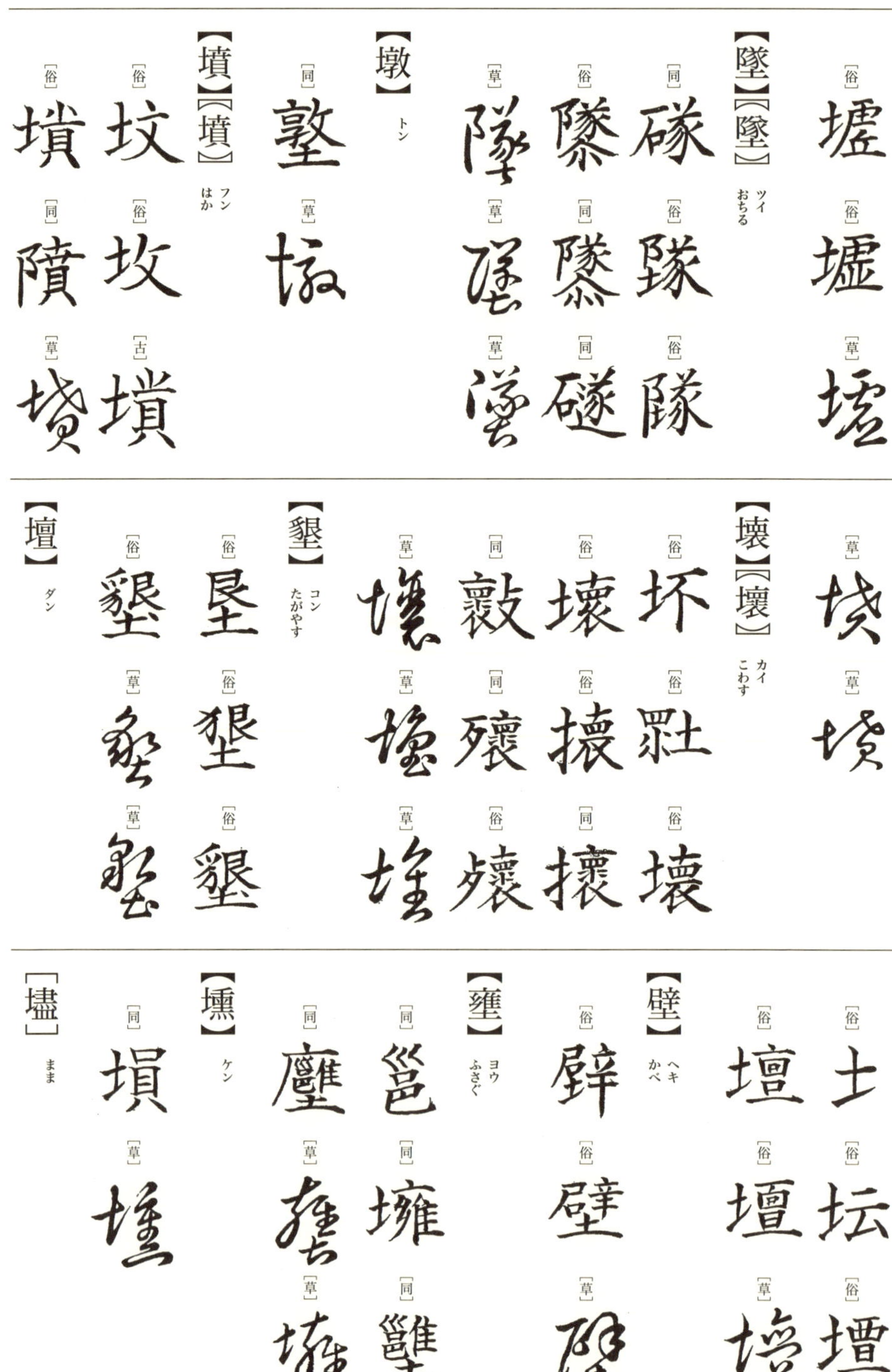
【墜】〔墜〕 ツイ おちる
【墩】 トン
【墳】〔墳〕 フン はか
【壊】〔壞〕 カイ こわす
【墾】 コン たがやす
【壇】 ダン
【壁】 ヘキ かべ
【壅】 ヨウ ふさぐ
【壎】 ケン
〔壚〕 まま

〔俗〕〔草〕

【壜】タン・ドン　びん

〔同〕〔同〕罎〔草〕

【壟】ロウ　うね

〔同〕壠〔草〕〔草〕

士部

【士】シ　さむらい

〔俗〕〔草〕〔草〕

【壬】ジン　みずのえ

〔俗〕〔草〕〔草〕

【壮】〔壯〕ソウ　さかん

〔俗〕〔俗〕壮〔俗〕壯

〔同〕〔草〕〔草〕

【壱】〔壹〕イチ　もっぱら

〔俗〕〔俗〕壹〔俗〕

〔草〕〔草〕〔草〕

【声】〔聲〕セイ　こえ

〔同〕〔俗〕聲〔俗〕聲

〔俗〕〔草〕〔草〕

【売】〔賣〕バイ　うる

〔俗〕〔俗〕賣〔本〕

〔本〕〔本〕賣〔草〕

【壺】コ　つぼ

〔同〕〔俗〕〔同〕

〔俗〕〔俗〕〔俗〕

〔俗〕〔同〕〔俗〕

夂・夊部

【冬】〔冬〕トウ　ふゆ

[古]各 [同]昹 [同]昬

[古]㝅 [同]畁 [草]夅

【変】〖變〗 ヘン かわる

[俗]変 [俗]夌 [俗]變

[俗]變 [同]變 [草]变

[草]変 [草]変

【夏】〖夏〗 カ なつ

[俗]夏 [古]是 [同]偠

[同]夓 [古]夓 [草]夏

【夐】 ケイ はるか

[本]夐 [草]夐 [草]夐

【夔】 キ

[同]夔 [草]夔 [草]夔

夕部

【夕】 セキ ゆう・ゆうべ

[本]夕 [俗]夕 [草]夕

【外】 ガイ・ゲ そと・ほか

[古]外 [俗]外 [俗]外

[草]外 [草]外 [草]外

【多】 タ おおい

[俗]夕 [俗]夕 [俗]夕

[俗]多 [俗]多 [俗]多

[同]多 [俗]多 [同]多

[俗]多 [草]多 [草]多

【夜】 ヤ よ・よる

[古]夜 [古]夜 [古]夜

[俗]夜 [草]夜 [草]夜

【夢】 ム ゆめ

[俗]梦 [俗]夢 [同]夢

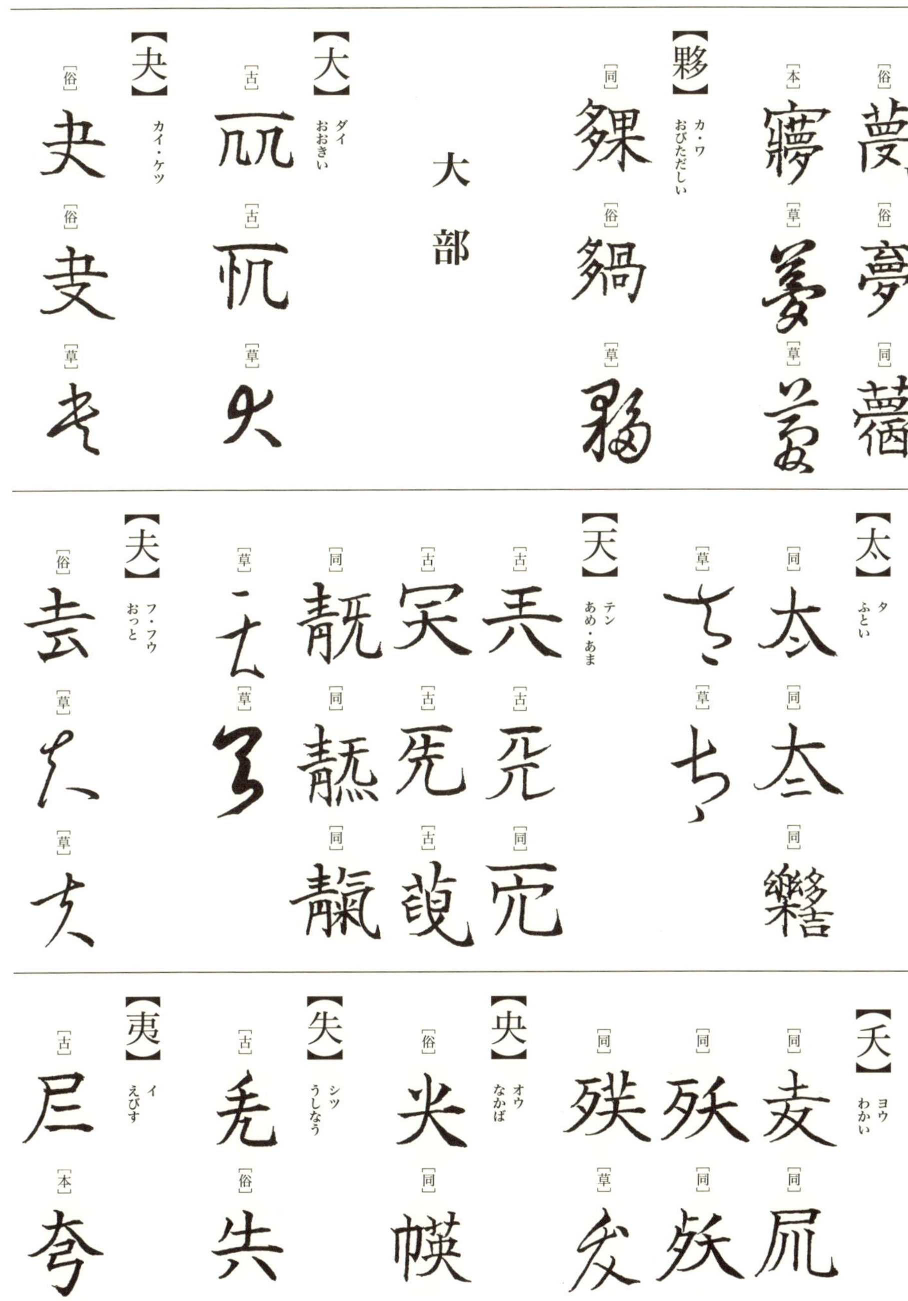

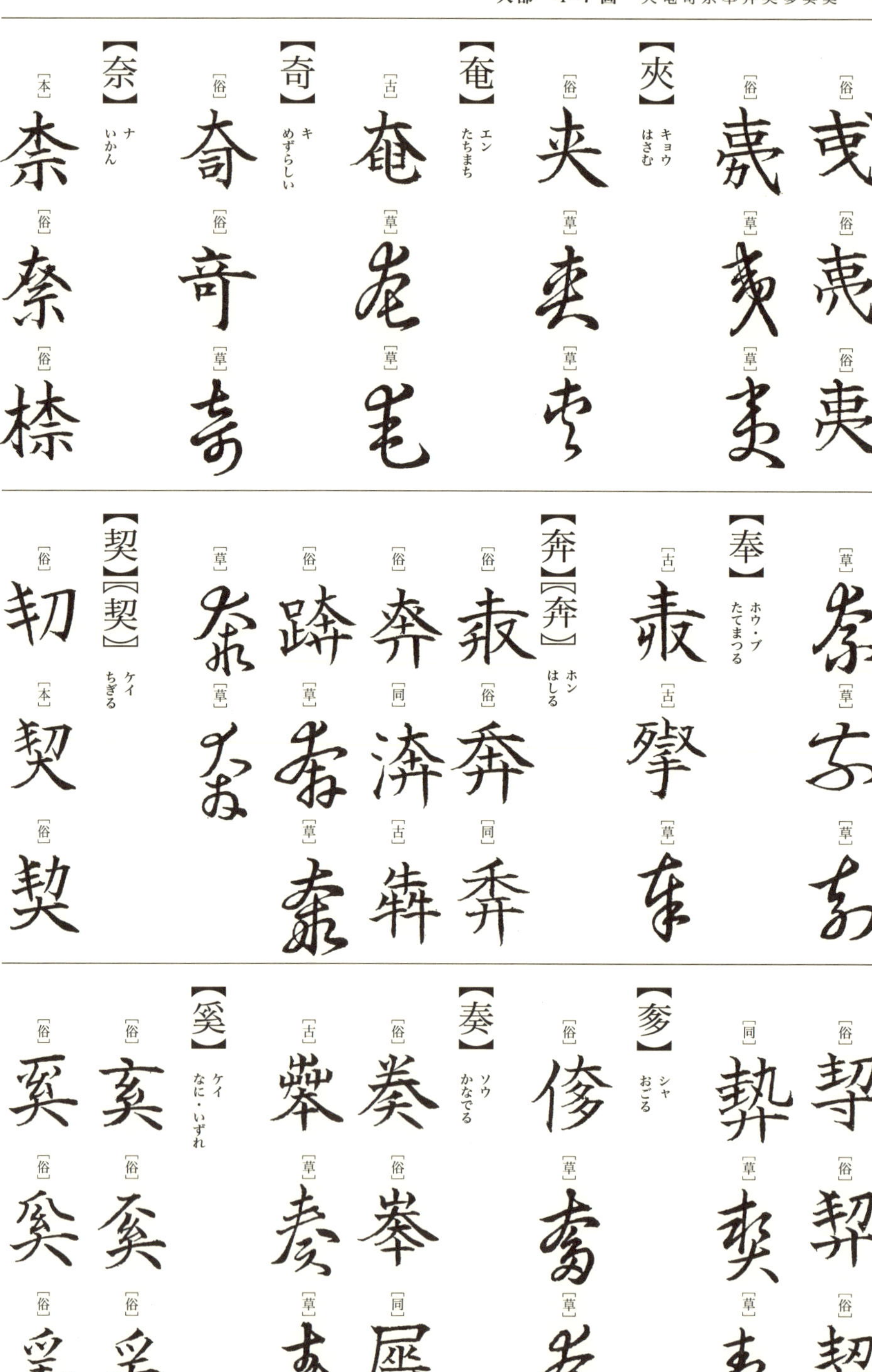

【夾】キョウ はさむ

【奄】エン たちまち

【奇】キ めずらしい

【奈】ナ いかん

【奉】ホウ・ブ たてまつる

【奔】〖奔〗ホン はしる

【契】〖契〗ケイ ちぎる

【奓】シャ おごる

【奏】ソウ かなでる

【奚】ケイ なに・いずれ

〔俗〕〔草〕〔草〕

【奘】ソウ・ジョウ

〔俗〕〔草〕〔草〕

【套】トウ

〔同〕〔同〕〔同〕

【奥】〔奧〕オウ　おく

〔俗〕〔俗〕〔本〕

〔俗〕〔同〕〔同〕

〔草〕〔草〕〔草〕

【奢】シャ　おごる

〔俗〕〔草〕〔草〕

【奠】テン　まつる

〔俗〕〔俗〕〔同〕

〔草〕〔草〕〔草〕

【奨】〔獎〕ショウ　すすめる

〔俗〕〔同〕〔俗〕

〔俗〕〔本〕〔草〕

【奪】ダツ　うばう

〔俗〕〔俗〕〔俗〕

〔同〕〔本〕〔古〕

〔俗〕〔俗〕〔俗〕

〔草〕〔草〕〔草〕

【奩】レン　はこ

〔俗〕〔同〕〔俗〕

〔俗〕〔同〕〔同〕

【奮】フン　ふるう

〔俗〕〔俗〕〔俗〕

〔俗〕〔俗〕〔俗〕

〔俗〕〔草〕〔草〕

〔草〕〔草〕

女部

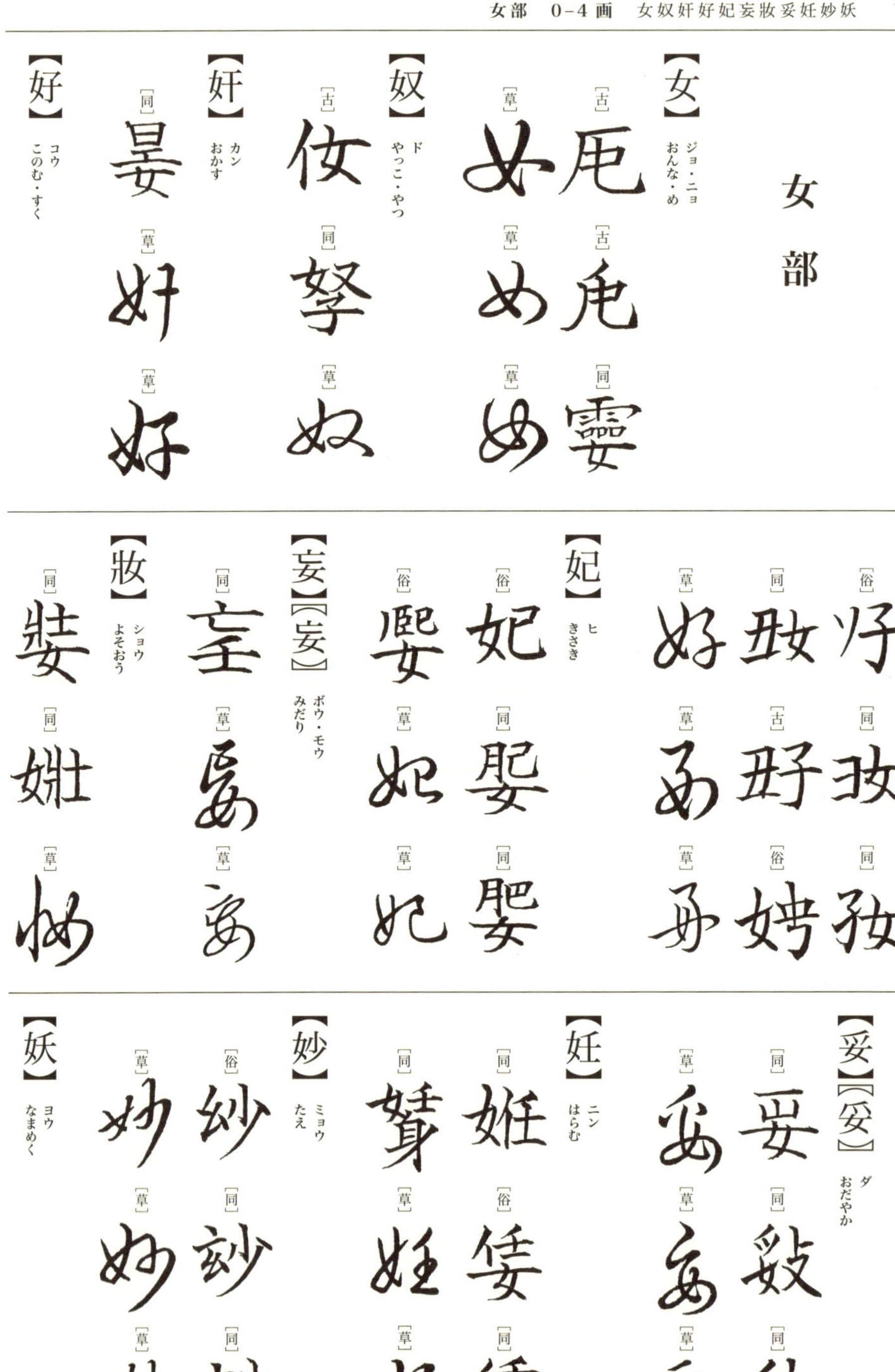

【女】ジョ・ニョ　おんな・め

【奴】ド　やっこ・やつ

【奸】カン　おかす

【好】コウ　このむ・すく

【妃】ヒ　きさき

【妄】〔妄〕ボウ・モウ　みだり

【妝】ショウ　よそおう

【妥】〔妥〕ダ　おだやか

【妊】ニン　はらむ

【妙】ミョウ　たえ

【妖】ヨウ　なまめく

【姑】コ　しゅうとめ
〔俗〕〔草〕〔草〕

【妻】サイ　つま
〔俗〕〔古〕〔同〕〔俗〕〔草〕〔草〕

【始】シ　はじめる・はじまる
〔古〕〔古〕〔古〕〔同〕〔草〕〔草〕

【姉】シ　あね
〔同〕〔俗〕〔俗〕〔草〕〔草〕〔草〕

【姒】ジ　あによめ
〔同〕〔草〕

【妾】ショウ　わらわ
〔古〕〔草〕〔草〕

【姓】セイ・ショウ　かばね
〔同〕〔俗〕〔古〕〔同〕〔草〕〔草〕

【姐】ソ　あねご
〔同〕〔同〕〔草〕

【妬】ト　ねたむ
〔同〕〔同〕〔俗〕

【威】イ　たけし・おどす
〔古〕〔俗〕〔古〕〔俗〕〔草〕〔草〕

【姻】イン　みうち
〔俗〕〔同〕〔俗〕〔古〕〔草〕〔草〕

【婬】イン　みだら
〔同〕〔草〕〔俗〕〔俗〕〔俗〕〔草〕〔草〕

【婚】コン　えんぐみ
〔俗〕〔同〕〔同〕〔同〕〔俗〕〔草〕〔草〕〔草〕〔草〕

【娶】シュ　めとる
〔同〕〔草〕〔草〕

【娼】ショウ
〔同〕〔草〕〔草〕

【婆】バ　ばば
〔同〕〔同〕〔同〕〔同〕〔草〕〔草〕

【婢】ヒ
〔俗〕〔俗〕〔俗〕〔草〕〔草〕〔草〕

【婦】〔婦〕フ
〔俗〕〔同〕〔同〕

【婪】ラン　むさぼる
〔古〕〔草〕〔草〕〔同〕〔同〕〔草〕

【婁】ル・ロウ　ちりばめる
〔俗〕〔古〕〔古〕〔同〕〔俗〕〔草〕〔草〕〔草〕

【婿】〔壻〕セイ　むこ
〔同〕〔俗〕〔俗〕〔同〕〔草〕〔草〕

【媠】ダ
【媚】ビ こびる
【媼】オウ おうな
【媾】コウ
【嫉】シツ ねたむ
【嫋】ジョウ たおやか
【嫂】ソウ あによめ
【嫐】ドウ たわむれる
【嫫】ボ
【嫗】ウ おうな
【嫡】テキ・チャク よつぎ
【嫩】ドン わかい
【嫖】ヒョウ かるい
【嫺】カン みやびやか

〔同〕嫺　〔草〕

【嬉】キ　うれしい

〔同〕娭　〔草〕　〔草〕

【嬌】キョウ　なまめかしい

〔俗〕　〔草〕　〔草〕

【嬴】エイ　あまる

〔俗〕　〔同〕　〔同〕

〔同〕　〔同〕　〔俗〕

〔草〕　〔草〕　〔草〕

【嬢】〔孃〕ジョウ　はは・むすめ

〔俗〕　〔同〕娘　〔俗〕

〔草〕　〔草〕

【嬰】エイ　みどりご

〔俗〕　〔俗〕　〔同〕

〔同〕　〔草〕　〔草〕

【嬬】ジュ　つま

〔俗〕　〔草〕

【嬭】ダイ　はは

〔俗〕奶　〔俗〕妳　〔草〕

【嬪】ヒン　よめ

〔同〕姘　〔古〕　〔同〕

〔俗〕　〔俗〕　〔草〕

【嬶】かかあ

〔同〕嚊　〔草〕

子部

【子】シ　こ

〔俗〕学　〔古〕　〔古〕

〔古〕　〔古〕　〔同〕

〔古〕　〔古〕　〔草〕

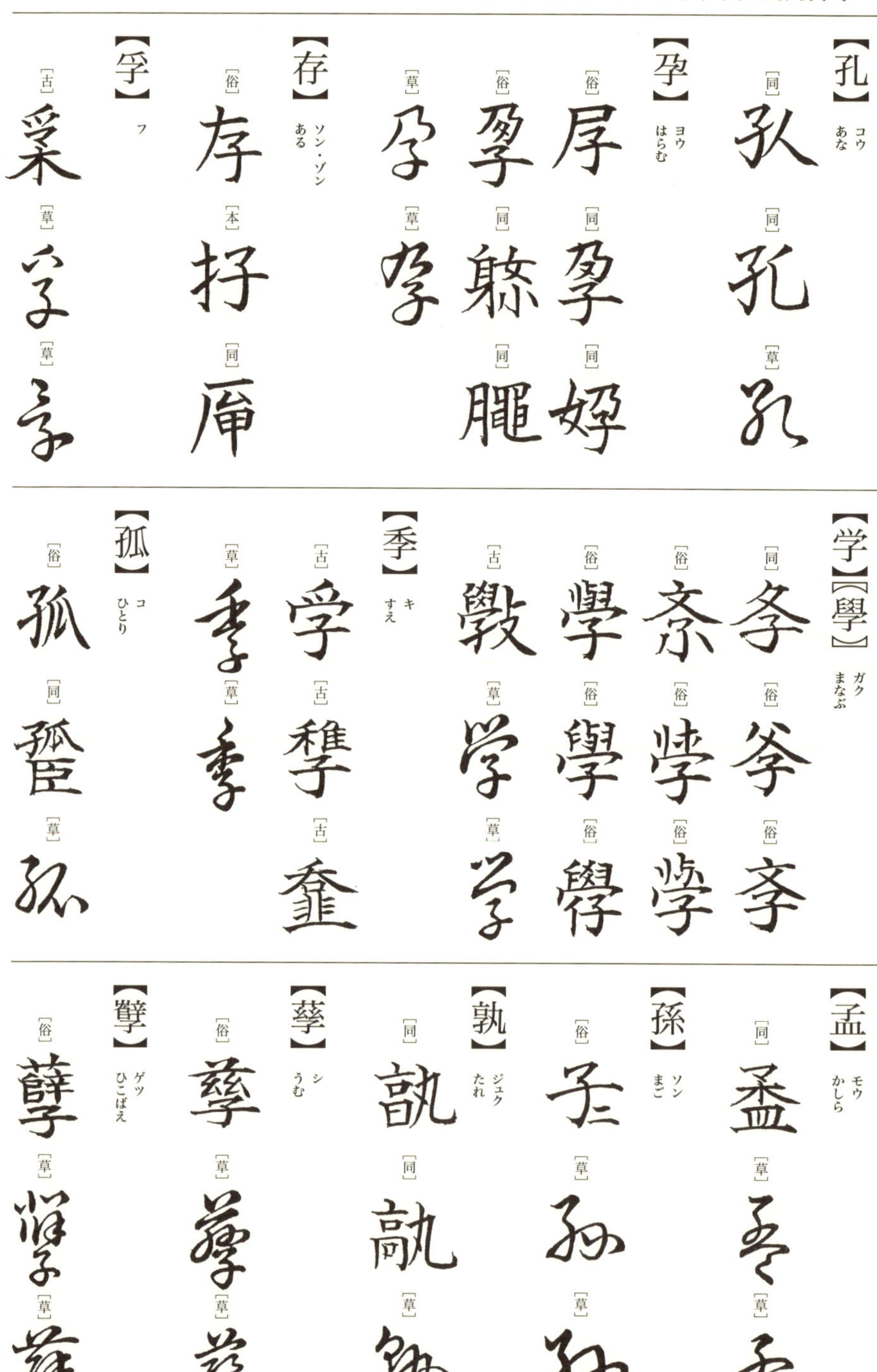
【孔】コウ あな
【孕】ヨウ はらむ
【存】ソン・ゾン ある
【孚】フ
【学】〔學〕ガク まなぶ
【季】キ すえ
【孤】コ ひとり
【孟】モウ かしら
【孫】ソン まご
【孰】ジュク たれ
【孳】シ うむ
【孼】ゲツ ひこばえ

宀部

【安】アン　やすい

〔俗〕安　〔俗〕安　〔俗〕安　〔俗〕安　〔俗〕安　〔草〕安

【宇】ウ　のき・いえ

〔同〕厗　〔同〕宇　〔俗〕宇　〔古〕序　〔古〕宇　〔古〕宇　〔古〕㝢　〔古〕庽　〔草〕宇

【字】ジ　あざ

〔俗〕字　〔古〕字　〔俗〕字

【守】シュ・ス　まもる・かみ

〔同〕守　〔俗〕守　〔同〕守　〔古〕守　〔古〕守　〔草〕守

【宅】タク

〔古〕厇　〔俗〕宅　〔俗〕宅　〔古〕宅　〔同〕垞　〔古〕宅

【宏】コウ　ひろい

〔俗〕宏　〔俗〕宏　〔俗〕宏

【宛】エン　あて

〔俗〕宛　〔俗〕宛　〔古〕惌

【官】カン　つかさ

〔古〕官　〔本〕官　〔草〕官

【宜】ギ　よろしい

〔本〕冝　〔俗〕宜　〔俗〕冝　〔古〕宜　〔古〕宜　〔古〕宜　〔古〕宜　〔草〕宜　〔草〕宜

【実】〔實〕ジツ　みのる・み

〔俗〕实　〔俗〕实　〔古〕実

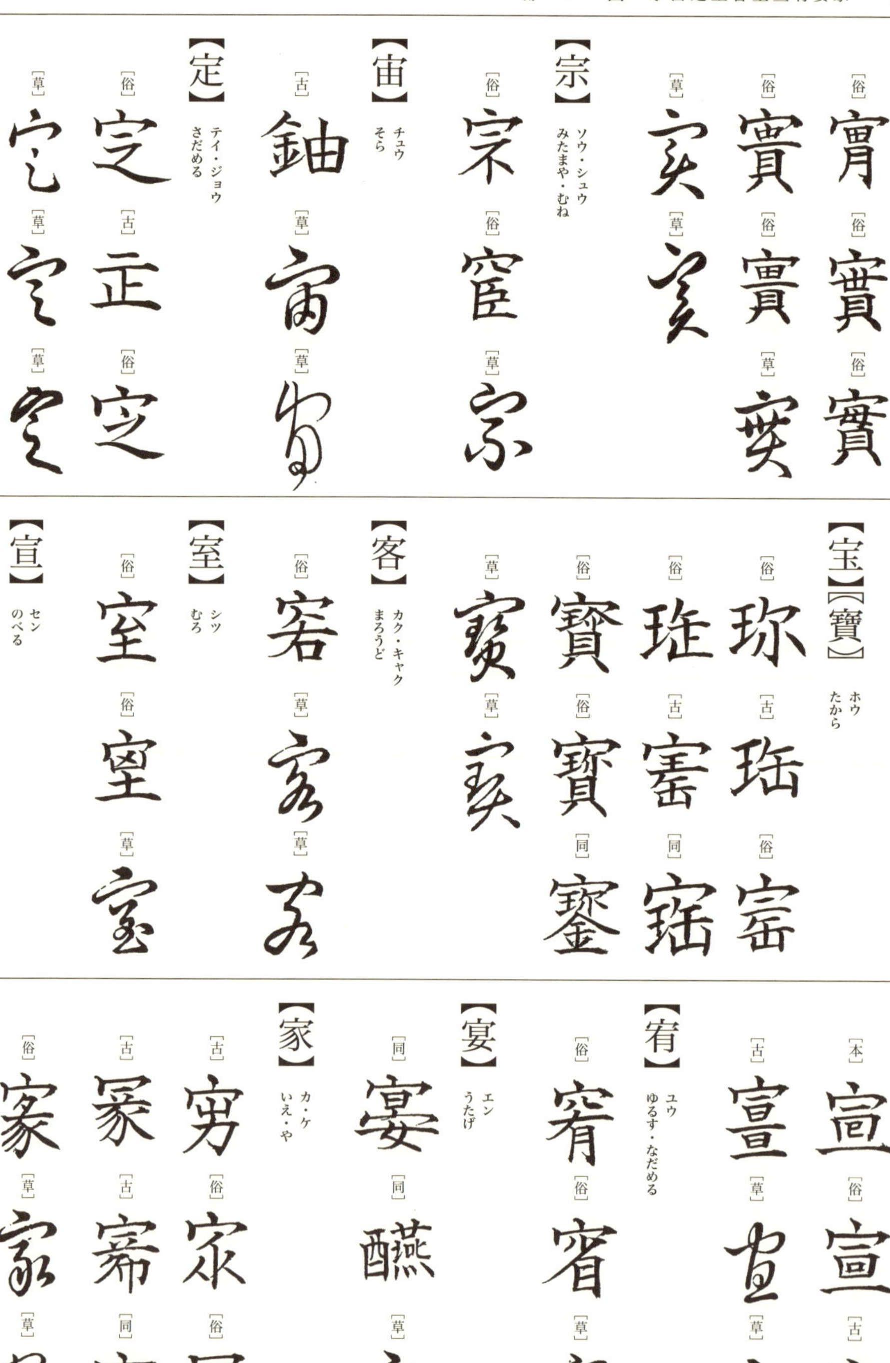
【宗】
ソウ・シュウ
みたまや・むね
【宙】
チュウ
そら
【定】
テイ・ジョウ
さだめる
【宝】〔寶〕
ホウ
たから
【客】
カク・キャク
まろうど
【室】
シツ
むろ
【宣】
セン
のべる
【宥】
ユウ
ゆるす・なだめる
【宴】
エン
うたげ
【家】
カ・ケ
いえ・や

【害】〖害〗　ガイ　そこなう

［俗］　［俗］　［同］
［俗］　［俗］　［俗］
［俗］　［本］　［俗］
［俗］　［俗］　［草］

【宦】　カン

［同］　［同］　［俗］

【宮】　キュウ・グウ　みや

［俗］　［草］　［草］

【宰】　サイ　つかさ

［古］　［古］　［古］

【宵】〖宵〗　ショウ　よい

［古］　［俗］　［俗］

【宸】　シン

［俗］　［俗］　［草］

【容】　ヨウ　いれる

［俗］　［俗］　［草］

【寅】　イン　とら

［俗］　［俗］　［古］
［本］　［俗］　［草］

【寄】　キ　よる

［俗］　［草］　［草］

【寇】　コウ　あだ

［俗］　［俗］　［俗］
［俗］　［俗］　［俗］
［同］　［草］　［草］

【寂】　セキ・ジャク　さびしい

［俗］　［俗］　［同］
［同］　［俗］　［俗］
［古］　［俗］　［俗］

【宿】シュク　やどる・やど
[俗]宿　[俗]宿　[俗]宿
[本]宿　[同]宿　[草]宿

【寒】〖寒〗カン　さむい
[俗]寒　[同]寒　[俗]寒
[草]寒　[草]寒　[草]寒

【寓】グウ　よる
[同]寓　[俗]寓　[草]寓

【寔】ショク　まことに
[俗]寔　[草]寔　[草]寔

【寐】ビ　ねる
[俗]寐　[俗]寐　[俗]寐
[俗]寐　[草]寐　[草]寐

【富】フ・フウ　とむ・とみ
[俗]富　[俗]富　[俗]富
[俗]富　[俗]富　[俗]富
[草]富　[草]富

【寛】〖寬〗カン　ひろい
[俗]寛　[俗]寛　[俗]寛
[俗]寛　[草]寛　[草]寛

【寝】〖寢〗シン　ねる
[俗]寝　[古]寝　[古]寝
[古]寝　[俗]寝　[俗]寝
[俗]寝　[同]寝　[俗]寝
[古]寝　[俗]寝　[俗]寝
[草]寝　[草]寝

【寡】カ　すくない
[同]寡　[俗]寡　[俗]寡
[俗]寡　[草]寡　[草]寡

【察】サツ

〔古〕詧　〔俗〕察　〔草〕[草書]

【寧】〔寧〕 ネイ やすい

〔俗〕宁　〔同〕𡧘　〔俗〕寕

〔古〕寍　〔俗〕寧　〔同〕甯

〔同〕寗　〔俗〕寧　〔俗〕寧

〔俗〕寜　〔草〕[草書]　〔草〕[草書]

【審】 シン つまびらか

〔俗〕审　〔古〕宷　〔同〕審

〔俗〕審　〔草〕[草書]　〔草〕[草書]

【寮】 リョウ

〔古〕寮　〔同〕僚　〔俗〕寮

〔俗〕寮　〔草〕[草書]　〔草〕[草書]

【寵】 チョウ

〔俗〕寵　〔俗〕寵　〔草〕[草書]

寸部

【寸】 スン

〔俗〕寸　〔古〕寸　〔草〕[草書]

【寺】 ジ てら

〔同〕閅　〔俗〕寺　〔草〕[草書]

【寿】〔壽〕 ジュ ことぶき

〔古〕壽　〔俗〕壽　〔俗〕壽

〔俗〕壽　〔俗〕壽　〔草〕[草書]

〔草〕[草書]　〔草〕[草書]　〔草〕[草書]

【対】〔對〕 タイ・ツイ こたえる

〔俗〕対　〔俗〕対　〔俗〕對

〔俗〕對　〔俗〕對　〔古〕對

〔同〕對　〔同〕對　〔草〕[草書]

【専】〔專〕 セン もっぱら

〔古〕叀　〔俗〕叀　〔俗〕叀

［古］［古］［俗］［俗］［草］［草］

【耐】タイ　たえる

［同］［俗］［同］［俗］［俗］［草］

【封】ホウ・フウ

［古］［古］［俗］［同］［古］［俗］［草］［草］

【射】シャ　いる

［古］［同］［本］［俗］［同］［草］

【将】〔將〕ショウ　ひきいる

［俗］［同］［俗］［俗］［草］［草］

【尉】イ

［同］［本］［古］

【尋】〔尋〕ジン　たずねる

［俗］［俗］［俗］［同］［同］［草］

【尊】〔尊〕ソン　たっとい・とうとい

［本］［俗］［俗］［俗］［同］［同］［草］［草］［草］

【導】〔導〕ドウ　みちびく

［俗］［本］［同］［草］［草］［草］

小（⺌）部

【小】ショウ　ちいさい・こ・お

〔古〕〔同〕〔草〕
〔草〕〔草〕
【少】ショウ　すくない・すこし
〔俗〕〔俗〕〔草〕
〔草〕〔草〕
【当】〖當〗トウ　あたる・あてる
〔俗〕〔俗〕〔同〕
〔俗〕〔俗〕〔草〕
〔草〕〔草〕〔草〕
【尠】セン　すくない
〔本〕〔草〕
⺍部
【単】〖單〗タン　ひとつ
〔俗〕〔俗〕〔俗〕
【巣】〖巢〗ソウ　す
〔俗〕〔古〕〔同〕
〔草〕〔草〕〔草〕
【営】〖營〗エイ　いとなむ
〔俗〕〔俗〕〔俗〕
【厳】〖嚴〗ゲン・ゴン　きびしい・おごそか
〔俗〕〔俗〕〔俗〕
〔俗〕〔同〕〔俗〕
〔古〕〔同〕〔草〕
尢（尣・兀）部
【尢】オウ
〔同〕〔本〕〔同〕
〔同〕〔俗〕〔俗〕
【尤】ユウ　もっとも

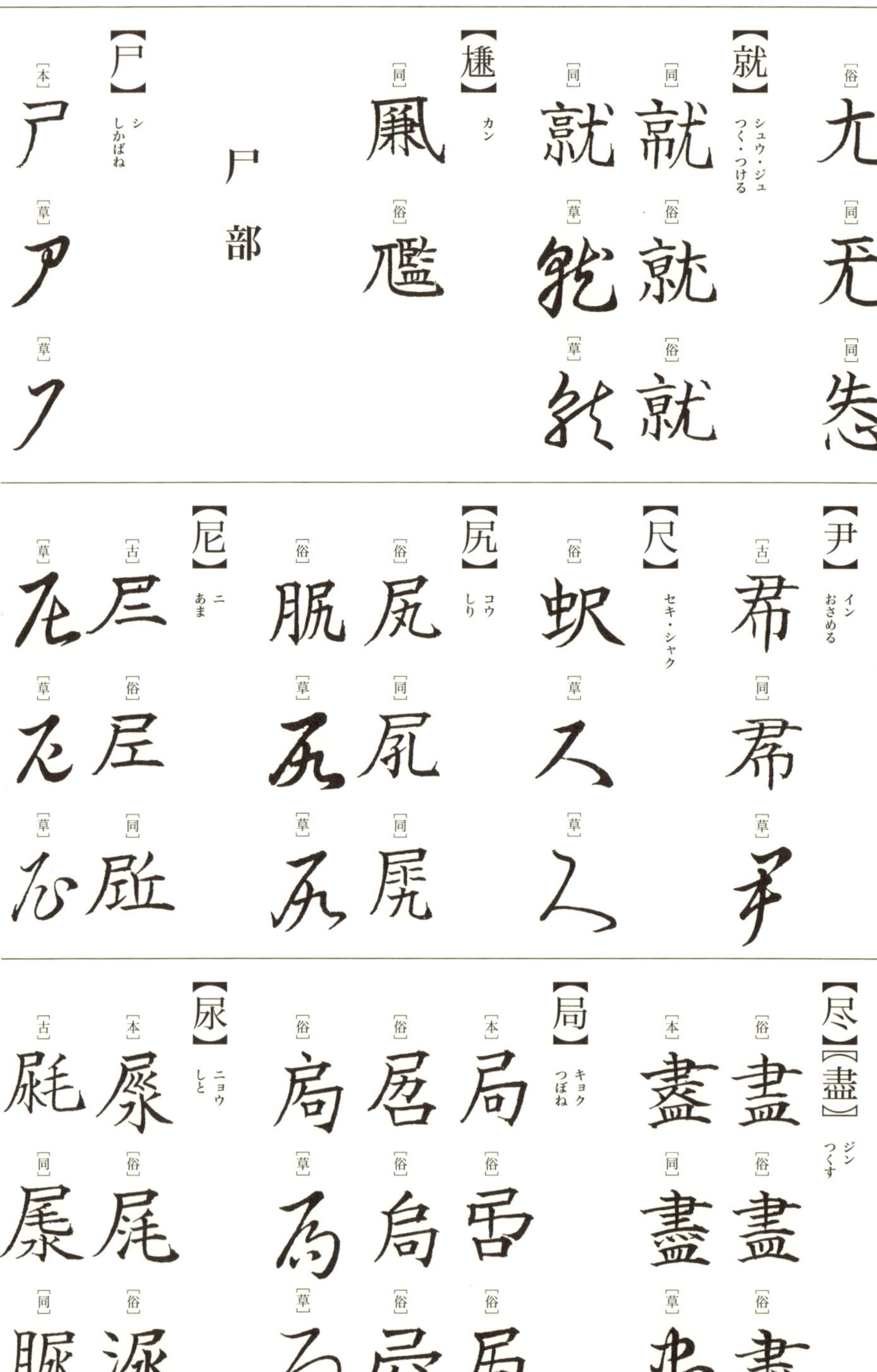

【就】シュウ・ジュ　つく・つける
【尷】カン
尸部
【尸】シ　しかばね
【尹】イン　おさめる
【尺】セキ・シャク
【尻】コウ　しり
【尼】ニ　あま
【尽】〔盡〕ジン　つくす
【局】キョク　つぼね
【尿】ニョウ　しと

【屁】ヘ ヒ

[本]屎　[俗]　[同]溺

[俗]　[草]

[同]屁　[草]　[草]

【尾】ビ お

[俗]尾　[同]尾　[同]尾

[俗]　[同]尾　[同]

[草]　[草]　[草]

【届】〔屆〕カイ とどく

[俗]届　[古]艐　[草]

【居】キョ いる

[俗]　[俗]　[古]

[古]　[俗]　[同]

[俗]　[草]　[草]

【屈】クツ かがむ

[俗]　[俗]屈　[同]

[俗]　[古]　[古]

[同]　[草]　[草]

【屋】オク や

[本]屋　[古]臺　[草]

【屍】シ しかばね

[本]尸　[古]　[草]

【屎】シ くそ

[同]　[同]宷　[同]

[同]　[草]　[草]

【屑】セツ くず

[本]屑　[俗]屑　[草]

【展】テン のびる

[俗]　[本]　[草]

[草]　[草]

【屛】ヘイ・ビョウ　しりぞく
〔俗〕屏　〔同〕帡　〔俗〕箳
〔俗〕箳　〔草〕　〔草〕

【属】〔屬〕ショク・ゾク　つく
〔俗〕屬　〔同〕鸀　〔草〕

【屠】ト　ほふる
〔俗〕屠　〔草〕　〔草〕

【層】〔層〕ソウ　かさなる
〔俗〕层　〔俗〕層　〔草〕

【屢】ル　しばしば
〔俗〕屡　〔草〕　〔草〕

【屧】ショウ
〔俗〕屟　〔草〕　〔草〕

【履】リ　はく
〔俗〕屩　〔本〕履　〔同〕
〔草〕　〔草〕　〔草〕

屮（屮）部

【屮】サ　ひだり
〔同〕ナ　〔草〕

【屯】トン　たむろ
〔俗〕乇　〔俗〕乇　〔俗〕乇
〔俗〕囤　〔草〕　〔草〕
〔草〕　〔草〕

山部

【山】サン やま
〔俗〕山　〔同〕　〔古〕

〔𡚴〕あけん
〔俗〕　〔草〕

【岐】キ わかれる
〔同〕　〔同〕　〔俗〕歧　〔古〕　〔同〕　〔草〕

【岳】【嶽】ガク たけ
〔古〕　〔同〕　〔同〕　〔俗〕　〔同〕嶽　〔草〕

【岸】ガン きし
〔俗〕屽　〔俗〕　〔俗〕　〔俗〕　〔俗〕　〔俗〕　〔草〕　〔草〕　〔草〕

【岩】ガン いわ
〔同〕　〔同〕　〔本〕巖

【岬】コウ みさき
〔本〕　〔草〕

【岡】コウ おか
〔俗〕　〔同〕　〔俗〕　〔本〕　〔同〕　〔同〕　〔同〕　〔同〕　〔俗〕　〔俗〕　〔同〕　〔俗〕　〔草〕　〔草〕　〔草〕

【岨】ソ そわ
〔同〕砠　〔同〕　〔草〕

【岪】フツ やまみち
〔同〕　〔草〕　〔草〕

【岭】レイ
【峡】〖峽〗キョウ はざま・かい
【峨】ガ
【峻】シュン たかい
【島】トウ しま
【峰】ホウ みね
【崋】カ
【崖】ガイ がけ
【崎】キ さき
【崑】コン
【崇】スウ たかい

【嶙】リン
〔俗〕〔草〕〔草〕

【嶧】エキ
〔俗〕〔草〕〔草〕

【巇】ギ　けわしい
〔同〕〔草〕

【嶮】ケン　けわしい
〔俗〕〔同〕〔草〕

【嶺】レイ　みね
〔俗〕〔同〕〔同〕〔同〕〔草〕〔草〕

【嶼】やまのはな
〔俗〕〔草〕

【巌】〔巖〕ガン　いわお
〔同〕〔同〕〔同〕〔同〕〔本〕〔俗〕〔俗〕〔本〕〔同〕〔本〕〔俗〕〔俗〕〔俗〕〔草〕〔草〕〔草〕〔草〕

【巍】ギ　たかい
〔俗〕〔俗〕〔同〕〔同〕〔草〕〔草〕

【巓】テン　いただき
〔俗〕〔俗〕〔俗〕〔草〕〔草〕〔草〕

巛(川)部

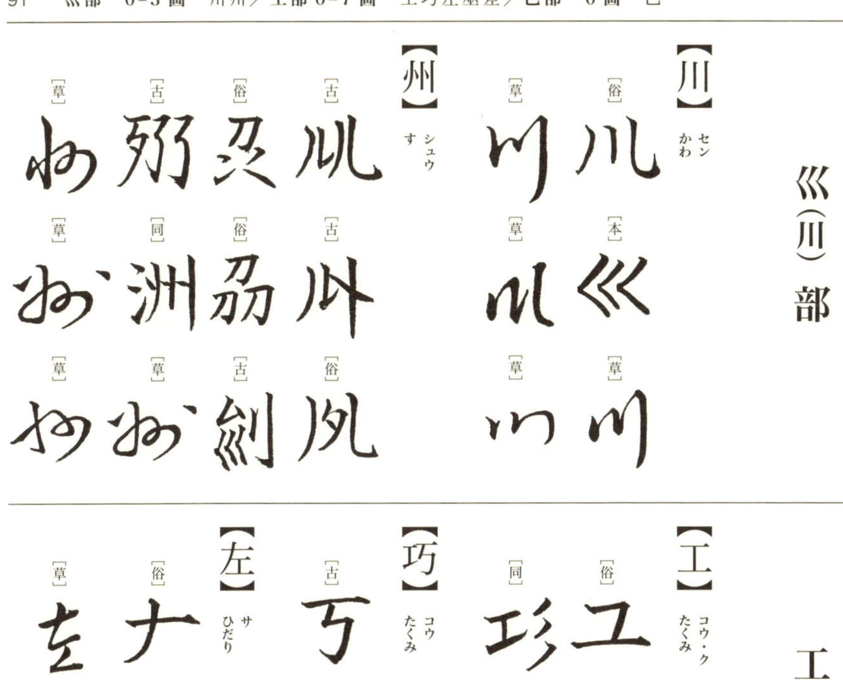

【川】セン　かわ

［俗］［本］［草］　［草］［草］［草］

【州】シュウ　す

［古］［古］［俗］　［俗］［俗］［古］　［古］［同］［草］　［草］［草］［草］

工部

【工】コウ・ク　たくみ

［俗］［俗］［古］　［同］［同］［草］

【巧】コウ　たくみ

［古］［古］［草］

【左】サ　ひだり

［俗］［古］［俗］　［草］［草］［草］

【巫】フ　みこ・かんなぎ

［俗］［古］［古］　［草］［草］［草］

【差】サ　さす

［俗］［同］［俗］　［俗］［本］［草］

己(巳・已)部

【己】キ・コ　おのれ

［古］［同］［草］

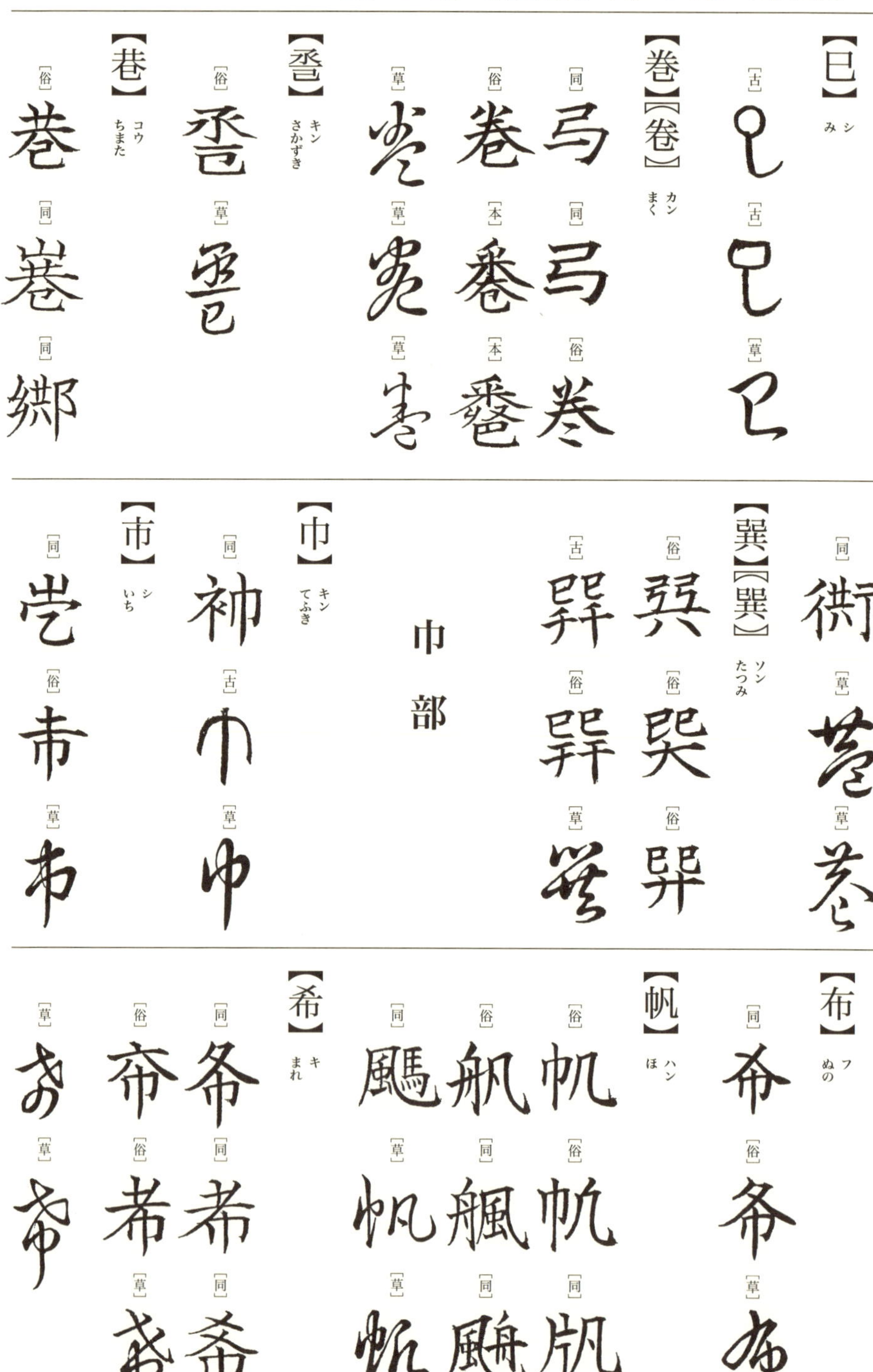

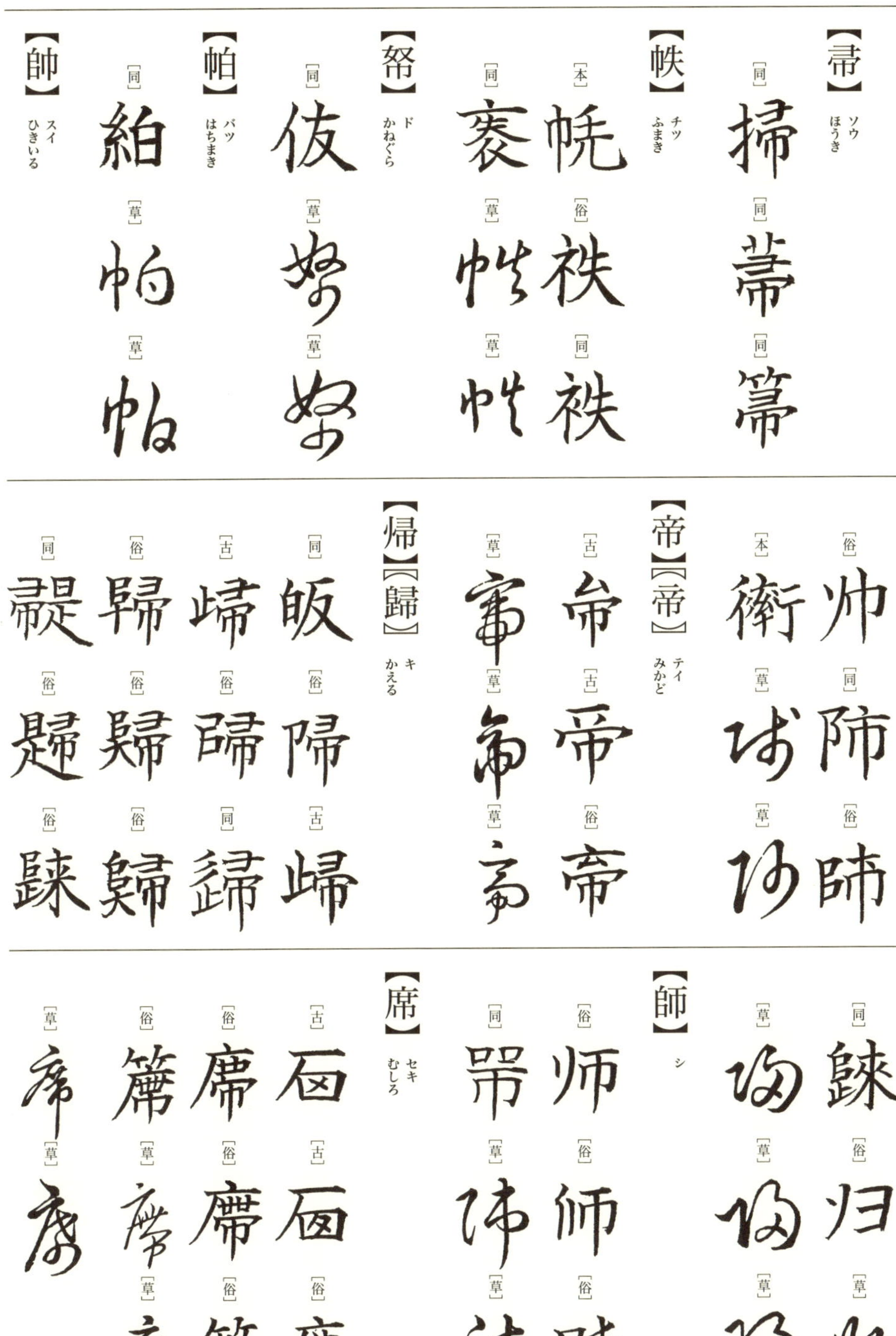

【帚】ソウ　ほうき

【帙】チツ　ふまき

【帑】ド　かねぐら

【帕】バツ　はちまき

【帥】スイ　ひきいる

【帝】〔帝〕テイ　みかど

【帰】〔歸〕キ　かえる

【師】シ

【席】セキ　むしろ

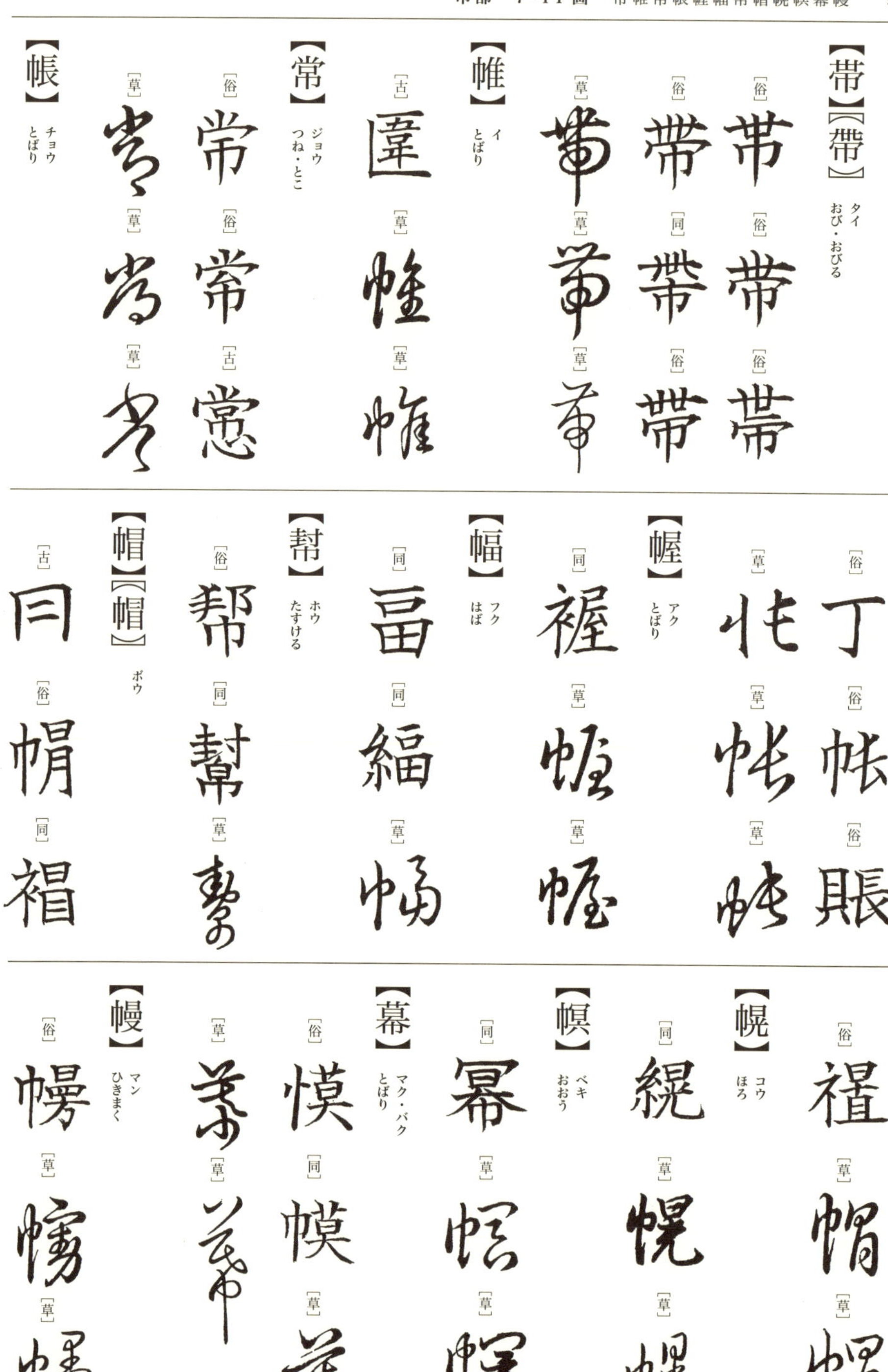
【帯】〔帶〕
タイ
おび・おびる
俗
俗
俗
俗
俗
同
草
草
草
【帷】
イ
とばり
古
草
草
【常】
ジョウ
つね・とこ
俗
俗
古
草
草
草
【帳】
チョウ
とばり
俗
俗
俗
草
草
草
【幄】
アク
とばり
同
草
草
【幅】
フク
はば
同
同
草
【幇】
ホウ
たすける
俗
同
草
【帽】〔帽〕
ボウ
古
俗
同
俗
草
草
【幌】
コウ
ほろ
同
草
草
【幎】
ベキ
おおう
同
草
草
【幕】
マク・バク
とばり
俗
同
草
草
草
【幔】
マン
ひきまく
俗
草
草

【幟】シ　のぼり

〔同〕〔同〕〔同〕〔同〕〔草〕〔草〕

【幡】ハン　のぼり・はた

〔俗〕〔草〕〔草〕

【幣】〖幣〗ヘイ　ぬさ

〔俗〕〔俗〕〔俗〕〔同〕〔草〕〔草〕

【幞】ボク

〔俗〕〔同〕〔草〕

干部

【干】カン　ほす・ひる

〔俗〕〔同〕〔草〕

【平】〖平〗ヘイ・ビョウ　たいら・ひら

〔同〕〔同〕〔古〕〔古〕〔草〕〔草〕

【年】ネン　とし

〔同〕〔俗〕〔俗〕〔俗〕〔本〕〔同〕

〔俗〕〔俗〕〔俗〕〔同〕〔草〕〔草〕

【幸】コウ　さいわい・さち・しあわせ

〔俗〕〔古〕〔同〕〔古〕〔古〕〔同〕〔草〕〔草〕〔草〕

【幷】ヘイ　ならぶ

〔俗〕〔本〕〔草〕

【幹】カン　みき

〔俗〕〔俗〕〔俗〕

【庚】コウ　かのえ

[本]庚　[古]庚　[草]庚

【底】テイ　そこ

[俗]弖　[同]底　[俗]底

[草]底　[草]底　[草]底

【店】テン　みせ

[同]坫　[俗]玷　[古]廛

[古]廛　[草]店　[草]店

【府】フ　くら

[俗]府　[古]府　[草]府

【庖】ホウ　くりや

[俗]庖　[草]庖　[草]庖

【度】ト・ド・タク　たび

[古]度　[俗]度　[俗]度

[俗]度　[俗]度　[俗]度

[俗]度　[同]度　[草]度

【座】ザ　すわる

[俗]座　[俗]座　[草]座

【庭】テイ　にわ

[俗]庭　[俗]庭　[俗]庭

[草]庭　[草]庭　[草]庭

【庵】アン　いおり

[同]菴　[俗]葊　[俗]庵

[同]菴　[草]庵　[草]庵

【康】コウ　やすい

[本]康　[古]康　[草]康

[草]康　[草]康　[草]康

【庶】ショ　おおい

[古]庶　[古]庶　[同]庶

[同]庶　[俗]庶　[俗]庶

［草］
［草］
［草］

【庹】 タ
［俗］
［草］

【庸】 ヨウ もちいる
［俗］
［俗］
［俗］
［俗］
［本］
［草］

【廁】 シ かわや
［俗］
［俗］
［草］

【廂】 ショウ ひさし
［俗］
［草］
［草］

【廃】〖廢〗 ハイ すたれる
［俗］
［俗］
［俗］
［草］
［草］
［草］

【庾】 ユ くら
［俗］
［草］
［草］

【廈】 カ いえ
［俗］
［同］
［草］

【廋】 ソウ かくす
［俗］
［草］

【廉】〖廉〗 レン いさぎよい
［同］
［本］
［俗］
［俗］
［俗］
［古］
［草］
［草］
［草］

【廓】 カク くるわ
［同］
［本］
［草］

【廑】 キン
［俗］
［草］
［草］

【廒】 ゴウ
［俗］
［草］

【廝】 シ

【廠】ショウ うまや
【廛】テン みせ
【廟】ビョウ たまや
【廙】ヨク
【廨】カイ
【廩】リン くら
【廬】ル いおり
廴部
【廷】〔廷〕テイ ひろにわ
【延】〔延〕エン のびる・のばす
【廻】カイ まわる・めぐる
【建】ケン・コン たつ・たてる
〔俗〕〔草〕〔古〕〔同〕

廾部

【廾】キョウ

［同］［本］［草］

【开】キ

［俗］［俗］［俗］

【升】ショウ　ます

［俗］［俗］［俗］

［同］［俗］［草］

［草］［草］［草］

【弁】【辨】【瓣】【辯】ベン　わきまえる

［俗］［俗］［同］

［俗］［本］［俗］

［俗］［俗］［本］

［俗］［同］［俗］

［俗］［俗］［俗］

［同］［草］［草］

【弄】ロウ　もてあそぶ

［俗］［俗］［俗］

［俗］［俗］［俗］

［草］［草］［草］

【弊】【獘】ヘイ　たおれる

［同］［本］［俗］

［草］［草］［草］

弋部

【弋】ヨク　くい

［同］［草］［草］

【式】シキ　のり

［俗］［草］［草］

【弍】〔貳〕 ニ そえる

［俗］［俗］［俗］［俗］［草］［草］

【弑】 シイ

［同］［俗］［同］

弓部

【弓】 キュウ ゆみ

［俗］［俗］［草］［草］［草］［草］

【引】 イン ひく

［同］［同］［俗］［同］［草］［草］

【弔】 チョウ とむらう

［俗］［本］［同］［俗］［俗］［草］

【弖】 て

［同］［草］

【弘】 コウ ひろい

［俗］［同］［草］

【弗】 フツ ず・ドル

［俗］［草］［草］

【弛】 シ ゆるめる

［同］［同］［草］

【弟】 テイ・ダイ・デ おとうと

［古］［俗］［俗］［俗］［古］［草］

【弦】 ゲン つる

［同］［本］［同］［同］［俗］［草］

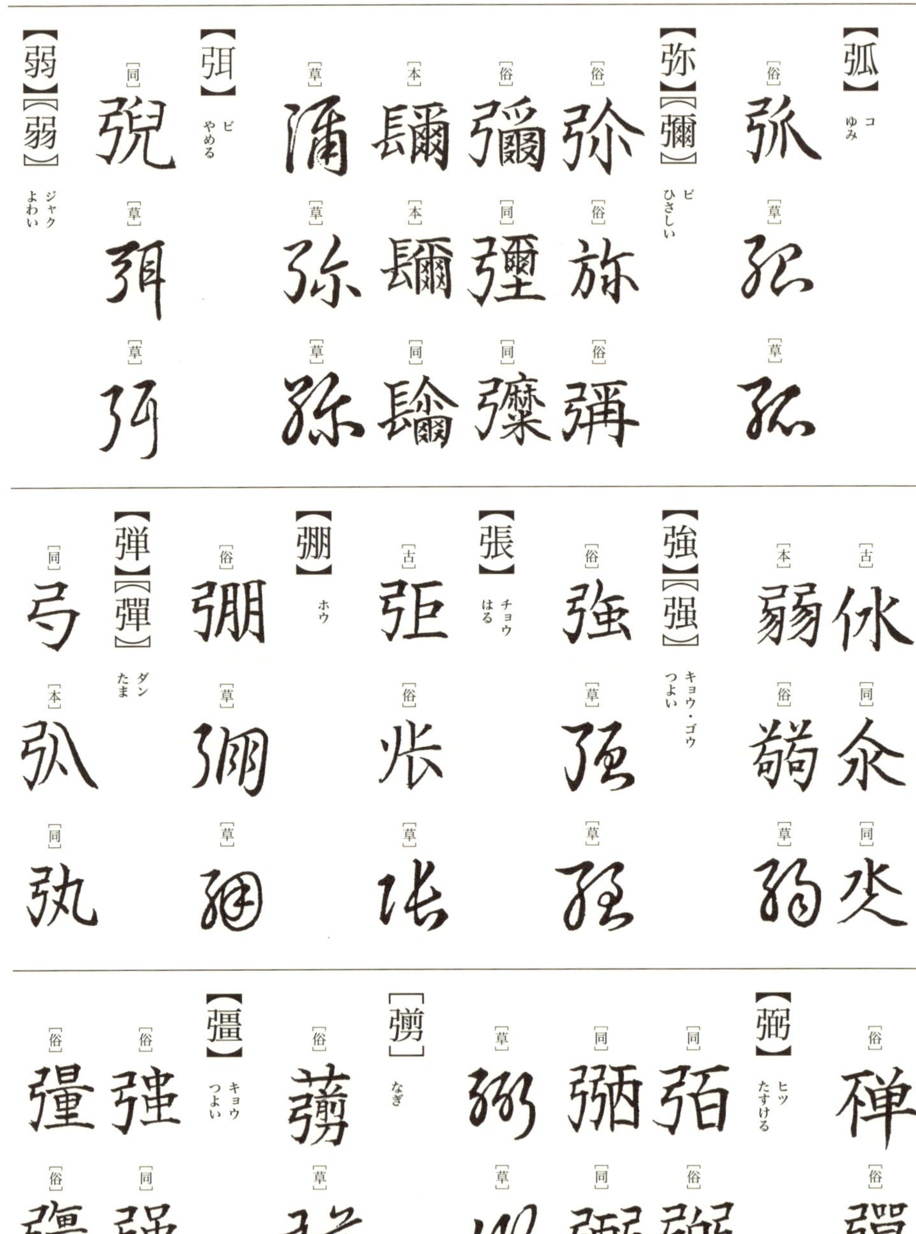
【弧】
コ
ゆみ
〔俗〕
〔草〕
〔草〕
【弥】〖彌〗
ビ
ひさしい
〔俗〕
〔俗〕
〔俗〕
〔俗〕
〔同〕
〔同〕
〔本〕
〔本〕
〔同〕
〔草〕
〔草〕
〔草〕
【弭】
ビ
やめる
〔同〕
〔草〕
〔草〕
【弱】〖弱〗
ジャク
よわい
〔古〕
〔同〕
〔同〕
〔本〕
〔俗〕
〔草〕
【強】〖强〗
キョウ・ゴウ
つよい
〔俗〕
〔草〕
〔草〕
【張】
チョウ
はる
〔古〕
〔俗〕
〔草〕
【弸】
ホウ
〔俗〕
〔草〕
〔草〕
【弾】〖彈〗
ダン
たま
〔同〕
〔本〕
〔同〕
〔俗〕
〔俗〕
〔草〕
【弼】
ヒツ
たすける
〔同〕
〔俗〕
〔同〕
〔同〕
〔同〕
〔草〕
〔草〕
〔草〕
〔草〕
【彍】
なぎ
〔俗〕
〔草〕
【彊】
キョウ
つよい
〔俗〕
〔同〕
〔俗〕
〔俗〕
〔俗〕
〔草〕

【彎】ワン　ひく
〔俗〕〔草〕〔草〕

彑（彐）部

【彑】ケイ
〔同〕〔草〕

【彖】タン
〔同〕〔草〕〔草〕

【彗】スイ　ほうき
〔古〕〔草〕〔草〕

【彙】イ　はりねずみ
〔同〕〔俗〕〔同〕〔同〕〔同〕〔同〕〔草〕〔草〕〔草〕

【彝】イ　つね
〔同〕〔俗〕〔俗〕〔草〕〔草〕〔草〕

彡部

【形】ケイ・ギョウ　かたち・かた
〔俗〕〔俗〕〔俗〕〔本〕〔草〕〔草〕

【彦】〔彥〕ゲン　ひこ
〔俗〕〔俗〕〔本〕〔草〕〔草〕〔草〕

【修】シュウ・シュ　おさめる
〔俗〕〔古〕〔俗〕〔俗〕〔俗〕〔同〕〔俗〕〔俗〕〔俗〕〔草〕〔草〕〔草〕

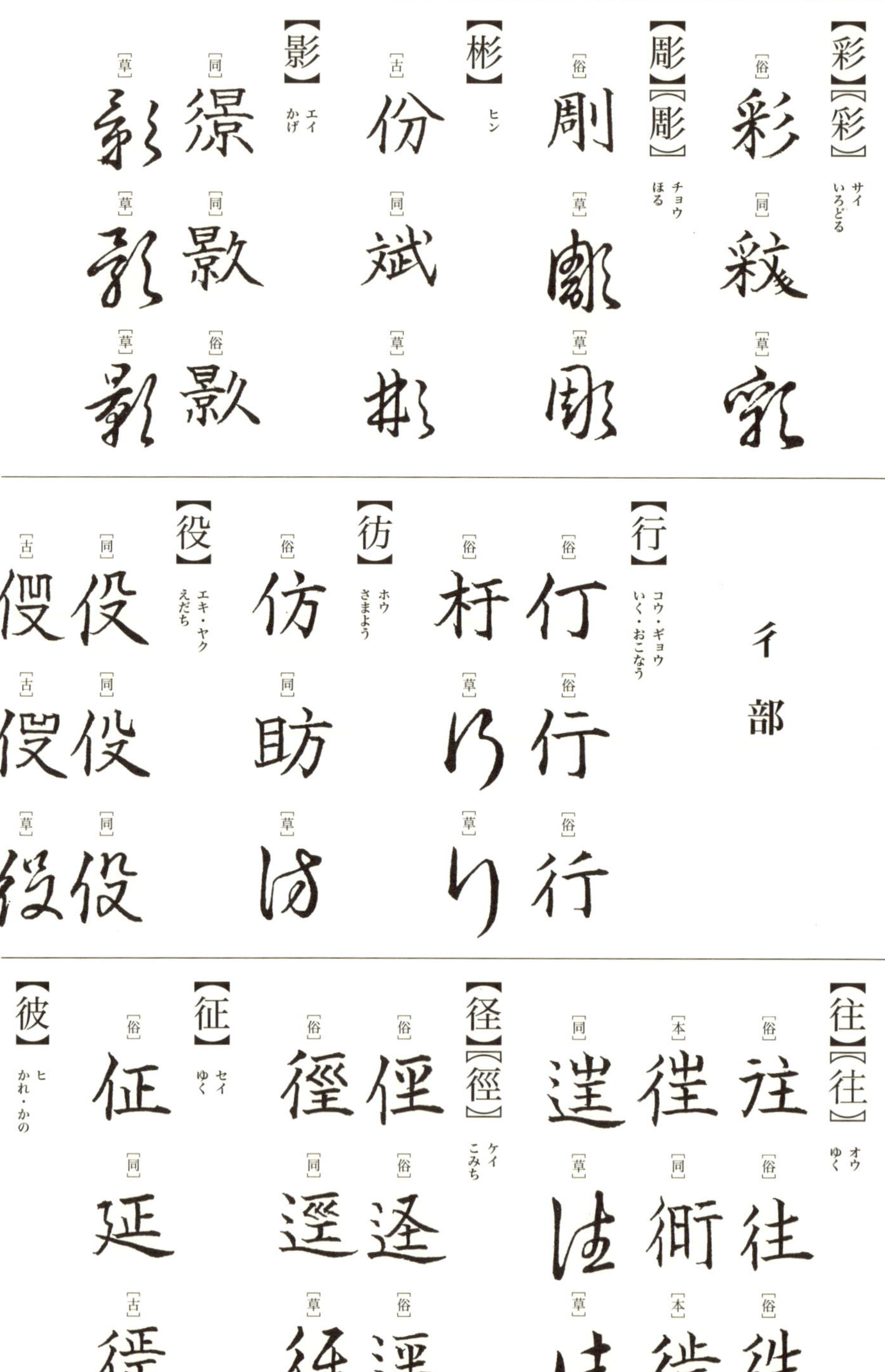

【彩】〔彩〕サイ　いろどる
【彫】〔彫〕チョウ　ほる
【彬】ヒン
【影】エイ　かげ

彳部

【行】コウ・ギョウ　いく・おこなう
【彷】ホウ　さまよう
【役】エキ・ヤク　えだち

【往】〔往〕オウ　ゆく
【径】〔徑〕ケイ　こみち
【征】セイ　ゆく
【彼】ヒ　かれ・かの

〔俗〕〔本〕〔草〕

【衍】エン

〔俗〕〔俗〕〔俗〕

【後】コウ・ゴ　うしろ・のち

〔同〕后　〔古〕〔古〕

〔草〕〔草〕〔草〕

【徇】ジュン　となえる

〔俗〕狥　〔草〕〔草〕

【待】タイ　まつ

〔同〕〔草〕〔草〕

【律】リツ・リチ　のり

〔俗〕〔草〕〔草〕

【従】〔從〕ジュウ・ジュ　したがう

〔本〕从　〔同〕〔同〕

〔俗〕〔俗〕〔俗〕

〔同〕〔俗〕〔草〕

【徐】ジョ　おもむろ

〔同〕〔草〕〔草〕

【徒】ト　かち

〔同〕〔同〕〔同〕

〔草〕〔草〕〔草〕

【衒】ゲン　てらう

〔同〕〔本〕〔草〕

【術】〔術〕ジュツ　すべ

〔俗〕术　〔俗〕〔俗〕

〔俗〕〔俗〕〔草〕

【得】トク　える・うる

〔同〕〔本〕〔古〕

〔俗〕〔俗〕〔俗〕

〔本〕〔草〕〔草〕

【御】ギョ・ゴ　おん
［俗］［同］［俗］［俗］［草］
［俗］［同］［俗］［俗］［草］
［俗］［俗］［俗］［古］［草］

【循】ジュン　したがう
［俗］［草］
［俗］［草］
［俗］［草］

【復】フク　かえる
［同］［本］
［俗］［同］
［同］［草］

【衙】ガ
［俗］
［草］
［草］

【微】〔微〕ビ　かすか
［俗］［同］［草］
［俗］［俗］［草］
［古］［草］［草］

【傜】ヨウ　えだち
［同］
［草］
［草］

【徴】〔徵〕チョウ　めす
［俗］［草］
［俗］［草］
［古］［草］

【徳】〔德〕トク
［俗］［本］［草］
［同］［同］［草］
［俗］［俗］［草］

【衝】ショウ　つく
［古］［草］
［同］［草］
［同］［草］

【徹】テツ　とおる

〔俗〕彻　〔同〕　〔古〕

〔俗〕　〔草〕　〔草〕

【衛】【衞】エイ　まもる

〔俗〕卫　〔俗〕　〔俗〕

〔俗〕　〔本〕　〔草〕

【衡】コウ　はかり

〔同〕　〔俗〕　〔同〕

〔俗〕　〔同〕　〔草〕

〔草〕　〔草〕

心（忄）部

【心】シン　こころ

〔同〕　〔同〕　〔草〕

【必】ヒツ　かならず

〔俗〕　〔俗〕　〔俗〕

〔草〕　〔草〕　〔草〕

【応】【應】オウ　こたえる

〔俗〕　〔同〕　〔俗〕

〔俗〕　〔俗〕　〔古〕

〔草〕　〔草〕　〔草〕

【忌】キ　いむ・いまわしい

〔古〕　〔俗〕　〔草〕

【志】シ　こころざす

〔俗〕志　〔古〕　〔同〕

〔草〕　〔草〕　〔草〕

【忍】【忍】ニン　しのぶ

〔同〕　〔俗〕　〔草〕

【忘】【忘】ボウ　わすれる

〔本〕　〔俗〕　〔草〕

【忽】コツ たちまち
【忝】テン かたじけない
【念】ネン おもう
【忿】フン いかる
【怨】エン・オン うらむ
【急】〖急〗キュウ いそぐ
【思】シ おもう
【怱】ソウ
【怒】ド いかる・おこる
【恚】イ いかる
【恩】オン めぐみ

〔草〕〔草〕〔草〕

【恭】キョウ　うやうやしい
〔俗〕〔本〕〔俗〕
〔俗〕〔草〕〔草〕

【恐】〖恐〗キョウ　おそれる
〔古〕〔同〕〔俗〕
〔同〕〔俗〕〔俗〕
〔草〕〔草〕〔草〕

【恵】〖惠〗ケイ・エ　めぐむ
〔古〕〔俗〕〔俗〕

〔古〕〔同〕〔草〕

【恣】シ　ほしいまま
〔同〕〔草〕〔草〕

【息】ソク　いき
〔俗〕〔古〕〔草〕

【恥】チ　はじる
〔俗〕〔俗〕〔俗〕
〔草〕〔草〕〔草〕

【恋】〖戀〗レン　こい
〔古〕〔草〕〔草〕

【悪】〖惡〗アク・オ　わるい
〔俗〕〔俗〕〔俗〕
〔同〕〔俗〕〔俗〕
〔俗〕〔草〕〔草〕

【患】カン　わずらう
〔古〕〔古〕〔古〕
〔草〕〔草〕〔草〕

【悉】シツ　つくす
〔俗〕〔俗〕〔同〕
〔俗〕〔古〕〔俗〕

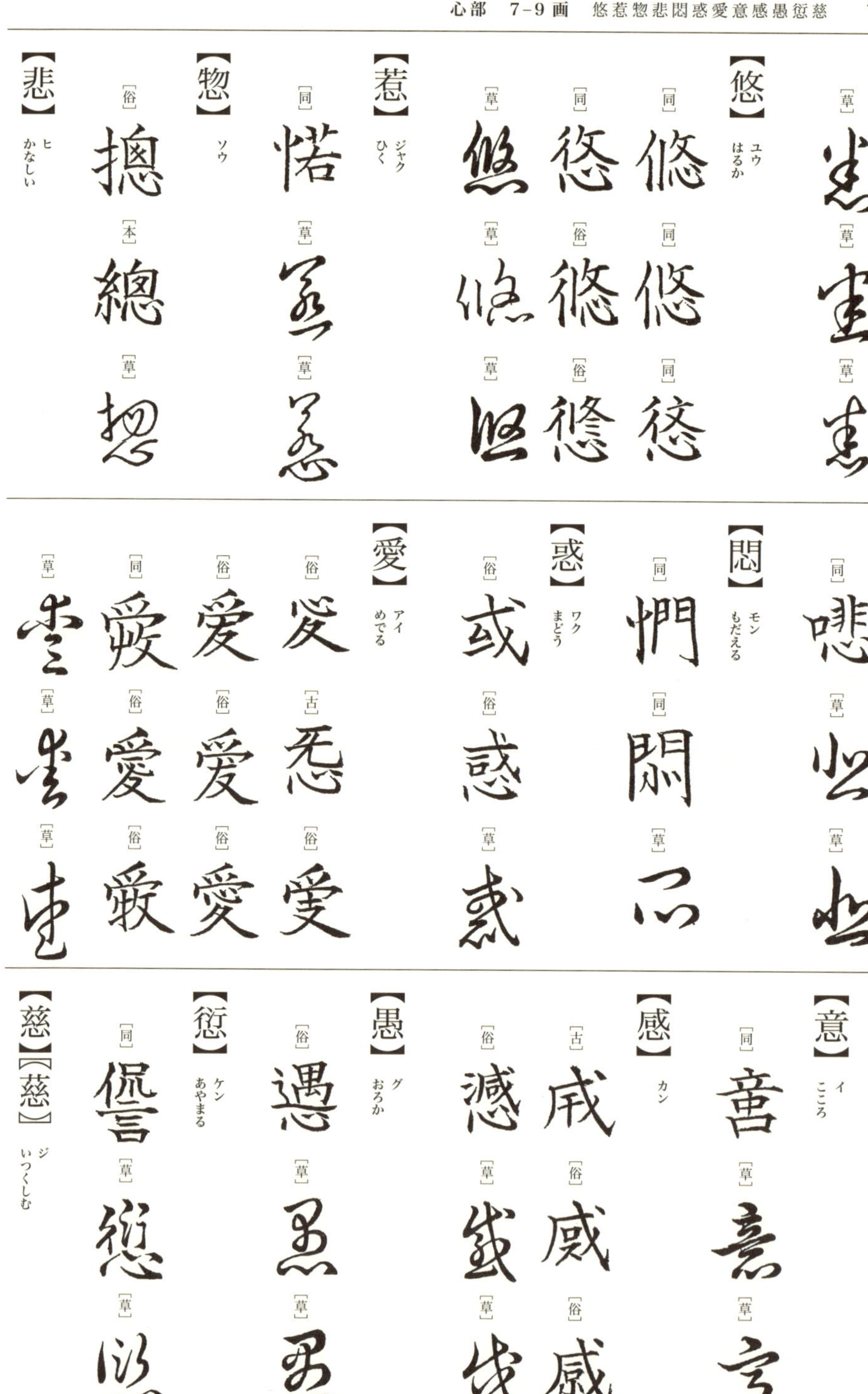

【悠】ユウ　はるか

【惹】ジャク　ひく

【惣】ソウ

【悲】ヒ　かなしい

【悶】モン　もだえる

【惑】ワク　まどう

【愛】アイ　めでる

【意】イ　こころ

【感】カン

【愚】グ　おろか

【愆】ケン　あやまる

【慈】〖慈〗ジ　いつくしむ

〔俗〕〔俗〕〔草〕
〔草〕〔草〕〔草〕

【愁】シュウ　うれえる
〔同〕〔草〕〔草〕

【想】ソウ・ソ　おもう
〔俗〕〔同〕〔草〕

【愍】ビン　あわれむ
〔俗〕〔同〕閔〔古〕
〔俗〕〔同〕憫〔草〕

【愈】ユ　まさる
〔同〕〔俗〕愈〔俗〕愈
〔草〕〔草〕〔草〕

【愨】カク　つつしむ
〔俗〕〔草〕〔草〕

【愬】ソ　うったえる
〔同〕訴〔草〕〔草〕

【態】タイ　ありさま
〔俗〕态〔俗〕態〔草〕

【慕】ボ　したう
〔同〕〔俗〕慕〔草〕

【慂】ヨウ　すすめる
〔俗〕〔草〕〔草〕

【慰】イ　なぐさめる
〔俗〕〔俗〕〔本〕慰
〔同〕〔草〕〔草〕

【慶】ケイ　よろこぶ
〔俗〕庆〔同〕〔俗〕
〔俗〕慶〔草〕〔草〕

【慙】ザン　はじる
〔同〕慚〔草〕

【慼】セキ うれえる
同 草 草
【憂】ユウ うれえる
俗 同 俗
本 同 俗
草 草 草
【慮】リョ おもんぱかる
俗 俗 草
【憙】キ よろこぶ
俗 俗 同
同 俗 草
【慭】ギン なまじいに
俗 草 草
【憩】ケイ いこい
同 俗 俗
同 俗 草
【憲】【憲】ケン のり
俗 同 俗
俗 俗 俗
草 草 草
【憊】ハイ つかれる
同 俗 同
俗 草 草
【憑】ヒョウ よる
俗 俗 俗
【懇】コン ねんごろ
俗 俗 俗
同 本 草
【懕】エン
同 同 草

【懲】〖懲〗 チョウ こりる

［俗］ ［俗］ ［草］

【懣】 モン・マン もだえる

［俗］ ［草］ ［草］

【懸】 ケン かける

［俗］ ［俗］ ［草］

【懿】 イ うるわしい

［古］ ［古］ ［同］

［同］ ［俗］ ［俗］

［俗］ ［俗］ ［草］

忄部

【忕】 タイ おごる

［同］ ［草］ ［草］

【忙】〖忙〗 ボウ いそがしい

［本］ ［同］ ［草］

【快】 カイ こころよい

［本］ ［草］ ［草］

【忸】 ジク はじる

［同］ ［同］ ［同］

［同］ ［同］ ［草］

【怪】 カイ あやしい

［同］ ［俗］ ［俗］

［俗］ ［俗］ ［草］

【怯】 キョウ おびえる

［同］ ［草］ ［草］

【怩】 ジ はじる

［古］ ［同］ ［草］

【性】 セイ・ショウ さが

［俗］ ［同］ ［草］

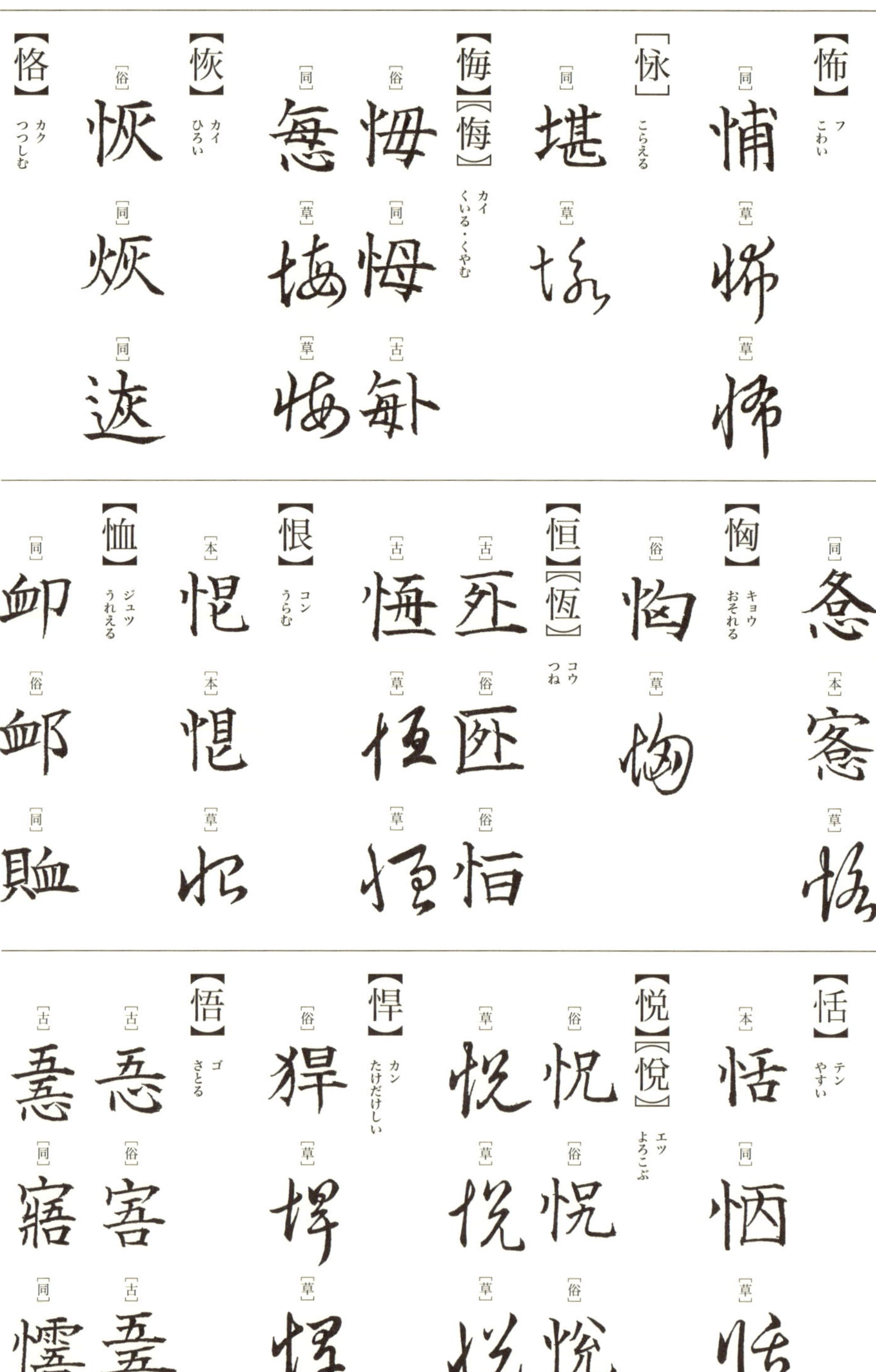
【怖】フ こわい
〔同〕〔草〕〔草〕
〔怺〕こらえる
〔同〕〔草〕
【悔】〖悔〗カイ くいる・くやむ
〔俗〕〔同〕〔古〕〔同〕〔草〕〔草〕
【恢】カイ ひろい
〔俗〕〔同〕〔同〕
【恪】カク つつしむ
〔同〕〔本〕〔草〕
【恟】キョウ おそれる
〔俗〕〔草〕
【恒】〖恆〗コウ つね
〔古〕〔俗〕〔俗〕〔古〕〔草〕〔草〕
【恨】コン うらむ
〔本〕〔本〕〔草〕
【恤】ジュツ うれえる
〔同〕〔俗〕〔同〕
【恬】テン やすい
〔本〕〔同〕〔草〕
【悦】〖悅〗エツ よろこぶ
〔俗〕〔俗〕〔俗〕〔草〕〔草〕〔草〕
【悍】カン たけだけしい
〔俗〕〔草〕〔草〕
【悟】ゴ さとる
〔古〕〔俗〕〔古〕〔古〕〔同〕〔同〕

［草］［草］［草］

【悩】〔惱〕ノウ　なやむ

［俗］［俗］［俗］
［同］［同］［同］
［俗］［同］［草］

【悖】ボツ　もとる

［俗］［同］［俗］
［同］［俗］［草］

【悋】リン　やぶさか

［同］［同］［俗］

［俗］［草］［草］

【惟】イ　ただ・これ

［古］［草］［草］

【悸】キ　おそれる

［俗］［同］［草］

【惛】コン　くらい

［同］［草］［草］

【惨】〔慘〕サン　みじめ

［俗］［草］［草］

【惇】トン・ジュン　あつい

［俗］［古］［草］

【情】〔情〕セイ・ジョウ　なさけ

［古］［草］［草］

【悴】スイ　やつれる

［俗］［俗］［俗］
［同］［俗］［草］

【惕】テキ　おそれる

［同］［草］［草］

【悼】トウ　いたむ

［同］［草］［草］

【愇】イ
[俗]　[草]　[草]

【愕】ガク　おどろく
[俗]　[本]　[草]

【愜】キョウ　こころよい
[同]　[草]　[草]

【慌】〔慌〕コウ　あわただしい
[同] 怳　[同]　[草]

【惰】ダ　おこたる
[俗]　[俗]　[俗]　[同]　[同]　[草]

【愉】〔愉〕ユ　たのしむ
[俗]　[俗]　[草]

【慍】ウン　うらむ
[同] 愠　[草]　[草]

【慨】〔慨〕ガイ　いきどおる
[同] 愾　[同] 嘅　[俗]　[草]　[草]　[草]

【愧】キ　はじる
[同] 媿　[同]　[同]

【慎】〔愼〕シン　つつしむ
[古] 昚　[古]　[古]　[俗]　[古]　[俗]　[草]　[草]　[草]

【慄】リツ　おそれる
[同] 懍　[草]　[草]

【慣】カン　なれる
[俗]　[同] 摜　[草]

【慷】コウ　なげく
[同] 忼　[草]　[草]

【慥】ゾウ たしか
〔俗〕慥　〔同〕聢　〔草〕慥

【慟】ドウ なげく
〔同〕慟　〔同〕慟　〔草〕慟

【慢】マン おこたる
〔同〕嫚　〔同〕慢　〔草〕慢

【慳】ケン やぶさか
〔俗〕慳　〔草〕慳　〔草〕慳

【憯】サン
〔俗〕憯　〔草〕憯　〔草〕憯

【憔】ショウ やつれる
〔同〕嫶　〔同〕憔　〔同〕癄
〔同〕顦　〔同〕醮　〔草〕憔

【憚】タン はばかる
〔俗〕憚　〔俗〕憚　〔草〕憚

【憫】ビン あわれむ
〔同〕閔　〔草〕憫　〔草〕憫

【憮】ブ いつくしむ
〔俗〕憮　〔草〕憮　〔草〕憮

【憤】〔憤〕フン いきどおる

【憶】オク おもう
〔同〕憶　〔本〕憶　〔俗〕憶
〔俗〕忆　〔本〕憶　〔草〕憶

【懐】〔懷〕カイ なつかしい
〔俗〕怀　〔同〕懷　〔俗〕懐
〔俗〕懷　〔草〕懐　〔草〕懐

【懈】カイ おこたる
〔俗〕懈　〔草〕懈　〔草〕懈

【憾】カン うらむ
〔同〕感　〔草〕憾　〔草〕憾

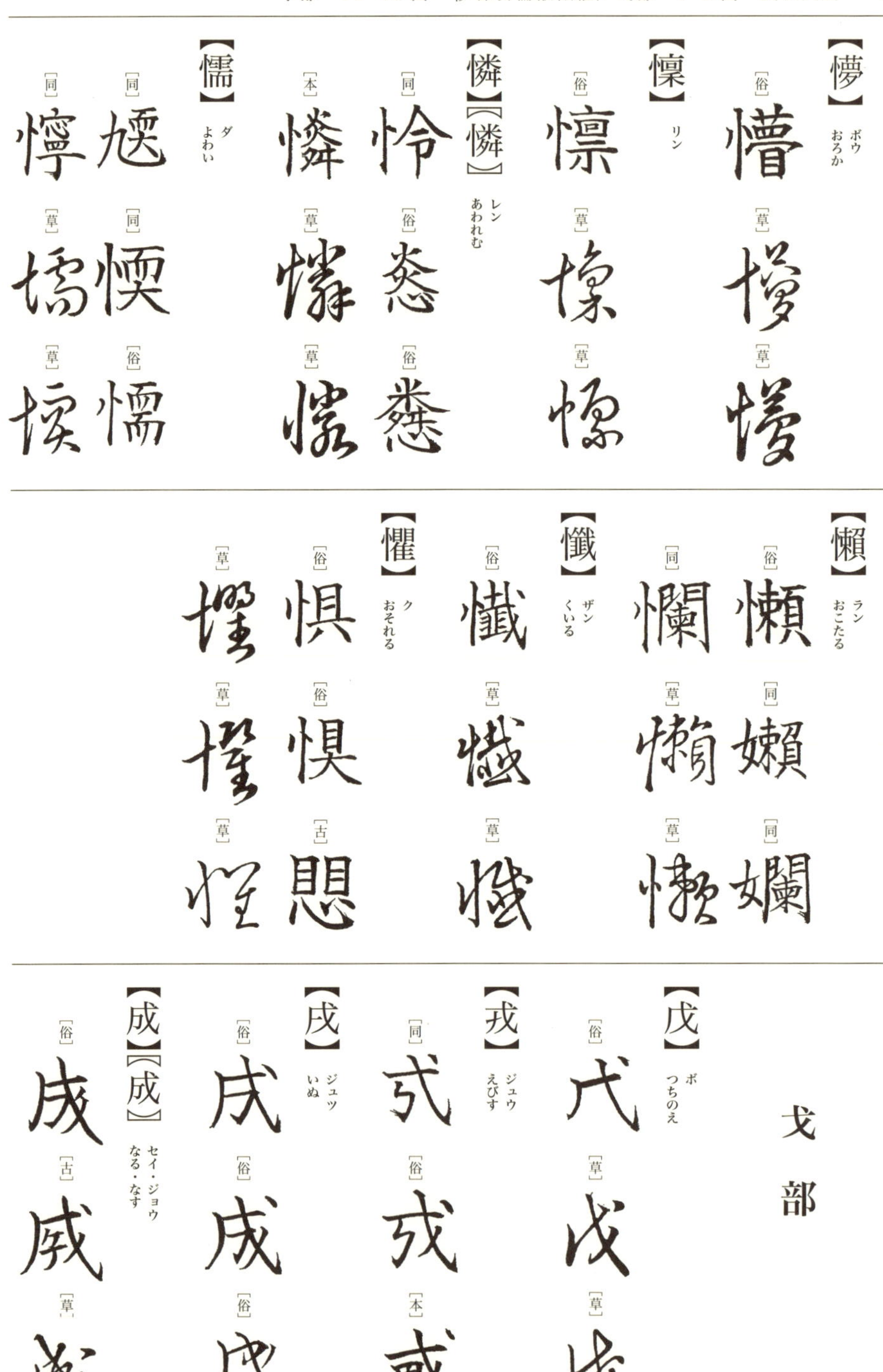

〔草〕　〔草〕　〔草〕

【我】
ガ　われ・わ

〔古〕　〔同〕　〔古〕

〔俗〕我　〔古〕　〔同〕

〔古〕　〔草〕　〔草〕

【戒】
カイ　いましめる

〔同〕　〔俗〕　〔古〕

〔俗〕　〔俗〕　〔草〕

【或】
ワク　あるいは

〔俗〕　〔俗〕　〔古〕

【戛】
カツ　する

〔俗〕　〔草〕　〔草〕

【戚】
セキ　うれえる

〔同〕　〔同〕　〔草〕

【戟】
ゲキ　ほこ

〔本〕　〔俗〕　〔本〕

〔同〕　〔草〕　〔草〕

【戦】〔戰〕
セン　たたかう・いくさ

〔俗〕战　〔俗〕　〔俗〕戰

〔俗〕　〔同〕　〔草〕

【截】
セツ　たつ・きる

〔同〕切　〔同〕　〔同〕

〔本〕　〔同〕　〔草〕

【戯】〔戲〕
ギ　たわむれる

〔俗〕戏　〔俗〕　〔俗〕

〔俗〕　〔草〕　〔草〕

【戮】
リク　ころす

〔同〕僇　〔同〕　〔同〕

〔俗〕　〔同〕　〔俗〕

〔草〕　〔草〕　〔草〕

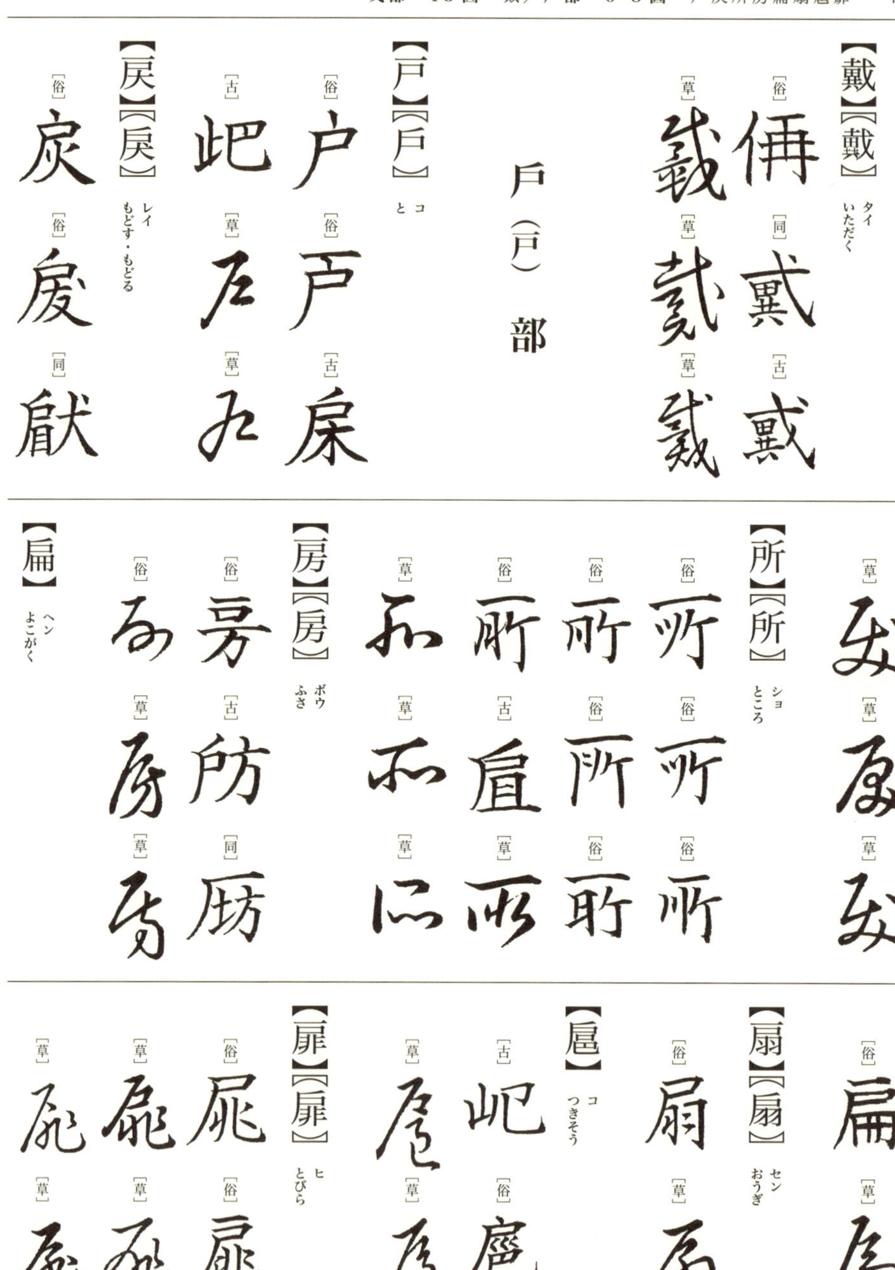

【戴】〖戴〗タイ いただく

戶（戸）部

【戸】〖戶〗コ と

【戻】〖戾〗レイ もどす・もどる

【所】〖所〗ショ ところ

【房】〖房〗ボウ ふさ

【扁】ヘン よこがく

【扇】〖扇〗セン おうぎ

【扈】コ つきそう

【扉】〖扉〗ヒ とびら

手部

【手】
シュ
て・た

［俗］［同］［草］［草］［草］［草］

【承】
ショウ
うけたまわる

［古］［俗］［俗］［同］［俗］［俗］［同］［本］［俗］［草］［草］［草］

【挙】〔擧〕
キョ
あげる

［古］［古］［俗］［俗］［俗］［同］［俗］［俗］［俗］［同］［俗］［草］

【拳】〔拳〕
ケン
こぶし

［同］［同］［同］［草］［草］［草］

【掣】
セイ
ひく

［同］［俗］［俗］

【撃】〔擊〕
ゲキ
うつ

［俗］［草］［草］

【摯】
シ
つかむ

［本］［同］［俗］

【摩】〔摩〕
マ
さする

［俗］［俗］［俗］［俗］［俗］［同］

【攀】
ハン
よじる

［俗］［古］［俗］［同］［俗］［草］

〔俗〕〔草〕〔草〕

【把】ハ　とる・つか
〔同〕〔草〕〔草〕

【抜】〔拔〕バツ　ぬく
〔同〕〔俗〕〔俗〕
〔草〕〔草〕〔草〕

【批】ヒ　うつ
〔同〕〔草〕〔草〕

【扶】フ　たすける
〔俗〕〔古〕〔古〕

【扮】フン　よそおう
〔同〕〔草〕〔草〕

【抔】ホウ　すくう
〔同〕〔俗〕〔草〕

【扼】ヤク　おさえる
〔同〕〔同〕〔草〕

【抑】ヨク　おさえる
〔本〕〔俗〕〔俗〕
〔同〕〔同〕〔同〕
〔俗〕〔草〕〔草〕

【拐】カイ　かどわかす
〔同〕〔俗〕〔草〕

【拡】〔擴〕カク　ひろめる
〔俗〕〔同〕〔同〕

【拠】〔據〕キョ・コ　よる
〔俗〕〔俗〕〔俗〕
〔俗〕〔同〕〔草〕

【拘】コウ　とらえる
〔同〕〔俗〕〔同〕
〔草〕〔草〕〔草〕

【招】ショウ　まねく
【拙】セツ　つたない
【拖】タ　ひく
【拓】タク　ひらく
【担】〖擔〗タン　になう・かつぐ
【抽】チュウ　ひく・ぬく
【抵】テイ　あたる・あてる
【拝】〖拜〗ハイ　おがむ
【拍】ハク・ヒョウ　うつ
【披】ヒ　ひらく
【拇】ボ　おやゆび
【抱】〖抱〗ホウ　だく・いだく

〔同〕〔俗〕〔草〕

〔草〕〔草〕

【抛】ホウ　なげうつ

〔俗〕〔同〕〔草〕

【拗】オウ・ヨウ　ねじれる

〔俗〕〔草〕〔草〕

【挌】カク　うつ

〔同〕〔同〕〔草〕

【括】カツ　くくる

〔本〕〔草〕〔草〕

【拷】ゴウ　うつ

〔俗〕〔草〕

【拶】サツ

〔本〕〔同〕〔草〕

〔草〕〔草〕

【指】シ　ゆび・さす

〔古〕〔俗〕〔俗〕

〔草〕〔草〕〔草〕

【持】ジ　もつ

〔俗〕〔草〕〔草〕

【拭】ショク　ぬぐう・ふく

〔俗〕〔草〕〔草〕

【拵】ソン　こしらえる

〔俗〕〔草〕

【挑】チョウ　いどむ

〔俗〕〔草〕〔草〕

【挵】ロウ　はたらく

〔本〕〔草〕

［拺］むしる

〔同〕〔同〕〔草〕

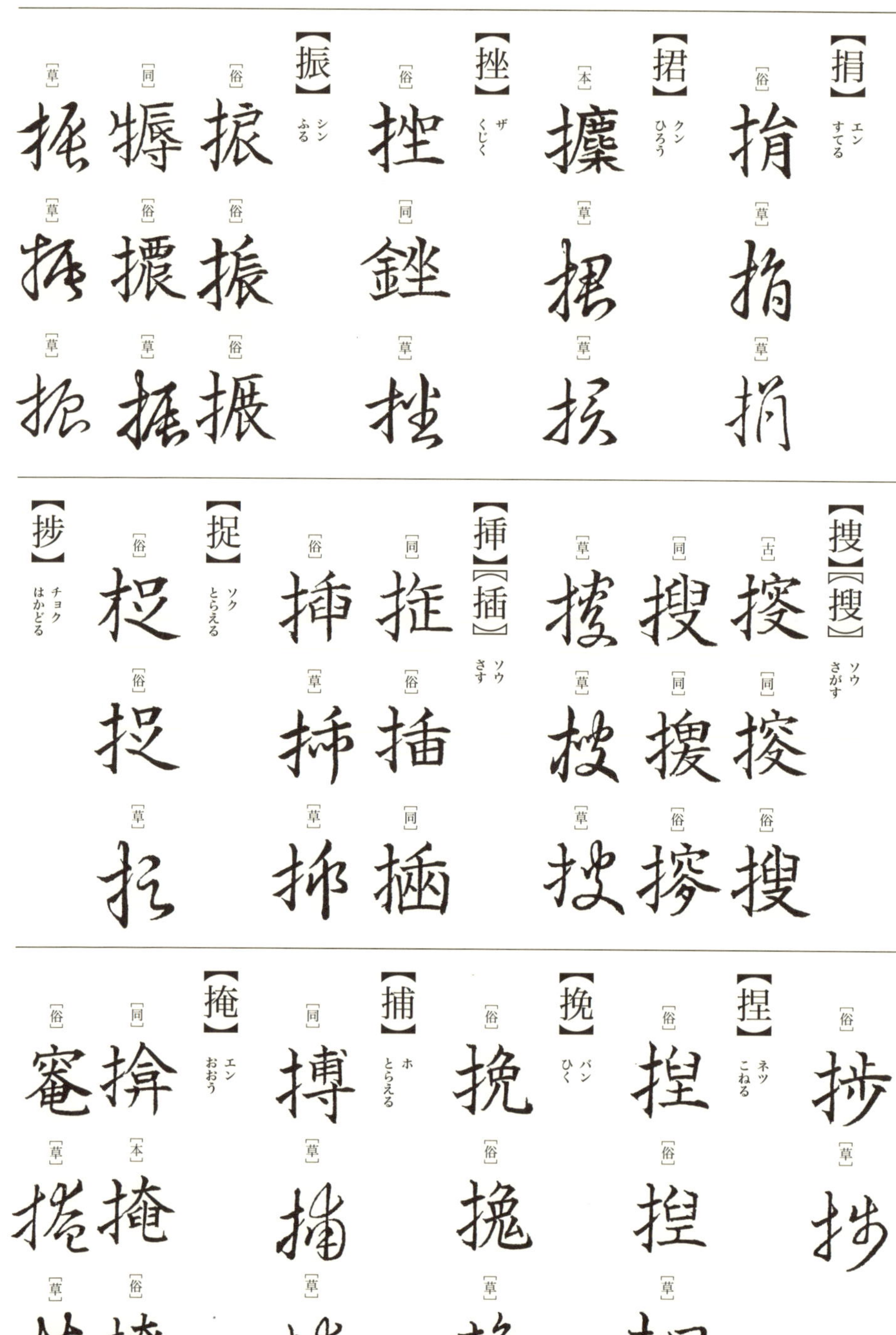

【捐】エン すてる
【捃】クン ひろう
【挫】ザ くじく
【振】シン ふる
【搜】【搜】ソウ さがす
【挿】【插】ソウ さす
【捉】ソク とらえる
【捗】チョク はかどる
【捏】ネツ こねる
【挽】バン ひく
【捕】ホ とらえる
【掩】エン おおう

【掛】カイ・カ　かける

［同］　［草］　［草］

【掎】キ

［俗］　［草］　［草］

【掬】キク　すくう・むすぶ

［同］　［草］　［草］

【掘】クツ　ほる

［俗］　［本］　［草］

【掲】〖揭〗ケイ　かかげる

［同］　［同］　［同］

［同］　［草］　［草］

【捲】ケン　まく

［俗］　［草］　［草］

【控】コウ　ひかえる

［同］　［草］　［草］

【採】〖採〗サイ　とる

［本］　［俗］　［俗］

［俗］　［草］　［草］

【授】ジュ　さずける

［俗］　［俗］　［俗］

［同］　［同］　［草］

【捷】ショウ　はやい

［俗］　［俗］　［俗］

［同］　［草］　［草］

【接】セツ　つぐ

［同］　［同］　［草］

【措】ソ　おく

［本］　［草］　［草］

【掃】〖掃〗ソウ　はく

［俗］　［同］　［同］

[俗] [草] [草]

【探】タン　さぐる

[俗] [同] [草]

【掉】トウ　ふる・ふるう

[同] [草] [草]

【捺】ナツ・ナ　おす

[俗] [草] [草]

【捻】ネン　ひねる

[俗] [俗] [俗]

[同] [同] [草]

【描】ビョウ　えがく

[俗] [草] [草]

【捧】ホウ　ささげる

[俗] [同] [草]

【掠】リャク　かすめる

[俗] [俗] [俗]

【捩】レイ　ねじる

[俗] [草] [草]

【捥】ワン

[同] [草] [草]

【握】アク　にぎる

[古] [古] [草]

【援】〔援〕エン　ひく

[俗] [草] [草]

【掾】エン　じょう

[俗] [草] [草]

【換】カン　かえる

[俗] [俗] [草]

【揮】キ　ふるう

[同] [同] [草]

【揆】キ　はかる

［本］揆　［俗］　［俗］　［俗］　［俗］　［草］

【揉】ジュウ　もむ

［同］　［同］　［同］

【揃】セン　そろう

［俗］揃　［俗］　［俗］　［同］　［草］　［草］

【提】テイ　さげる

［俗］　［草］　［草］

【搭】トウ

［俗］　［同］　［草］

【掽】ホウ

［俗］碰　［草］

【揶】ヤ　もてあそぶ

［同］　［草］

【揖】ユウ

［俗］　［同］　［草］

【揚】ヨウ　あげる・あがる

［俗］扬　［同］　［古］敭　［草］　［草］　［草］

【揺】〔搖〕ヨウ　ゆれる

［同］　［俗］　［俗］　［同］　［同］　［俗］　［草］　［草］　［草］

【携】ケイ　たずさわる

［俗］　［俗］　［本］　［俗］　［本］攜　［草］

【揳】ケツ

［俗］　［草］

【搆】コウ かまえる

[俗]構　[草]　[草]

【搾】サク しぼる

[本]榨　[草]

【摂】【攝】セツ とる

[俗]　[俗]　[俗]

[俗]　[俗]　[俗]

[俗]　[俗]　[草]

【搔】ソウ かく

[同]　[俗]掻　[同]

【損】ソン そこなう

[同]　[草]　[草]

[古]　[俗]　[草]

【搗】トウ つく

[俗]　[俗]　[同]擣

【搬】ハン はこぶ

[同]　[草]　[草]

【摑】カク つかむ

[俗]　[俗]　[俗]

【摺】ショウ する

[俗]　[草]　[草]

【摘】テキ つむ

[同]　[草]　[草]

【摽】ヒョウ うつ

[同]　[同]　[本]

[古]　[草]　[草]

【撮】サツ とる

[同]　[同]　[草]

【撒】サン まく

[本]　[同]　[草]

【撰】セン　えらぶ・える

〔本〕〔同〕〔俗〕〔俗〕〔同〕〔草〕

【撐】トウ　ささえる

〔俗〕〔草〕

【撓】ドウ　たわむ

〔同〕〔草〕〔草〕

【播】ハ　まく

〔古〕〔俗〕〔同〕〔草〕〔草〕〔草〕

【撫】ブ　なでる

〔俗〕〔同〕〔同〕〔同〕〔本〕〔草〕

【撲】ボク　うつ・ぶつ

〔同〕〔俗〕〔同〕〔同〕〔同〕〔草〕

【撛】リン

〔俗〕〔草〕

【撈】ロウ

〔俗〕〔俗〕〔草〕

【撼】カン　うごかす

〔同〕〔草〕〔草〕

【撿】ケン　しらべる

〔俗〕〔草〕〔草〕

【擅】セン　ほしいまま

〔俗〕〔俗〕〔俗〕〔俗〕〔草〕〔草〕

【操】ソウ　あやつる・みさお

〔俗〕〔同〕〔同〕〔同〕〔俗〕〔草〕

【撻】タツ むちうつ

【擁】ヨウ いだく

【擡】タイ もたげる

【擢】テキ ぬく

【擣】トウ つく

【擾】ジョウ みだれる

【揃】セン

【擲】テキ なげうつ

【擧】ケン

【攘】ジョウ はらう

【攢】サン あつまる

【攫】カク つかむ

【攪】コウ・カク みだす

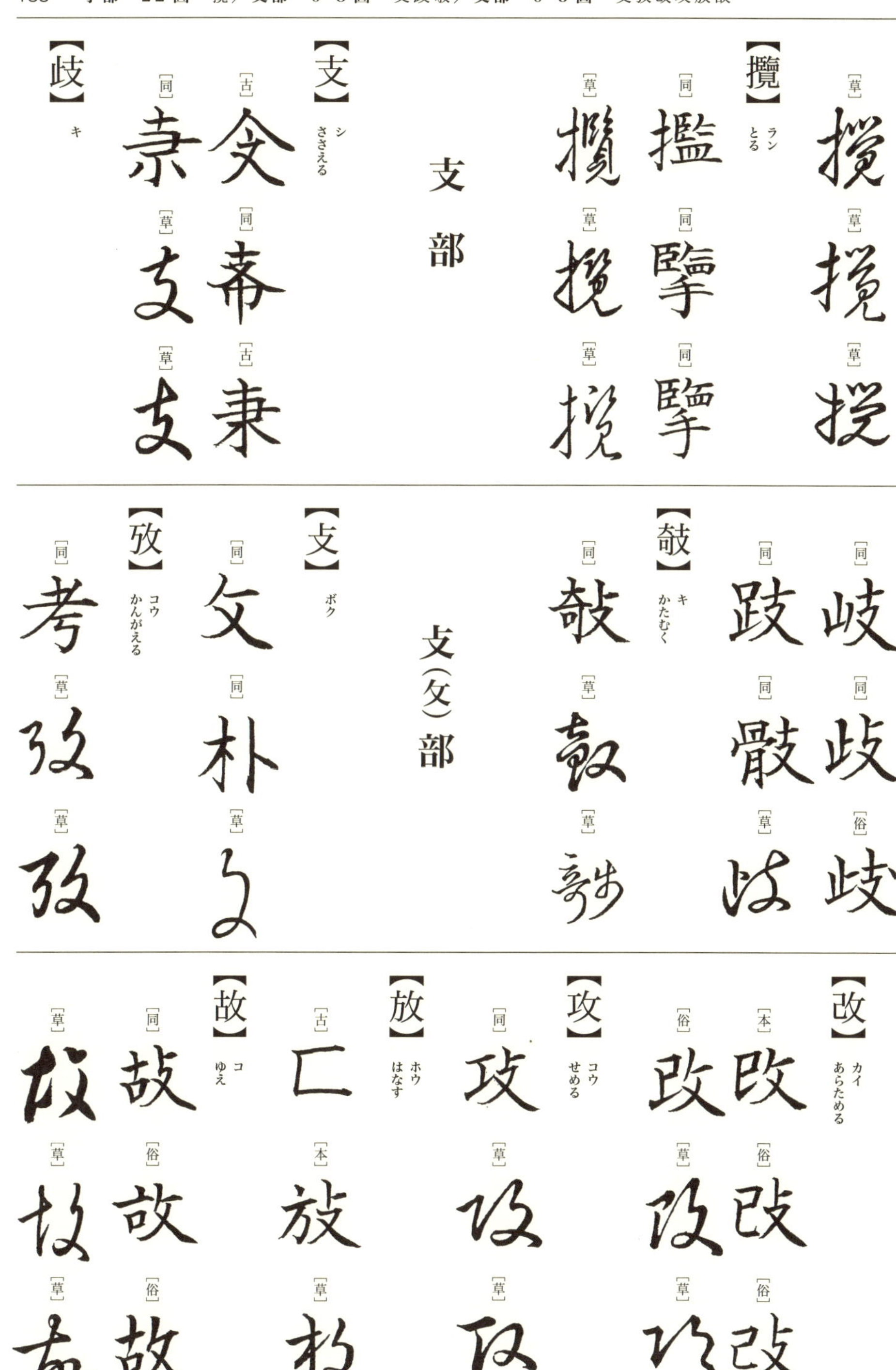

【政】セイ・ショウ　まつりごと

【敃】デン　かり

【敉】ビ　なでる

【敏】〔敏〕ビン　とし

【救】キュウ　すくう

【教】〔教〕キョウ　おしえる

【赦】シャ　ゆるす

【敗】ハイ　やぶれる

【敢】カン　あえて

【敬】ケイ　うやまう

〔草〕　〔草〕　〔草〕

【散】サン　ちる

〔俗〕散　〔俗〕散　〔俗〕散
〔俗〕散　〔同〕散　〔本〕散
〔同〕散　〔俗〕散　〔俗〕散
〔草〕散　〔草〕散　〔草〕散

【敦】トン　あつい

〔同〕敦　〔同〕敦　〔本〕敦
〔草〕敦　〔草〕敦　〔草〕敦

【敝】ヘイ　やぶれる

〔本〕数　〔草〕数　〔草〕数

【数】〔數〕スウ　かず

〔俗〕数　〔俗〕数　〔俗〕数
〔俗〕数　〔俗〕数　〔俗〕数
〔俗〕数　〔同〕数　〔草〕数

【敲】コウ　たたく

〔古〕敲　〔俗〕敲　〔草〕敲

【敵】テキ　かたき

〔俗〕敵　〔同〕敵　〔俗〕敵
〔俗〕敵　〔俗〕敵　〔同〕敵

〔同〕敷　〔草〕敷　〔草〕敷

【敷】〔敷〕フ　しく

〔俗〕敷　〔同〕敷　〔俗〕敷
〔俗〕敷　〔同〕敷　〔俗〕敷
〔草〕敷　〔草〕敷　〔草〕敷

【整】セイ　ととのえる

〔俗〕整　〔俗〕整　〔同〕整
〔同〕整　〔草〕整　〔草〕整

【斁】エキ　いとう

〔古〕斁　〔草〕斁　〔草〕斁

【斃】ヘイ たおれる

[同] [草] [草]

文部

【文】ブン・モン ふみ

[俗] [同] [古]

[草] [草] [草]

【斑】ハン まだら

[俗] [俗] [同]

[草] [草] [草]

斗部

【斐】ヒ

[俗] [俗] [俗]

[俗] [草] [草]

【斗】ト

[本] [俗] [俗]

[同] [俗] [草]

【料】リョウ はかる

[俗] [俗] [同]

[俗] [俗] [草]

【斛】コク

[同] [俗] [草]

【斜】シャ ななめ

[同] [同] [俗]

[俗] [草] [草]

【斟】シン くむ

[同] [同] [同]

[同] [俗] [同]

[俗] [俗] [草]

斤部

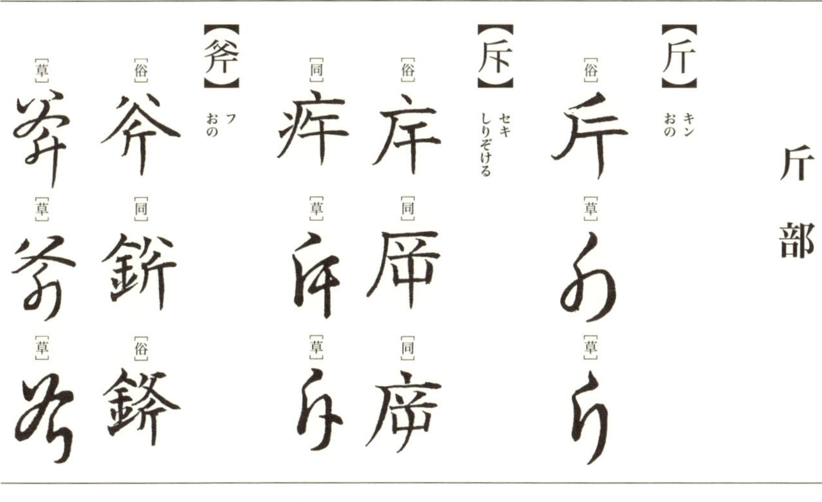

【断】〔斷〕ダン たつ・ことわる

【斯】シ この

【新】シン あたらしい

【斲】タク きる

【斴】リン

方部

【方】ホウ　かた
［古］［俗］［古］［同］［俗］［草］

【於】オ　おいて
［俗］［俗］［同］［俗］［俗］［草］［俗］［古］［草］

【施】シ・セ　ほどこす

【旆】ハイ　はた
［古］［同］［古］［草］［同］［草］

【旁】ボウ　かたわら
［俗］［俗］［俗］［草］［俗］［草］

【旅】【旅】リョ　たび
［古］［草］［本］［草］［古］［草］［古］［古］［同］

【旋】セン　めぐる
［俗］［俗］［草］［本］［俗］［草］［俗］［俗］［草］

【族】ゾク　やから
［俗］［俗］［草］［俗］［俗］［草］［俗］［俗］［草］［古］［古］［俗］［俗］［俗］［俗］

【旒】リュウ　はたあし
〔古〕〔古〕〔俗〕〔草〕〔草〕〔草〕

【旗】キ　はた
〔同〕〔同〕〔俗〕〔草〕〔草〕〔草〕

【旛】ハン　はた
〔同〕〔同〕〔俗〕〔俗〕〔俗〕〔草〕〔草〕〔草〕〔草〕〔俗〕〔草〕〔草〕

旡（旡・无）部

【既】〔既〕キ　すでに
〔同〕〔俗〕〔草〕〔草〕〔草〕〔草〕

日・曰部

【日】ジツ・ニチ　ひ・か
〔古・則〕〔古〕〔同〕〔古〕〔古〕〔古〕〔俗〕〔俗〕〔草〕

【旧】〔舊〕キュウ　ふるい
〔俗〕〔俗〕〔俗〕〔同〕〔俗〕〔草〕〔草〕〔草〕〔草〕

【旦】タン　あした

【曳】エイ　ひく

【曲】キョク　まがる

【旭】キョク　あさひ

【旨】シ　むね

【旬】シュン・ジュン

【早】ソウ　はやい

【更】コウ　さら・ふける

【易】エキ・イ　やさしい

【旺】オウ　さかん

【昂】ゴウ・コウ　あがる

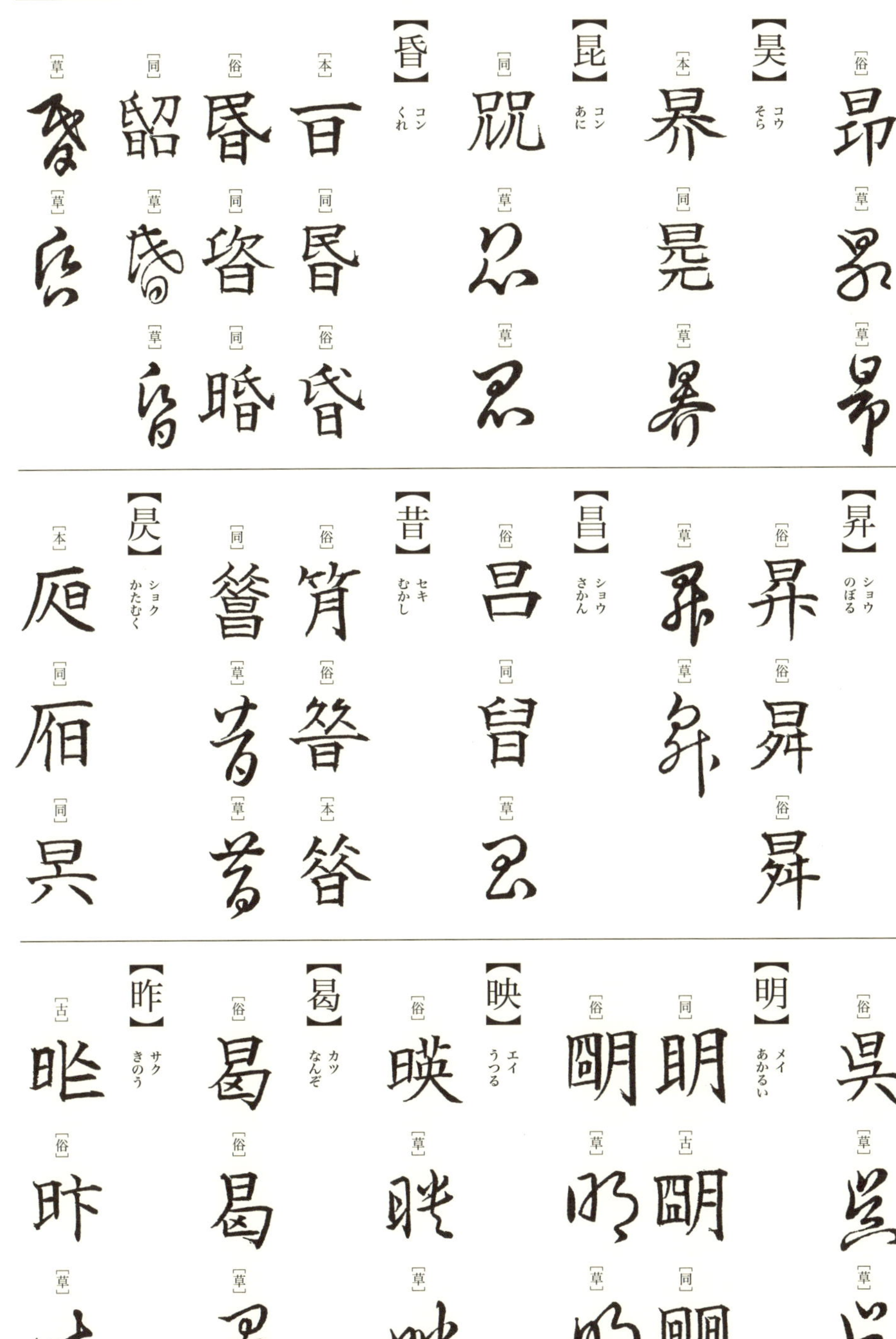

【昵】ジツ　なじむ・ちかづく

〔俗〕〔俗〕〔俗〕〔同〕〔草〕〔草〕

【春】シュン　はる

〔古〕〔同〕〔同〕〔本〕〔同〕〔俗〕〔草〕〔草〕〔草〕

【昭】ショウ　あきらか

〔同〕〔同〕〔草〕

【是】ゼ　これ・この

〔俗〕〔俗〕〔本〕〔草〕〔草〕〔草〕

【星】セイ　ほし

〔同〕〔俗〕〔同〕〔俗〕〔古〕〔草〕

【昼】【晝】チュウ　ひる

〔俗〕〔俗〕〔古〕〔草〕〔草〕〔草〕

【昺】ヘイ

〔同〕〔草〕

【冒】【冐】ボウ　おかす

〔俗〕〔俗〕〔俗〕〔古〕〔古〕〔古〕〔草〕〔草〕〔草〕

【昴】ボウ　すばる

〔本〕〔同〕〔草〕

【昧】マイ　くらい

〔古〕〔草〕〔草〕

【晃】コウ　あきらか

〔同〕〔俗〕〔同〕

〔草〕　〔草〕　〔草〕

【晒】サイ　さらす

〔同〕曬　〔草〕　〔草〕

【時】ジ　とき

〔俗〕　〔俗〕时　〔俗〕

〔同〕　〔俗〕　〔俗〕

〔古〕　〔俗〕　〔俗〕

〔草〕　〔草〕　〔草〕

【書】ショ　かく

〔俗〕书　〔俗〕　〔俗〕

〔古〕　〔草〕　〔草〕

【晋】〔晉〕シン　すすむ

〔俗〕　〔本〕晉　〔俗〕

〔本〕　〔草〕　〔草〕

【晟】〔晟〕セイ　あきらか

〔同〕晠　〔草〕　〔草〕

【晦】カイ　みそか

〔俗〕晦　〔草〕　〔草〕

【晨】シン　あした・あさ

〔同〕　〔同〕　〔同〕

〔同〕　〔草〕　〔草〕

【晢】セツ　あきらか

〔同〕晣　〔草〕　〔草〕

【曹】ソウ　つかさ

〔同〕　〔俗〕曹　〔同〕

〔同〕　〔本〕　〔草〕

【曼】マン

〔本〕曼　〔俗〕　〔俗〕

〔俗〕　〔同〕　〔俗〕

〔草〕　〔草〕　〔草〕

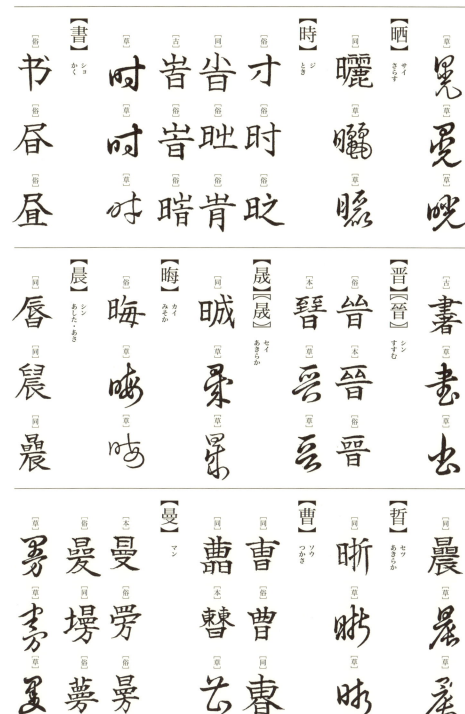

【暑】キ ひかげ
【暁】〖曉〗ギョウ あかつき
【景】ケイ かげ
【最】サイ もっとも
【替】サン
【晶】ショウ あきらか
【晴】〖晴〗セイ はれる
【晰】セキ あきらか
【曾】ソウ すなわち
【替】タイ かえる
【智】チ ちえ
【晩】〖晚〗バン くれ

［同］　［俗］　［俗］

［俗］　［草］　［草］

【普】フ　あまねし

［俗］　［本］　［草］

【暗】アン　くらい

［本］　［同］　［草］

【暐】イ

［俗］　［草］

【暇】カ　ひま

［俗］　［俗］　［草］

【暄】ケン　あたたかい

［同］　［草］　［草］

【暖】【煖】ダン　あたたかい

［同］　［同］　［同］

［同］　［同］　［草］

【暢】チョウ　のびる

［俗］　［草］　［草］

【暮】ボ　くれる

［俗］　［俗］　［草］

【曆】【暦】レキ　こよみ

［俗］　［俗］　［古］

［草］　［草］　［草］

【暫】ザン　しばらく

［同］　［同］　［草］

【暴】ボウ　あばれる・あばく

［同］　［俗］　［俗］

［同］　［同］　［本］

［本］　［草］　［草］

【曄】ヨウ　かがやく

［俗］　［草］　［草］

【曇】ドン　くもる　〔俗〕〔俗〕〔俗〕〔草〕〔草〕〔草〕

【曖】アイ　かげる　〔俗〕〔草〕〔草〕

【曙】〖曙〗ショ　あけぼの　〔同〕〔草〕〔草〕

【曜】〖曜〗ヨウ　かがやく　〔同〕〔同〕〔古〕〔同〕〔草〕〔草〕

【曠】コウ　むなしい　〔俗〕〔同〕〔草〕

【曝】バク　さらす　〔古〕〔同〕〔本〕

【曦】ギ　〔俗〕〔草〕〔草〕

【曩】ノウ　さき　〔同〕〔草〕〔草〕

月（月）部

【月】〖月〗ゲツ・ガツ　つき　〔俗〕〔俗〕〔古・則〕〔同〕〔草〕〔草〕

【肌】キ　はだ　〔同〕〔草〕〔草〕

【有】ユウ・ウ　ある　〔俗〕〔同〕〔草〕

【肋】ロク　あばら

〔同〕　〔草〕　〔草〕

【肖】〔肖〕 ショウ にる

〔俗〕　〔草〕　〔草〕

【育】 イク そだてる・そだつ

〔本〕　〔同〕　〔同〕毓

〔同〕　〔草〕　〔草〕

【肸】 キツ しく

〔俗〕肹　〔草〕　〔草〕

【肩】〔肩〕 ケン かた

〔俗〕　〔同〕　〔同〕

〔草〕　〔草〕　〔草〕

【股】 コ もも・また

〔同〕　〔草〕　〔草〕

【肯】 コウ うべなう

〔本〕肎　〔同〕　〔古〕

〔同〕　〔草〕　〔草〕

【肴】 コウ さかな

〔俗〕　〔同〕　〔俗〕

〔同〕　〔同〕餚　〔俗〕

〔草〕　〔草〕　〔草〕

【肱】 コウ ひじ

〔古〕厷　〔古〕　〔本〕

〔俗〕　〔古〕厶　〔草〕

【肢】 シ てあし

〔同〕胑　〔俗〕　〔俗〕

〔同〕　〔草〕　〔草〕

【肥】 ヒ こえる

〔俗〕肥　〔俗〕　〔草〕

【服】〔服〕 フク きもの

〔俗〕　〔俗〕　〔俗〕

[古] 舤
[同] 舠
[俗] 服

[古] 舨
[俗] 躯
[草]

【朋】〖朋〗
ホウ
とも

[俗] 朋
[俗] 朋
[俗] 朋

[俗] 朋
[草] 朋
[草]

【肪】
ボウ
あぶら

[同] 骯
[草]
[草]

【胃】
イ

[俗] 冐
[同] 圂
[古] 罥

[俗] 膶
[草]
[草]

【胤】
イン
たね

[同] 胥
[俗] 僋
[同] 胤

[俗] 偣
[草]
[草]

【胡】
コ
えびす

[同] 堯
[同] 頡
[草]

【胎】
タイ
はらむ

[同] 囼
[同] 殆
[草]

【胆】〖膽〗
タン
きも

[俗] 胆
[同] 躭
[俗] 膳

[俗] 膽
[同] 膻
[俗] 膽

[草]
[草]
[草]

【冑】
チュウ
よつぎ

[同] 伷
[俗] 冑
[草]

【肺】〖肺〗
ハイ

[俗] 胇
[俗] 肺
[本] 胏

[草]
[草]
[草]

【背】
ハイ
せ・そむく

[俗] 肎
[俗] 肖
[俗] 背

[俗] 偝
[同] 偝
[草]

【胚】
ハイ
はらむ

〔本〕 〔草〕 〔草〕

【胸】キョウ　むね・むな

〔同〕 〔同〕 〔俗〕 〔俗〕 〔俗〕 〔同〕 〔同〕 〔草〕 〔草〕

【脅】キョウ　おびやかす

〔同〕 〔俗〕 〔俗〕 〔草〕 〔草〕 〔草〕

【脇】キョウ　わき

〔同〕 〔俗〕 〔俗〕

【朔】サク　ついたち

〔俗〕 〔俗〕 〔古〕 〔俗〕 〔草〕 〔草〕

【脂】シ　あぶら

〔俗〕 〔俗〕 〔草〕

【脆】ゼイ　もろい

〔本〕 〔俗〕 〔草〕

【脊】セキ　せ

〔同〕 〔同〕 〔草〕

【朕】〖朕〗チン　われ

〔古〕 〔同〕 〔同〕 〔俗〕 〔古〕 〔草〕

【能】ノウ　よく・あたう

〔俗〕 〔俗〕 〔俗〕 〔俗〕 〔俗〕 〔俗〕 〔同〕 〔俗〕 〔草〕 〔草〕 〔草〕 〔草〕

【脈】〖脈〗ミャク

〔同〕 〔俗〕 〔俗〕 〔同〕 〔古〕 〔草〕

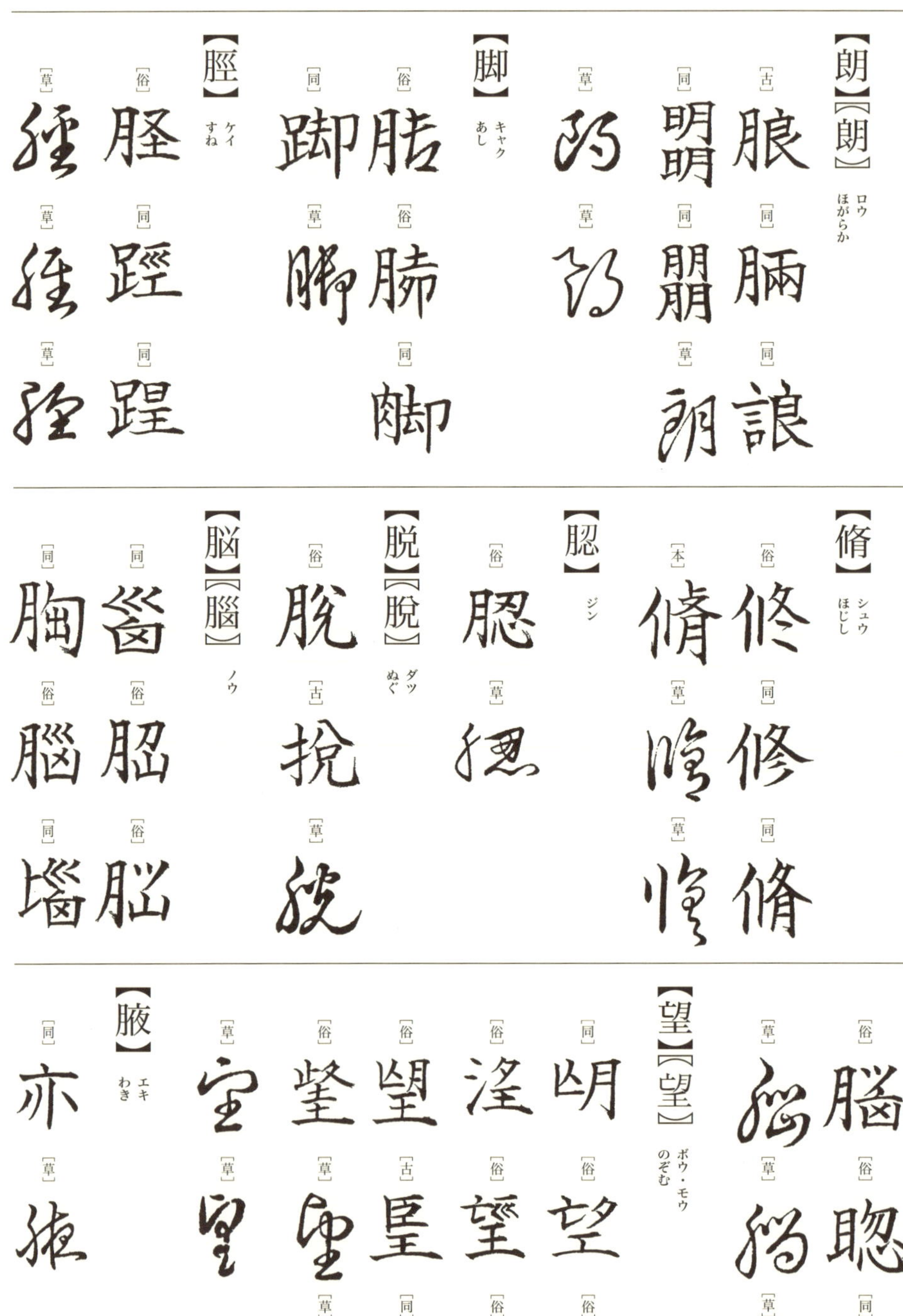

【期】キ・ゴ　あう

[同] [同] [同] [同] [同] [草]

【朝】〔朝〕チョウ　あさ

[古] [同] [同] [同] [草] [草]

【脹】チョウ　ふくれる

[俗] [草] [草]

【脾】ヒ

[俗] [俗] [草]

【胼】ヘン　たこ

[俗] [草] [草]

【腕】ワン　うで

[同] [同] [俗] [俗] [俗] [草]

【腱】ケン

[同] [草] [草]

【腫】シュ　はれる

[同] [俗] [草]

【腎】ジン

[同] [草] [草]

【腸】チョウ　はらわた

[俗] [俗] [草]

【腹】フク　はら

[俗] [俗] [同] [草] [草] [草]

【腰】〔腰〕ヨウ　こし

[同] [草] [草]

【膏】コウ　あぶら

[同] [同] [草]

【腿】タイ もも

【膀】ボウ わきばら

【膂】リョ せぼね

【膠】コウ にかわ

【膝】シツ ひざ

【膣】チツ

【膚】フ はだ

【膩】ジ あぶら

【膳】ゼン

【臆】オク むね

【膾】カイ なます

【臀】デン しり

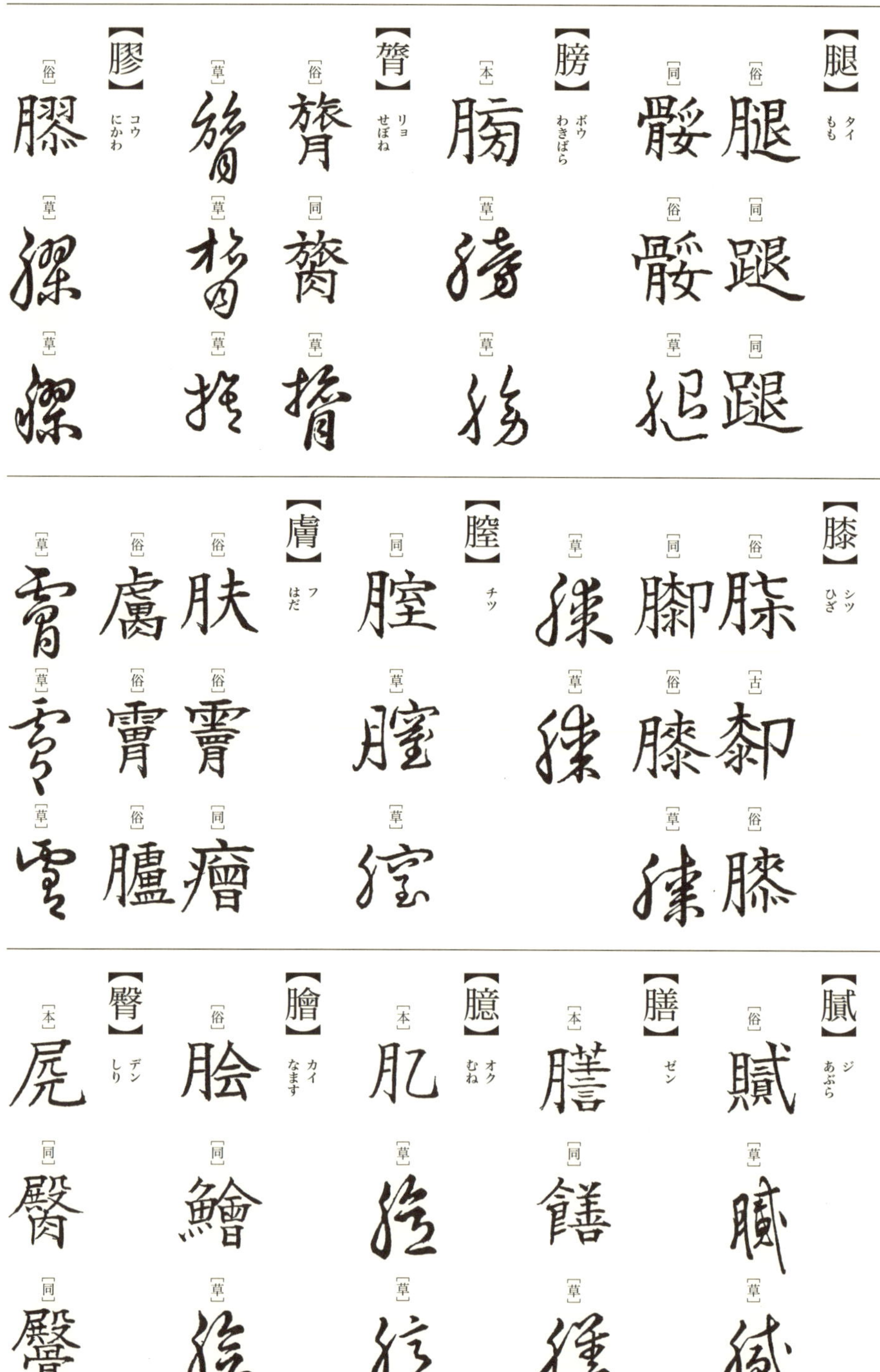

【臂】ヒ　うで・ひじ
〔俗〕〔同〕〔俗〕
〔俗〕〔同〕〔草〕

【膺】ヨウ　むね
〔同〕〔草〕〔草〕

【臍】セイ・サイ　ほぞ・へそ
〔同〕〔俗〕〔同〕
〔同〕〔草〕〔草〕

【臏】ヒン　あしきる
〔同〕髕　〔草〕〔草〕

【臟】〔臓〕ゾウ　はらわた
〔俗〕脏　〔同〕〔草〕

【臘】ロウ
〔同〕〔俗〕〔俗〕
〔同〕臈　〔俗〕〔俗〕
〔俗〕〔草〕〔草〕

【臙】エン　べに
〔同〕胭　〔草〕〔草〕

【臞】ク　やせる
〔同〕癯　〔草〕〔草〕

木部

【木】ボク・モク　き・こ
〔俗〕木　〔草〕〔草〕

【札】サツ　ふだ
〔俗〕扎　〔俗〕〔草〕

【本】ホン　もと
〔俗〕〔俗〕〔俗〕
〔俗〕〔古〕〔俗〕
〔俗〕〔同〕〔同〕

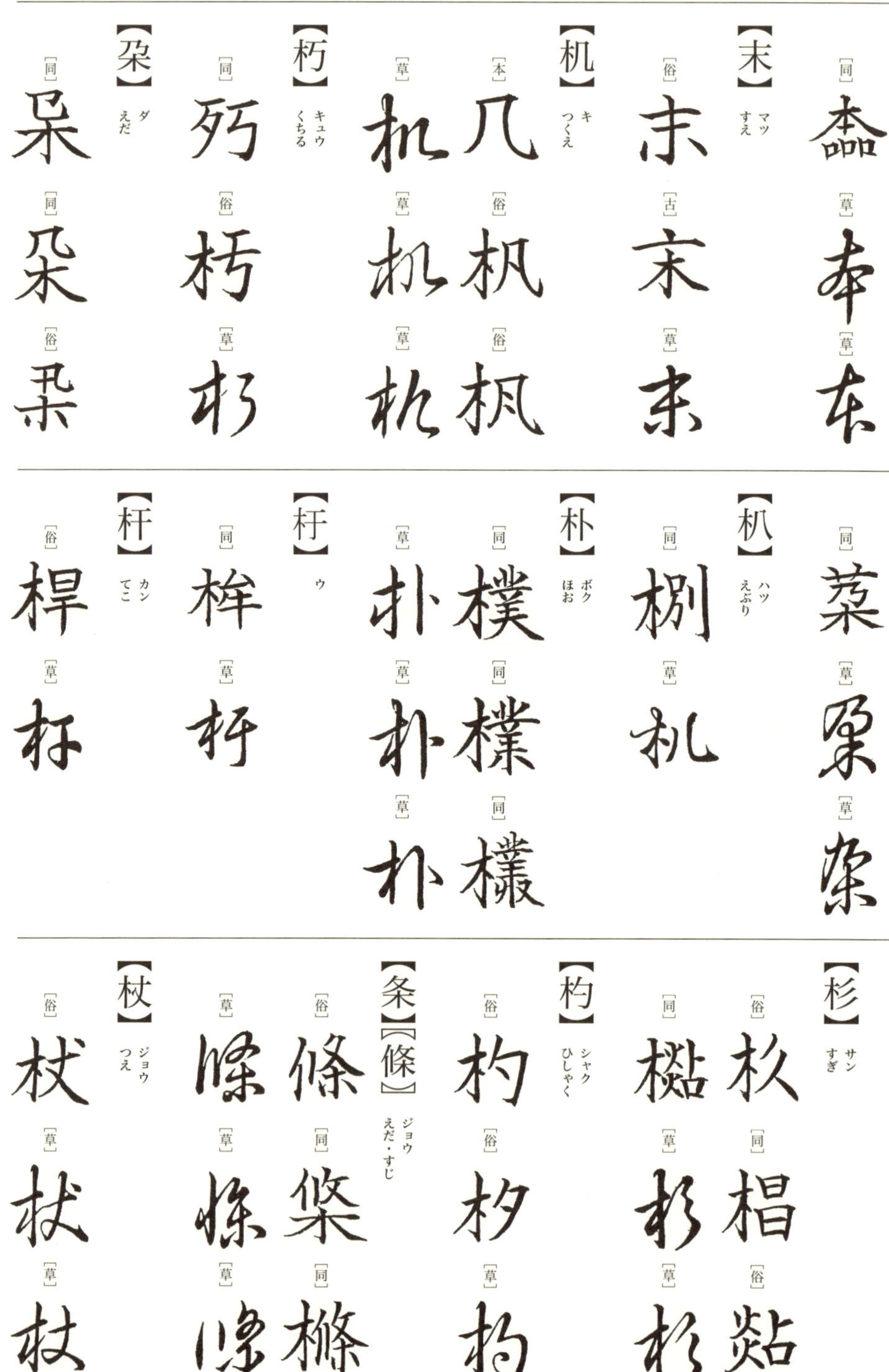
【末】マツ すえ
【机】キ つくえ
【朽】キュウ くちる
【朶】ダ えだ
【朳】ハツ えぶり
【朴】ボク ほお
【杅】ウ
【杆】カン てこ
【杉】サン すぎ
【杓】シャク ひしゃく
【条】【條】ジョウ えだ・すじ
【杖】ジョウ つえ

【束】ソク　たば

〔俗〕〔俗〕〔俗〕〔草〕〔草〕〔草〕

【村】ソン　むら

〔同〕〔俗〕〔古〕〔俗〕〔草〕〔草〕

【杜】ト　とじる・もり

〔俗〕〔草〕〔草〕

【来】〔來〕ライ　くる

〔俗〕〔俗〕〔同〕〔同〕〔同〕〔同〕〔草〕〔草〕〔草〕

【李】リ　すもも

〔古〕〔同〕〔草〕

【枉】オウ　まがる

〔俗〕〔俗〕〔本〕〔草〕〔草〕〔草〕

【果】カ　はたす

〔俗〕〔俗〕〔俗〕〔同〕〔草〕〔草〕

【枒】ガ

〔俗〕〔草〕〔草〕

【采】〔釆〕サイ　とる

〔同〕〔草〕〔草〕

【枝】シ　えだ

〔俗〕〔俗〕〔草〕

【松】ショウ　まつ

〔同〕〔俗〕〔俗〕〔古〕〔同〕〔同〕〔草〕〔草〕〔草〕

【栐】エイ

〔俗〕　〔同〕　〔草〕

【架】カ　かける

〔俗〕　〔俗〕　〔草〕

【枷】カ　かせ

〔同〕　〔草〕　〔草〕

【枴】カイ　つえ

〔同〕　〔草〕　〔草〕

【柩】キュウ　ひつぎ

〔同〕　〔同〕　〔同〕

〔草〕　〔草〕　〔草〕

【枯】コ　かれる

〔同〕　〔同〕　〔草〕

【査】サ　しらべる

〔俗〕　〔草〕　〔草〕

【柵】サク　やらい

〔同〕　〔同〕　〔草〕

【柿】シ　かき

〔本〕　〔同〕　〔同〕

〔本〕　〔古〕　〔俗〕

〔草〕　〔草〕

【柔】ジュウ・ニュウ　やわらか

〔俗〕　〔俗〕　〔俗〕

〔俗〕　〔草〕　〔草〕

【染】セン　そめる

〔俗〕　〔俗〕　〔俗〕

〔俗〕　〔俗〕　〔草〕

〔草〕　〔草〕　〔草〕

【柝】タク

〔同〕　〔同〕　〔草〕

【枏】
ダン
同
草
【柏】
ハク
かしわ
俗
草
草
【柄】
ヘイ
え・がら
同
俗
同
草
草
草
【某】
ボウ
それがし
古
古
俗
草
草
草
【柳】
リュウ
やなぎ
同
同
俗
本
古
同
草
草
草
【栂】
とが・つが
俗
草
【栃】
とち
同
同
同
【案】
アン
つくえ
同
俗
草
【桜】【櫻】
オウ
さくら
俗
俗
草
草
草
草
【格】
カク
いたる
本
俗
草
【核】
カク
さね
俗
俗
古
草
草
草
【栞】
カン
しおり
同
草
草

【桓】カン

〔本〕〔草〕〔草〕

【桂】ケイ かつら

〔同〕〔草〕〔草〕

【枅】ケイ ますがた

〔俗〕〔草〕

【桀】ケツ はりつけ

〔俗〕〔古〕〔俗〕〔俗〕〔俗〕〔同〕〔同〕〔草〕〔草〕

【校】コウ くらべる

〔俗〕〔同〕〔古〕〔草〕〔草〕〔草〕

【栲】コウ たえ

〔俗〕〔草〕〔草〕

【根】コン ね

〔同〕〔本〕〔俗〕〔俗〕〔草〕〔草〕

【栽】サイ うえる

〔俗〕〔俗〕〔俗〕〔本〕〔俗〕〔草〕

【柴】サイ しば

〔俗〕〔俗〕〔同〕〔同〕〔草〕〔草〕

【桟】〔棧〕サン かけはし

〔俗〕〔俗〕〔草〕

【株】シュ かぶ

〔俗〕〔草〕〔草〕

【栖】セイ すむ

〔俗〕〔同〕〔草〕

【栬】セイ　もみじ

〔同〕椛　〔同〕楓　〔草〕[illegible]

【栫】セン

〔同〕[illegible]　〔俗〕[illegible]　〔同〕[illegible]

〔同〕[illegible]　〔草〕[illegible]　〔草〕[illegible]

【桑】ソウ　くわ

〔俗〕[illegible]　〔俗〕[illegible]　〔俗〕[illegible]

〔古〕[illegible]　〔俗〕[illegible]　〔俗〕[illegible]

〔俗〕[illegible]　〔草〕[illegible]　〔草〕[illegible]

【桃】トウ　もも

〔同〕[illegible]　〔俗〕[illegible]　〔草〕[illegible]

【桐】トウ　きり

〔同〕[illegible]　〔草〕[illegible]　〔草〕[illegible]

【梅】【梅】バイ　うめ

〔古〕[illegible]　〔古〕[illegible]　〔古〕某

〔同〕[illegible]　〔同〕[illegible]　〔同〕[illegible]

〔同〕楳　〔古〕槑　〔古〕[illegible]

〔草〕[illegible]　〔草〕[illegible]　〔草〕[illegible]

【栗】リツ　くり

〔同〕[illegible]　〔俗〕栗　〔俗〕㮚

〔俗〕[illegible]　〔俗〕[illegible]　〔俗〕[illegible]

〔本〕[illegible]　〔同〕[illegible]　〔俗〕[illegible]

〔古〕[illegible]　〔草〕[illegible]　〔草〕[illegible]

【梡】カン　たきぎ

〔俗〕椀　〔俗〕[illegible]　〔草〕[illegible]

【梟】キョウ　ふくろう

〔本〕[illegible]　〔同〕[illegible]　〔草〕[illegible]

【梗】コウ　やまにれ

〔本〕[illegible]　〔草〕[illegible]　〔草〕[illegible]

【梱】コン　しきみ

同 梱　草 梱　草 梱

【梭】サ ひ

同 篗　本 [illegible]　草 梭

【梓】シ あずさ

同 榟　草 梓　草 梓

【梔】シ くちなし

同 梔　同 桅　草 梔

【梢】〖梢〗ショウ こずえ

同 朴　同 杪　草 梢

【梳】ソ くし

同 [illegible]　俗 [illegible]　同 [illegible]

草 梳　草 梳　草 梳

【梨】リ なし

同 梸　俗 梨　本 棃

同 棃　草 梨　草 梨

【梁】リョウ はり

俗 梁　古 [illegible]　俗 樑

俗 樑　同 樑　草 梁

【桹】ロウ

俗 榔　草 桹　草 桹

【梻】しきみ

同 樒　草 梻

【梺】ふもと

同 麓　草 梺

【椛】もみじ

同 栬　草 椛

【椏】ア

俗 椏　草 椏　草 椏

【椅】イ

俗 椅　草 椅　草 椅

【棺】カン　ひつぎ
［古］［草］［草］

【棋】キ
［同］［同］［同］［同］［草］［草］

【極】キョク　きわめる
［俗］［俗］［俗］［草］［草］［草］

【棘】キョク　いばら
［俗］［草］［草］

【検】【檢】ケン　しらべる
［俗］［同］［草］

【椒】ショウ　はじかみ
［俗］［同］［俗］［草］［草］［草］

【植】ショク　うえる
［俗］［俗］［俗］［同］［草］［草］

【森】シン　もり
［俗］［草］［草］

【棲】セイ　すむ
［同］［同］［草］

【棗】ソウ　なつめ
［俗］［俗］［俗］［俗］［俗］［同］［草］［草］［草］

【棟】トウ　むね
［同］［草］［草］

【棠】トウ　からなし
［同］［草］［草］

【棚】〔棚〕　ホウ　たな

［俗］［草］［草］

【棒】　ボウ

［俗］［同］［草］

【棉】　メン　わた

［同］［同］［草］

【棱】　リョウ　かど

［同］［草］［草］

【椀】　ワン

［同］［同］［同］［同］［俗］［草］［草］［草］［草］

【椚】　くぬぎ

［同］［同］［草］

【椙】　すぎ

［同］［草］

【椨】　たぶ

［同］［草］

【楷】　カイ

［古］［草］［草］

【楽】〔樂〕　ガク・ラク　たのしい

［俗］［俗］［俗］［俗］［俗］［俗］［草］［草］［草］

【棄】　キ　すてる

［古］［同］［俗］［俗］［同］［俗］［俗］［草］［草］

【業】　ギョウ・ゴウ　わざ

［俗］［俗］［俗］

〔俗〕業　〔俗〕業　〔古〕　〔草〕　〔草〕　〔草〕

【楥】ケン
〔俗〕楦　〔草〕　〔草〕

【楫】シュウ　かじ
〔同〕檝　〔同〕艥　〔草〕

【楯】ジュン　たて
〔俗〕　〔俗〕　〔草〕

【楔】セツ　くさび
〔同〕榍　〔草〕　〔草〕

【楚】ソ　いばら
〔俗〕　〔同〕　〔草〕

【楕】ダ
〔同〕橢　〔草〕　〔草〕

【楮】チョ　こうぞ
〔同〕柠　〔俗〕櫡　〔草〕

【椿】チン　つばき
〔本〕杶　〔同〕橁　〔同〕橁
〔同〕箺　〔同〕櫄　〔草〕
〔草〕　〔草〕　〔草〕

【椹】チン　さわら
〔同〕葚　〔同〕　〔草〕

【楠】ナン　くすのき・くす
〔同〕枏　〔俗〕柟　〔同〕
〔草〕　〔草〕

【椰】ヤ　やし
〔同〕梛　〔草〕

【楢】ユウ　なら
〔同〕枹　〔同〕　〔同〕柞
〔俗〕　〔俗〕　〔同〕

［草］［草］［草］

【楆】ヨウ

［俗］［草］

【楼】〖樓〗ロウ　たかどの

［俗］［同］［同］

［草］［草］［草］

【楿】かつら

［同］［草］

【榎】カ　えのき

［同］［草］［草］

【概】〖槪〗ガイ　おおむね

［同］［俗］［同］

［俗］［同］

［草］［草］

【構】〖構〗コウ　かまえる

［同］［草］［草］

【槁】コウ　かれる

［同］［草］［草］

【槊】サク　ほこ

［同］［草］［草］

【榛】シン　はしばみ

［同］［同］［同］

［俗］［草］［草］

【槍】ソウ　やり

［同］［草］［草］

【槌】ツイ　つち

［俗］［同］［俗］

［草］［草］［草］

【榜】ボウ

［本］［草］［草］

【模】ボ・モ　かた

〔同〕〔俗〕〔俗〕

〔同〕〔草〕〔草〕

【様】〔樣〕ヨウ　さま

〔俗〕〔俗〕〔本〕

〔俗〕〔草〕〔草〕

【榴】リュウ　ざくろ

〔本〕〔草〕〔草〕

【榔】ロウ

〔俗〕〔草〕〔草〕

【榊】さかき

〔俗〕〔草〕

【横】〔橫〕オウ　よこ

〔俗〕〔同〕〔草〕

【槶】カイ

〔俗〕〔草〕

【槨】カク　ひつぎ

〔同〕〔草〕〔草〕

【槻】キ　つき

〔同〕〔同〕〔同〕

【権】〔權〕ケン・ゴン　はかる

〔俗〕〔俗〕〔俗〕

〔俗〕〔俗〕〔草〕

〔草〕〔草〕〔草〕

【槳】ショウ　かじ

〔同〕〔草〕〔草〕

【槽】ソウ　かいばおけ

〔俗〕〔同〕〔本〕

〔草〕〔草〕〔草〕

【樋】トウ　ひ・とい

[俗] 樋 [草] 樋

【標】ヒョウ　しるし

[俗] 标 [俗] 標 [本] 檦 [草] 標 [草] 標 [草] 標

【榓】ミツ　しきみ

[同] 櫁 [草] 櫁

【槾】ユウ

[同] 楢 [草] 楢 [草] 楢

【榈】カン

[俗] 榈 [草] 榈

【機】キ　はた

[俗] 枤 [俗] 梲 [俗] 機 [本] 樴 [草] 機 [草] 機

【橘】キツ　たちばな

[俗] 桔 [俗] 樀 [俗] 橘 [草] 橘 [草] 橘 [草] 橘

【橋】キョウ　はし

[俗] 桥 [俗] 槗 [俗] 槗 [同] 鐅 [俗] 橋 [草] 橋

【橇】キョウ　そり

[俗] 遹 [草] 橇 [草] 橇

【橛】ケツ　くい

[同] 橜 [草] 橛 [草] 橛

【樹】ジュ　き

[俗] 树 [古] 尌 [古] 尌 [俗] 樹 [俗] 樹 [俗] 尌 [俗] 荳 [草] 樹 [草] 樹

【樵】ショウ　きこり

[同] 樵 [同] 蕉 [同] 蕉 [同] 蕉 [同] 蘗 [草] 樵

【樴】ショク　くい
〔同〕〔草〕〔草〕

【樽】ソン　たる
〔同〕〔俗〕〔同〕〔草〕〔草〕〔草〕

【槖】タク　ふくろ
〔俗〕〔草〕〔草〕

【橈】ドウ　しなやか
〔俗〕〔草〕〔草〕

【樫】かし
〔俗〕〔草〕

【⿰木⿱覀灬】べんと
〔俗〕〔草〕

【檐】エン　のき
〔同〕〔俗〕〔同〕〔同〕〔同〕〔草〕

【檜】カイ　ひのき
〔俗〕〔古〕〔草〕

【檄】ゲキ　めしぶみ
〔俗〕〔同〕〔草〕

【檣】ショウ　ほばしら
〔同〕〔俗〕〔俗〕〔古〕〔俗〕〔同〕〔草〕〔草〕〔草〕

【檀】ダン　まゆみ
〔俗〕〔俗〕〔草〕

【檔】トウ
〔俗〕〔草〕

【檗】ハク　きはだ
〔俗〕〔草〕〔草〕

【櫃】キ ひつ
〔同〕匱
〔草〕
〔草〕

【檮】トウ
〔俗〕梼
〔草〕
〔草〕

【櫂】トウ かい
〔同〕棹
〔草〕
〔草〕

【檳】ビン
〔俗〕梹
〔草〕
〔草〕

【檻】カン おり
〔俗〕槛
〔草〕
〔草〕

【櫜】コウ
〔同〕
〔草〕
〔草〕

【櫛】〖櫛〗シツ くし
〔同〕
〔俗〕
〔俗〕
〔俗〕
〔草〕
〔草〕

【櫟】レキ くぬぎ
〔俗〕
〔俗〕
〔草〕

【櫓】ロ やぐら
〔同〕
〔同〕
〔草〕

【欄】〖欄〗ラン てすり
〔俗〕栏
〔俗〕
〔同〕闌

【櫨】ロ はぜ
〔俗〕
〔俗〕栌
〔俗〕櫨
〔草〕
〔草〕
〔草〕

【櫳】ロウ おり
〔俗〕
〔草〕
〔草〕

【欅】キョ けやき
〔俗〕
〔草〕
〔草〕

【欑】サン むらがる
〔同〕
〔草〕
〔草〕

【欒】ラン　あつまる
[俗] 栾
[草] 欒
[草] 欒

【欛】ハ　つか
[俗] 欛
[俗] 欛
[同] 欛

【欟】つき
[同] 槻
[俗] 欟
[同] 欟

欠部

【欠】〖缺〗ケツ　かける・かく
[同] 佽
[俗] 缼
[俗] 鈌
[本] 缺
[同] 缺
[古] 㰦
[草] 欠
[草] 欠
[草] 欠

【次】〖次〗シ・ジ　つぐ・つぎ
[本] 次
[同] 次
[草] 次

【欧】〖歐〗オウ　はく
[俗] 欧
[同] 欧
[同] 喀
[俗] 歐
[同] 嘔
[草] 歐

【欣】キン　よろこぶ
[同] 忻
[俗] 欣
[同] 俽
[同] 惞
[草] 欣
[草] 欣

【欲】ヨク　ほっする・ほしい
[俗] 欲
[同] 欲
[俗] 欲
[同] 慾
[草] 欲
[草] 欲

【款】カン
[同] 款
[俗] 欵
[同] 款
[俗] 欵
[同] 款
[本] 歀

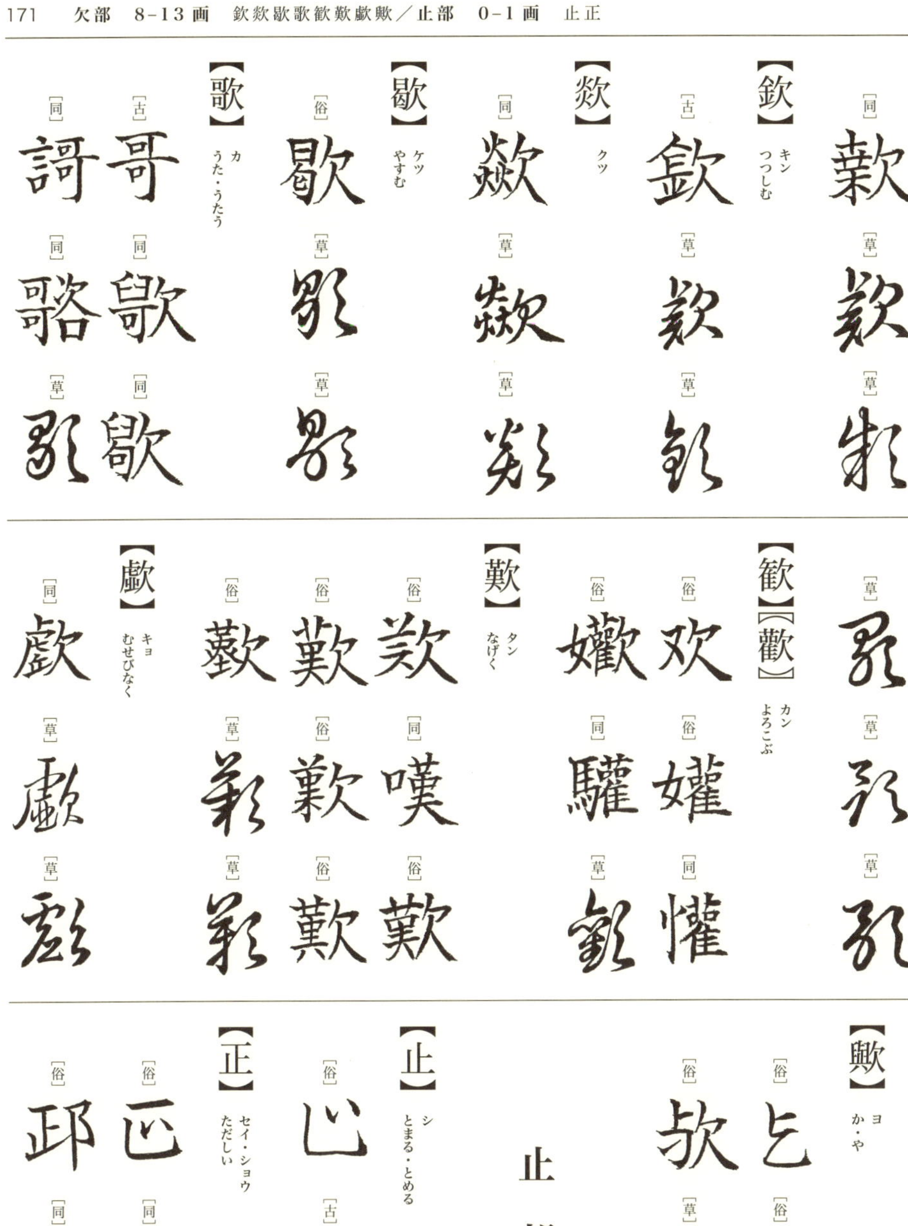

【欽】キン　つつしむ

【欻】クツ

【歇】ケツ　やすむ

【歌】カ　うた・うたう

【歓】【歡】カン　よろこぶ

【歎】タン　なげく

【歔】キョ　むせびなく

【歟】ヨ　か・や

止部

【止】シ　とまる・とめる

【正】セイ・ショウ　ただしい

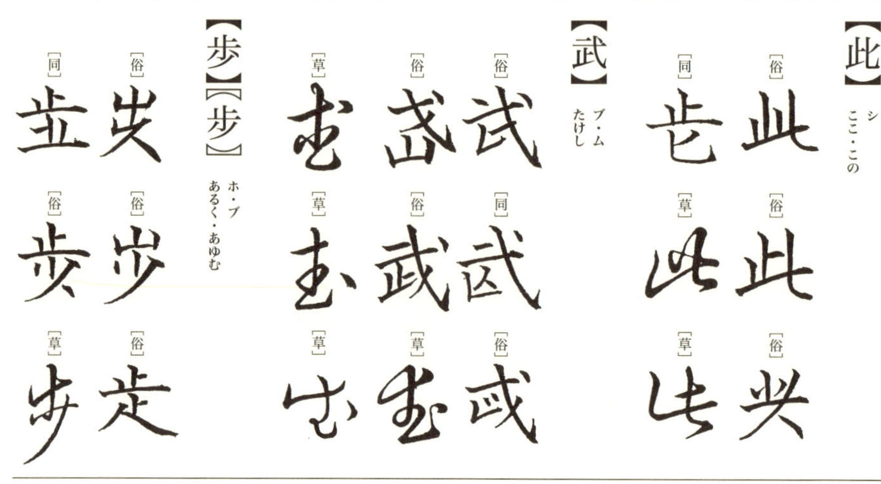

〔草〕〔草〕

【歳】〖歳〗
サイ・セイ
とし

〔古〕〔古〕〔俗〕〔俗〕〔俗〕〔俗〕〔俗〕〔俗〕〔草〕〔俗〕〔草〕〔草〕〔草〕〔草〕

【歴】〖歴〗
レキ
へる

〔俗〕〔同〕〔俗〕〔草〕〔草〕〔草〕〔草〕〔草〕

歹部

【歹】
ガツ

〔本〕〔同〕〔草〕

【死】
シ
しぬ

〔同〕〔同〕〔同〕〔同〕〔同〕〔同〕〔草〕〔草〕〔草〕

【歿】
ボツ
しぬ

〔同〕〔同〕〔俗〕

〔俗〕　〔本〕　〔草〕

〔草〕　〔草〕　〔草〕

【殆】タイ　あやうい・ほとんど

〔俗〕　〔草〕　〔草〕

【残】〔殘〕ザン　のこる

〔俗〕　〔同〕　〔俗〕

〔俗〕　〔俗〕　〔本〕

〔草〕　〔草〕　〔草〕

【殊】シュ　こと

〔俗〕　〔古〕　〔草〕

【殉】ジュン　したがう

〔同〕　〔草〕　〔草〕

【殖】ショク　ふえる

〔俗〕　〔俗〕　〔草〕

【殪】エイ　たおれる

〔俗〕　〔俗〕　〔草〕

【殫】タン　つきる

〔俗〕　〔草〕　〔草〕

【殯】ヒン　かりもがり

〔同〕　〔草〕　〔草〕

【殲】セン　つくす・ほろぼす

〔俗〕　〔俗〕　〔草〕

〔草〕　〔草〕

殳部

【殴】〔毆〕オウ　なぐる

〔同〕　〔俗〕　〔草〕

【段】ダン　くぎり

〔同〕　〔俗〕　〔古〕

〔俗〕　〔草〕　〔草〕

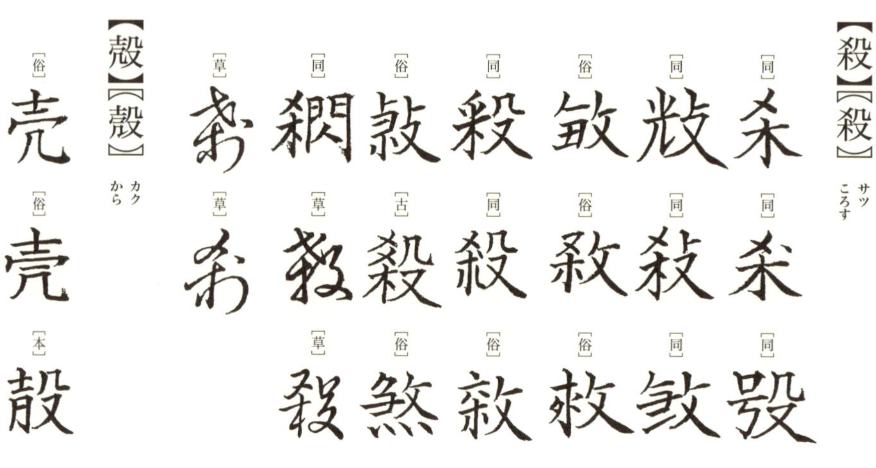

【殺】〔殺〕 サツ ころす

【殼】〔殼〕 カク から

【毀】 キ こわす

【殿】 デン との・どの

【毃】 カク

【毄】 ゲキ

【毅】 キ つよい

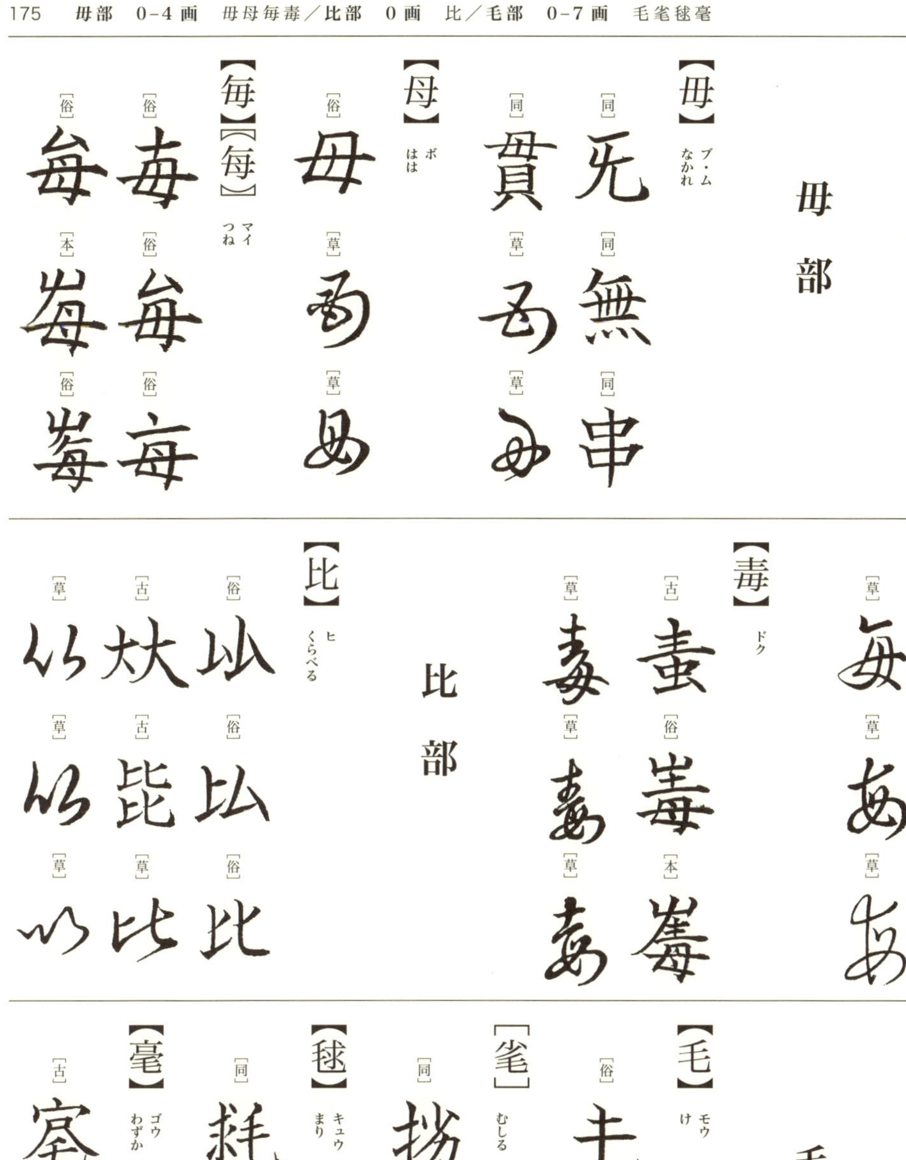

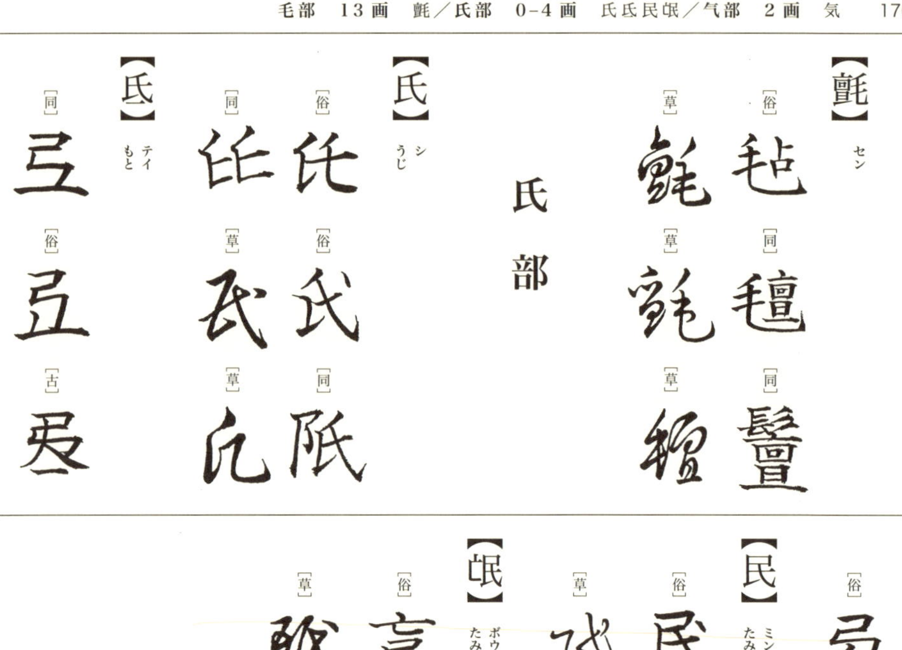

【民】ミン たみ

【氓】ボウ たみ

气部

【気】〔氣〕キ・ケ

水（氺）部

【水】スイ　みず
［同］［同］［同］［草］［草］［草］

【永】エイ　ながい
［古］［同］［同］［草］［草］［草］

【氷】ヒョウ　こおり・ひ
［同］［本］［古］

［草］［草］［草］

【求】キュウ　もとめる
［古］［同］［草］

【沓】トウ　くつ
［俗］［俗］［俗］［草］［草］［草］

【泉】セン　いずみ
［俗］［古］［同］［俗］［同］［同］［草］［草］［草］

【泰】タイ　やすらか
［同］［俗］［俗］［俗］［俗］［同］［草］［草］［草］

【滕】トウ
［俗］［草］［草］

【漿】ショウ
［俗］［本］［俗］［俗］［同］［同］［草］［草］［草］

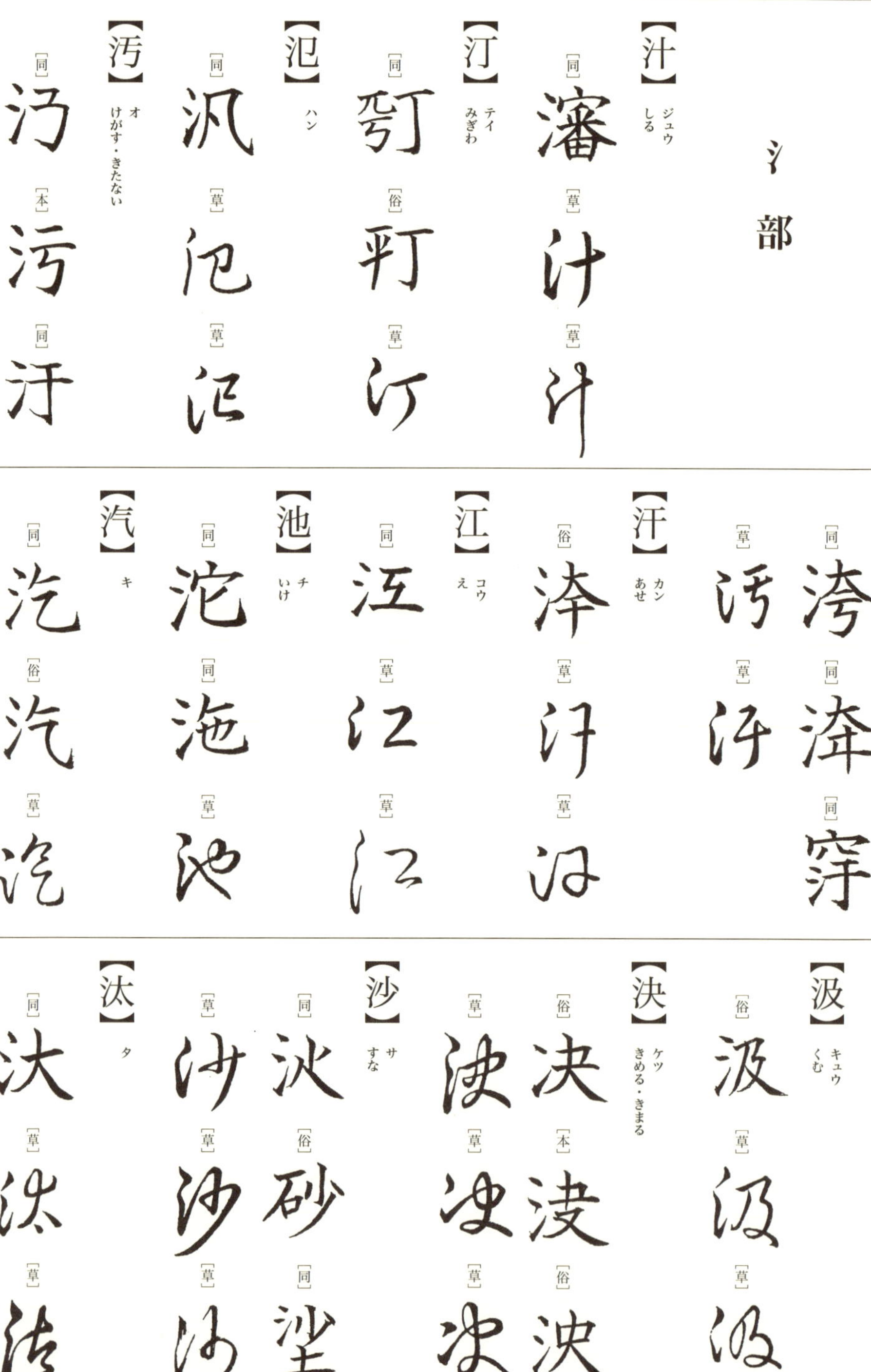
氵部
【汁】ジュウ しる
〔同〕〔草〕〔草〕
【汀】テイ みぎわ
〔同〕〔俗〕〔草〕
【氾】ハン
〔同〕〔草〕〔草〕
【汚】オ けがす・きたない
〔同〕〔本〕〔同〕
〔同〕〔同〕〔同〕〔草〕〔草〕
【汗】カン あせ
〔俗〕〔草〕〔草〕
【江】コウ え
〔同〕〔草〕〔草〕
【池】チ いけ
〔同〕〔同〕〔草〕
【汽】キ
〔同〕〔俗〕〔草〕
【汲】キュウ くむ
〔俗〕〔草〕〔草〕
【決】ケツ きめる・きまる
〔俗〕〔本〕〔俗〕〔草〕〔草〕〔草〕
【沙】サ すな
〔同〕〔俗〕〔同〕〔草〕〔草〕〔草〕
【汰】タ
〔同〕〔草〕〔草〕

【沢】〖澤〗 タク さわ

〔古〕 〔同〕澤 〔俗〕 〔俗〕 〔草〕 〔草〕

【沖】 チュウ おき

〔俗〕沖 〔草〕 〔草〕

【沈】 チン しずむ

〔俗〕 〔俗〕沉 〔俗〕 〔俗〕 〔俗〕 〔俗〕

【泛】 ハン うかぶ

〔本〕 〔草〕 〔草〕

【汴】 ベン

〔同〕 〔草〕 〔草〕

【没】〖沒〗 ボツ しずむ

〔俗〕 〔俗〕没 〔俗〕 〔同〕 〔草〕 〔草〕

【沃】 ヨク そそぐ

〔俗〕 〔同〕 〔草〕

【泳】 エイ およぐ

〔同〕 〔俗〕 〔同〕 〔俗〕 〔同〕游 〔草〕

【沿】 エン そう

〔同〕 〔俗〕 〔俗〕 〔草〕 〔草〕 〔草〕

【泣】 キュウ なく

〔同〕 〔草〕 〔草〕

【況】 キョウ いわんや

〔俗〕 〔俗〕 〔古〕 〔草〕 〔草〕 〔草〕

【沽】 コ うる

〔古〕 〔俗〕 〔草〕

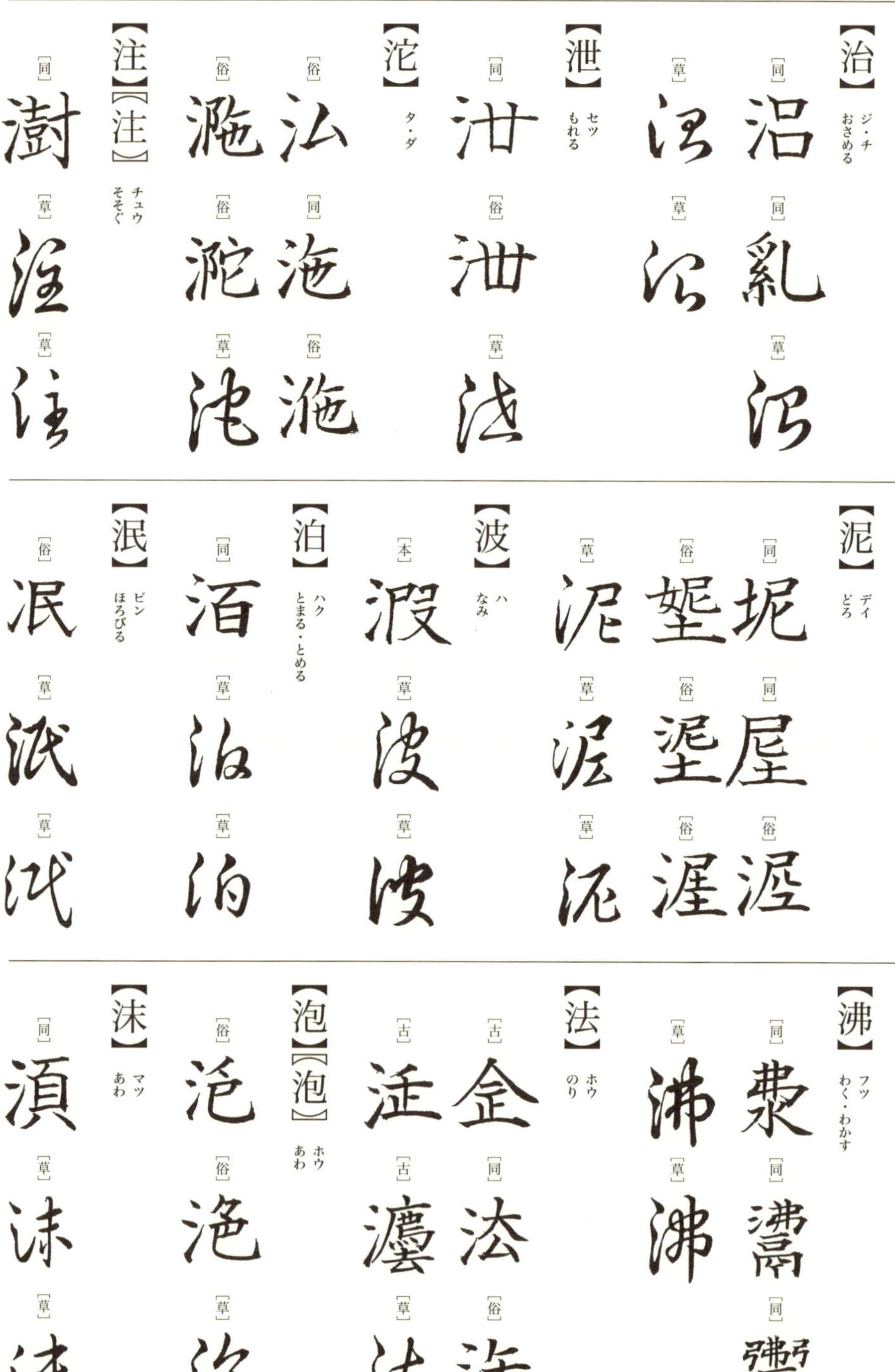

【治】ジ・チ おさめる
【泄】セツ もれる
【沱】タ・ダ
【注】〖注〗チュウ そそぐ
【泥】デイ どろ
【波】ハ なみ
【泊】ハク とまる・とめる
【泯】ビン ほろびる
【沸】フツ わく・わかす
【法】ホウ のり
【泡】〖泡〗ホウ あわ
【沫】マツ あわ

【洩】セツ・エイ　もれる
〔同〕泄　〔俗〕洩　〔草〕

【海】【海】カイ　うみ
〔俗〕海　〔俗〕　〔同〕　〔草〕　〔草〕　〔草〕

【活】カツ　いきる
〔本〕　〔同〕　〔同〕　〔草〕　〔草〕　〔草〕

【洶】キョウ　わく
〔同〕汹　〔草〕　〔草〕

【洪】コウ
〔同〕　〔俗〕　〔古〕　〔草〕　〔草〕　〔草〕

【洒】サイ　そそぐ
〔俗〕洒　〔同〕　〔同〕　〔同〕　〔同〕　〔草〕

【洲】シュウ　す・しま
〔本〕州　〔同〕　〔草〕

【洵】ジュン　まこと
〔俗〕　〔草〕　〔草〕

【浄】【淨】ジョウ　きよい
〔俗〕　〔俗〕　〔同〕　〔草〕　〔草〕　〔草〕

【津】シン　つ
〔本〕　〔古〕　〔古〕　〔古〕　〔古〕　〔古〕　〔古〕　〔草〕　〔草〕

【浅】【淺】セン　あさい
〔俗〕　〔俗〕　〔同〕　〔俗〕　〔同〕　〔草〕

【洞】ドウ ほら
【派】〔派〕ハ わかれ
【洋】ヨウ
【洛】ラク
【洌】レツ きよい
【浣】カン あらう
【浩】〔浩〕コウ ひろい
【浚】シュン さらう
【消】〔消〕ショウ きえる・けす
【浹】ショウ あまねし
【浸】〔浸〕シン ひたす
【涎】セン よだれ

【涂】ト　みち
〔同〕〔草〕〔草〕

【涅】デツ・ネ
〔俗〕〔俗〕〔俗〕
〔草〕〔草〕〔草〕

【浜】【濱】ヒン　はま
〔古〕〔俗〕〔俗〕
〔俗〕〔俗〕〔俗〕
〔俗〕〔草〕〔草〕

【浮】【浮】フ　うく・うかぶ
〔俗〕〔草〕〔草〕

【浼】バイ　けがす
〔俗〕〔草〕〔草〕

【浴】ヨク　あびる
〔同〕〔草〕〔草〕

【流】リュウ　ながれる
〔俗〕〔同〕〔古〕
〔俗〕〔同〕〔俗〕
〔本〕〔俗〕〔俗〕
〔俗〕〔俗〕〔俗〕
〔草〕〔草〕〔草〕

【涙】【淚】ルイ　なみだ
〔同〕〔同〕〔俗〕
〔草〕〔草〕〔草〕

【浪】ロウ　なみ
〔俗〕〔草〕〔草〕

【淫】イン　みだら
〔古〕〔俗〕〔俗〕
〔俗〕〔俗〕〔草〕
〔草〕〔草〕〔草〕

【液】エキ しる
【淤】オ どろ
【涯】ガイ みぎわ
【渇】〔渴〕カツ かわく
【涵】カン ひたす
【渓】〔溪〕ケイ
【涸】コ かれる
【涽】コン
【済】〔濟〕サイ すむ・すます
【淬】サイ にらぐ
【淄】シ くろ
【渋】〔澁〕ジュウ しぶ・しぶい

〔俗〕〔草〕〔草〕

【淑】
シュク　よい

〔俗〕〔同〕〔俗〕
〔草〕〔草〕〔草〕

【淳】
ジュン　あつい

〔同〕〔同〕〔俗〕
〔俗〕〔俗〕〔本〕
〔草〕〔草〕〔草〕

【渚】〖渚〗
ショ　なぎさ

〔同〕〔俗〕〔草〕

〔草〕〔草〕

【渉】〖渉〗
ショウ　わたる

〔同〕〔同〕〔俗〕
〔本〕〔古〕〔本〕
〔草〕〔草〕〔草〕

【深】
シン　ふかい

〔俗〕〔俗〕〔俗〕
〔俗〕〔俗〕〔俗〕
〔俗〕〔俗〕〔本〕
〔草〕〔草〕〔草〕

〔草〕〔草〕

【清】〖清〗
セイ・ショウ　きよい

〔古〕〔同〕〔草〕
〔草〕〔草〕〔草〕

【淡】
タン　あわい

〔俗〕〔同〕〔同〕
〔草〕〔草〕〔草〕

【添】
テン　そえる

〔同〕〔俗〕〔草〕
〔草〕〔草〕

【淀】
デン
よど
同
同
草
草
草
【涼】
リョウ
すずしい
俗
同
俗
同
草
草
【渥】
アク
あつい
同
草
草
【湮】
イン
同
草
草
【淵】
エン
ふち
古
古
同
俗
同
同
俗
俗
俗
俗
俗
俗
同
俗
草
草
草
【温】〖溫〗
オン
あたたか
同
俗
俗
草
草
草
【渦】
カ
うず
俗
同
草
【渠】
キョ
みぞ
俗
俗
草
【減】
ゲン
へる
俗
草
草
【港】〖港〗
コウ
みなと
俗
俗
本
草
草
草
【滋】〖滋〗
ジ
しげる

[古] 滋　[俗]　[古]
[俗]　[同]　[草]
[草]　[草]　[草]

【湿】〖濕〗
シツ　しめる

[同]　[俗] 湿　[本] 濕
[同]　[草]　[草]

【渫】
セツ　さらう

[同]　[草]　[草]

【湊】
ソウ　みなと

[俗]　[俗]　[俗]
[俗]　[草]　[草]

【測】
ソク　はかる

[同]　[草]　[草]

【湛】
タン　たたえる

[古]　[草]　[草]

【渡】
ト　わたる

[同]　[草]　[草]

【湯】
トウ　ゆ

[俗]　[草]　[草]

【渺】
ビョウ

[同]　[同] 淼　[草]

【渤】
ボツ

[俗] 浡　[同]　[同]
[草]　[草]

【満】〖滿〗
マン　みちる

[俗]　[俗]　[俗]
[俗]　[俗]　[俗]
[俗]　[草]　[草]

【渝】
ユ　かわる

[俗] 渝　[草]　[草]

【湧】〔湧〕ヨウ・ユウ　わく
〔同〕涌　〔草〕湧　〔草〕湧

【游】ユウ　およぐ
〔古〕汓　〔同〕斿　〔俗〕㳺
〔俗〕[illegible]　〔同〕[illegible]　〔草〕游
〔草〕游　〔草〕游

【溢】イツ　あふれる
〔俗〕洫　〔俗〕溢　〔草〕溢

【滑】カツ　すべる
〔俗〕滑　〔俗〕滑　〔草〕滑

【漢】〔漢〕カン
〔俗〕汉　〔俗〕渼　〔古〕[illegible]
〔俗〕漢　〔俗〕漢　〔草〕漢

【源】ゲン　みなもと
〔俗〕原　〔同〕厵　〔草〕源

【溝】〔溝〕コウ　みぞ
〔俗〕溝　〔俗〕溝　〔俗〕搆
〔俗〕溝　〔俗〕溝　〔草〕溝

【滓】シ　おり
〔俗〕滓　〔草〕滓　〔草〕滓

【溲】シュウ
〔本〕浚　〔草〕溲　〔草〕溲

【準】ジュン　みずもり
〔俗〕准　〔俗〕準　〔草〕準

【滞】〔滯〕タイ　とどこおる
〔俗〕滞　〔俗〕滞　〔草〕滞

【溺】デキ　おぼれる
〔古〕氼　〔俗〕[illegible]　〔俗〕溺

【滔】トウ　はびこる
〔俗〕泊　〔俗〕滔　〔俗〕滔

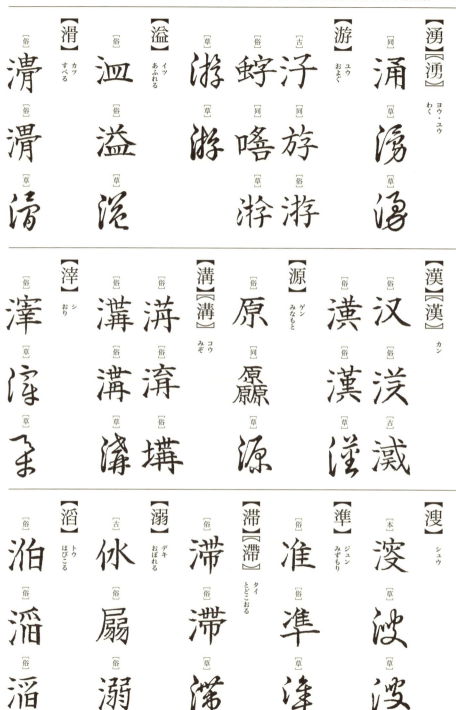

〔俗〕 〔草〕 〔草〕

【漠】バク すなはら
〔俗〕漠 〔草〕 〔草〕

【滂】ホウ・ボウ
〔同〕 〔同〕 〔草〕

【溟】メイ くらい
〔俗〕溟 〔俗〕溟 〔草〕

【滅】メツ ほろびる
〔俗〕灭 〔古〕烕 〔俗〕滅
〔同〕 〔俗〕 〔草〕

【溜】リュウ したたる
〔本〕澑 〔草〕 〔草〕

【滝】【瀧】ロウ たき
〔同〕瀧 〔草〕 〔草〕

【演】エン のべる
〔本〕演 〔草〕 〔草〕

【漑】ガイ そそぐ
〔俗〕漑 〔俗〕漑 〔草〕

【漁】ギョ・リョウ すなどる
〔俗〕 〔同〕魰 〔同〕

〔同〕 〔本〕 〔草〕

【滬】コ
〔俗〕滬 〔草〕 〔草〕

【滾】コン たぎる
〔同〕混 〔草〕 〔草〕

【漬】シ つける
〔古〕涑 〔本〕漬 〔草〕

【漆】シツ うるし
〔俗〕 〔俗〕 〔俗〕
〔同〕 〔俗〕漆 〔同〕桼

【俗】【同】【俗】
【草】【草】【草】

【滲】シン にじむ
【同】【俗】【俗】
【草】【草】【草】

【漱】ソウ くちすすぐ
【俗】【草】【草】

【漕】ソウ こぐ
【本】【草】【草】

【漲】チョウ みなぎる
【俗】【草】【草】

【滴】テキ しずく・したたる
【俗】【俗】【本】
【同】【草】【草】

【漂】ヒョウ ただよう
【同】【俗】【同】
【本】【草】【草】

【漫】マン みだり
【同】【同】【同】
【同】【草】【草】

【漾】ヨウ ただよう
【俗】【俗】【古】
【草】【草】【草】

【漏】ロウ もれる
【俗】【俗】【俗】
【俗】【俗】【俗】
【草】【草】【草】

【漉】ロク こす
【同】【同】【草】

【潰】カイ ついえる

〔俗〕潰 〔草〕潰 〔草〕潰

【澗】カン
〔同〕磵 〔草〕澗 〔草〕澗

【潔】〔潔〕ケツ いさぎよい
〔俗〕洯 〔俗〕栔 〔俗〕絜
〔俗〕潔 〔草〕潔 〔草〕潔

【潸】サン
〔俗〕潸 〔草〕潸 〔草〕潸

【潟】セキ かた
〔同〕滷 〔草〕潟 〔草〕潟

【潜】〔潛〕セン ひそむ・もぐる
〔同〕涔 〔本〕潛 〔俗〕潜
〔俗〕潜 〔俗〕潛 〔俗〕潛
〔草〕潜 〔草〕潜 〔草〕潜

【潨】ソウ あつまる
〔同〕灇 〔草〕潨 〔草〕潨

【潭】タン ふち
〔俗〕潭 〔草〕潭 〔草〕潭

【潮】〔潮〕チョウ しお
〔俗〕汐 〔本〕淖 〔同〕嘲
〔草〕潮 〔草〕潮

【澄】チョウ すむ
〔俗〕汪 〔古〕浧 〔同〕瀓
〔俗〕澄 〔草〕澄 〔草〕澄

【潑】ハツ
〔同〕潑 〔俗〕潑 〔俗〕潑

【潾】リン
〔俗〕潾 〔草〕潾 〔草〕潾

【激】ゲキ はげしい
〔俗〕激 〔俗〕激 〔俗〕激

〔俗〕激　〔俗〕激　〔草〕激

【濁】ダク にごる
〔俗〕浊　〔草〕濁　〔草〕濁

【濃】ノウ こい
〔俗〕浓　〔俗〕濃　〔俗〕濃
〔本〕濃　〔草〕濃　〔草〕濃

【濆】フン わく
〔俗〕濆　〔草〕濆　〔草〕濆

【濡】ジュ ぬれる
〔俗〕濡　〔同〕濡　〔俗〕濡

〔草〕濡　〔草〕濡　〔草〕濡

【濯】〔濯〕タク あらう
〔俗〕濯　〔草〕濯　〔草〕濯

【濤】トウ なみ
〔俗〕涛　〔俗〕涛　〔俗〕濤
〔俗〕濤　〔草〕濤　〔草〕濤

【濛】モウ
〔俗〕濛　〔同〕靀　〔草〕濛

【瀉】シャ そそぐ
〔俗〕泻　〔俗〕瀉　〔俗〕瀉

【瀆】トク みぞ
〔俗〕涜　〔俗〕瀆　〔俗〕瀆
〔同〕隫　〔同〕𧮷　〔草〕瀆

【瀑】バク たき
〔俗〕瀑　〔俗〕瀑　〔俗〕瀑
〔本〕瀑　〔草〕瀑　〔草〕瀑

【濫】ラン みだれる
〔俗〕滥　〔草〕濫　〔草〕濫

【濾】ロ こす
〔俗〕沪　〔俗〕沪　〔同〕濾

［草］［草］［草］

【氵墨】ボク
［俗］［草］

【瀟】ショウ
［同］［俗］［同］
［草］［草］［草］

【瀞】セイ　とろ
［俗］［草］

【瀦】チョ
［同］［俗］［俗］

【瀕】ヒン
［同］［同］［同］
［本］［俗］［俗］
［草］［草］

【瀨】【瀬】ライ　せ
［俗］［草］［草］

【灌】カン　そそぐ
［俗］［俗］［俗］
［俗］［俗］［俗］
［草］［草］［草］

【瀰】ビ　ひろい
［同］［俗］［同］
［同］［同］［草］
［草］［草］［草］

【瀷】ヨク
［俗］［草］

【灑】サイ　そそぐ
［俗］［草］［草］

【灒】サン
［俗］［草］

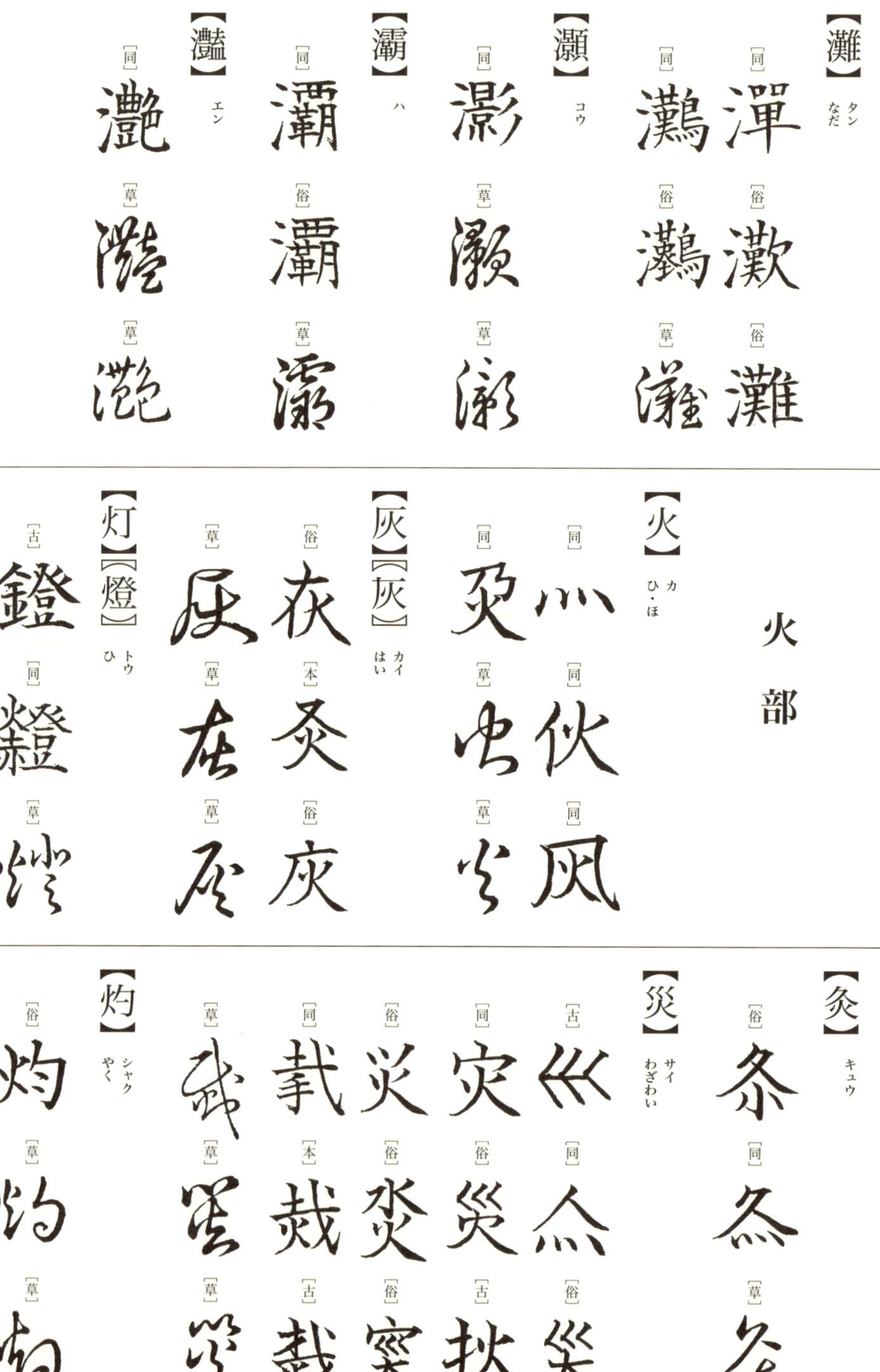

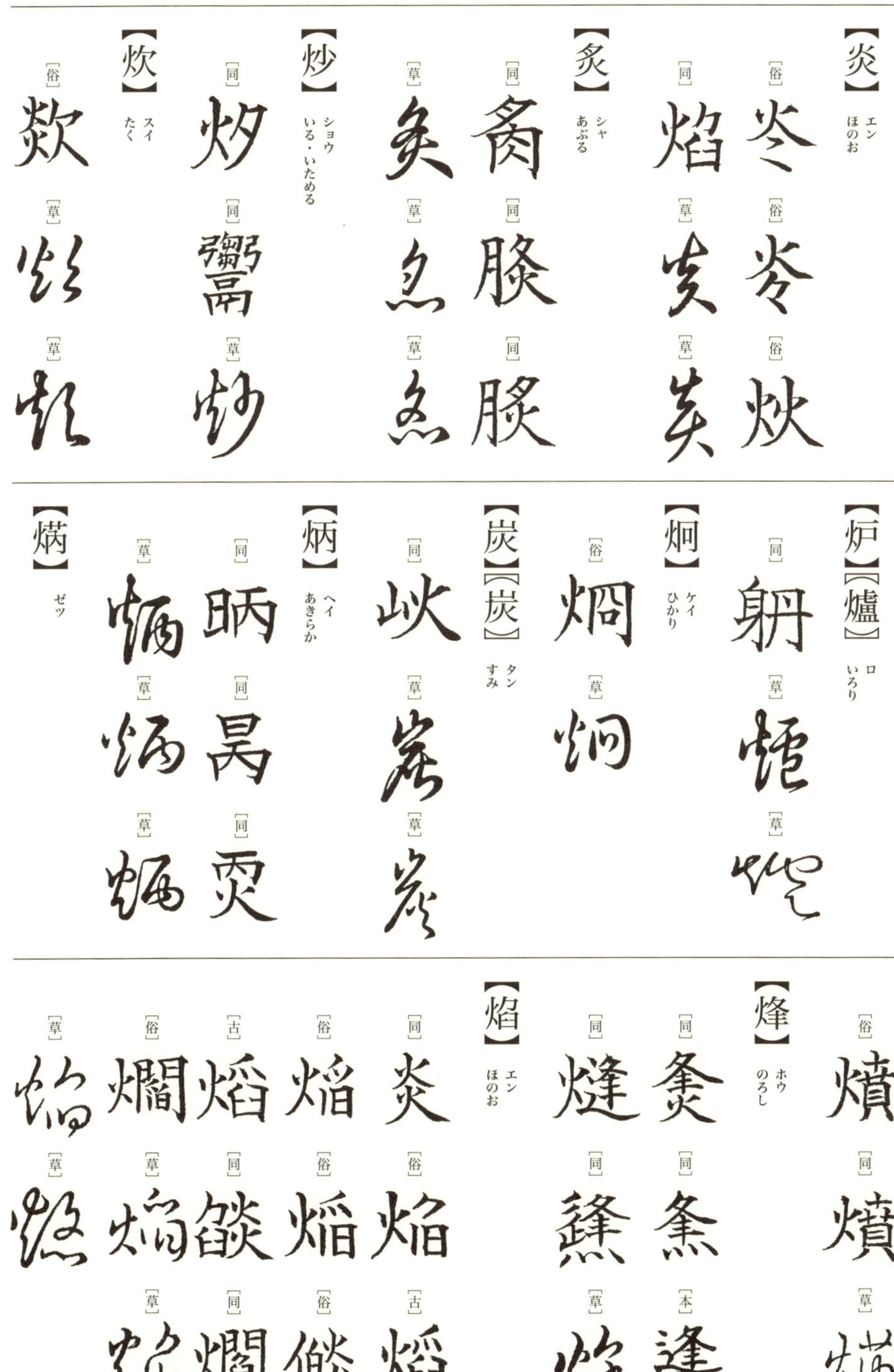

【焼】〔燒〕ショウ やく
【焚】フン やく・たく
【煒】イ
【煙】〔煙〕エン けむり
【煥】カン あきらか
【熒】ケイ ひとり
【煌】コウ きらめく
【煖】ダン あたたかい
【煉】レン ねる
【熅】ウン うずみび
【煽】セン あおる
【熨】イ・ウツ のし・ひのし
【燁】ヨウ かがやく

【熾】シ　さかん

同 烖　同 烖　同 熾

草 熾　草 熾

【燃】ネン　もえる

本 然　俗 燃　草 燃

【燗】ラン　かん

俗 燗　同 爛　同 爛

同 爤　同 糷　草 燗

【燎】リョウ　かがりび

同 尞　同 尞　本 燎

草 燎　草 燎　草 燎

【燮】ショウ　やわらぐ

俗 爕　草 燮　草 燮

【燭】ショク　ともしび

俗 烛　同 曯　同 爥

草 燭　草 燭　草 燭

【燧】スイ　ひうち

同 燧　古 隧　同 㷟

同 鐆　本 燧　草 燧

【燥】ソウ　かわく

俗 燥　俗 燥　俗 燥

草 燥　草 燥

【燐】リン

同 粦　本 粦　同 燐

同 燐　草 燐　草 燐

【燻】クン　いぶす

俗 熏　俗 熏　俗 熏

俗 薰　俗 爋　草 燻

【燼】ジン　もえのこり

同 𤇜　同 𤇜　俗 烬

［俗］⿱聿火　［俗］燼　［同］燼

【⿰火節】セツ
［俗］⿰火節　［草］⿰火節

【爆】バク　やく
［同］⿰火⿱日出　［同］煿　［同］⿰火⿱暴言
［草］爆　［草］爆　［草］爆

【燁】ヨウ
［俗］爗　［草］燁

【爛】ラン　ただれる
［本］爤　［草］爛　［草］爛

灬部

【炁】キ
［俗］炁　［草］炁

【為】〔爲〕イ　なす
［俗］为　［俗］为　［俗］爲
［古］爲　［俗］爲　［俗］爲
［俗］為　［草］為　［草］為

【点】〔點〕テン　ぼち
［俗］点　［俗］奌　［俗］奌
［同］點　［草］點　［草］點

【烏】オ　からす
［本］烏　［俗］爲　［古］烏
［草］烏　［草］烏　［草］烏

【烝】ジョウ　むす
［同］⿰火丞　［草］烝　［草］烝

【烈】レツ　はげしい
［俗］烮　［本］烈　［古］烈
［同］烈　［草］烈　［草］烈
［草］烈　［草］烈

【焉】エン　いずくんぞ

〔俗〕爲　〔俗〕　〔俗〕焉

〔同〕　〔草〕　〔草〕

【煮】〔煑〕シャ　にる・にえる

〔同〕　〔同〕煑　〔同〕煑

〔同〕　〔俗〕　〔同〕

〔草〕　〔草〕　〔草〕

【焦】ショウ　こげる

〔俗〕　〔同〕　〔同〕

〔草〕　〔草〕　〔草〕

【然】ゼン・ネン　しかり

〔俗〕　〔古〕　〔俗〕

〔俗〕　〔俗〕　〔俗〕

〔同〕　〔古〕　〔草〕

【無】ム・ブ　ない

〔古〕　〔同〕无　〔俗〕

〔俗〕　〔同〕　〔同〕

〔同〕　〔同〕　〔草〕

【照】ショウ　てる

〔同〕炤　〔俗〕　〔本〕

〔俗〕　〔俗〕　〔同〕

〔同〕　〔同〕　〔俗〕

〔草〕　〔草〕　〔草〕

【煎】セン　いる

〔俗〕　〔同〕　〔同〕

〔俗〕　〔草〕　〔草〕

【熏】クン　いぶす

〔同〕　〔俗〕　〔俗〕燻

【熊】ユウ　くま

〔俗〕　〔同〕　〔同〕

〔本〕熊　〔俗〕熊　〔俗〕熊
〔俗〕熊　〔草〕　〔草〕

【熙】キ　かわく・ひかる

〔古〕巸　〔俗〕熈　〔同〕熈
〔俗〕熈　〔同〕熈　〔草〕

【勳】〔勲〕クン　いさお

〔俗〕勛　〔古〕勛　〔同〕勳
〔草〕　〔草〕　〔草〕

【熬】ゴウ　いる

〔同〕敖　〔本〕熬　〔草〕

【熟】ジュク　うれる

〔俗〕熟　〔同〕熟　〔俗〕熟
〔俗〕熟　〔同〕熟　〔草〕
〔草〕　〔草〕

【熱】ネツ　あつい

〔俗〕熱　〔俗〕热　〔本〕爇
〔俗〕熱　〔本〕爇　〔草〕
〔草〕　〔草〕　〔草〕

【燕】エン　つばめ

〔本〕燕　〔本〕燕　〔同〕醼

〔同〕鷰　〔草〕　〔草〕

【熹】キ

〔同〕嘻　〔同〕熹　〔同〕熺
〔草〕　〔草〕　〔草〕

爪部

【爪】ソウ　つめ

〔同〕叉　〔同〕爪　〔俗〕爪
〔俗〕爪　〔俗〕枛　〔草〕
〔草〕　〔草〕　〔草〕

【爰】エン　ここに

〔俗〕 〔草〕 〔草〕

【爵】【爵】シャク　さかずき

〔同〕 〔古〕 〔古〕

〔俗〕 〔本〕 〔古〕

〔同〕 〔草〕 〔草〕

父部

【父】フ　ちち

〔同〕父 〔同〕 〔俗〕

〔草〕 〔草〕 〔草〕

【爺】ヤ　ちち

〔同〕 〔同〕 〔草〕

爻（㐅）部

【爽】ソウ　さわやか

〔俗〕 〔俗〕 〔俗〕

〔俗〕 〔同〕 〔草〕

〔草〕 〔草〕 〔草〕

【爾】ジ　なんじ

〔同〕尒 〔俗〕尔 〔俗〕尔

〔同〕伱 〔俗〕 〔俗〕

〔本〕 〔草〕 〔草〕

爿（丬）部

【牆】ショウ　かき

〔同〕 〔俗〕 〔俗〕

〔同〕墻 〔同〕 〔俗〕

〔俗〕 〔本〕 〔古〕

〔古〕 〔草〕 〔草〕

片部

【片】ヘン　かた

〔俗〕〔同〕〔俗〕

〔俗〕〔俗〕〔草〕

【版】ハン　ふだ

〔俗〕〔草〕〔草〕

【牌】ハイ　ふだ

〔同〕〔俗〕〔草〕

【牒】チョウ　ふだ

〔同〕〔俗〕〔本〕

〔草〕〔草〕〔草〕

【牖】ユウ　まど

〔俗〕〔草〕〔草〕

【牘】トク　ふだ

〔俗〕〔俗〕〔草〕

牙（牙）部

【牙】ガ　は・きば

〔同〕〔俗〕〔俗〕

〔古〕〔俗〕〔草〕

〔草〕〔草〕〔草〕

牛（牛）部

【牛】ギュウ　うし

〔同〕〔古〕〔草〕

【牝】ヒン　めす

〔俗〕〔同〕〔同〕

〔草〕〔草〕〔草〕

【牟】ボウ・ム

[俗] [古] [草]

【牡】ボ おす

[俗] [古] [同]

[草] [草] [草]

【牢】ロウ おり・ひとや

[同] [俗] [俗]

[俗] [草] [草]

【物】ブツ・モツ もの

[俗] [草] [草]

【牧】ボク まき

[俗] [本] [草]

【特】トク ひとり

[同] [同] [同]

[同] [草] [草]

【牽】ケン ひく

[同] [俗] [俗]

[俗] [俗] [俗]

[草] [草] [草]

【犀】サイ

[同] [俗] [同]

[草] [草] [草]

【犁】レイ すき

[同] [同] [同]

[草] [草] [草]

【犠】【犧】ギ いけにえ

[俗] [草] [草]

【犢】トク こうし

[俗] [俗] [同]

[俗] [草] [草]

[草] [草]

犬部
【犬】ケン いぬ
【状】〖狀〗ジョウ かたち
【倏】シュク たちまち
【献】〖獻〗ケン・コン たてまつる
【猷】ユウ
【獣】〖獸〗ジュウ けもの
犭部
【犯】ハン おかす
【狂】キョウ くるう
【狃】ジュウ なれる
【狄】テキ えびす

〔俗〕〔草〕〔草〕

【狗】コウ・ク　いぬ

〔俗〕〔同〕〔俗〕〔同〕〔同〕〔草〕〔草〕〔草〕〔草〕

【狐】コ　きつね

〔俗〕〔同〕〔草〕〔草〕〔草〕〔草〕

【狎】コウ　なれる

〔俗〕〔草〕〔草〕

【狙】ソ　さる

〔同〕〔草〕〔草〕

【狛】ハク　こま

〔同〕〔草〕

【狭】〔狹〕キョウ　せまい

〔同〕〔古〕〔草〕

【狡】コウ　ずるい

〔同〕〔草〕〔草〕

【狩】シュ　かる・かり

〔同〕〔草〕〔草〕

【独】〔獨〕ドク　ひとり

〔俗〕〔俗〕〔俗〕〔俗〕〔俗〕〔同〕〔同〕〔草〕〔草〕

【狸】リ　たぬき

〔同〕〔草〕

【猊】ゲイ

〔同〕〔同〕〔草〕

【猜】サイ　そねむ

〔俗〕〔草〕〔草〕

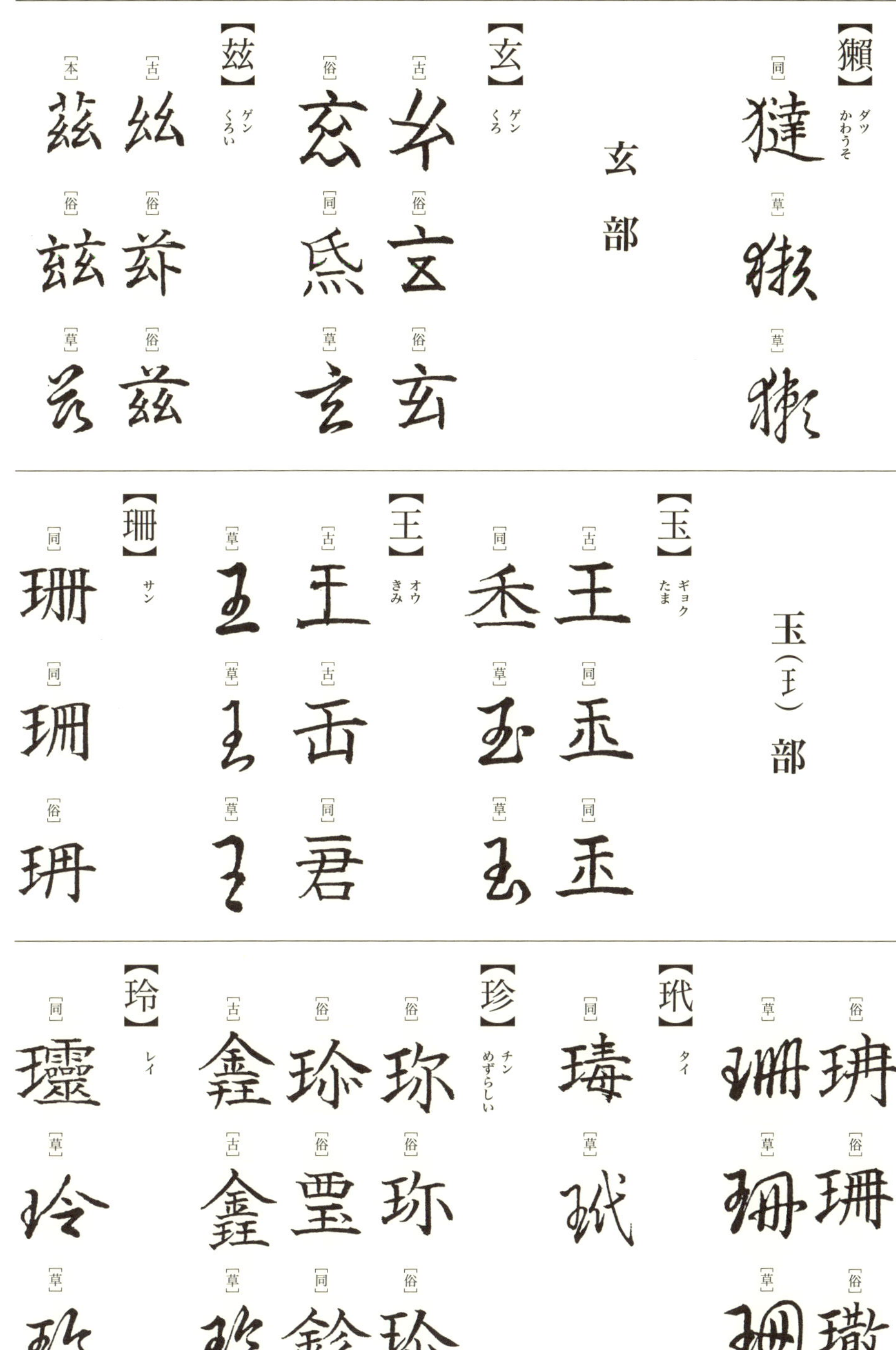
【獺】ダツ かわうそ
同 草 草
玄部
【玄】ゲン くろ
古 俗 俗 同 俗 草
【玆】ゲン くろい
古 本 俗 俗 俗 草
玉（王）部
【玉】ギョク たま
古 同 同 同 草 草
【王】オウ きみ
古 古 同 草 草 草
【珊】サン
同 同 俗 俗 草 俗 草 俗 草
【玳】タイ
同 草
【珍】チン めずらしい
俗 俗 俗 俗 俗 同 古 古 草
【玲】レイ
同 草 草

【班】ハン わける
【球】キュウ たま
【琢】〖琢〗タク みがく
【琅】ロウ
【琴】キン こと
【琥】コ
【琱】チョウ ほる
【琶】ハ
【琵】ビ
【瑋】イ
【瑕】カ きず
【瑟】シツ おおごと
【瑙】ノウ
【瑰】カイ

【瑳】サ みがく
[同]磋　[本]瑳　[草]瑳

【瑣】サ
[俗]琑　[俗]瓆　[俗]璅
[本]瑣　[草]瑣　[草]瑣

【瑠】ル
[同]琉　[俗]瑠　[草]瑠

【璇】セン
[同]琁　[同]璿　[草]璇

【璃】リ
[同]瓈　[俗]璃　[草]璃
[俗]瑀　[草]璃　[草]璃

【璘】リン
[俗]璘　[草]璘　[草]璘

【環】【環】カン たまき
[俗]环　[同]環　[俗]環
[俗]環　[本]環　[草]環

【璧】ヘキ たま
[同]辟　[同]辟　[草]璧

【瓊】ケイ たま
[同]璚　[俗]瓊　[俗]瓊
[俗]瓊　[俗]瓊　[同]瓊
[同]瓗　[草]瓊　[草]瓊

【璽】ジ しるし
[俗]玺　[俗]玺　[俗]玺
[同]璽　[同]璽　[草]璽
[草]璽　[草]璽

【瓔】ヨウ
[俗]瓔　[俗]瓔　[草]瓔

【瓚】サン
[俗]瓚　[草]瓚　[草]瓚

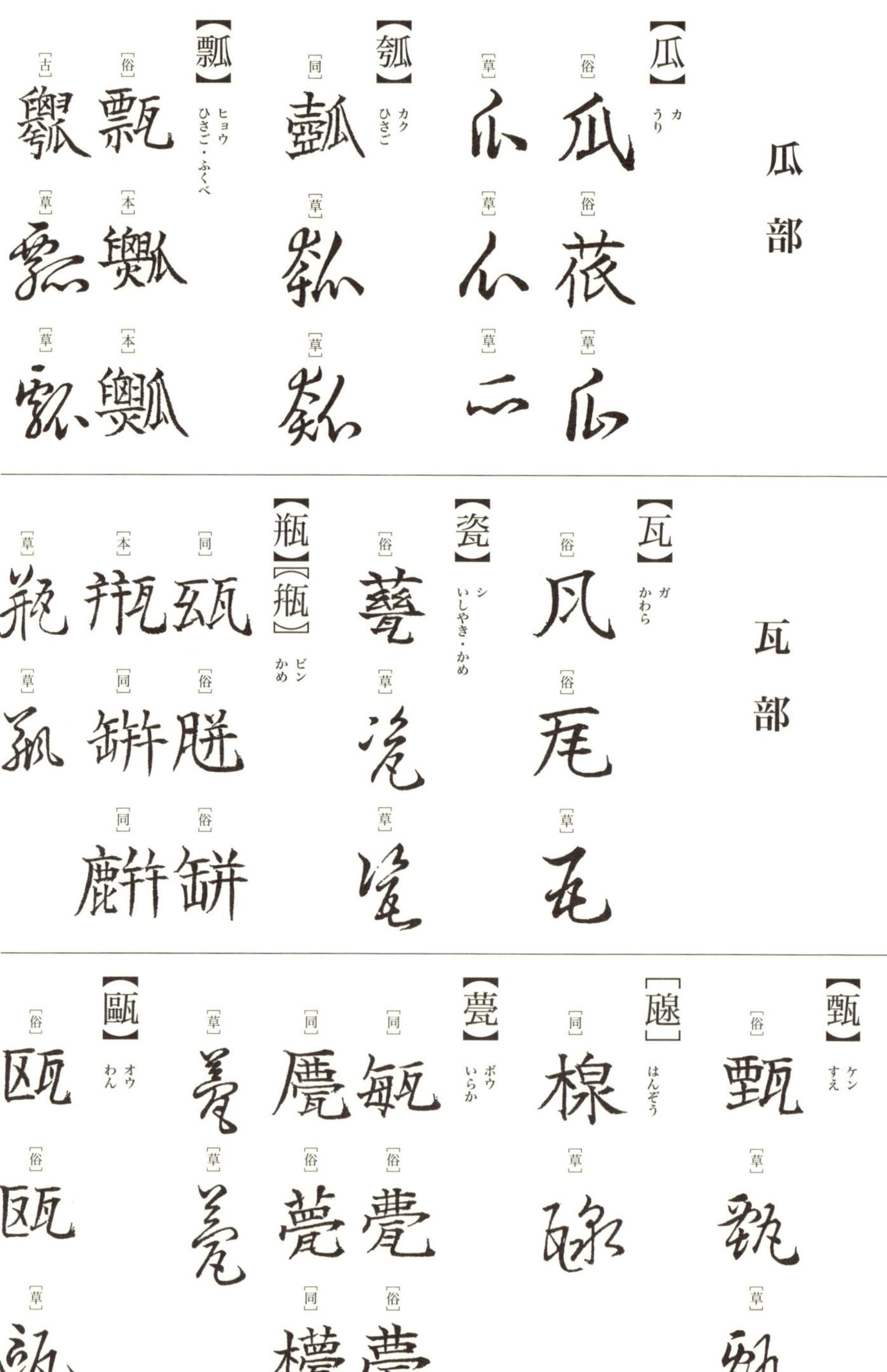

瓜部

【瓜】カ うり

【瓠】カク ひさご

【瓢】ヒョウ ひさご・ふくべ

瓦部

【瓦】ガ かわら

【瓷】シ いしやき・かめ

【瓶】【缾】ビン かめ

【甄】ケン すえ

【甗】はんぞう

【甍】ボウ いらか

【甌】オウ わん

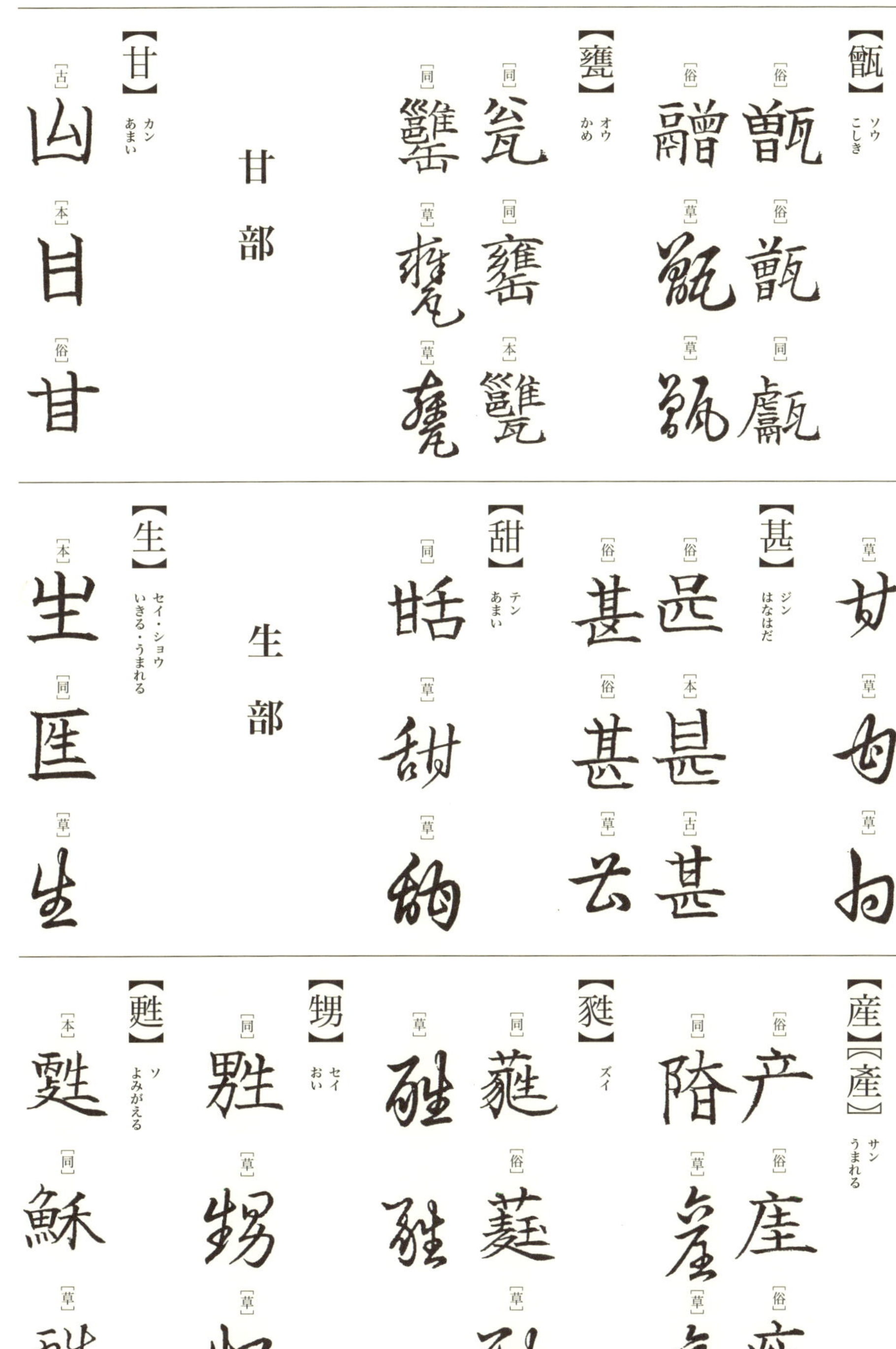

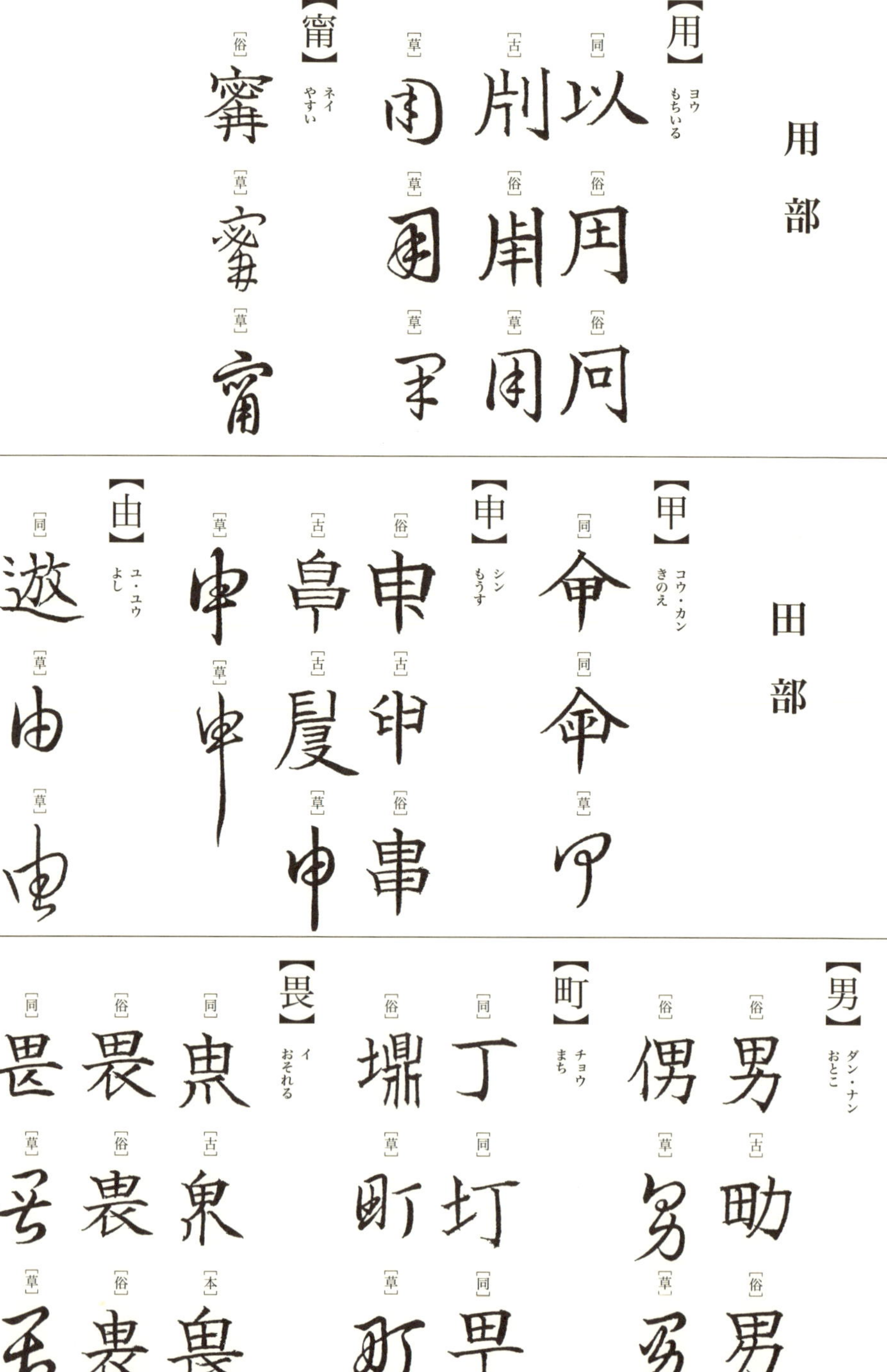
用部
【用】ヨウ もちいる
【甯】ネイ やすい
田部
【甲】コウ・カン きのえ
【申】シン もうす
【由】ユ・ユウ よし
【男】ダン・ナン おとこ
【町】チョウ まち
【畏】イ おそれる

【界】カイ さかい

〔同〕界　〔同〕畍　〔俗〕界

〔同〕堺　〔同〕界　〔草〕界

【畎】ケン みぞ

〔同〕甽　〔草〕畎　〔草〕畎

【毘】ヒ たすける

〔同〕毗　〔本〕毘　〔本〕毘

〔同〕毘　〔草〕毘

［畑］はた・はたけ

〔同〕畠　〔草〕畠

【畜】チク たくわえる

〔俗〕畜　〔俗〕畜　〔俗〕畜

〔同〕蓄　〔古〕畜　〔俗〕蓄

〔草〕畜　〔草〕畜　〔草〕畜

【畔】〚畔〛ハン あぜ・くろ

〔俗〕坢　〔草〕畔　〔草〕畔

【畝】ホ せ・うね

〔俗〕畝　〔俗〕亩　〔俗〕畝

〔俗〕畆　〔俗〕畆　〔俗〕畝

〔同〕畝　〔同〕畮　〔同〕畝

〔草〕畝　〔草〕畝　〔草〕畝

【畚】ホン ふご・もっこ

〔本〕畚　〔俗〕畚　〔同〕畚

〔俗〕畚　〔俗〕畚　〔同〕畚

〔同〕畚　〔草〕畚

【留】リュウ・ル とめる・とまる

〔俗〕留　〔俗〕畄　〔俗〕畄

〔俗〕留　〔俗〕留　〔俗〕留

〔俗〕畱　〔本〕畱　〔同〕畱

〔草〕留　〔草〕留　〔草〕留

【畠】はた
【異】〔異〕イ こと
【畦】ケイ あぜ
【畢】ヒツ おわる
【略】リャク おかす
【畲】ヨ あらた
【畳】〔疊〕ジョウ たたむ・たたみ
【番】バン つがい
【畷】テツ なわて
【畿】キ みやこ
【疆】キョウ さかい

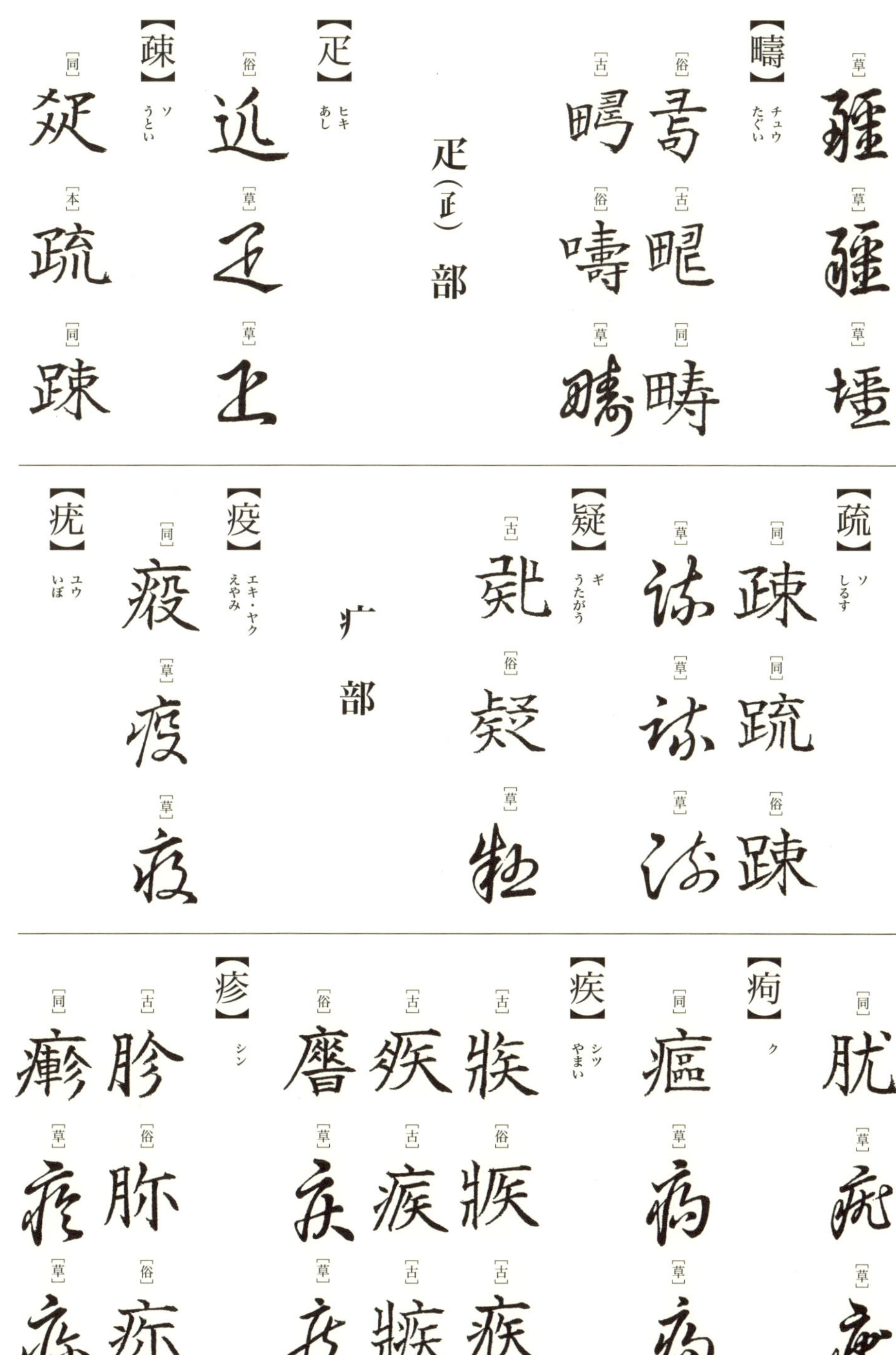
疇 チュウ たぐい
疋(𤴓)部
疋 ヒキ あし
疎 ソ うとい
疏 ソ しるす
疑 ギ うたがう
疒部
疫 エキ・ヤク えやみ
疣 ユウ いぼ
疴 ク
疾 シツ やまい
疹 シン

【疼】トウ　いたむ・うずく
[古]𦙶　[俗]疼　[俗]⿸疒滕
[草]疼　[草]疼

【疲】ヒ　つかれる
[俗]疲　[草]疲　[草]疲

【病】ビョウ・ヘイ　やまい
[俗]疒　[俗]⿸疒方　[同]⿸疒平
[同]慊　[草]病　[草]病

【痔】ジ
[同]⿸疒時　[草]痔　[草]痔

【痒】ヨウ　かゆい
[同]⿰歹羊　[本]痒　[同]癢
[同]癢　[草]痒　[草]痒

【痣】シ　あざ
[同]⿰月志　[草]痣

【痛】ツウ　いたい
[俗]痛　[草]痛　[草]痛

【痜】トク
[俗]⿸疒尭　[草]痜

【痾】ア　やまい
[同]疴　[草]疴

【瘁】スイ　つかれる
[俗]⿸疒卆　[同]悴　[同]顇
[草]瘁　[草]瘁　[草]瘁

【痴】〔癡〕チ　おろか
[同]促　[俗]促　[俗]痘
[同]癡　[俗]癡　[草]癡
[草]痴　[草]痴　[草]痴

【痺】ヒ　しびれる
[本]痹　[草]痺　[草]痺

【瘍】ヨウ できもの
[同]
[草]
[草]

【瘠】セキ やせる
[同]
[同]膌
[草]

【瘡】ソウ かさ
[同]
[同]
[草]

【瘦】ソウ やせる
[同]
[俗]
[同]
[俗]
[同]
[同]
[俗]
[草]
[草]

【瘤】リュウ こぶ
[同]
[本]
[草]

【瘻】ロウ
[俗]
[草]
[草]

【癇】カン
[俗]
[草]

【癀】タイ
[同]
[草]

【療】リョウ いやす
[俗]
[俗]
[俗]
[俗]
[同]
[草]

【癖】ヘキ くせ
[同]
[草]
[草]

【癒】【瘉】ユ いえる・いやす
[同]瘉
[同]
[草]
[草]
[草]

〔癪〕シャク
[同]
[草]

【癰】ヨウ
[同]臃
[同]
[草]

癶部

【癸】キ　みずのと
〔俗〕〔古〕〔草〕

【発】〔發〕ハツ・ホツ　はなつ
〔俗〕〔俗〕〔俗〕〔俗〕〔俗〕〔俗〕〔俗〕〔草〕

【登】トウ・ト　のぼる
〔俗〕〔俗〕〔古〕〔古〕〔同〕〔古〕〔草〕〔草〕〔草〕

白部

【白】ハク・ビャク　しろ
〔古〕〔古〕〔同〕〔草〕〔草〕〔草〕

【百】ヒャク　もも
〔古〕〔草〕〔草〕

【皁】ソウ　どんぐり
〔俗〕〔俗〕〔草〕〔草〕〔草〕〔草〕

【的】〔旳〕テキ　まと
〔同〕〔俗〕〔俗〕〔草〕〔草〕〔草〕

【皆】カイ　みな
〔俗〕〔草〕〔草〕

【皇】コウ・オウ　きみ
〔古〕〔同〕〔古〕〔草〕〔草〕〔草〕

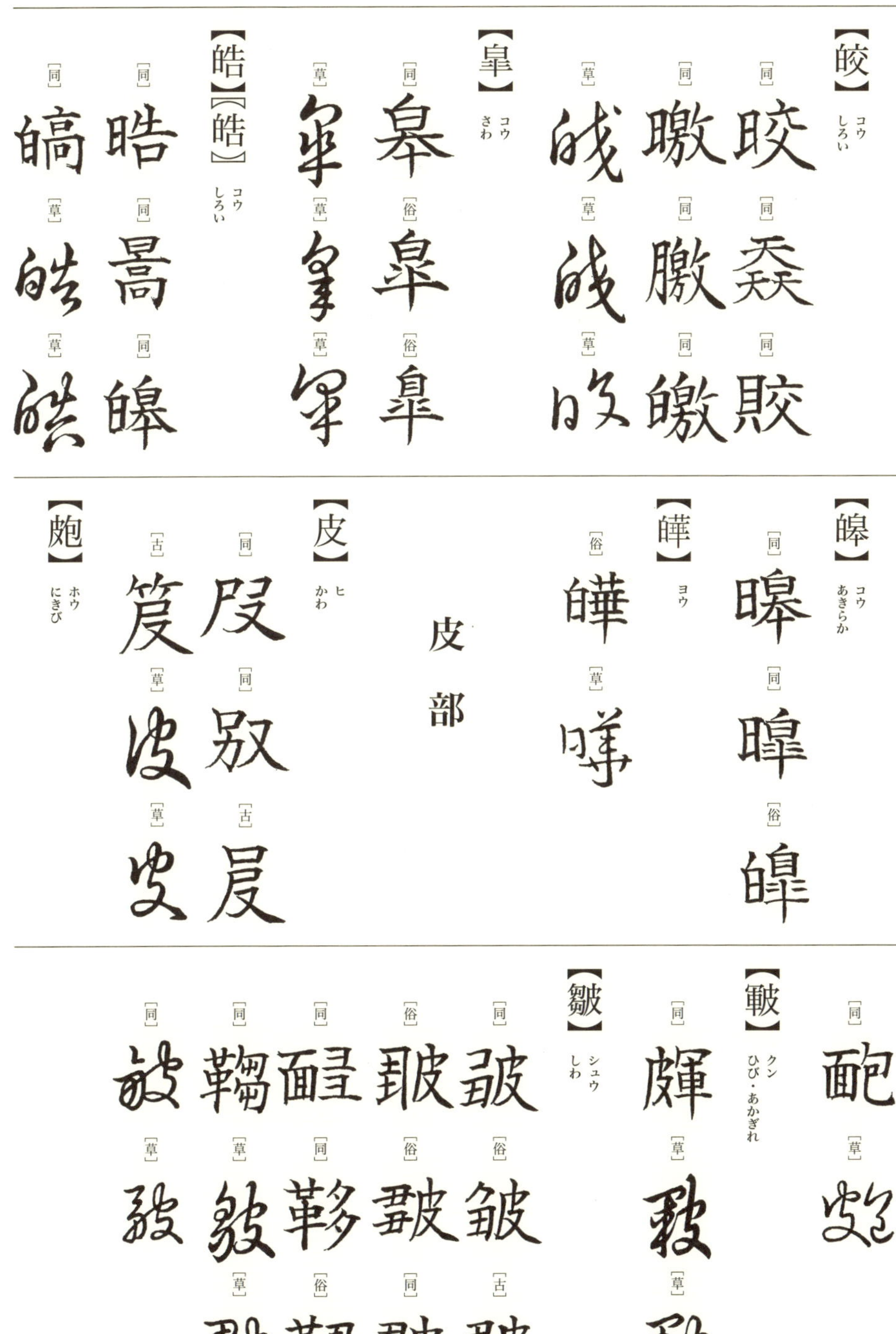
【皎】コウ しろい
【皐】コウ さわ
【皓】〖皓〗コウ しろい
【皡】コウ あきらか
【皣】ヨウ
皮部
【皮】ヒ かわ
【皰】ホウ にきび
【皸】クン ひび・あかぎれ
【皺】シュウ しわ

皿部

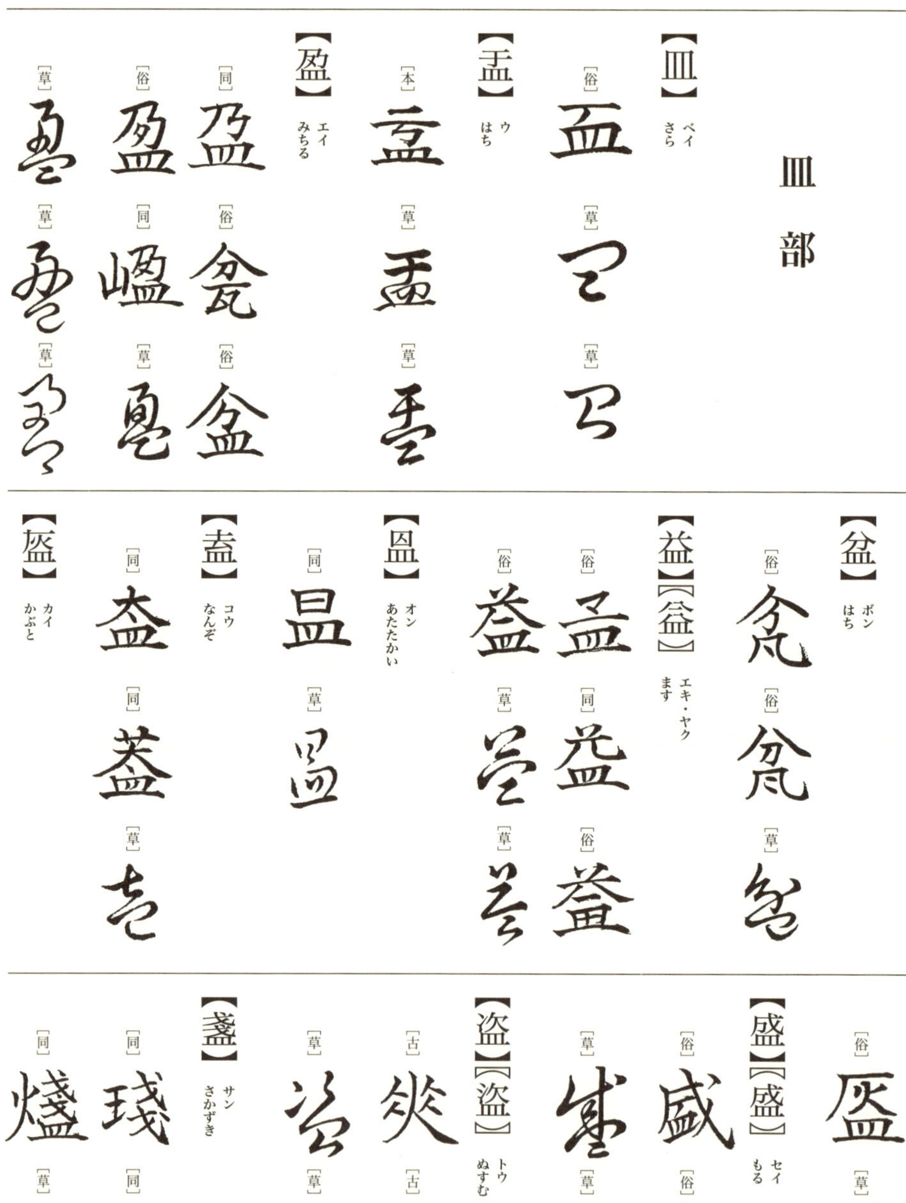

【皿】ベイ さら
【盂】ウ はち
【盈】エイ みちる
【盆】ボン はち
【益】〔益〕エキ・ヤク ます
【昷】オン あたたかい
【盍】コウ なんぞ
【盔】カイ かぶと
【盛】〔盛〕セイ もる
【盗】〔盜〕トウ ぬすむ
【盞】サン さかずき

【盟】メイ ちかう

[俗] [俗] [本] [本] [俗] [同] [草] [草] [草]

【監】カン みる

[俗] 监　[本] 監　[古]　[同]　[古]　[草]

【盤】バン さら

[同]　[俗] 柈　[同] 槃　[古]　[草]　[草]

【盥】カン たらい

[同]　[草]　[草]

【盪】トウ あらう

[同] 蘯　[草]　[草]

目部

【目】モク・ボク め

[同]　[古]　[古]　[古]　[俗]　[草]　[草]　[草]　[草]

【直】チョク ただちに・なおす

[俗] 直　[俗]　[俗] 直　[俗]　[同]　[俗] 直　[古]　[草]　[草]

【盲】〔盲〕モウ

[俗]　[俗]　[俗]　[俗]　[俗]　[草]

【看】カン みる

[同]　[俗]　[同]　[草]　[草]　[草]

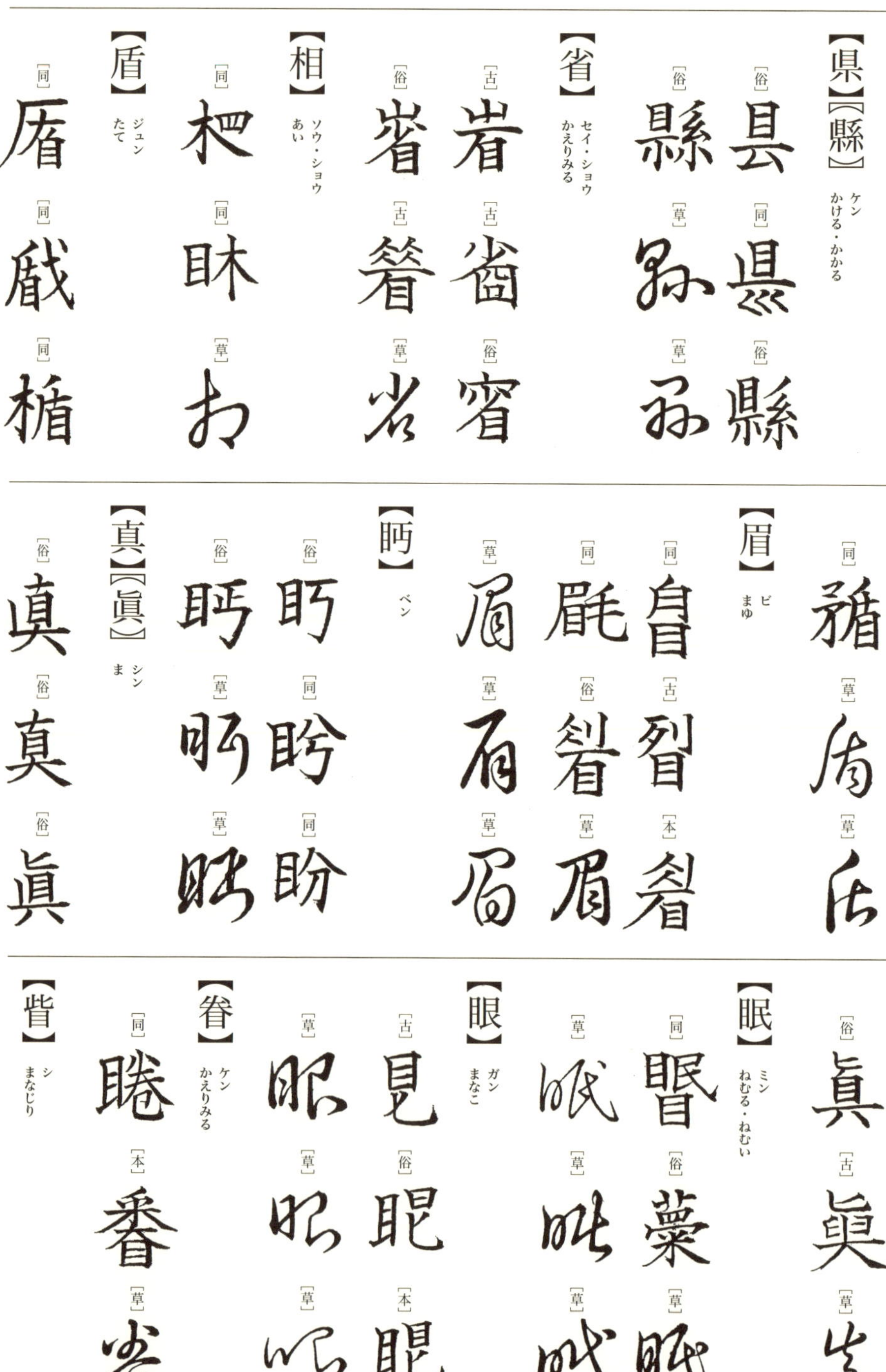
【県】〔縣〕
ケン
かける・かかる
【省】
セイ・ショウ
かえりみる
【相】
ソウ・ショウ
あい
【盾】
ジュン
たて
【眉】
ビ
まゆ
【眄】
ベン
【真】〔眞〕
シン
ま
【眠】
ミン
ねむる・ねむい
【眼】
ガン
まなこ
【眷】
ケン
かえりみる
【眥】
シ
まなじり

〔同〕 𥆖　〔同〕 眦　〔俗〕 睬
〔草〕 〔草〕

【眺】チョウ　ながめる
〔同〕 覜　〔草〕 〔草〕

【脈】ミャク
〔同〕 脉　〔草〕

【着】チャク　きる
〔本〕 著　〔草〕

【睇】テイ
〔俗〕 眤　〔同〕 眤　〔同〕 睼

〔草〕 〔草〕 〔草〕

【睢】キ・スイ
〔同〕 濉　〔草〕 〔草〕

【睨】ゲイ　にらむ
〔俗〕 睍　〔草〕 〔草〕

【睫】ショウ　まつげ
〔同〕 㲸　〔同〕 毷　〔同〕 毶
〔同〕 𪾔　〔同〕 睞　〔同〕 𣯻
〔草〕 〔草〕 〔草〕

【睡】スイ　ねむる

〔俗〕 睡　〔本〕 𥈱　〔草〕
〔草〕 〔草〕 〔草〕

【督】トク　ただす
〔俗〕 督　〔同〕 䁻　〔俗〕 督
〔草〕 〔草〕 〔草〕

【睥】ヘイ
〔同〕 俾　〔同〕 睤　〔同〕 䁹

【睦】ボク　むつむ
〔俗〕 睦　〔古〕 𥈲　〔古〕 𥈲
〔俗〕 睦　〔草〕 〔草〕

【睹】ト みる
〔古〕
〔草〕
〔草〕
【瞢】ボウ くらい
〔同〕
〔同〕
〔俗〕
〔草〕
〔同〕
〔草〕
【瞑】メイ つぶる
〔俗〕
〔草〕
〔草〕
【瞠】ドウ みはる
〔俗〕
〔同〕
〔同〕
〔草〕
〔同〕
〔草〕
【瞞】マン だます
〔俗〕
〔同〕
〔俗〕
〔俗〕
〔俗〕
〔草〕
【瞱】ヨウ
〔俗〕
〔草〕
【瞰】カン みおろす
〔同〕
〔同〕
〔草〕
【瞥】ベツ みる
〔同〕
〔草〕
〔俗〕
〔草〕
〔同〕
【瞭】リョウ あきらか
〔同〕
〔草〕
〔草〕
【瞼】ケン まぶた
〔俗〕
〔同〕
〔草〕
【瞬】〔瞬〕シュン またたく
〔古〕
〔同〕
〔草〕
【瞻】セン みる
〔俗〕
〔草〕
〔俗〕
〔草〕
〔俗〕
〔草〕
【矚】ショク みる

〔俗〕
〔俗〕
〔草〕

矛部

【矛】ム　ほこ

〔同〕
〔同〕
〔俗〕
〔同〕
〔同〕
〔草〕
〔草〕
〔草〕
〔草〕

【矜】キョウ　あわれむ

〔俗〕
〔俗〕
〔同〕
〔俗〕
〔俗〕
〔草〕

矢部

【矢】シ　や

〔古〕
〔俗〕
〔古〕
〔古〕
〔同〕笶
〔草〕

【矣】イ　かな

〔俗〕
〔俗〕
〔俗〕
〔草〕
〔草〕
〔草〕

【知】チ　しる

〔古〕
〔同〕
〔古〕
〔草〕
〔草〕
〔草〕

【矧】シン

〔同〕矤
〔本〕弞
〔同〕
〔同〕訠
〔草〕
〔草〕

【矩】〔矩〕ク　さしがね

〔本〕
〔同〕
〔同〕榘
〔草〕
〔草〕
〔草〕

【短】タン　みじかい

〔俗〕
〔俗〕
〔同〕
〔俗〕
〔本〕短
〔草〕

【矮】ワイ　みじかい

［同］［草］［草］

【矯】キョウ　ためる

［俗］［俗］［俗］

［草］［草］［草］

石部

【石】セキ・コク　いし

［同］［俗］［古］

［草］［草］［草］

【研】〖研〗ケン　とぐ

［同］［草］［草］

【砂】サ・シャ　すな

［同］［草］［草］

【砕】〖碎〗サイ　くだく

［俗］［同］［草］

［草］［草］［草］

【砌】セイ　みぎり

［俗］［俗］［草］

【砥】シ　と・といし

［同］［俗］［俗］

［俗］［草］［草］

【砧】チン　きぬた

［同］［同］［同］

［草］［草］［草］

【破】ハ やぶる
[古] [草] [草]

【砲】〔砲〕ホウ つつ
[同] 礮 [同] 礟 [草] [草] [草] [草]

【砦】サイ とりで
[俗] [同] 寨 [俗] [草] [草] [草]

【硯】ケン すずり
[俗] [草] [草]

【硬】コウ かたい
[俗] 鞕 [草]

【硨】シャ
[俗] [同] [草]

【硫】リュウ
[同] 磂 [草]

【碁】ゴ
[同] 棊 [草]

【碊】セン
[俗] [草]

【碇】テイ いかり
[同] 矴 [俗] 椗 [俗]

【硼】ホウ
[俗] [草]

【碗】ワン
[同] 埦 [同] 椀 [草]

【磁】〔磁〕ジ
[本] [同] 礠 [同] 礠

【碑】〔碑〕ヒ いしぶみ
[俗] [俗] [草]

【碧】ヘキ　みどり・あお
- [俗] 碧
- [同] 綼
- [同] 瑰
- [草] 碧
- [草] 碧
- [草] 碧

【確】カク　たしか
- [同] 碻
- [俗] 確
- [草] 確

【礫】タク　はりつけ
- [俗] 矺
- [同] 擽
- [草] 礫

【磐】バン　いわ
- [同] 听
- [同] 砕
- [同] 胳
- [同] 礬
- [草] 磐
- [草] 磐

【磅】ホウ　ポンド
- [同] 硼
- [草] 磅
- [草] 磅

【碼】マ　ヤード
- [同] 瑪
- [草] 碼

【磊】ライ
- [俗] [illegible]
- [同] 磥
- [同] 嵓
- [俗] 礧
- [草] 磊
- [草] 磊

【磨】〔磨〕マ　みがく
- [同] 礳
- [本] 䃺
- [草] 磨
- [草] 磨
- [草] 磨
- [草] 磨

【磯】キ　いそ
- [同] 礒
- [草] 磯
- [草] 磯

【磽】コウ　そね
- [同] 墝
- [草] 磽
- [草] 磽

【礁】ショウ
- [同] 礁
- [草] 礁

【磹】テン
- [俗] 磹
- [草] 磹

【礎】ソ　いしずえ
- [俗] 础
- [草] 礎
- [草] 礎

【礑】トウ　はたと
〔俗〕〔草〕

【礙】ガイ　さまたげる
〔同〕〔俗〕〔同〕〔草〕〔俗〕〔草〕

【礪】レイ　といし
〔俗〕〔草〕〔草〕

【礦】コウ　あらがね
〔俗〕〔草〕〔草〕

【礫】レキ　こいし
〔俗〕〔草〕〔同〕〔草〕〔俗〕〔草〕

示（ネ）部

【示】ジ・シ　しめす
〔古〕〔草〕〔古〕〔草〕〔俗〕〔草〕

【礼】〖禮〗レイ・ライ
〔古〕〔古〕〔俗〕〔俗〕〔古〕〔古〕

【祁】キ
〔草〕〔草〕〔草〕〔同〕〔草〕〔草〕

【祀】シ　まつる
〔俗〕〔同〕〔同〕〔同〕〔古〕〔同〕〔同〕〔俗〕〔草〕

【社】〖社〗シャ　やしろ
〔俗〕〔俗〕〔古〕〔草〕〔俗〕〔草〕

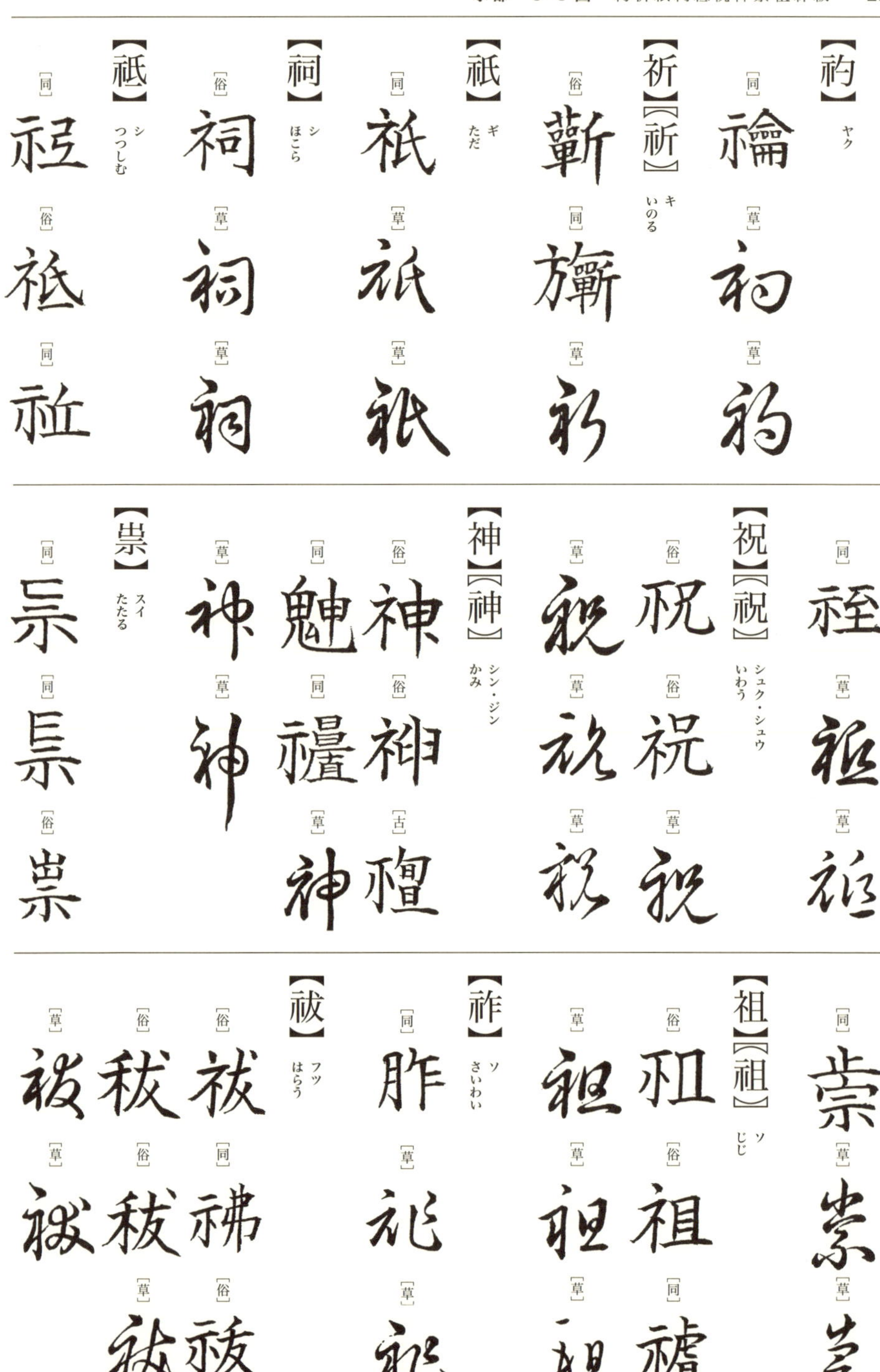
【礿】ヤク
【祈】〖祈〗キ いのる
【祇】ギ ただ
【祠】シ ほこら
【祗】シ つつしむ
【祝】〖祝〗シュク・シュウ いわう
【神】〖神〗シン・ジン かみ
【祟】スイ たたる
【祖】〖祖〗ソ じじ
【祚】ソ さいわい
【祓】フツ はらう

【祐】〔祐〕　ユウ　たすける

[俗]　[古]　[草]　[草]　[草]

【叅】　ケン

[俗]　[草]

【祭】　サイ　まつる・まつり

[俗]　[俗]　[同]　[草]　[草]　[草]

【祩】　シュ

[俗]　[草]

【祥】〔祥〕　ショウ　さいわい

[古]　[同]　[草]

【票】　ヒョウ

[同]　[俗]　[本]　[草]　[草]

【禁】　キン

[俗]　[俗]　[草]

【禄】〔祿〕　ロク

[本]　[同]　[俗]　[同]　[草]　[草]

【禕】　イ

[俗]　[草]　[草]

【禍】〔禍〕　カ　わざわい

[俗]　[俗]　[俗]　[俗]　[同]　[同]　[俗]　[俗]　[古]　[古]　[俗]　[俗]　[草]　[草]

【禊】　ケイ　みそぎ

[俗]　[草]　[草]

【禐】シ

〔俗〕〔草〕

【禅】〔禪〕ゼン　ゆずる

〔俗〕〔俗〕〔同〕〔草〕〔草〕〔草〕

【福】〔福〕フク　さいわい

〔俗〕〔同〕〔俗〕〔俗〕〔俗〕〔俗〕〔草〕〔草〕〔草〕

【禦】ギョ　ふせぐ

〔同〕〔俗〕〔同〕〔草〕〔草〕〔草〕

【禰】デイ・ネ

〔俗〕〔俗〕〔同〕〔同〕〔俗〕〔同〕〔草〕〔草〕〔草〕

【禱】トウ　いのる

〔俗〕〔俗〕〔同〕〔同〕〔古〕〔俗〕〔草〕〔草〕〔草〕

内（内）部

【禹】ウ

〔古〕〔草〕〔草〕

【禽】キン　とり

〔古〕〔草〕〔草〕

禾部

【私】シ　わたくし

[本] 厶　[俗] 私　[俗] 私
[俗] 私　[草] 私　[草] 私

【秀】シュウ　ひいでる

[本] 秀　[草] 秀　[草] 秀

【科】カ　しな

[俗] 科　[俗] 科　[草] 科
[草] 科　[草] 科

【秋】シュウ　あき

[俗] 秋　[俗] 秋　[本] 秌
[俗] 秋　[俗] 穐　[本] 龝
[古] 龝　[本] 龝　[古] 龝
[草] 秋　[草] 秋　[草] 秋

【秕】ヒ　しいな

[同] 秕　[同] 秕　[同] 粃
[草] 秕　[草] 秕　[草] 秕

【称】【稱】ショウ　たたえる

[俗] 你　[俗] 秤　[俗] 称
[本] 偁　[俗] 偁　[俗] 稱
[俗] 稱　[俗] 稱　[俗] 穪
[草] 稱　[草] 稱　[草] 稱

【秦】シン　はた

[俗] 秦　[俗] 秦　[古] 秦
[本] 秦　[本] 秦　[草] 秦

【租】ソ　みつぎ

[俗] 租　[俗] 租　[草] 租

【秩】チツ　ついで

[俗] 秩　[古] 秩　[草] 秩

〔草〕
〔草〕

【稜】リョウ かど

〔俗〕稜
〔草〕
〔草〕

【稟】ヒン・リン うける

〔本〕㐭
〔俗〕禀
〔俗〕稟

〔俗〕稟
〔俗〕禀
〔俗〕稟

〔俗〕廩
〔俗〕禀
〔草〕

〔草〕
〔草〕

【穀】〖穀〗コク もみ

〔同〕
〔俗〕穀
〔同〕

〔俗〕穀
〔俗〕穀
〔同〕穀

〔同〕穀
〔俗〕穀
〔俗〕

〔草〕
〔草〕
〔草〕

【種】シュ たね

〔俗〕种
〔俗〕種
〔俗〕種

〔同〕種
〔草〕
〔草〕

【稻】〖稲〗トウ いね

〔俗〕稲
〔俗〕稲
〔俗〕稲

〔俗〕稻
〔俗〕稻
〔俗〕稻

〔草〕
〔草〕
〔草〕

【稼】カ かせぐ

〔同〕
〔草〕
〔草〕

【稽】ケイ とどまる

〔俗〕乩
〔俗〕
〔俗〕稽

〔俗〕稽
〔俗〕
〔古〕

〔俗〕
〔俗〕稽
〔草〕

〔草〕
〔草〕

【稿】コウ わら・したがき

〔同〕稾
〔俗〕稾
〔同〕藁

〔草〕
〔草〕

【稷】ショク　きび

〔俗〕䅶　〔同〕稷　〔俗〕䅶　〔草〕　〔草〕　〔草〕

【穂】〔穗〕スイ　ほ

〔古〕𥝤　〔俗〕穟　〔同〕穟　〔本〕蓫　〔同〕穟　〔草〕　〔草〕　〔草〕

【穎】エイ　ほさき

〔俗〕頴　〔俗〕頴　〔俗〕穎　〔草〕　〔草〕

【穏】〔穩〕オン　おだやか

〔同〕㐬　〔俗〕稳　〔同〕𡗟　〔同〕𡪞　〔俗〕稳　〔俗〕穏　〔草〕　〔草〕　〔草〕

【積】セキ　つむ

〔俗〕积　〔俗〕禸　〔俗〕積　〔同〕𥢆　〔本〕積　〔草〕

【穫】カク　かる

〔同〕劐　〔同〕穫　〔俗〕穫　〔同〕穫　〔草〕　〔草〕

【穣】〔穰〕ジョウ　ゆたか

〔俗〕穣　〔草〕　〔草〕

【穡】ショク

〔古〕嗇　〔同〕嗇　〔本〕穡　〔同〕穡　〔草〕　〔草〕

【穢】ワイ　けがれる

〔古〕𥢔　〔同〕薉　〔草〕　〔草〕　〔草〕

穴部

【穴】ケツ　あな
[古] 穴
[草] 穴
[草] 穴

【究】キュウ　きわめる
[俗] 宄
[俗] 究
[俗] 究
[同] 竅
[同] 竅
[同] 竅
[俗] 竅
[草] 究
[草] 究

【穹】キュウ　そら
[同] 穹
[草] 穹
[草] 穹

【空】クウ　そら
[俗] 空
[草] 空
[草] 空

【突】〔突〕トツ　つく
[俗] 宊
[俗] 宊
[俗] 宊
[俗] 突
[俗] 突
[俗] 突
[草] 突
[草] 突
[草] 突

【穽】セイ　おとしあな
[古] 汬
[同] 阱
[古] 汬
[草] 穽
[草] 穽

【窃】〔竊〕セツ　ぬすむ
[古] [illegible]
[俗] 竊
[俗] 竊
[俗] 竊
[俗] 竊
[俗] 竊
[俗] 竊
[同] 竊
[俗] 竊
[俗] 竊
[俗] 竊
[俗] 竊
[草] 竊
[草] 竊

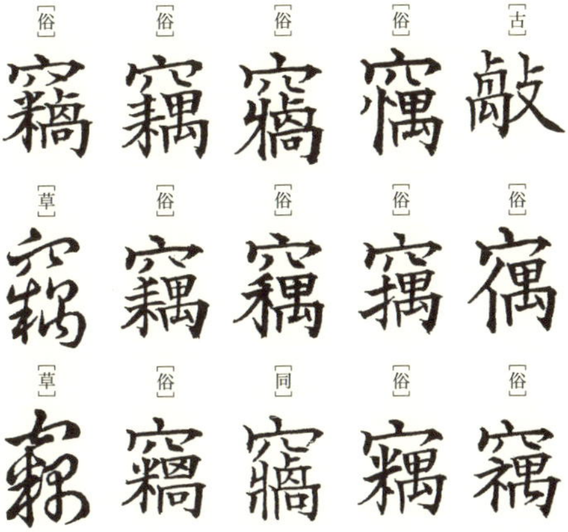

【穿】セン　うがつ
[俗] 穿
[俗] 穿
[俗] 穿
[俗] 穿
[俗] 穿
[草] 穿

【窓】ソウ　まど
[古] 囱
[本] 囱
[俗] 牕

【竈】ソウ かまど
〔俗〕灶〔俗〕竃〔同〕竈〔俗〕竈〔草〕竈
〔俗〕竈〔俗〕竈〔同〕竈〔草〕竈〔草〕竈
〔俗〕竈〔俗〕竈〔同〕竈〔草〕竈

立部

【立】リツ・リュウ たつ
〔本〕〔草〕〔草〕

【竕】デシリットル
〔同〕〔草〕

【章】ショウ あや・あきらか
〔俗〕〔草〕〔草〕

【竣】シュン おわる
〔同〕〔草〕〔草〕

【童】ドウ わらべ
〔俗〕〔同〕〔草〕

【靖】〔竫〕セイ やすい
〔同〕〔草〕〔草〕

【竭】ケツ つきる
〔俗〕〔俗〕〔草〕

【端】タン はし
〔本〕〔俗〕〔俗〕〔草〕〔草〕〔草〕

【競】キョウ きそう・せる
〔俗〕竟〔俗〕〔同〕〔同〕〔俗〕〔草〕〔草〕〔草〕〔草〕

竹部

【竹】チク たけ
〔俗〕〔古〕〔草〕

【竺】ジク
〔俗〕〔同〕〔草〕

【竿】カン さお
〔俗〕〔草〕〔草〕

【笈】キュウ おい
〔俗〕〔草〕〔草〕

【笏】コツ・シャク
〔同〕〔草〕〔草〕

【笑】ショウ わらう
〔同〕〔古〕〔俗〕〔俗〕〔本〕〔俗〕〔俗〕〔俗〕〔草〕

【笙】ショウ
〔同〕〔草〕〔草〕

【第】ダイ
〔俗〕〔同〕〔俗〕〔草〕〔草〕〔草〕

【笞】チ むち
〔同〕〔同〕〔同〕〔草〕〔草〕〔草〕

【笛】テキ ふえ
〔同〕〔草〕〔草〕

【符】フ わりふ
〔俗〕〔草〕〔草〕

【笠】リュウ かさ
〔同〕〔草〕〔草〕

【笹】 ささ
〔同〕篠　〔草〕

【筐】 キョウ　かご・かたみ
〔同〕匡　〔俗〕筺　〔同〕筐　〔俗〕篋　〔草〕　〔草〕

【筇】 キョウ　つえ
〔俗〕笻　〔草〕　〔草〕

【筋】 キン　すじ
〔古〕竻　〔同〕觔　〔俗〕筯　〔俗〕筋　〔俗〕䈥　〔俗〕觔　〔草〕　〔草〕　〔草〕

【筓】 ケイ　こうがい
〔俗〕笄　〔草〕

【策】 サク　むち
〔同〕敇　〔俗〕筞　〔同〕築　〔俗〕策　〔同〕箣　〔俗〕筴　〔俗〕篻　〔俗〕筭　〔同〕籍　〔草〕　〔草〕　〔草〕

【筍】 ジュン　たけのこ
〔同〕笋　〔同〕筝　〔同〕箰　〔同〕簨　〔草〕　〔草〕

【筅】 セン　ささら
〔同〕筅　〔草〕

【筑】〔筑〕 チク
〔同〕筦　〔俗〕筑　〔草〕

【答】 トウ　こたえ
〔俗〕荅　〔同〕荅　〔古〕畣

【等】 トウ　ひとしい
〔俗〕寸　〔俗〕才　〔俗〕刋　〔俗〕朩　〔俗〕等　〔俗〕扸

〔俗〕〔俗〕〔俗〕
〔俗〕〔俗〕〔草〕
〔草〕〔草〕〔草〕

【筏】バツ　いかだ

〔俗〕〔同〕〔同〕
〔同〕〔俗〕〔草〕

【筆】ヒツ　ふで

〔同〕〔俗〕〔同〕
〔俗〕〔俗〕〔俗〕
〔草〕〔草〕〔草〕

【筥】キョ　はこ

〔同〕〔草〕〔草〕

【筬】セイ　おさ

〔俗〕〔草〕

【筮】ゼイ　めどぎ

〔同〕〔同〕〔同〕
〔草〕〔草〕〔草〕

【節】〖節〗セツ・セチ　ふし

〔古〕〔同〕〔俗〕
〔俗〕〔俗〕〔俗〕

〔草〕〔草〕〔草〕

【箇】カ

〔同〕〔俗〕〔草〕

【管】カン　くだ

〔同〕〔草〕〔草〕

【箝】カン　はさむ

〔同〕〔俗〕〔草〕

【箕】キ　み

〔古〕〔古〕〔同〕
〔草〕〔草〕〔草〕

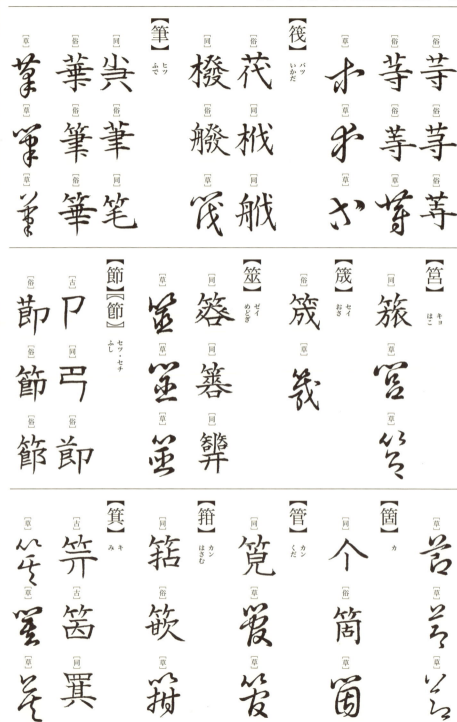

【箘】キン
【箍】コ たが
【算】サン かぞえる・かず
【箬】ジャク
【箋】セン はりふだ
【箏】ソウ こと
【箒】ソウ ほうき
【箙】フク えびら
【篋】キョウ はこ
【箱】ショウ はこ
【箭】セン や
【箸】チョ はし

【範】
ハン
のり
〔同〕
〔俗〕
〔俗〕
【篇】
ヘン
ふみ
〔俗〕
〔俗〕
〔草〕
【篝】
コウ
ふせご・かがり
〔俗〕
〔俗〕
〔同〕
〔同〕
〔草〕
〔草〕
【簒】
サン
うばう
〔俗〕
〔俗〕
〔同〕
〔草〕
〔草〕
【篩】
シ
ふるい
〔俗〕
〔同〕
〔同〕
〔同〕
〔草〕
【篪】
チ
〔同〕
〔草〕
〔草〕
【築】〖築〗
チク
きずく
〔俗〕
〔同〕
〔俗〕
〔本〕
〔草〕
〔草〕
【篤】
トク
あつい
〔同〕
〔同〕
〔草〕
【篦】
ヘイ
へら
〔俗〕
〔草〕
〔草〕
【簀】
サク
すのこ
〔俗〕
〔同〕
〔同〕
〔草〕
〔草〕
〔草〕
【篠】
ショウ
しの
〔同〕
〔同〕
〔俗〕
〔草〕
〔草〕
〔草〕
【簇】
ソウ
むらがる・しんし
〔同〕
〔草〕
〔草〕

【簓】 ささら
［同］筅
［草］

【簗】 やな
［俗］
［草］

【簡】〔簡〕 カン ふだ
［古］柬
［草］
［草］

【簣】 キ もっこ
［同］
［同］
［草］

【簪】 シン かんざし
［本］兂
［同］
［俗］
［俗］
［草］
［草］

【簞】 タン かたみ・わりご
［俗］箪
［草］
［草］

【簟】 テン たかむしろ
［俗］
［草］
［草］

【簠】 ホ
［本］
［同］
［草］

【籀】 チュウ
［俗］籕
［本］籒
［草］

【簿】〔簿〕 ボ
［俗］
［俗］薄
［俗］
［草］
［草］

【籅】 ヨ
［俗］
［草］

【籍】〔籍〕 セキ ふみ
［俗］藉
［俗］藉
［本］
［草］
［草］
［草］

【籌】 チュウ かずとり
［俗］筹
［俗］
［俗］
［草］
［草］
［草］

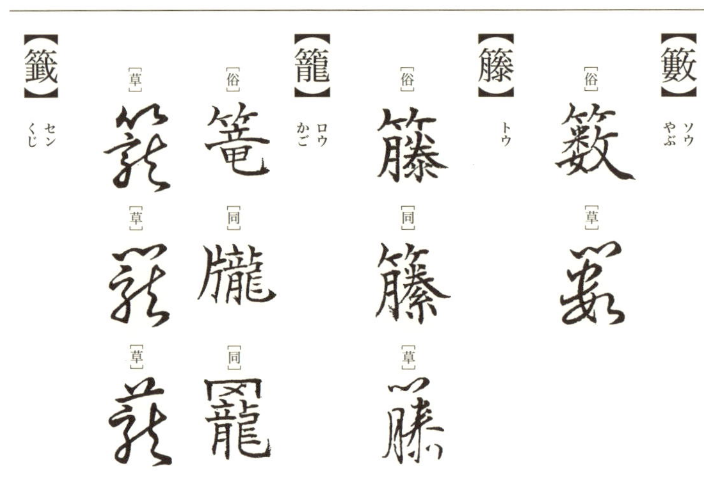

【簱】はた　［同］［草］

【籔】ソウ　やぶ　［俗］［草］

【籐】トウ　［俗］［同］［草］

【籠】ロウ　かご　［俗］［同］［同］［草］［草］［草］

【籤】セン　くじ　［俗］［草］［草］

【籬】リ　まがき　［俗］［草］［草］

【籯】エイ　［同］［草］

【籲】ユ　よぶ　［同］［草］［草］

米部

【米】ベイ・マイ　こめ　［古］［草］［草］

【粂】くめ　［俗］［同］［草］

【籾】もみ　［俗］［俗］［草］

【粉】フン　こ・こな　［俗］［草］［草］

【粗】ソ あらい
【粕】ハク かす
【粒】リュウ つぶ
【粤】エツ
【粥】シュク かゆ
【粧】ショウ よそおう
【粟】ゾク あわ
【粦】リン おにび
【粳】コウ うるち
【粲】サン
【粱】リョウ あわ
【糀】こうじ

【精】〔精〕セイ・ショウ　くわしい
〔同〕粹　〔俗〕精　〔草〕精

【粼】リン
〔俗〕粼　〔草〕粼　〔草〕粼

【糊】コ　のり
〔同〕粘　〔俗〕粰　〔同〕䅽
〔同〕麹　〔同〕黏　〔同〕黏
〔同〕䊀　〔草〕糊　〔草〕糊

【糕】コウ　こなもち
〔同〕餻　〔草〕糕

【糖】〔糖〕トウ　あめ
〔俗〕粡　〔同〕糛　〔同〕糖
〔同〕餹　〔同〕餳　〔草〕糖

【糒】ビ　ほしいい
〔俗〕糒　〔同〕糒　〔同〕餴
〔本〕糒　〔同〕糒　〔草〕糒

【糠】コウ　ぬか
〔同〕粇　〔同〕穅　〔草〕糠

【糟】ソウ　かす
〔本〕醩　〔俗〕醩　〔同〕醩

【糞】フン　くそ
〔古〕糞　〔草〕糞　〔草〕糞
〔俗〕糞　〔俗〕糞　〔同〕糞
〔俗〕糞　〔同〕糞　〔同〕糞
〔俗〕糞　〔草〕糞　〔草〕糞

【糧】リョウ・ロウ　かて
〔同〕粮　〔同〕糧　〔草〕糧

【糯】ダ　もちごめ
〔同〕稬　〔同〕穤　〔同〕糯
〔草〕糯　〔草〕糯

【糵】ゲツ　こうじ

〔同〕　〔草〕　〔草〕

【糴】テキ　かいよね

〔俗〕　〔俗〕　〔草〕

〔草〕　〔草〕　〔草〕

【糶】チョウ　うりよね

〔俗〕　〔俗〕　〔同〕

〔草〕　〔草〕　〔草〕

糸部

【糸】〖絲〗シ　いと

〔俗〕　〔俗〕　〔俗〕

〔同〕　〔草〕　〔草〕

【系】ケイ　つなぐ

〔同〕　〔俗〕　〔俗〕

〔俗〕　〔草〕　〔草〕

【紀】キ　おさめる

〔同〕　〔草〕　〔草〕

【級】〖級〗キュウ　しな

〔俗〕　〔草〕　〔草〕

【糾】〖糾〗キュウ　あざなう

〔俗〕　〔同〕　〔同〕

〔同〕　〔俗〕　〔草〕

【紅】コウ・ク　べに・くれない

〔俗〕　〔草〕　〔草〕

【約】〖約〗ヤク　むすぶ

〔俗〕　〔本〕　〔同〕

〔草〕　〔草〕　〔草〕

【紘】
コウ
つな
【紗】
サ・シャ
うすぎぬ
【索】
サク
なわ
【紙】
シ
かみ
【純】
ジュン
いと
【紝】
ジン
はたいと
【素】
ソ・ス
もと
【紐】
チュウ
ひも
【紛】
フン
まぎれる
【紋】
モン
あや
【経】【經】
ケイ・キュウ
へる

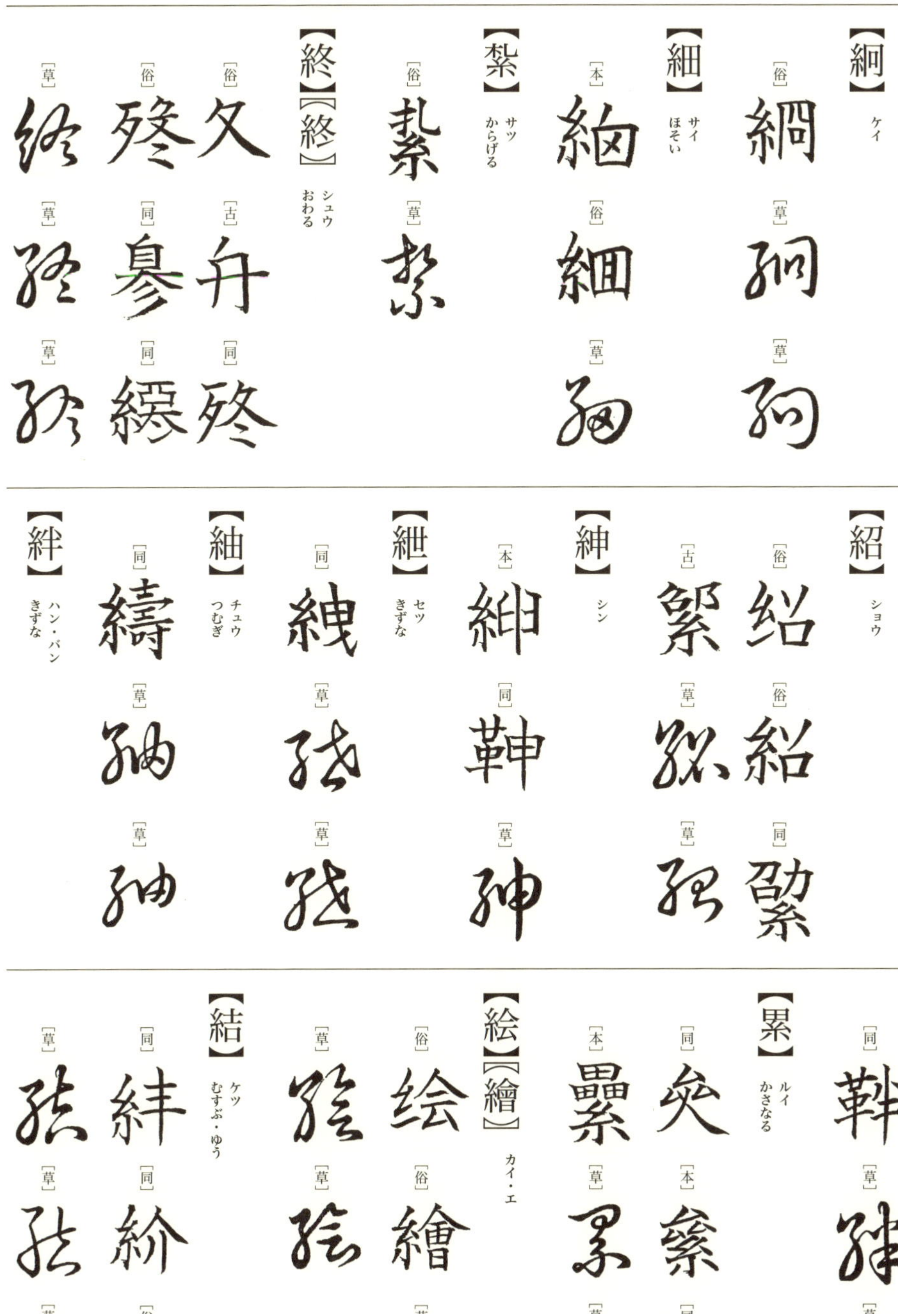

【絢】ケン あや
【紫】シ むらさき
【絨】ジュウ
【絶】〖絕〗ゼツ たえる・たつ
【統】トウ すべる
【絡】ラク からむ
【継】〖繼〗ケイ つぐ
【絹】ケン きぬ
【続】〖續〗ゾク つづく
【條】トウ・ジョウ さなだ
【綛】かすり
【綮】ケイ
【綱】コウ つな

【綷】サイ
［俗］［草］［草］

【緇】シ　くろ
［本］［草］［草］

【綽】シャク　ゆるやか
［古］［同］［草］

【緀】セイ
［同］［草］［草］

【総】〖總〗ソウ　すべる
［俗］［同］［同］
［俗］［俗］［俗］
［本］［同］［同］
［俗］［草］［草］
［草］［草］［草］

【綻】タン　ほころびる
［同］［同］［草］

【綴】テイ　つづる
［俗］［草］［草］

【網】〖網〗モウ　あみ
［本］［同］［俗］
［俗］［同］［同］
［本］［草］［草］

【綾】リョウ　あや
［俗］［草］［草］

【緑】〖綠〗リョク・ロク　みどり
［俗］［同］［草］

【綸】リン　いと
［俗］［草］［草］

【綟】レイ　もじ・もじり
［俗］［草］［草］

【練】〔練〕
レン
ねる
俗
同
草
【縁】〔緣〕
エン
ふち
俗
同
俗
草
草
草
【緩】〔緩〕
カン
ゆるい
本
草
草
【緊】
キン
きびしい
俗
草
草
【絙】
コウ
【縄】〔繩〕
ジョウ
なわ
同
草
草
同
草
草
【線】
セン
いと
俗
同
同
同
同
草
【緡】
ビン
いと・さし
同
草
草
【編】〔編〕
ヘン
あむ
同
草
草
【緬】
メン
ほそいと
同
草
草
【緯】〔緯〕
イ
よこいと
俗
俗
俗
俗
草
草
【縊】
イ
くびれる
俗
草
草
【縕】
オン・ウン
同
草
草
【縒】
シ
よる

【縦】〖縱〗 ジュウ たて

[本] [草]

[俗] [同] [俗]

[草] [草] [草]

【縉】 シン さしはさむ

[俗] [草] [草]

【縋】 ツイ すがる

[同] [俗] [草]

【縛】〖縛〗 バク しばる

[同] [草] [草]

【繁】〖繁〗 ハン しげる

[俗] [本] [俗]

[草] [草] [草]

【縫】〖縫〗 ホウ ぬう

[俗] [同] [同]

[草] [草] [草]

【徽】 キ よい

[俗] [草] [草]

【繈】 キョウ

[同] [草]

【縮】 シュク ちぢむ

[同] [同] [本]

[草] [草] [草]

【績】 セキ つむぐ

[同] [草] [草]

【繊】〖纖〗 セン

[俗] [本] [草]

[草] [草] [草]

【縹】 ヒョウ はなだ

[俗] [草] [草]

【綳】
ホウ
【縷】
ル
いと
【縺】
レン
もつれる
【繭】
ケン
まゆ
【繞】
ジョウ
まとう
【織】
ショク・シキ
おる
【繕】
ゼン
つくろう
【繹】
エキ
【繫】
ケイ
つなぐ
【繡】
シュウ
ぬいとり
【繰】
ソウ
くる
【纂】
サン
あつめる

[俗] [同] [草]

【纃】かすり
[同] [俗]

【纊】コウ　わた
[俗] [草] [草]

【纏】テン　まとう
[俗] [俗] [俗] [俗] [草] [草]

【纑】ロ　かせ
[俗] [俗] [草]

【纓】エイ
[俗] [草] [草]

【纔】サン　わずか
[俗] [俗] [草]

【纘】サン
[俗] [草] [草]

【纜】ラン　ともづな
[俗] [同] [俗] [草] [草] [草]

缶部

【缶】〔罐〕カン
[俗] [俗] [同] [同] [俗] [俗] [同] [草] [草] [草] [草]

【罅】カ　ひび
[同] [同] [同] [同] [草] [草]

【罌】オウ　かめ

［同］［草］［草］

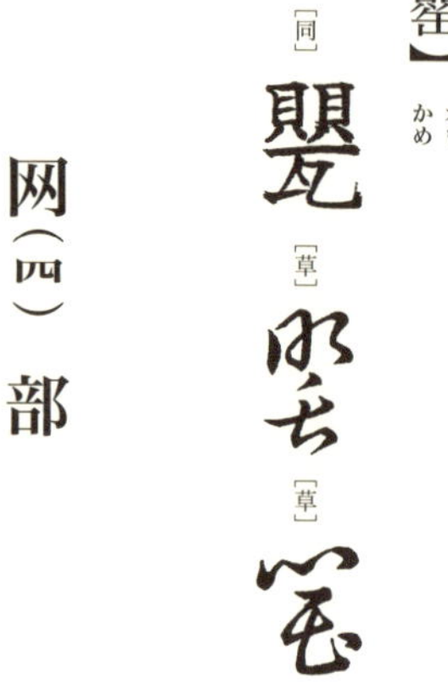

网（四）部

【网】ボウ　あみ

［俗］［俗］［草］

【罕】カン　まれ

［本］［草］［草］

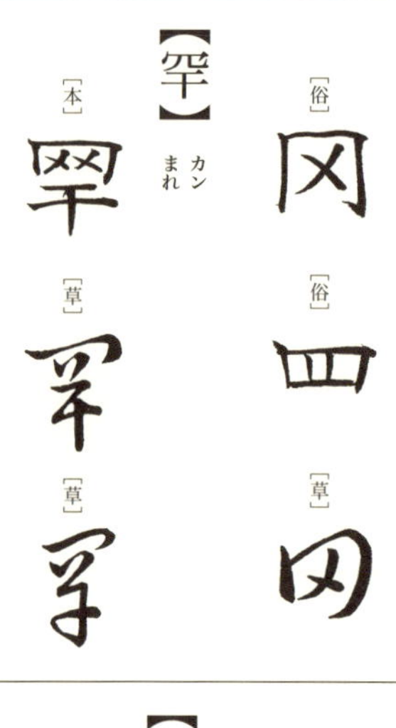

罒部

【罡】コウ

［同］［草］

【罠】ビン　あみ・わな

［同］［本］［草］

【罫】ケ・ケイ

［同］［俗］［俗］

［俗］［草］

【罪】ザイ　つみ

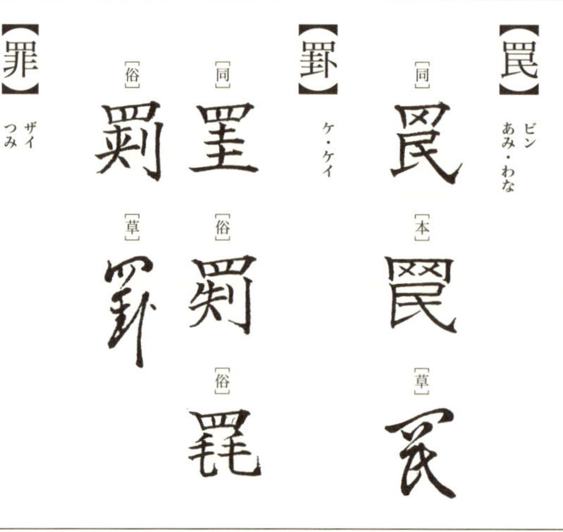

［同］辠　［古］　［本］罪

［草］　［草］　［草］

【署】〔署〕ショ　しるす

［本］署　［草］　［草］

【置】チ　おく

［俗］［俗］［俗］［同］［古］

［俗］［俗］［俗］［俗］［古］

［俗］［俗］［本］［古］［草］

【罩】トウ こめる
〔俗〕　〔草〕　〔草〕

【罰】バツ・バチ つみ
〔本〕　〔同〕　〔俗〕
〔同〕　〔本〕　〔草〕

【罵】バ ののしる
〔本〕傌　〔俗〕嗎　〔同〕駡
〔同〕　〔本〕　〔草〕

【罷】ヒ やめる
〔俗〕　〔本〕　〔同〕
〔俗〕　〔草〕　〔草〕

【罹】リ かかる
〔本〕　〔草〕　〔草〕

【羆】ヒ ひぐま
〔同〕　〔本〕　〔草〕

【羅】ラ あみ
〔俗〕罗　〔同〕　〔俗〕
〔本〕　〔草〕　〔草〕

【羇】キ たび・おもがい
〔俗〕　〔俗〕　〔同〕
〔草〕　〔草〕　〔草〕

【羈】キ おもがい
〔同〕　〔同〕　〔俗〕
〔同〕　〔俗〕　〔草〕

羊（⺶・⺷）部

【羊】ヨウ ひつじ
〔本〕　〔草〕　〔草〕

【羌】キョウ
〔同〕　〔本〕　〔同〕

【美】ビ　うつくしい

【茇】ユウ

【羞】シュウ　すすめる・はじる

【義】ギ　よい

【群】グン　むれる・むれ

【羨】ゼン　うらやむ

【羲】ギ

【羹】コウ　あつもの

【羸】ルイ　つかれる

羽(羽・⺕)部

【羽】〔羽〕 ウ は・はね
〔俗〕 〔草〕 〔草〕

【翅】 シ つばさ・はね
〔同〕 〔同〕 〔俗〕 〔同〕 〔草〕 〔草〕

【習】〔習〕 シュウ ならう
〔俗〕 〔俗〕 〔草〕

【翌】〔翌〕 ヨク あくる
〔俗〕 〔草〕 〔草〕

【翠】〔翠〕 スイ みどり
〔俗〕翆 〔俗〕 〔草〕

【翫】 ガン もてあそぶ
〔俗〕 〔草〕 〔草〕

【翩】 ヘン
〔俗〕 〔草〕 〔草〕

【翰】 カン
〔古〕 〔同〕 〔俗〕 〔俗〕 〔同〕 〔草〕

【翳】 エイ おおう
〔俗〕 〔草〕 〔草〕

【翼】〔翼〕 ヨク つばさ
〔同〕 〔同〕 〔同〕 〔古〕 〔俗〕 〔同〕 〔同〕 〔草〕 〔草〕

【翻】〔翻〕 ホン ひるがえる
〔同〕 〔同〕飜 〔草〕

【耀】〔耀〕 ヨウ かがやく
〔同〕 〔本〕燿 〔草〕

老（耂）部

【老】ロウ　おいる・ふける
〔俗〕〔俗〕〔草〕

【考】コウ　かんがえる
〔俗〕〔草〕〔草〕

【孝】コウ
〔同〕〔同〕〔俗〕〔草〕〔草〕〔草〕

【者】〘者〙シャ　もの

〔俗〕〔草〕〔草〕

【耆】キ・シ
〔同〕〔俗〕〔俗〕〔同〕〔同〕〔草〕

【耄】ボウ・モウ　ほうける
〔同〕〔俗〕〔俗〕〔俗〕〔同〕〔同〕〔同〕〔草〕〔草〕

【耇】コウ
〔同〕〔草〕〔草〕

【耋】テツ
〔同〕〔草〕〔草〕

而部

【而】ジ　しかして
〔古〕〔草〕〔草〕

耒（耒）部

【耘】ウン　くさぎる
〔俗〕〔同〕〔俗〕

〔同〕耘　〔同〕耟　〔草〕耘

【耕】〘耕〙 コウ たがやす

〔古〕畊　〔俗〕耕　〔俗〕耕
〔俗〕耕　〔俗〕耕　〔草〕耕
〔草〕耕　〔同〕𣗥　〔草〕耕

【耗】〘耗〙 モウ・コウ へる

〔同〕毛　〔俗〕秏　〔本〕秏
〔草〕耗　〔草〕耗　〔草〕耗

【耜】 シ すき

〔本〕梠　〔同〕耙　〔同〕耛

〔俗〕耜　〔草〕耜　〔草〕耜

【耨】 ドウ くさぎる

〔同〕鎒　〔草〕耨　〔草〕耨

耳部

【耳】 ジ みみ

〔俗〕耳　〔草〕耳　〔草〕耳

【耽】 タン ふける

〔俗〕耽　〔同〕眈　〔俗〕躭
〔俗〕躭　〔俗〕躭　〔俗〕躭

〔俗〕耽　〔草〕耽　〔草〕耽

【聃】 タン

〔俗〕聃　〔草〕聃　〔草〕聃

【聊】 リョウ いささか

〔本〕聊　〔同〕聊　〔同〕膠
〔草〕聊　〔草〕聊　〔草〕聊

【聖】〘聖〙 セイ・ショウ ひじり

〔同〕左　〔俗〕圣　〔俗〕圣
〔俗〕垩　〔同〕聖　〔同〕聖
〔俗〕聖　〔草〕聖　〔草〕聖

【聘】
ヘイ
【聚】
シュウ
あつまる
【聡】〔聰〕
ソウ
さとい
【聞】
ブン・モン
きく・きこえる
【聳】
ショウ
そびえる
【聴】〔聽〕
チョウ
きく
【聯】
レン
つらなる
【職】
ショク
つかさどる
【聾】
ロウ

聿部

【粛】〘肅〙 シュク　つつしむ

［俗］［俗］［俗］
［俗］［俗］［俗］
［俗］［俗］［俗］
［草］［草］［草］

【肆】 シ　ほしいまま

［同］［同］［同］
［草］［草］［草］

【肇】〘肇〙 チョウ　はじめる

［同］［本］［本］
［草］［草］［草］

肉部

【肉】 ニク　しし

［俗］［俗］［俗］
［俗］［同］［俗］
［同］［俗］［同］
［草］［草］［草］

【腐】 フ　くさる

［同］［同］［俗］
［同］［草］［草］

自部

【自】 ジ・シ　みずから

［古］［古］［同］
［草］［草］［草］

【臭】〘臭〙 シュウ　くさい

［俗］［草］［草］

至部

【至】シ　いたる
［俗］［古］［古］［古］［草］［草］

【致】〖致〗チ　いたす
［本］［俗］［同］［草］［草］［草］

【臻】シン　いたる
［俗］［草］［草］

臼(臼)部

【臼】キュウ　うす
［俗］［草］［草］

【臾】ユ
［俗］［草］［草］

【舁】ヨ　かく・かつぐ
［同］［俗］［俗］［草］［草］［草］

【舂】ショウ　うすづく
［俗］［俗］［俗］［俗］［本］［草］［草］［草］

【舄】セキ　くつ
［俗］［草］［草］

【舅】キュウ　しゅうと
［俗］［同］［本］［草］［草］［草］

【興】コウ・キョウ　おこる・おこす
［俗］［俗］［俗］

［俗］䑉 ［同］𦦙 ［同］𦧇 ［俗］𦥯 ［俗］𦦔 ［草］与 ［俗］興 ［本］𦦚 ［草］与

舌部

【舌】ゼツ した
［本］舌 ［古］𠯑 ［草］舌

【舐】シ なめる
［同］䑛 ［同］𦧇 ［同］𦧇 ［同］𦧇 ［俗］舐 ［同］𦧇

［草］舐 ［草］舐

【舒】ジョ のべる
［同］㤞 ［俗］舒 ［草］舒

舛（舛）部

【舜】〖舜〗シュン
［古］𦰍 ［本］𦰍 ［草］舜

【舞】〖舞〗ブ まう・まい
［古］𦏶 ［古］𦏶 ［俗］舞 ［俗］舞 ［同］儛 ［草］舞

舟部

【舟】シュウ ふね・ふな
［同］月 ［俗］舟 ［俗］舟 ［俗］舟 ［俗］周 ［草］舟

【航】コウ
［俗］航 ［同］斻 ［同］斻 ［俗］航 ［草］航 ［草］航

【般】ハン めぐる
［俗］舩 ［俗］舡 ［古］般

【舫】ホウ　ふね・もやい

【船】セン　ふね・ふな

【舵】ダ　かじ

【舶】ハク

【艇】テイ

【艘】ソウ　ふね

【艟】ドウ

【艦】カン　いくさぶね

【艪】ロ

【艫】ロ　へさき・とも

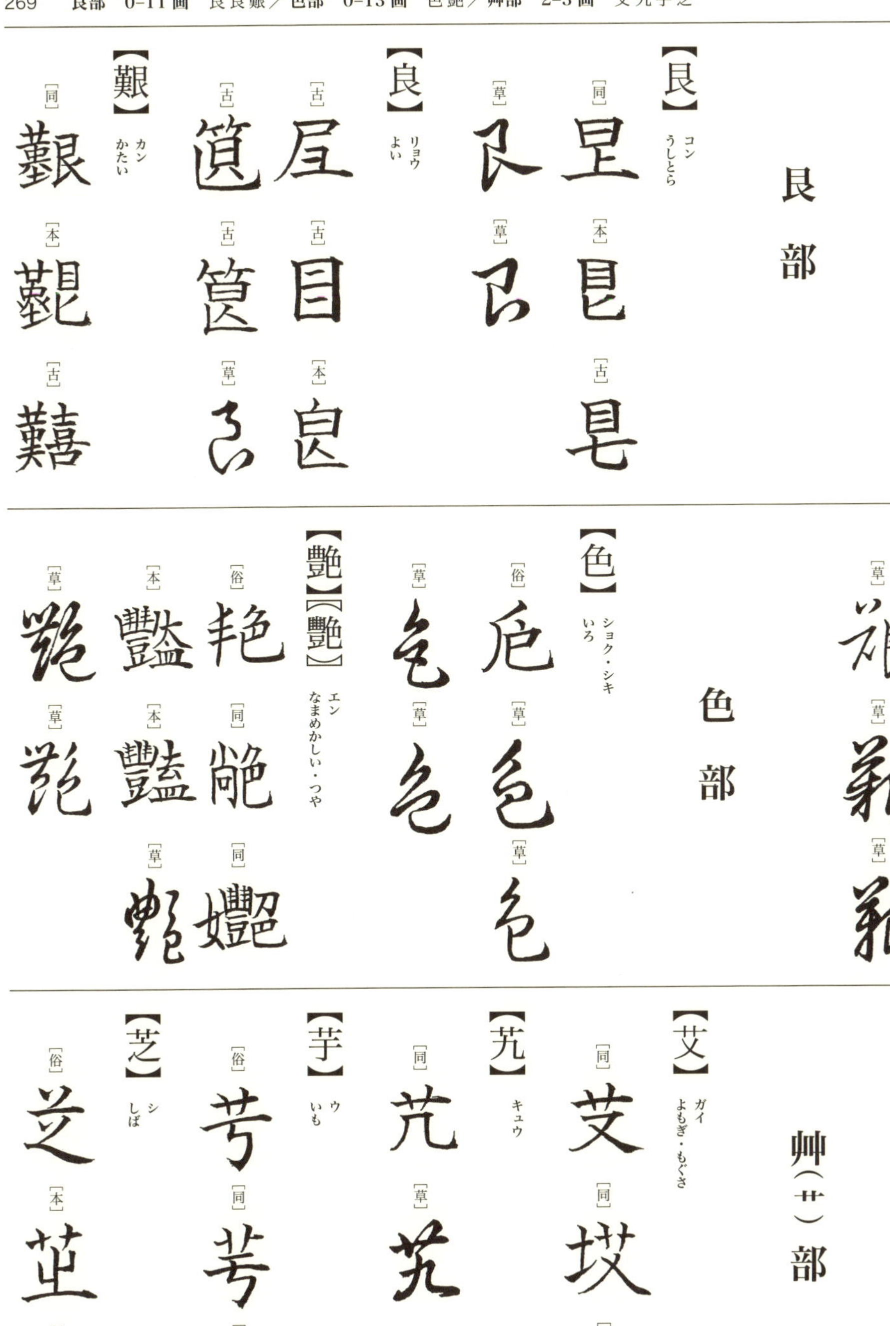
艮部
【艮】コン　うしとら
【良】リョウ　よい
【艱】カン　かたい
色部
【色】ショク・シキ　いろ
【艶】【艷】エン　なまめかしい・つや
艸（艹）部
【艾】ガイ　よもぎ・もぐさ
【艽】キュウ
【芋】ウ　いも
【芝】シ　しば

【芧】シ

【芍】シャク

【芒】ボウ　のぎ

【花】〖花〗カ　はな

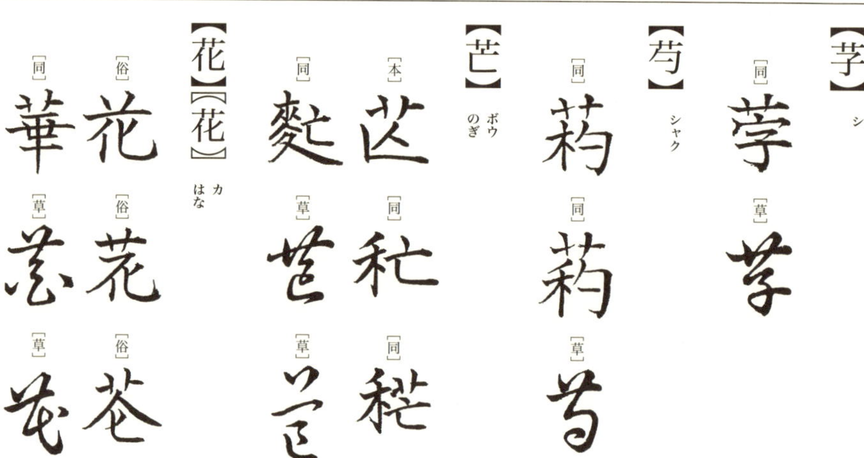

【芥】カイ　からし・あくた

【芹】キン　せり

【芸】〖藝〗ゲイ　わざ

【芻】スウ　まぐさ

【芙】フ

【芦】〖蘆〗ロ　あし・よし

【苡】イ

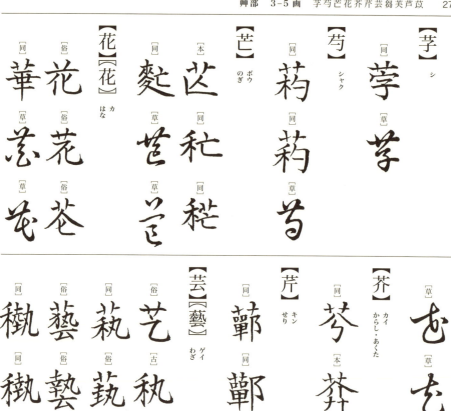

【英】エイ はな・はなぶさ
[俗] 英 [草] 英
[俗] 英 [草] 英
[俗] 偀 [草] 英

【苑】エン その
[俗] 苑 [俗] 菀
[俗] 苑 [草] 苑
[俗] 苑 [草] 苑

【芽】【芽】ガ め
[本] 芽 [草] 芽
[俗] 芽 [草] 芽
[草] 芽

【苣】キョ
[俗] 苣
[草] 苣

【苦】ク くるしい
[俗] 苦 [草] 苦
[同] 𦯀 [草] 苦
[草] 苦

【茎】【莖】ケイ くき
[俗] 茎 [草] 茎
[俗] 茎 [草] 茎
[俗] 莖 [草] 茎

【苟】コウ かりそめ
[俗] 苟 [草] 苟
[古] 苟 [草] 苟
[同] 蓇 [草] 苟

【若】ジャク わかい
[俗] 若 [草] 若
[俗] 若 [草] 若
[本] 叒 [草] 若

【苒】ゼン
[俗] 苒
[草] 苒

【苔】タイ こけ
[同] 菭
[草] 苔
[草] 苔

【苗】ビョウ なえ・なわ
[俗] 苗 [草] 苗
[俗] 苗 [草] 苗
[古] 苗 [草] 苗

【苺】 ボウ いちご
【茂】 モ しげる
【茵】 イン しとね
【荒】〖荒〗 コウ あらい・あれる
【荇】 コウ あさぎ
【茲】 ジ しげる
【茜】 セン あかね
【草】 ソウ くさ
【荘】〖莊〗 ソウ おごそか
【茶】 チャ・サ
【荷】 カ に

【華】〖華〗 カ・ケ　はな

〔同〕〔同〕〔俗〕〔俗〕〔俗〕〔俗〕〔俗〕〔本〕〔俗〕〔俗〕〔俗〕〔同〕〔同〕〔草〕〔草〕

【莟】 ガン　つぼみ

〔同〕〔草〕

【荻】 テキ　おぎ

〔俗〕〔同〕〔俗〕〔同〕〔草〕〔草〕

【荵】 ニン

〔俗〕〔草〕

【莫】 ボ・バク　なし・なかれ

〔古〕〔俗〕〔俗〕〔草〕〔草〕〔草〕

【莽】 モウ　くさむら

〔俗〕〔俗〕〔草〕

【莅】 リ

〔同〕〔俗〕〔草〕

【莨】 ロウ　ちからぐさ

〔同〕〔草〕

【菴】 アン　いおり

〔同〕〔古〕〔草〕〔草〕〔草〕〔草〕

【菓】 カ　くだもの

〔同〕〔俗〕〔俗〕〔草〕〔草〕〔草〕

【菅】 カン　すげ

〔古〕〔草〕〔草〕

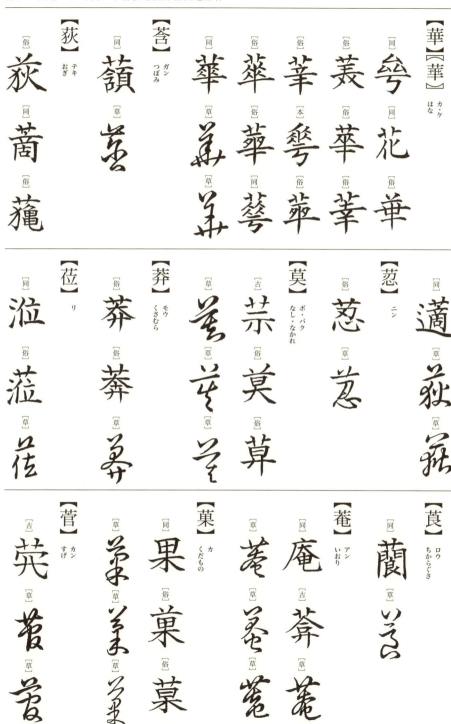

【菊】キク

〔俗〕〔同〕〔俗〕

〔同〕〔同〕〔草〕

〔草〕〔草〕〔草〕

【菌】キン　きのこ

〔俗〕〔草〕〔草〕

【菫】キン　すみれ

〔同〕〔本〕〔草〕

【菰】コ　まこも

〔本〕〔俗〕〔本〕

〔同〕〔俗〕〔草〕

【菜】〔菜〕サイ　な

〔俗〕〔俗〕〔俗〕

〔草〕〔草〕〔草〕

【萃】スイ　あつまる

〔同〕〔同〕〔草〕

【菹】ソ　つけもの

〔同〕〔俗〕〔草〕

【萏】タン

〔同〕〔草〕〔草〕

【著】〔著〕チョ　あらわす

〔俗〕〔俗〕〔俗〕

〔同〕〔草〕〔草〕

〔草〕〔草〕

【菟】ト

〔同〕〔俗〕〔草〕

【萍】ヘイ　うきくさ

〔同〕〔同〕〔草〕

【菩】ボ　ほとけぐさ

〔俗〕〔草〕〔草〕

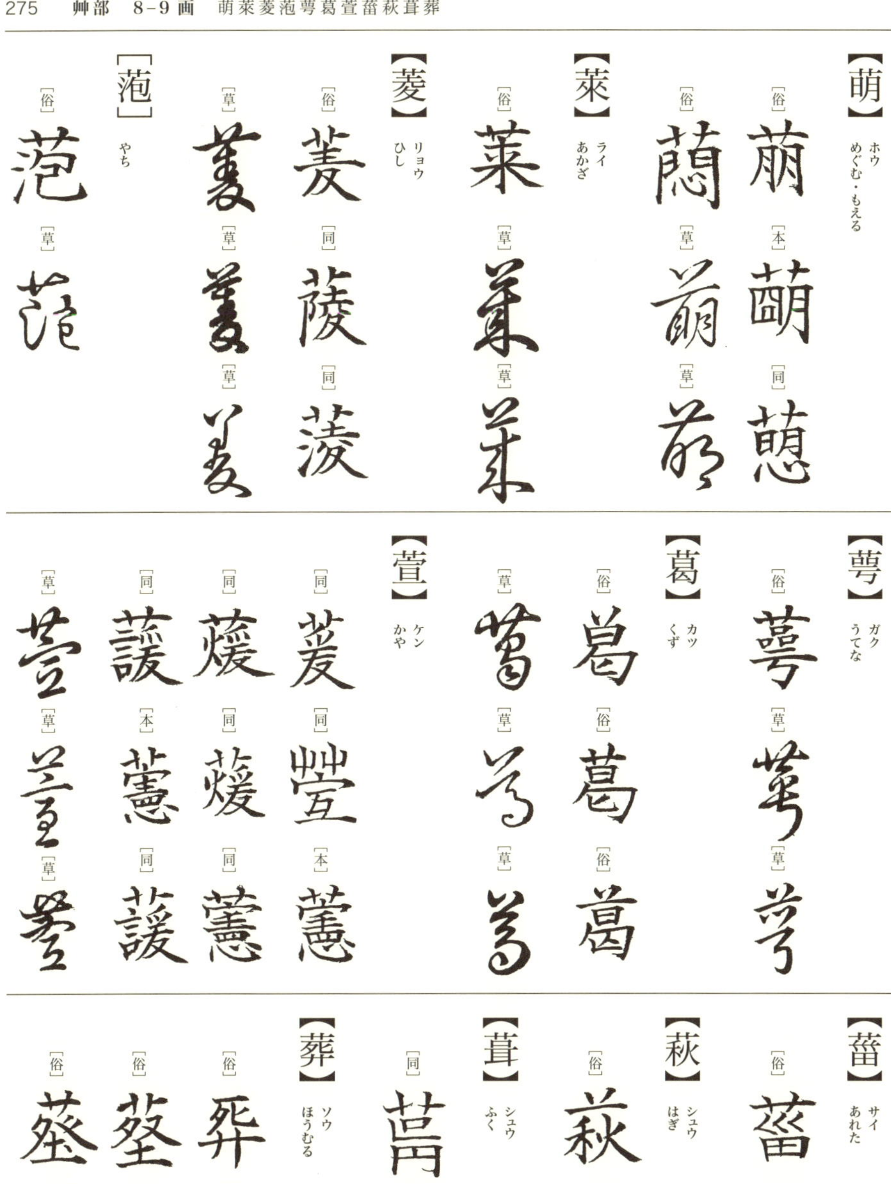
【萌】ホウ めぐむ・もえる
【萊】ライ あかざ
【菱】リョウ ひし
【萢】やち
【萼】ガク うてな
【葛】カツ くず
【萱】ケン かや
【菑】サイ あれた
【萩】シュウ はぎ
【葺】シュウ ふく
【葬】ソウ ほうむる

【葱】
ソウ
ねぎ
【董】
トウ
ただす
【萸】
ユ
【葉】
ヨウ
は
【落】
ラク
おちる
【蓋】
ガイ
おおう・ふた
【蒦】
カク
【蓑】
サ
みの
【蓍】
シ
めどぎ
【蒔】
ジ
まく
【蒐】
シュウ
あつめる

【蒸】ジョウ　むす

[俗] [俗] [同]

[俗] [俗] [俗]

[俗] [俗] [草]

【蒨】セン　あかね

[同] [草] [草]

【蒼】ソウ　あおい

[古] [草] [草]

【蓄】チク　たくわえる

[同] [同] [草]

【蒲】ホ　がま

[俗] [同] [俗]

[草] [草] [草]

【蒙】モウ　こうむる

[同] [俗] [俗]

[俗] [同] [俗]

[草] [草] [草]

【蓙】ざ

[俗] [草]

【蔭】イン　かげ

[俗] [俗] [草]

【蔇】キ

[俗] [草]

【蓴】ジュン　じゅんさい

[同] [草] [草]

【蔗】シャ・ショ　さとうきび

[同] [同] [同]

[草] [草] [草]

【蒋】ショウ

[俗] [草] [草]

【蔘】シン
〔本〕蓡
〔草〕

【蔕】テイ　へた
〔同〕蒂
〔草〕
〔草〕

【蔦】チョウ　つた
〔同〕樢
〔草〕
〔草〕

【蔑】ベツ　さげすむ
〔俗〕
〔俗〕
〔俗〕

【蔀】ホウ　しとみ
〔俗〕
〔俗〕
〔草〕
〔同〕
〔草〕
〔草〕

【蓬】ホウ　よもぎ
〔俗〕蓬
〔同〕
〔草〕

【蔓】マン　つる
〔俗〕蔓
〔同〕
〔草〕

【蕨】ケツ　わらび
〔俗〕
〔俗〕
〔草〕

【蕈】ジン　きのこ
〔俗〕蕈
〔草〕

【蕊】ズイ　しべ
〔俗〕蕋
〔俗〕蘂
〔草〕

【蔵】〔藏〕ゾウ　くら
〔俗〕
〔古〕
〔古〕
〔同〕
〔俗〕臧
〔俗〕藏
〔俗〕
〔草〕
〔草〕

【蕩】トウ　とろける
〔俗〕蕩
〔俗〕
〔俗〕
〔同〕
〔俗〕
〔同〕盪
〔草〕
〔草〕
〔草〕

【蔽】ヘイ　おおう

[俗] 蔽　[同] 𦿸　[草]

【薀】ウン　つむ

[同] 藴　[草]　[草]

【薑】キョウ　しょうが・はじかみ

[同] 葁　[同] 蕫　[同] 藩

[本] 蘁　[同] 薔　[同] 蘁

[草]　[草]

【薫】【薰】クン　かおる

[同] 焄　[俗] 熏　[同] 熏

[同] 蘍　[同] 蘍　[草]

【薊】ケイ　あざみ

[俗] 蓟　[草]　[草]

【薨】コウ　みまかる

[俗] 薨　[草]　[草]

【薔】ショウ

[俗] 蘠　[草]　[草]

【蕭】ショウ　よもぎ

[俗] 蕭　[草]　[草]

【薪】シン　たきぎ

[同] 新　[草]　[草]

【薛】セツ

[本] 薛　[草]　[草]

【薦】セン　すすめる

[同] 荐　[俗] 廌　[俗] 薦

[同] 虆　[草]　[草]

【薄】【薄】ハク　うすい

[同] 薄　[俗] 薄　[草]

[草]　[草]

【蕡】フン

[俗] 蕡　[草]　[草]

【薬】〔藥〕 ヤク くすり

〔俗〕 〔俗〕 〔俗〕

〔俗〕 〔俗〕藥 〔俗〕藥

〔草〕 〔草〕 〔草〕

【臈】 ロウ

〔同〕臘 〔草〕

【藁】 コウ わら

〔俗〕蒿 〔同〕槀 〔俗〕稿

〔俗〕 〔同〕 〔草〕

【薩】 サツ

〔俗〕 〔俗〕 〔俗〕

〔草〕 〔草〕

【藉】 シャ・セキ しく

〔同〕耤 〔俗〕藉 〔同〕

〔草〕 〔草〕 〔草〕

【薯】 ショ いも

〔俗〕 〔草〕

【薺】 セイ なずな

〔俗〕 〔草〕 〔草〕

【藪】 ソウ やぶ

〔同〕 〔俗〕藪 〔同〕

〔俗〕 〔草〕 〔草〕

【藤】〔藤〕 トウ ふじ

〔俗〕 〔同〕 〔俗〕

〔俗〕 〔草〕 〔草〕

【藩】 ハン まがき

〔俗〕 〔同〕籓 〔草〕

【藍】 ラン あい

〔俗〕 〔本〕藍 〔俗〕

〔俗〕 〔草〕 〔草〕

【藴】ウン　つむ
〔同〕〔本〕〔俗〕

【藷】ショ　いも
〔同〕〔同〕〔同〕〔同〕〔俗〕〔草〕

【蘇】ソ　よみがえる
〔俗〕〔俗〕〔俗〕〔草〕〔草〕〔草〕

【藻】ソウ　も
〔俗〕〔俗〕〔俗〕〔同〕〔俗〕〔俗〕〔同〕〔草〕〔草〕

【蘭】〖蘭〗ラン
〔俗〕〔草〕〔草〕

【蘢】はぎ
〔俗〕〔草〕

虍部

【虎】コ　とら
〔俗〕〔俗〕〔俗〕〔俗〕〔俗〕〔俗〕〔俗〕〔俗〕〔俗〕〔俗〕〔古〕〔同〕〔草〕〔草〕〔草〕

【虐】〖虐〗ギャク　しいたげる
〔俗〕〔同〕〔同〕

〔俗〕厇　〔同〕虒　〔俗〕虐

〔俗〕虐　〔同〕虓　〔同〕虎

〔同〕虔　〔同〕雹　〔草〕虔

【虔】ケン　つつしむ

〔同〕庋　〔同〕㕛　〔同〕叜

〔草〕虔　〔草〕虔　〔草〕虔

【虛】〔虚〕キョ・コ　むなしい

〔俗〕虗　〔俗〕虗　〔同〕虚

〔俗〕虛　〔本〕虛　〔俗〕虛

〔同〕樝　〔同〕魌　〔草〕虛

【虞】〔虞〕グ　おそれ

〔古〕㒲　〔俗〕虞　〔俗〕虞

〔俗〕虞　〔俗〕驢　〔草〕虞

〔草〕虞　〔草〕虞

【虜】〔虜〕リョ　とりこ

〔俗〕虏　〔草〕虜　〔草〕虜

【虧】キ　かける

〔俗〕䖊　〔草〕虧　〔草〕虧

虫部

【虫】〔蟲〕チュウ　むし

〔俗〕虫　〔同〕䖝　〔俗〕䖵

〔草〕虫　〔草〕虫　〔草〕虫

【虬】キュウ　みずち

〔俗〕虬　〔草〕虬　〔草〕虬

【虹】コウ　にじ

〔同〕玒　〔同〕䖯　〔同〕玒

〔俗〕蚽　〔同〕蚺　〔草〕虹

【虻】ボウ　あぶ
〔草〕〔草〕〔草〕〔同〕〔俗〕〔同〕〔草〕〔草〕

【蚓】イン　みみず
〔同〕〔草〕〔草〕

【蚜】カ
〔俗〕〔草〕

【蚕】〔蠶〕サン　かいこ
〔同〕〔同〕〔同〕

【蚤】ソウ　のみ
〔俗〕〔俗〕〔俗〕〔俗〕〔草〕〔俗〕〔俗〕〔同〕〔草〕〔草〕〔同〕〔俗〕〔俗〕〔草〕
〔同〕〔俗〕〔俗〕〔草〕〔俗〕〔俗〕〔俗〕〔草〕〔同〕〔俗〕〔同〕〔草〕

【蚊】ブン　か
〔同〕〔本〕〔同〕〔同〕〔同〕〔草〕

【蚌】ボウ
〔同〕〔草〕〔草〕

【蛍】〔螢〕ケイ　ほたる
〔俗〕〔同〕〔草〕〔草〕〔草〕

【蛇】ジャ・ダ　へび
〔同〕〔俗〕〔同〕

【蛆】ショ うじ
【蛙】ア かえる
【蛤】コウ はまぐり
【蛭】シツ ひる
【蛮】〔蠻〕バン
〔蛯〕えび
【蛾】ガ
【蛸】ショウ たこ
【蜃】シン
【蜂】ホウ はち
【蛹】ヨウ さなぎ
【蜊】リ あさり

【蜴】エキ　とかげ

〔同〕〔草〕〔俗〕〔草〕〔草〕

【蜻】セイ

〔同〕〔俗〕〔同〕〔草〕〔草〕〔草〕

【蜩】チョウ　せみ

〔同〕〔草〕〔草〕

【蜜】ミツ

〔俗〕〔同〕〔俗〕〔俗〕〔同〕〔俗〕〔同〕〔同〕〔同〕〔草〕〔草〕〔草〕

【蝄】モウ

〔本〕〔俗〕〔草〕

【蝟】イ　はりねずみ

〔同〕〔同〕〔草〕

【蝦】カ・ガ　えび

〔同〕〔草〕〔草〕

【蝨】シツ　しらみ

〔俗〕〔同〕〔同〕〔同〕〔草〕〔草〕

【蝕】ショク　むしばむ

〔同〕〔俗〕〔本〕〔同〕〔草〕〔草〕

【蝶】チョウ

〔同〕〔同〕〔同〕〔俗〕〔同〕〔草〕

【蝮】フク　まむし

〔同〕〔草〕〔草〕

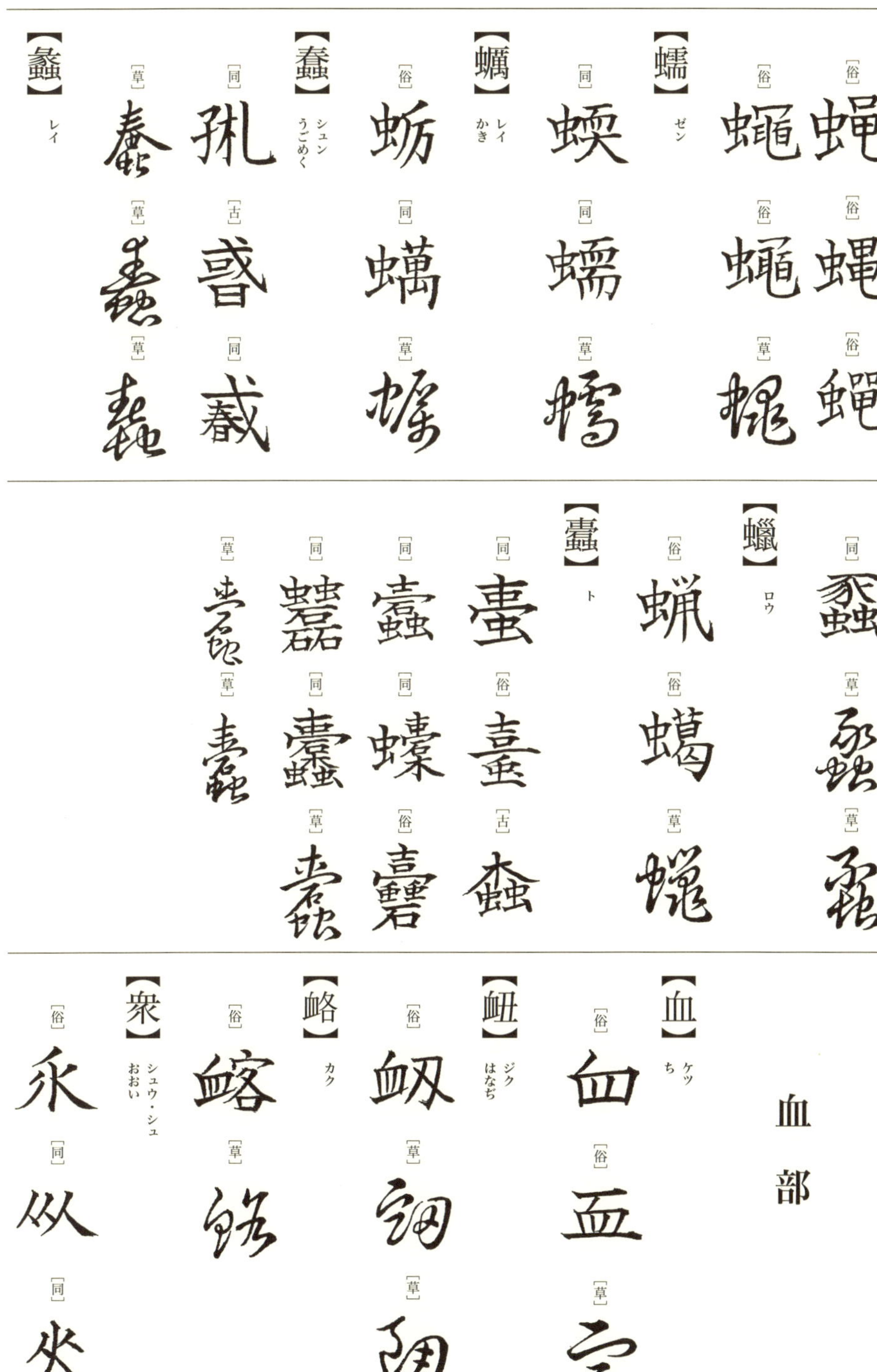

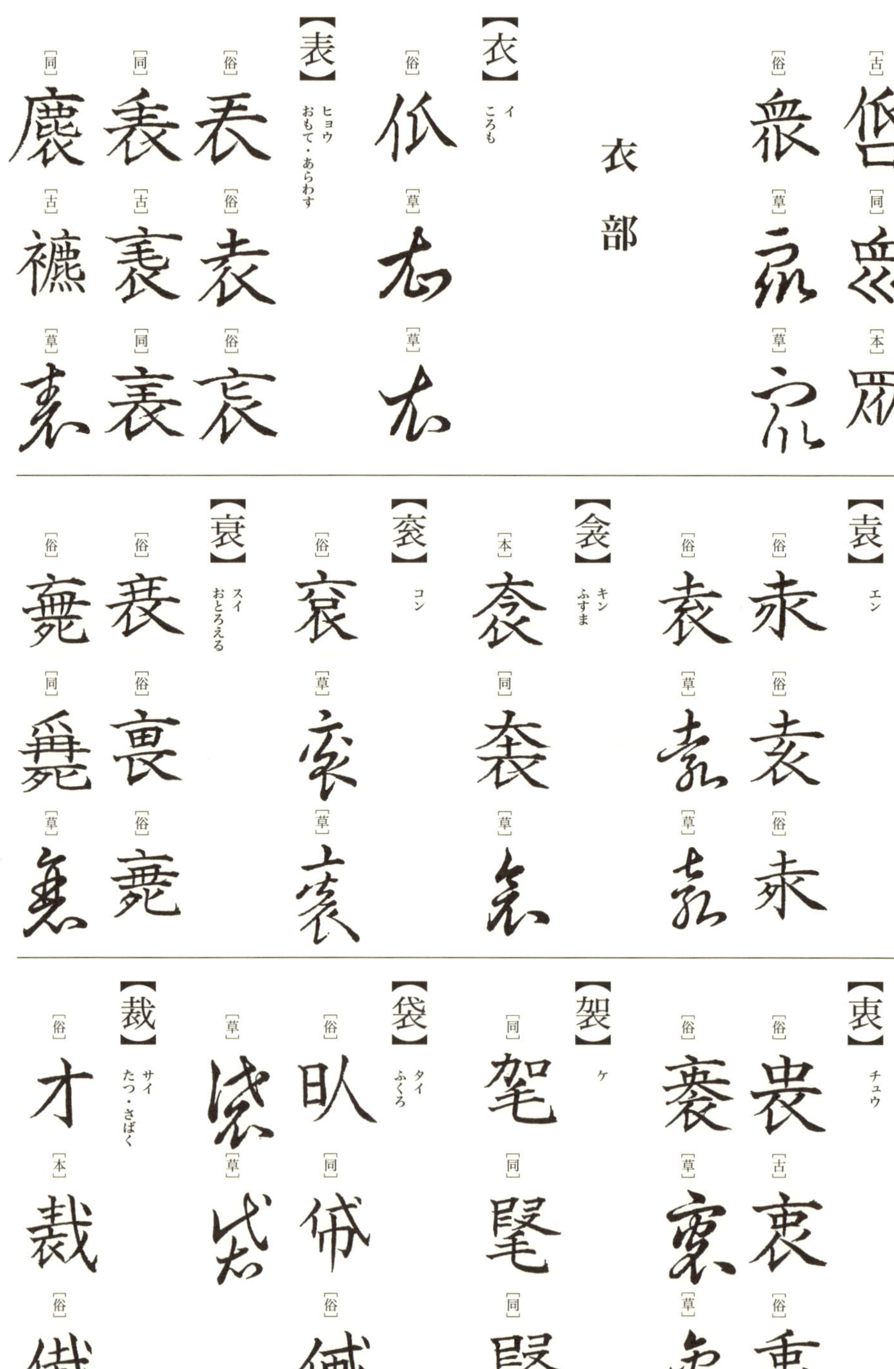
古
同
本
俗
草
草
衣部
【衣】
イ
ころも
俗
草
草
【表】
ヒョウ
おもて・あらわす
俗
俗
俗
同
古
同
同
古
草
【袁】
エン
俗
俗
俗
俗
草
草
【衾】
キン
ふすま
本
同
草
【衮】
コン
俗
草
草
【衰】
スイ
おとろえる
俗
俗
俗
俗
同
草
【衷】
チュウ
俗
古
俗
俗
草
草
【袈】
ケ
同
同
同
【袋】
タイ
ふくろ
俗
同
俗
草
草
【裁】
サイ
たつ・さばく
俗
本
俗

〔草〕〔草〕〔草〕

【装】〔裝〕 ソウ・ショウ よそおう

〔同〕〔同〕〔同〕
〔同〕〔俗〕〔俗〕
〔草〕〔草〕〔草〕

【裂】 レツ さく・さける

〔俗〕〔同〕〔同〕
〔同〕〔草〕〔草〕

【裔】 エイ すそ

〔俗〕〔同〕〔同〕
〔俗〕〔俗〕〔同〕
〔同〕〔同〕〔草〕

【裟】 サ

〔同〕〔草〕〔草〕

【裊】 ジョウ

〔同〕〔草〕〔草〕

【裏】 リ うら

〔同〕裡　〔俗〕〔草〕

【裳】 ショウ も

〔同〕〔草〕〔草〕
〔草〕〔草〕

【製】 セイ たつ・つくる

〔同〕〔草〕〔草〕

【裴】 ハイ

〔本〕〔草〕〔草〕

【褒】〔襃〕 ホウ ほめる

〔俗〕〔俗〕〔俗〕
〔俗〕〔同〕〔本〕
〔本〕〔本〕〔同〕
〔草〕〔草〕〔草〕

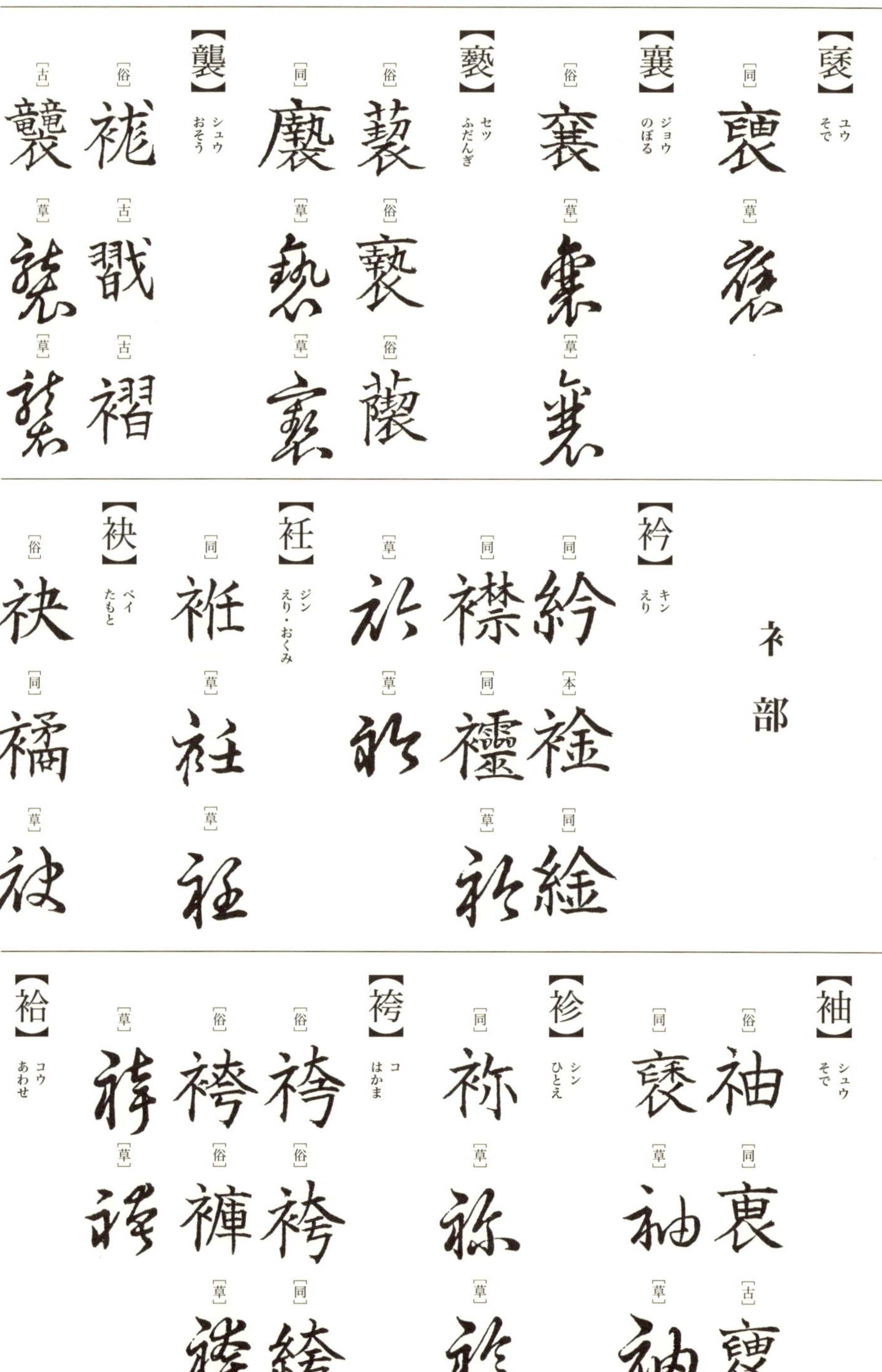
【褎】ユウ そで
【襄】ジョウ のぼる
【褻】セツ ふだんぎ
【襲】シュウ おそう
衤部
【衿】キン えり
【衽】ジン えり・おくみ
【袂】ベイ たもと
【袖】シュウ そで
【袗】シン ひとえ
【袴】コ はかま
【袷】コウ あわせ

［同］［草］［草］

【裙】クン　も

［同］［俗］［同］

［古］［草］［草］

【補】ホ　おぎなう

［俗］［古］［俗］

［同］［草］［草］

【裕】ユウ　ゆたか

［俗］［同］［草］

［草］［草］［草］

【褐】〔褐〕カツ　ぬのこ

［俗］［同］［同］

［草］［草］

【裸】ラ　はだか

［同］［同］［古］

［同］［本］［同］

［草］［草］

【褄】つま

［俗］［草］

【褘】イ　ひざかけ

［俗］［草］

【褌】コン　ふんどし

［俗］［同］［草］

［草］［草］

【複】フク

［本］［草］［草］

【褊】ヘン　せまい

［俗］［草］［草］

【褥】ジョク　しとね

［同］［草］［草］

【褫】チ　はぐ
【襁】キョウ
【襌】タン　ひとえ
【襖】オウ　ふすま・あお
【襠】トウ　したばかま
【襦】ジュ　はだぎ
【襤】ラン　ぼろ
【襴】ラン
【襷】たすき
【襻】ハン
【西】セイ・サイ　にし
襾（覀）部

【要】〔要〕 ヨウ いる

[同] [古] [古] [同] [草] [草] [草] [草]

【覆】〔覆〕 フク くつがえす

[俗] 覄 [俗] 覄 [俗] [本] [俗] [草] [草] [草] [草]

【覇】〔霸〕 ハ はたがしら

[同] 伯 [同] [俗] [俗] 霸 [俗] 霸 [同] [俗] 覇 [俗] 覇 [草]

臣部

【臣】 シン・ジン おみ

[古] [草] [草] [草] [草]

【臥】 ガ ふす

[俗] [俗] 卧 [草]

【臨】 リン のぞむ

[俗] [俗] [俗] [俗] 臨 [同] [古] [草] [草] [草] [草] [草]

見部

【見】 ケン みる・みえる

[俗] 見 [草] [草]

【規】 キ のり

[本] [俗] [俗]

【視】〖視〗
シ
みる
【覓】
ベキ
もとめる
【覚】〖覺〗
カク
おぼえる
【覗】
シ
みる・のぞく
【覘】
テン
うかがう
【親】
シン
おや・したしい
【覯】
コウ
みる
【覧】〖覽〗
ラン
みる
【観】〖觀〗
カン
みる
【覷】
ショ
うかがう
【覶】
ラ

角部

【角】
カク
かど・つの

〔俗〕〔俗〕〔本〕〔俗〕〔草〕〔草〕

【觝】
テイ
ふれる

〔同〕〔同〕〔俗〕〔草〕〔草〕〔草〕

【解】
カイ・ゲ
とく・とかす

〔俗〕〔俗〕〔俗〕〔俗〕〔俗〕〔俗〕〔俗〕〔俗〕〔俗〕〔俗〕〔古〕〔俗〕〔俗〕〔草〕〔草〕

【觥】
コウ

〔同〕〔草〕〔草〕

【触】〔觸〕
ショク
ふれる・さわる

〔同〕〔同〕〔俗〕〔同〕〔同〕〔草〕〔草〕〔草〕〔草〕

【觴】
ショウ
さかずき

〔同〕〔同〕〔草〕〔草〕〔草〕〔草〕

【觿】
ケイ
くじり

〔同〕〔同〕〔草〕〔草〕〔草〕

言部

【言】ゲン・ゴン　いう・こと

【訃】フ　つげる

【記】キ　しるす

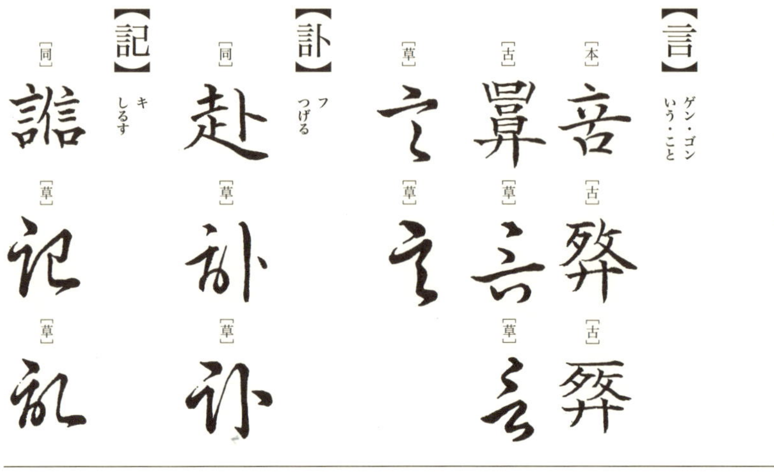

【訖】キツ　おわる

【訓】クン　おしえる

【訊】ジン　とう

【訛】カ　なまる・なまり

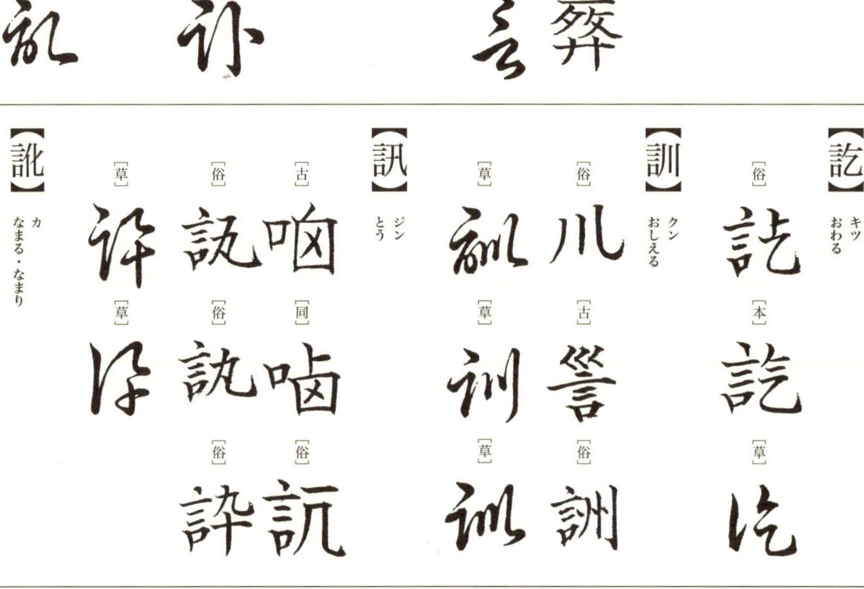

同　俗 譌　草

【訝】ガ　いぶかる

俗 訝　草　草

【訣】ケツ　わかれる

本　草　草

【訟】ショウ　うったえる

古　古 訟　古　草　草　草

【訪】ホウ　おとずれる

同　同　草

【訳】〔譯〕ヤク　わけ
［本］譯　［俗］譯　［俗］譯
［草］　［草］　［草］

【詒】イ　おくる
［同］詒　［草］　［草］

【詠】エイ　よむ
［同］咏　［同］詠　［草］

【訶】カ　しかる
［同］呵　［草］　［草］

【詐】サ　いつわる
［俗］詐　［俗］詐　［草］

【詞】シ　ことば
［俗］詞　［同］詞　［草］

【証】〔證〕ショウ　あかす・あかし
［同］　［同］　［同］
［同］　［同］　［草］
［草］　［草］

【詔】ショウ　みことのり
［俗］詔　［草］　［草］

【診】シン　みる
［同］　［俗］　［同］
［草］　［草］　［草］

【訴】ソ　うったえる
［俗］訴　［本］訴　［俗］
［同］　［同］　［同］
［草］　［草］　［草］

【詛】ソ　のろう
［同］　［草］　［草］

【詑】タ　あざむく
［同］　［俗］　［俗］

【註】チュウ　ときあかし

【該】ガイ　かねる

【詰】キツ　つめる

【誇】コ　ほこる

【詬】コウ　はずかしめる

【詩】シ　からうた

【訾】シ　そしる

【詢】ジュン　はかる・とう

【詳】ショウ　くわしい

【詫】タ　ほこる・わびる

【誂】チョウ　いどむ・あつらえる

【誉】〔譽〕ヨ　ほまれ

〔俗〕〔草〕〔草〕

【話】ワ　はなす・はなし
〔本〕〔古〕〔同〕
〔同〕〔草〕〔草〕

【誡】カイ　いましめる
〔俗〕〔俗〕〔同〕
〔俗〕〔草〕〔草〕

【誨】カイ　おしえる
〔古〕〔古〕〔草〕

【誑】キョウ　たぶらかす
〔同〕〔本〕〔草〕

【誤】〖誤〗ゴ　あやまる
〔同〕〔俗〕〔俗〕
〔草〕〔草〕

【誓】セイ　ちかう
〔古〕〔俗〕〔古〕
〔俗〕〔古〕〔草〕

【説】〖說〗セツ・ゼイ　とく
〔俗〕〔俗〕〔草〕
〔草〕〔草〕

【読】〖讀〗ドク・トク・トウ　よむ
〔俗〕〔同〕〔草〕
〔草〕〔草〕〔草〕

【誣】ブ・フ　しいる
〔俗〕〔草〕〔草〕

【誘】ユウ　さそう
〔同〕〔古〕〔同〕
〔同〕〔草〕〔草〕

【課】カ　はかる
〔俗〕〔草〕〔草〕

【誼】ギ よしみ

【誂】コウ

【諏】シュ はかる

【諄】ジュン くどい

【諸】〖諸〗ショ もろもろ

【諍】ソウ いさめる

【諾】ダク うべなう

【誕】〖誕〗タン いつわる

【談】ダン

【調】〖調〗チョウ しらべる

【諂】テン へつらう

【誹】ヒ そしる

【諒】リョウ まこと

【論】ロン　あげつらう
〔俗〕论　〔俗〕論　〔同〕
〔草〕　〔草〕　〔草〕

【謂】イ　いう
〔俗〕　〔本〕　〔草〕

【諧】カイ　かなう
〔同〕龤　〔草〕　〔草〕

【諤】ガク
〔同〕　〔草〕　〔草〕

【諫】カン　いさめる
〔俗〕　〔草〕　〔草〕

【諠】ケン　わすれる
〔同〕喧　〔古〕　〔同〕諼

【諺】ゲン　ことわざ
〔古〕　〔俗〕　〔俗〕
〔草〕　〔草〕

【謊】コウ
〔本〕　〔草〕

【諮】〖諮〗シ　はかる
〔同〕咨　〔草〕　〔草〕

【謚】シ　おくりな
〔同〕　〔草〕　〔草〕

【諜】チョウ　まわしもの
〔同〕　〔同〕　〔草〕

【諦】テイ　あきらめる
〔同〕謕　〔同〕　〔草〕

【諷】フウ
〔俗〕　〔草〕　〔草〕

【諞】ヘン
〔俗〕　〔草〕　〔草〕

【謐】ヒツ しずか
[俗] [草] [草]

【謨】ボ はかる
[古] [古] [同]
[同] [草] [草]

【謗】ボウ そしる
[同] [草] [草]

【謎】メイ なぞ
[同] [俗] [草]

【謳】オウ うたう
[俗] [俗] [草]

【謷】ゴウ そしる
[同] [草] [草]

【謫】タク せめる
[同] [同] [同]

【謬】ビュウ あやまる
[俗] [俗] [草]

【謾】マン あざむく
[俗] [同] [同]
[草] [草] [草]

【警】ケイ いましめる
[俗] [同] [俗]
[草] [草] [草]

【譎】ケツ いつわる
[俗] [草]

【識】シキ しる
[俗] [古] [古]
[同] [草] [草]

【譖】シン そしる
[俗] [草] [草]

【譚】タン　はなし
【譜】フ
【議】ギ　はかる
【護】ゴ　まもる
【讓】【譲】ジョウ　ゆずる
【譟】ソウ　さわぐ
【譬】ヒ　たとえる
【譍】ヨウ
【譴】ケン　せめる・とがめる
【讓】セン
【讌】エン　うたげ
【讐】シュウ　あだ

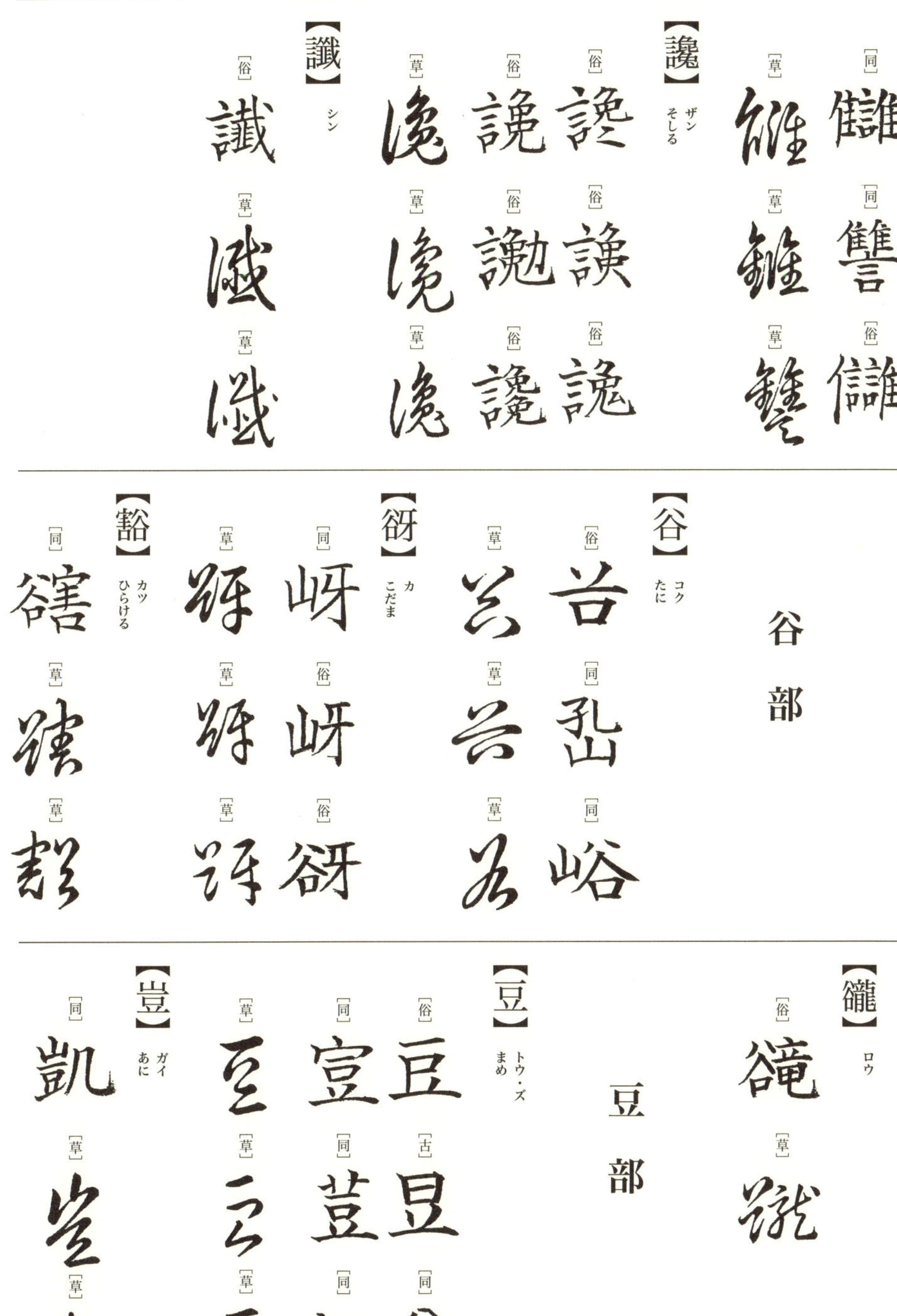

【豊】〔豐〕 ホウ ゆたか

〔俗〕丰　〔俗〕豐　〔古〕
〔古〕　〔草〕　〔草〕
〔草〕　〔草〕　〔草〕

【豌】 エン

〔同〕　〔草〕

【豎】 ジュ たつ

〔俗〕　〔俗〕　〔草〕
〔草〕　〔草〕　〔草〕

豕部

【豕】 シ い・いのこ

〔古〕　〔同〕　〔草〕

【豚】 トン ぶた

〔同〕　〔同〕　〔同〕
〔同〕　〔俗〕　〔同〕
〔草〕　〔草〕　〔草〕

【象】 ショウ・ゾウ かたち

〔俗〕　〔同〕　〔俗〕
〔俗〕　〔草〕　〔草〕

【豤】 コン

〔同〕　〔草〕

【豪】 ゴウ やまあらし

〔俗〕　〔同〕　〔古〕
〔同〕　〔本〕　〔同〕
〔草〕　〔草〕　〔草〕

【豶】 フン

〔俗〕　〔草〕　〔草〕

豸部

【豻】ガン
[同] 犴　[同] 貋　[草]

【豺】サイ　やまいぬ
[同] 犲　[草]　[草]

【貂】チョウ　てん
[俗] 貼　[同] 鼦　[草]

【貉】カク・バク　むじな
[同] 狢　[草]　[草]

【貊】バク
[同] 貃　[草]　[草]

【貌】ボウ　かたち・かお
[同] 皃　[俗] 㒵　[同] 狍
[同] 逸　[古] 貎　[同] 貇
[同] 額　[俗] 貌　[俗] 貌
[草]　[草]　[草]

【貘】バク
[同] 獏　[草]

【貔】ヒ
[同] 貔　[草]　[草]

貝部

【貝】バイ　かい
[俗] 貝　[俗] 蛽　[草]
[草]　[草]　[草]

【貞】テイ　ただしい
[俗] 貞　[古] 鼑　[草]

【負】フ　まける・おう
[俗] 負　[俗] 負　[草]

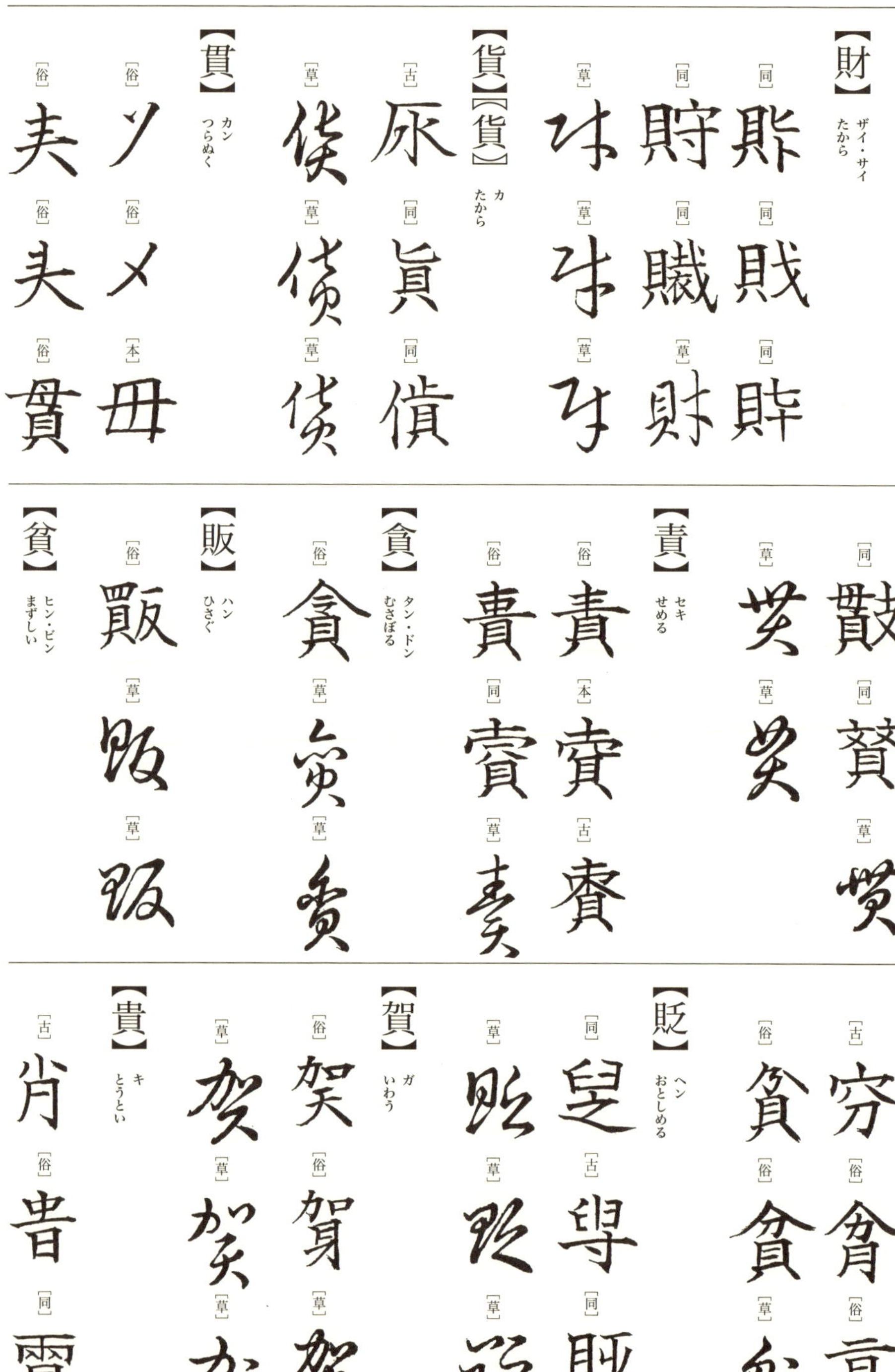

【財】ザイ・サイ　たから

【貨】〔貨〕カ　たから

【貫】カン　つらぬく

【責】セキ　せめる

【貪】タン・ドン　むさぼる

【販】ハン　ひさぐ

【貧】ヒン・ビン　まずしい

【貶】ヘン　おとしめる

【賀】ガ　いわう

【貴】キ　とうとい

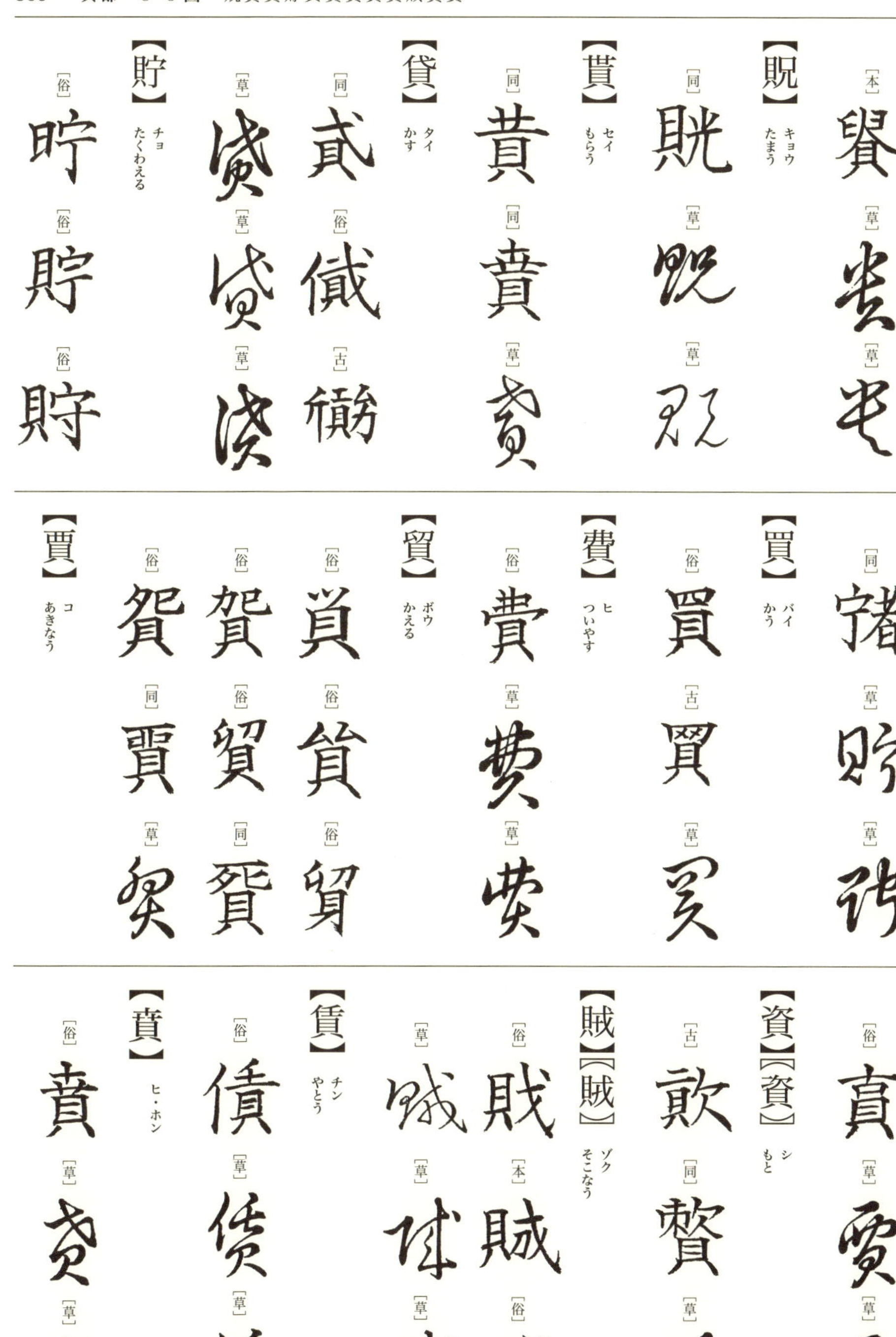

【貺】キョウ　たまう

【貰】セイ　もらう

【貸】タイ　かす

【貯】チョ　たくわえる

【買】バイ　かう

【費】ヒ　ついやす

【貿】ボウ　かえる

【賈】コ　あきなう

【資】【資】シ　もと

【賊】【賊】ゾク　そこなう

【賃】チン　やとう

【賁】ヒ・ホン

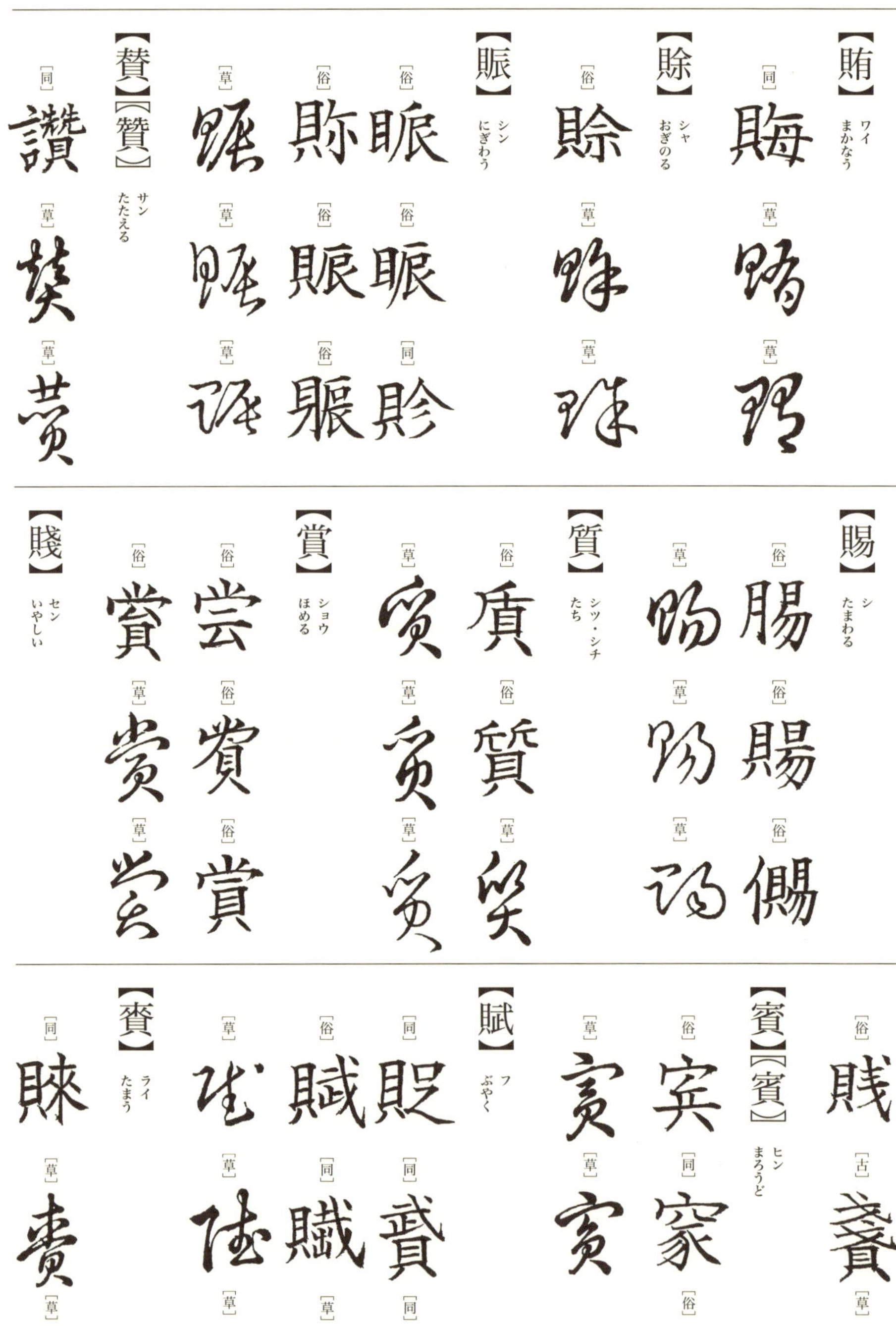
【賄】ワイ まかなう
【賒】シャ おぎのる
【賑】シン にぎわう
【賛】〔贊〕サン たたえる
【賜】シ たまわる
【質】シツ・シチ たち
【賞】ショウ ほめる
【賤】セン いやしい
【賓】〔賓〕ヒン まろうど
【賦】フ ぶやく
【賚】ライ たまう

【賢】ケン　かしこい
〔俗〕〔俗〕〔俗〕
〔俗〕〔俗〕〔古〕
〔草〕〔草〕〔草〕

【賭】ト　かける
〔俗〕〔同〕〔草〕

【購】〖購〗コウ　あがなう
〔俗〕〔同〕〔同〕
〔草〕〔草〕〔草〕

【贅】ゼイ　いぼ
〔俗〕〔古〕〔古〕
〔同〕〔草〕〔草〕

【贈】〖贈〗ゾウ・ソウ　おくる
〔同〕〔俗〕〔草〕

【贋】ガン　にせ
〔同〕〔本〕〔草〕

【贏】エイ　あまる
〔本〕〔草〕〔草〕

【贐】ジン　はなむけ
〔同〕〔草〕〔草〕

【贔】ヒ
〔俗〕〔草〕〔草〕

【贖】ショク　あがなう
〔俗〕〔俗〕〔本〕
〔草〕〔草〕〔草〕

【贓】ゾウ
〔俗〕〔俗〕〔同〕
〔草〕〔草〕〔草〕

赤部

【赤】

セキ・シャク
あか・あかい

[俗]　[本]　[草]

[俗]　[俗]　[草]

[本]　[古]　[草]

【赫】

カク
あかい

[同]　[草]　[草]

[俗]　[草]　[草]

[同]　[草]

走部

【走】

ソウ
はしる

[俗]　[本]

[本]　[草]

[本]　[草]

【赴】

フ
おもむく

[同]

[草]

[草]

【起】〖起〗

キ
おきる・おこる

[古]　[草]

[俗]　[草]

[古]　[草]

【赳】〖赳〗

キュウ

[同]　[草]

[俗]　[草]

[俗]

【越】

エツ
こす・こえる

[俗]　[俗]　[俗]

[古]　[俗]　[俗]

[古]　[俗]　[草]

【超】

チョウ
こえる・こす

[俗]　[草]

[俗]　[草]

[同]　[草]

【趁】
チン
おう

［同］ ［草］ ［草］

【赼】
シ

［俗］ ［同］路 ［草］

【趣】
シュ
おもむき

［同］ ［俗］ ［同］超

［俗］ ［同］ ［同］

［草］ ［草］

【趨】
スウ
はしる

［俗］ ［同］ ［俗］

［同］ ［同］ ［俗］

［同］ ［草］ ［草］

足（⻊）部

【足】
ソク
あし・たりる

［同］足 ［俗］ ［俗］

［俗］疋 ［俗］ ［草］

［草］ ［草］ ［草］

【趾】
シ
あし

［俗］址 ［同］ ［俗］

［草］ ［草］ ［草］

【距】〔歫〕
キョ
へだたる

［同］ ［俗］歫 ［草］

【跎】
タ

［同］ ［草］ ［草］

【跛】
ハ

［同］ ［同］彼 ［草］

【跋】
バツ
つまずく

［本］跋 ［俗］ ［草］

［草］ ［草］

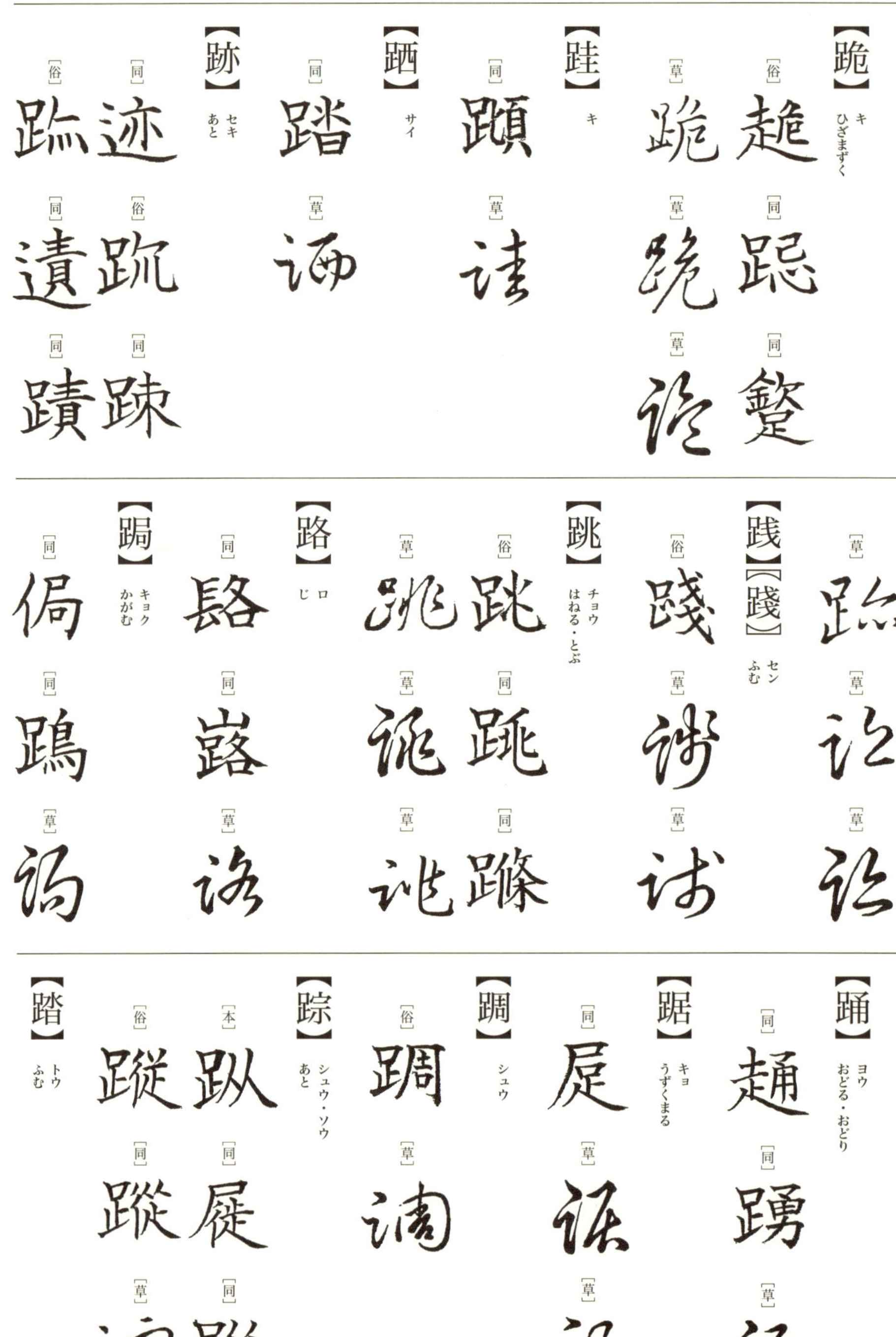
【跪】キ　ひざまずく
【跬】キ
【跴】サイ
【跡】セキ　あと
【践】〔踐〕セン　ふむ
【跳】チョウ　はねる・とぶ
【路】ロ　じ
【跼】キョク　かがむ
【踊】ヨウ　おどる・おどり
【踞】キョ　うずくまる
【⿰𧾷周】シュウ
【踪】シュウ・ソウ　あと
【踏】トウ　ふむ

〔同〕踏　〔草〕
〔同〕蹋　〔草〕
〔同〕蹹　〔草〕

【踵】ショウ　かかと
〔同〕歱
〔同〕蹱
〔草〕

【踸】チン
〔同〕跈
〔草〕
〔草〕

【蹄】テイ　ひづめ
〔古〕蹏
〔同〕蹏
〔同〕蹄　〔草〕
〔同〕蹏　〔草〕

【蹇】ケン　なやむ
〔俗〕蹇
〔草〕
〔草〕

【蹈】トウ　ふむ
〔古〕蹈
〔同〕踏
〔俗〕蹈
〔草〕
〔草〕
〔草〕

【蹋】トウ　ふむ
〔同〕踏
〔同〕踏
〔同〕踏
〔同〕蹹
〔同〕蹋
〔草〕

【蹙】シュク　せまる
〔同〕踧
〔同〕傶
〔同〕蹙
〔草〕
〔草〕
〔草〕

【蹣】マン
〔同〕蹣
〔草〕
〔草〕

【蹕】ヒツ
〔同〕蹕
〔草〕
〔草〕

【蹶】ケツ　つまずく
〔同〕蹷
〔同〕蹷
〔同〕蹷
〔草〕
〔草〕
〔草〕

【蹴】シュク・シュウ　ける
〔同〕蹵
〔同〕蹵
〔草〕
〔草〕
〔草〕
〔草〕

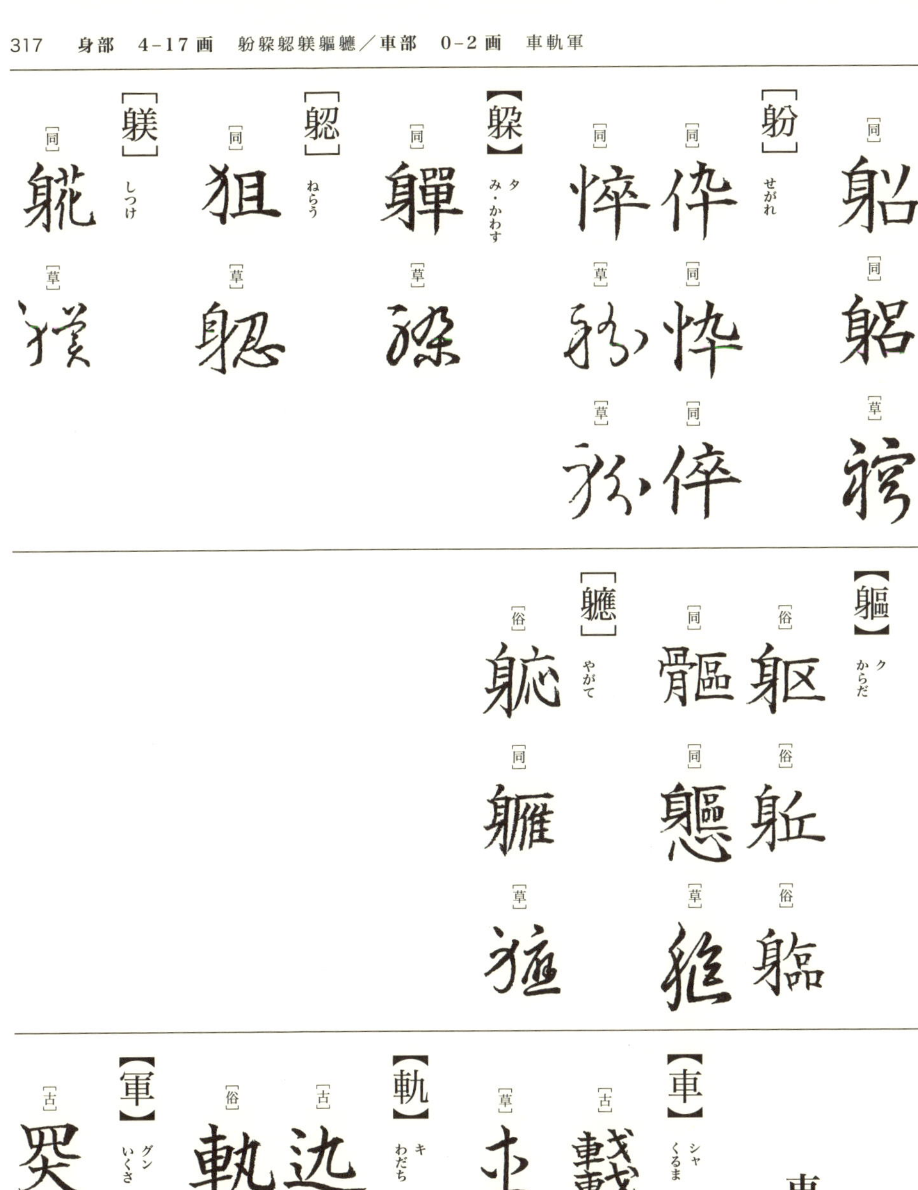

車部

【車】シャ くるま

【軌】キ わだち

【軍】グン いくさ

【軒】
ケン
のき
【転】〔轉〕
テン
ころがる
【軟】
ナン
やわらか
【軛】
ヤク
くびき
【軽】〔輕〕
ケイ
かるい・かろやか
【軸】
ジク
まきもの
【較】
カク
くらべる
【載】
サイ
のせる・のる
【輒】
チョウ
すなわち
【輓】
バン
ひく
【輔】
ホ
たすける・すけ
【輝】
キ
かがやく

【輜】シ ほろぐるま ［本］［草］［草］
【輩】ハイ やから ［俗］［草］［草］
【輛】リョウ ［俗］［草］
【輪】リン わ ［俗］［草］［草］
【輦】レン てぐるま ［古］［同］［草］
【輵】カツ ［同］［草］
【輸】〖輸〗ユ いたす ［俗］［俗］［俗］［草］［草］［草］
【輶】ユウ ［同］［草］［草］
【轄】〖轄〗カツ ［同］［同］［草］
【輿】ヨ こし ［同］［草］［草］
【轆】ロク ［同］［草］［草］
【轔】リン ［俗］［草］［草］
【轟】ゴウ とどろき ［俗］［俗］［同］［草］［草］［草］
【轜】ジ ［同］［草］

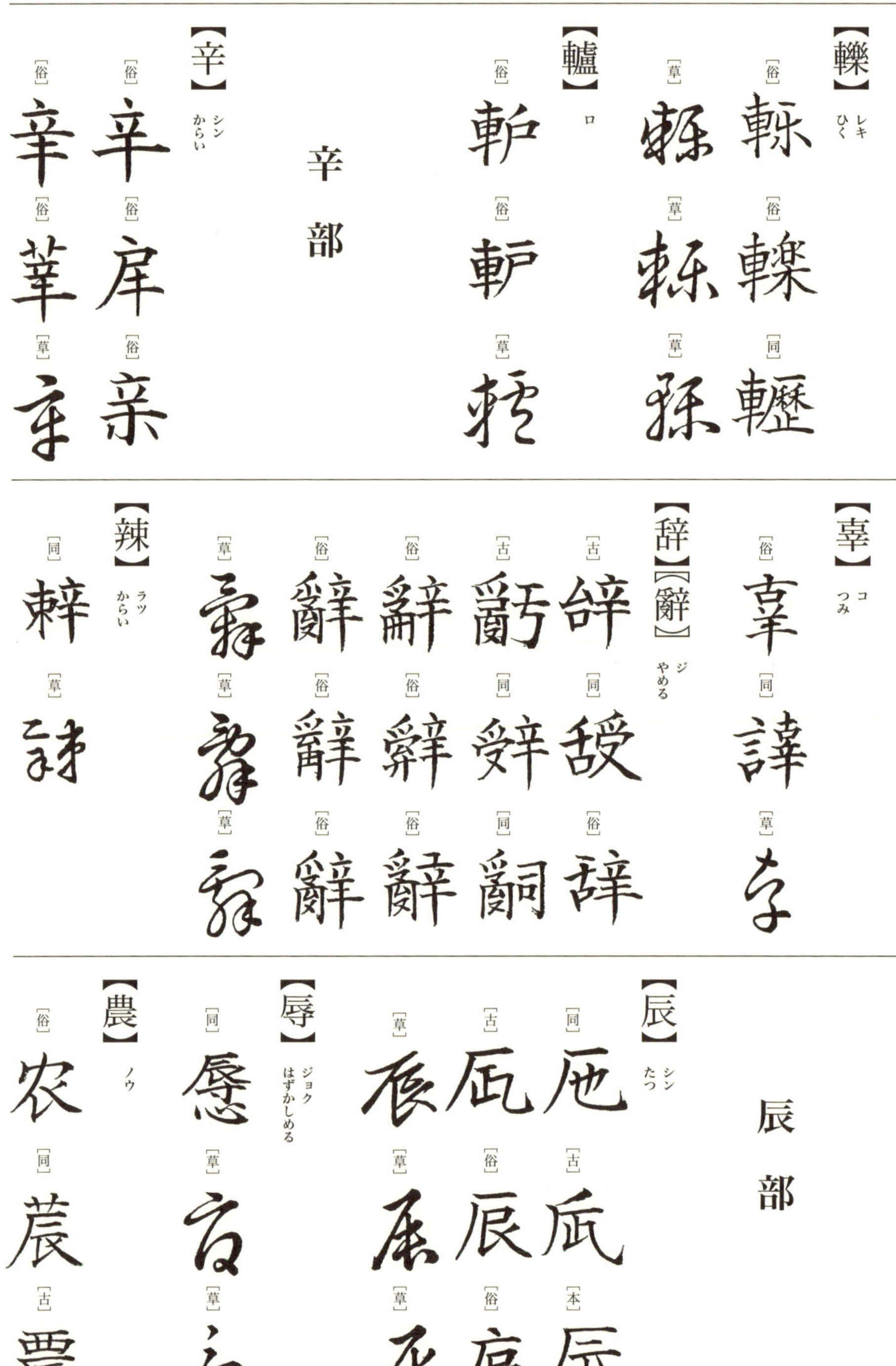

[同]辳　[古]䢉　[同]𨑃
[古]䢋　[草]農　[草]農

辵（辶・辶）部

【辷】すべる
[同]滑　[草]辷

【辺】〖邊〗ヘン　あたり・べ
[俗]边　[同]𨘢　[俗]𨔶
[俗]邉　[俗]𨗸　[俗]𨘣
[俗]邊　[俗]邊　[俗]邊

[俗]邊　[本]邊　[草]邊
[草]邊　[草]邊　[草]邊

【辻】つじ
[俗]辻　[草]辻

【迂】ウ
[俗]迂　[本]迃　[草]迂

【迄】キツ　いたる・まで
[同]迄　[俗]迄　[同]迄
[同]迨　[俗]迠　[同]赻
[同]赻　[草]迄

【巡】〖廵〗ジュン　めぐる
[俗]廵　[俗]廵　[同]逊
[同]𨑨　[同]𨑨　[草]巡
[草]巡　[草]巡　[草]巡

【迅】〖迅〗ジン　はやい
[同]卂　[同]迅　[草]迅

【辿】テン　たどる
[俗]辿　[草]辿

【迓】ガ　むかえる
[俗]迓　[草]迓　[草]迓

【送】〖送〗 ソウ おくる
［俗］送 ［同］送 ［同］送 ［同］送 ［同］送 ［草］送

【退】〖退〗 タイ しりぞく
［俗］退 ［古］退 ［俗］退 ［古］退 ［古］退 ［俗］退 ［同］退 ［草］退 ［草］退 ［草］退

【迺】 ダイ・ナイ すなわち
［同］乃 ［俗］迺 ［俗］迺 ［草］迺 ［草］迺 ［草］迺

【追】〖追〗 ツイ おう
［俗］追 ［草］追 ［草］追

【逃】〖逃〗 トウ にげる
［俗］逃 ［俗］逃 ［俗］逃 ［俗］逃 ［俗］逃 ［古］逃 ［古］逃 ［同］逃 ［俗］逃 ［草］逃 ［草］逃

【逄】 ホウ
［俗］逄 ［草］逄

【迷】〖迷〗 メイ まよう
［俗］迷 ［草］迷 ［草］迷

【這】 シャ この・はう
［俗］這 ［俗］這 ［草］這

【造】〖造〗 ゾウ つくる
［俗］造 ［古］艁 ［俗］造 ［同］造 ［俗］艁 ［草］造 ［草］造 ［草］造 ［草］造

【速】〖速〗 ソク はやい
［同］速 ［古］速 ［草］速

【逐】〔逐〕チク　おう

【通】〔通〕ツウ　とおる

【逓】〔遞〕テイ　かわるがわる

【逖】テキ

【途】〔途〕ト　みち

【透】〔透〕トウ　すける

【逗】トウ　とどまる

【逢】ホウ　あう

【連】〔連〕レン　つらなる

【逸】〔逸〕イツ　それる

【逵】キ

【週】〔週〕シュウ　めぐる

【進】〔進〕シン　すすむ

【逮】〖逮〗タイ およぶ

［同］迨　［俗］逮　［古］逯
［古］逯　［俗］　［同］隸
［草］　［草］

【迸】ホウ ほとばしる

［俗］逬　［俗］　［草］

【運】〖運〗ウン はこぶ

［古］　［草］　［草］

【過】〖過〗カ すぎる

［俗］过　［俗］　［草］

【遇】〖遇〗グウ あう

［古］　［草］　［草］

【遒】シュウ

［同］逎　［草］　［草］

【遂】〖遂〗スイ とげる

［同］　［古］　［古］
［古］　［草］　［草］

【達】〖達〗タツ とおる

［俗］达　［俗］　［俗］
［本］　［同］　［俗］
［草］　［草］　［草］

【遅】〖遲〗チ おくれる

［同］　［同］　［同］
［俗］　［古］　［俗］
［草］　［草］　［草］

【遉】テイ うかがう

［同］偵　［草］

【道】〖道〗ドウ・トウ みち

［俗］　［本］　［古］
［同］　［同］　［古］

【遁】トン　のがれる

【逼】ヒョク・ヒツ　せまる

【遍】〖徧〗ヘン　あまねく

【逩】ホン

【逾】ユ　こえる

【遊】〖遊〗ユウ・ユ　あそぶ

【遥】〖遙〗ヨウ　はるか

【違】〖違〗イ　ちがう

【遠】〖遠〗エン・オン　とおい

【遣】〖遣〗ケン　つかわす

【遘】コウ あう

【遡】ソ さかのぼる

【遜】ソン ゆずる

【遛】リュウ とどまる

【遮】〖遮〗シャ さえぎる

【遭】〖遭〗ソウ あう

【適】〖適〗テキ ゆく

【遺】〖遺〗イ・ユイ わすれる・のこす

【遻】ガク

【遵】〖遵〗ジュン したがう

【遶】ジョウ めぐる

【選】〔選〕セン　えらぶ

【遷】〔遷〕セン　うつる

【邁】マイ　ゆく

【遼】〔遼〕リョウ　はるか

【還】〔還〕カン　かえる

【避】〔避〕ヒ　さける

【邀】ヨウ　むかえる

【邇】ジ　ちかい

【邃】スイ

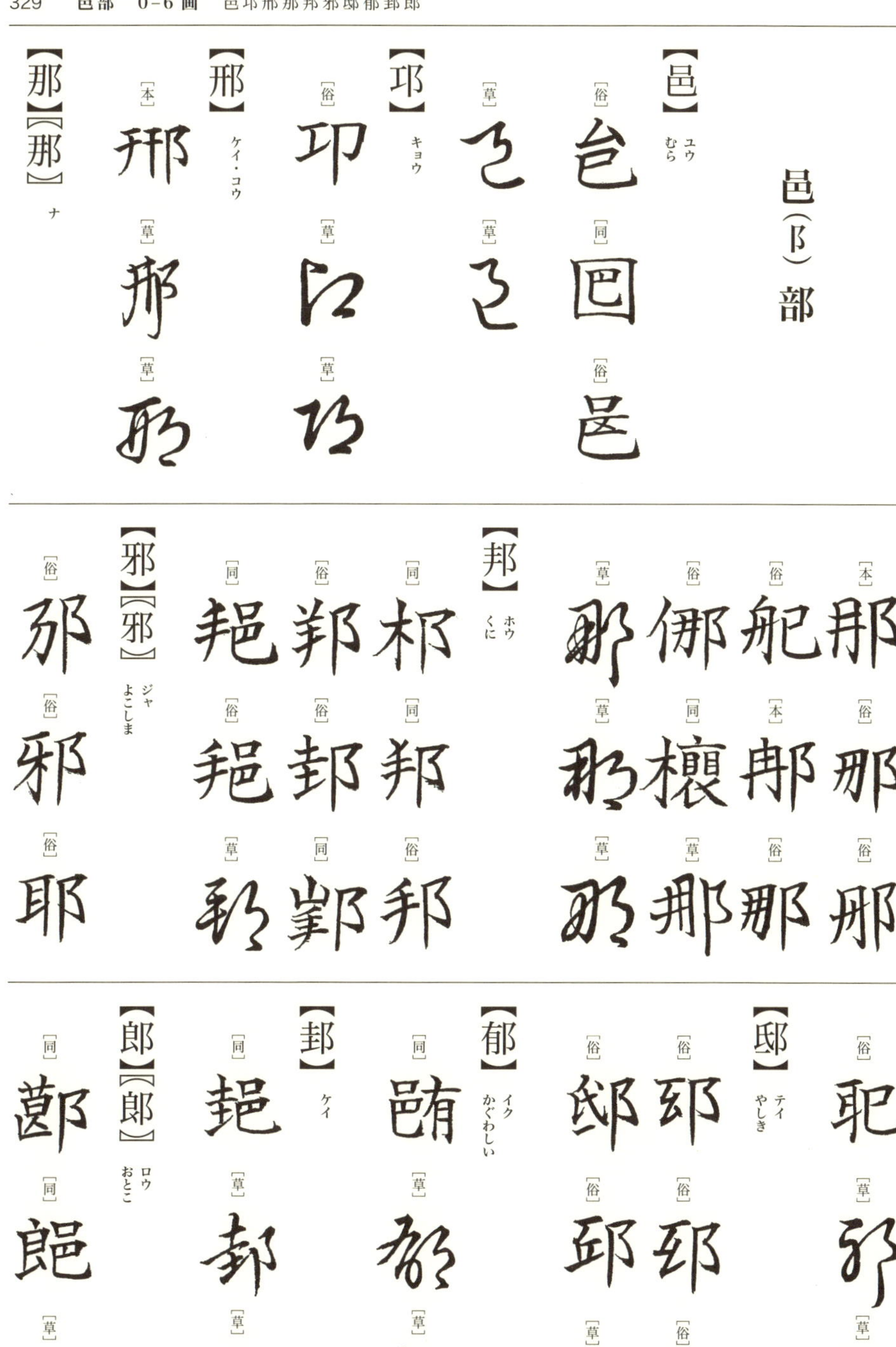

【郢】エイ
［同］
［草］
［草］
【郡】グン　こおり
［俗］
［本］
［草］
【郤】ゲキ
［俗］
［草］
【郭】カク　くるわ
［俗］
［本］
［本］
［同］
［草］
［草］
【郷】〖鄕〗キョウ・ゴウ　さと・ふるさと
［俗］
［俗］
［俗］
［俗］
［俗］
［俗］
［俗］
［俗］
［草］
【都】〖都〗ト・ツ　みやこ
［古］
［同］
［同］
［草］
［草］
［草］
【部】ブ
［俗］
［同］
［俗］
［草］
［草］
［草］
【郵】ユウ　しゅくば
［俗］
［俗］
［俗］
［本］
［草］
［草］
【鄆】ウン
［同］
［草］
【鄙】ヒ　ひな
［俗］
［俗］
［俗］
［草］
［草］
［草］
【鄭】テイ
［俗］
［草］
［草］
【鄮】ボウ

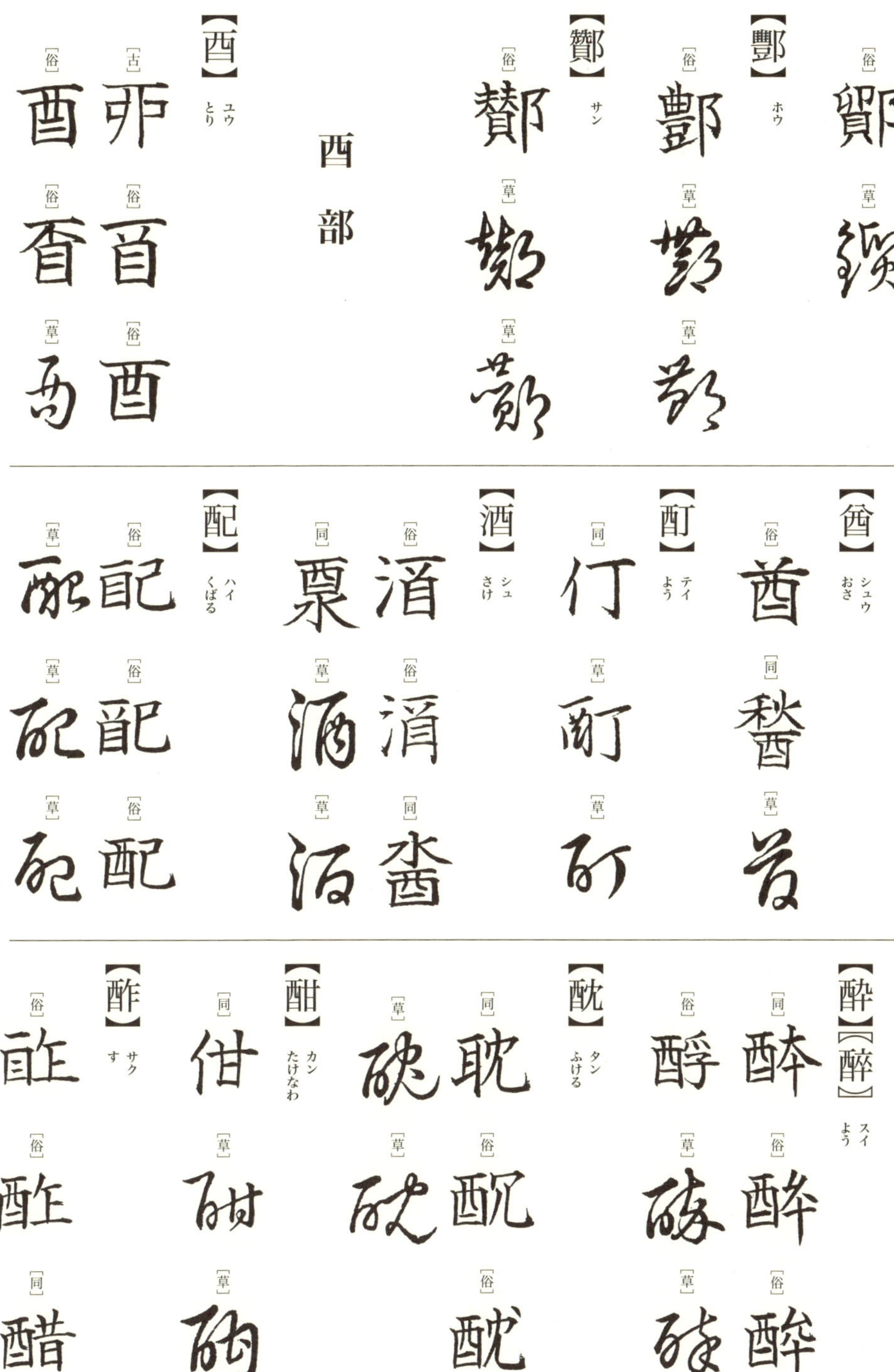

〔本〕〔同〕〔同〕
〔草〕〔草〕〔草〕

【酬】シュウ　むくいる
〔俗〕〔俗〕〔俗〕
〔俗〕〔俗〕〔本〕
〔同〕〔草〕〔草〕

【酩】メイ　よう
〔同〕〔草〕〔草〕

【酪】ラク
〔同〕〔同〕〔草〕

【酸】サン　すい
〔俗〕〔草〕〔草〕

【醆】サン　さかずき
〔同〕〔草〕〔草〕

【醇】ジュン　あつい
〔同〕〔同〕〔古〕
〔草〕〔草〕〔草〕

【醒】セイ　さめる
〔俗〕〔草〕〔草〕

【醍】ダイ
〔同〕〔俗〕〔俗〕

【醤】ショウ
〔本〕〔本〕〔俗〕
〔俗〕〔草〕〔草〕

【醱】ハツ
〔同〕〔俗〕〔草〕

【釀】〔醸〕ジョウ　かもす
〔俗〕〔俗〕〔草〕
〔草〕〔草〕〔草〕

釆部

【釈】〖釋〗シャク　とく・ゆるす

里部

【重】ジュウ・チョウ　おもい・かさねる

【野】ヤ　の

【量】リョウ　はかる

金部

【金】キン・コン　かね・かな

【針】シン　はり

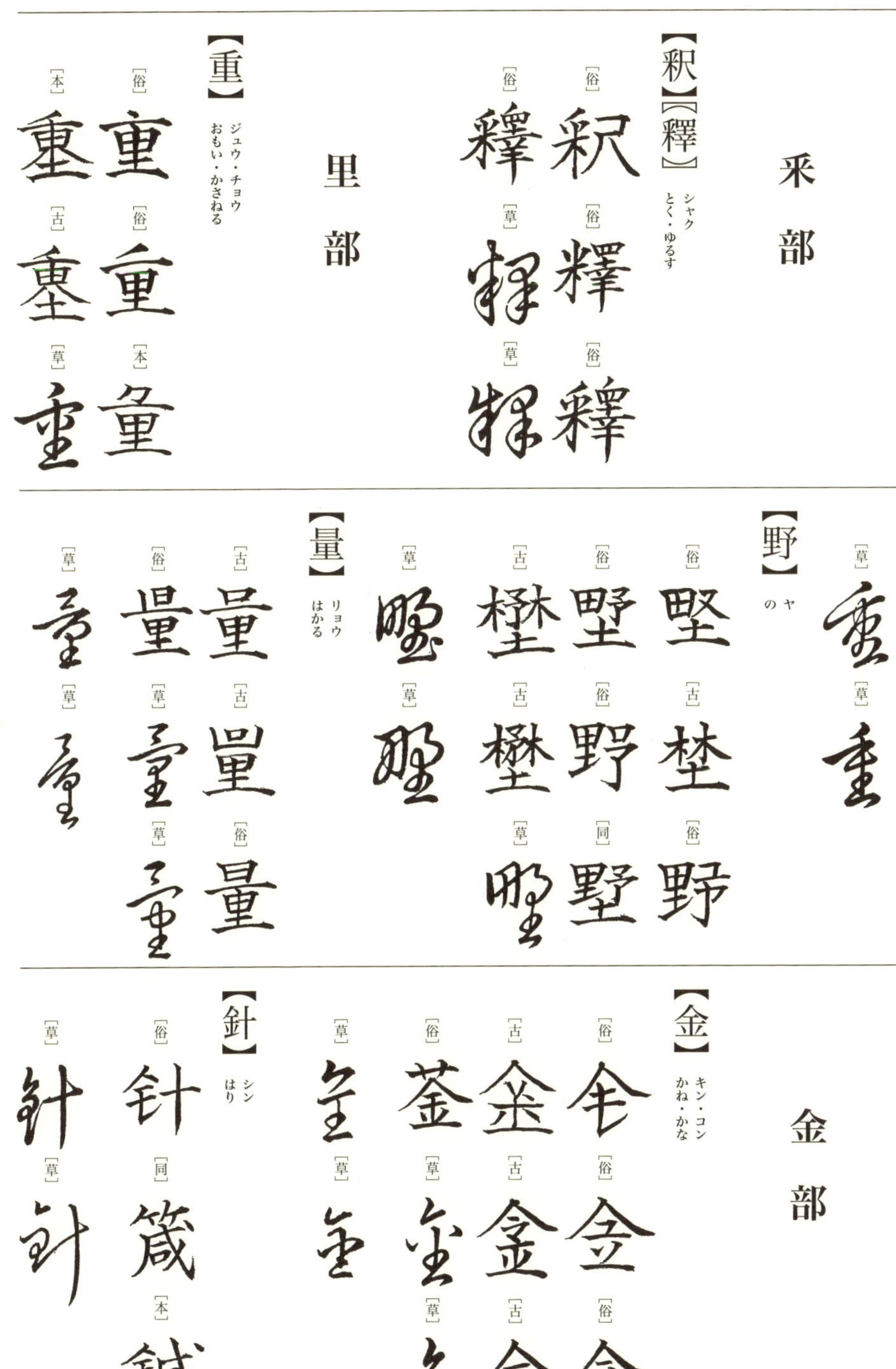

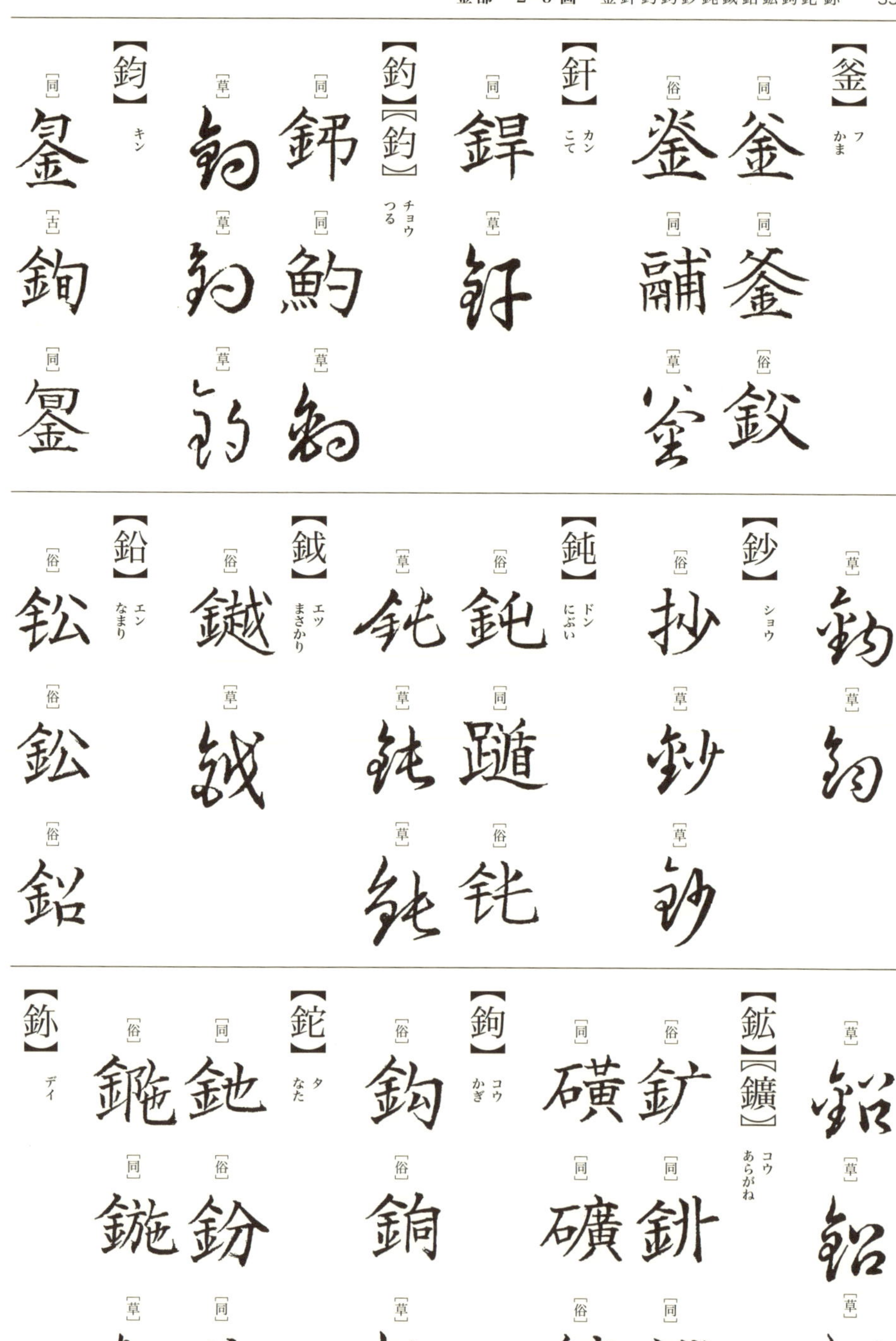

〔同〕鈮　〔草〕　〔草〕

【鉄】〔鐵〕テツ　くろがね

〔俗〕鉃　〔古〕銕　〔俗〕鐵
〔俗〕鐡　〔同〕鐵　〔同〕鐵
〔俗〕鐵　〔俗〕鐵　〔本〕鐵
〔古〕鐵　〔草〕　〔草〕

【鈿】デン　かんざし

〔同〕鎭　〔同〕鐻　〔草〕

【鉢】ハチ・ハツ

〔同〕盋　〔俗〕鉢　〔草〕

【鉋】ホウ　かんな

〔同〕鉋　〔俗〕鉋　〔俗〕鑤

【鉚】リュウ

〔俗〕鎏　〔草〕

【鈴】レイ・リン　すず

〔俗〕鈴　〔草〕　〔草〕

【銜】カン　くつわ

〔俗〕啣　〔俗〕衘　〔俗〕衔
〔同〕㘅　〔草〕　〔草〕

【銀】ギン　しろがね

〔俗〕艮　〔同〕垠　〔本〕錕

【銭】〔錢〕セン　ぜに

〔俗〕戋　〔俗〕戔　〔俗〕銭
〔俗〕銭　〔俗〕錢　〔俗〕反
〔草〕　〔草〕　〔草〕

【銑】セン　ずく

〔同〕鍌　〔草〕　〔草〕

【銚】チョウ　すき

〔同〕鋽　〔同〕鑃　〔同〕鑵
〔草〕　〔草〕　〔草〕

【銅】ドウ　あかがね
〔俗〕銅　〔草〕銅　〔草〕銅

【鋩】ボウ　きっさき
〔俗〕鋩　〔俗〕鋩　〔草〕鋩

【鋭】〔銳〕エイ　するどい
〔俗〕兊　〔俗〕鋭　〔草〕鋭

【鋏】キョウ　はさみ
〔俗〕鋏　〔草〕鋏　〔草〕鋏

【銹】シュウ　さび
〔同〕鏽　〔同〕鏥　〔同〕鏽

【鋤】ジョ　すき
〔同〕鉏　〔草〕鋤　〔草〕鋤

【鋳】〔鑄〕チュウ　いる
〔俗〕鋳　〔俗〕鑄　〔本〕鑄　〔俗〕鑄　〔草〕鋳　〔草〕鋳

【鋒】ホウ　ほこさき
〔俗〕鋒　〔俗〕鑵　〔俗〕鎽　〔俗〕鏠　〔同〕鏠　〔草〕鋒

【鋣】ヤ
〔俗〕鋣　〔同〕鋣　〔草〕鋣

［鎊］かざり
〔同〕飾　〔同〕餝　〔草〕鎊

［錵］にえ
〔同〕沸　〔草〕錵

【錏】ア　しころ
〔同〕錏　〔草〕錏

【錦】キン　にしき
〔同〕䥇　〔草〕錦　〔草〕錦

【鋼】コウ　はがね
〔同〕鋼　〔草〕鋼　〔草〕鋼

【錯】サク　まじる
〔俗〕厝
〔俗〕鐠
〔本〕鐠
〔草〕
〔草〕
〔草〕

【錙】シ
〔本〕錙
〔草〕
〔草〕

【鋾】ショウ
〔同〕鐼
〔草〕

【錠】ジョウ
〔俗〕
〔草〕
〔草〕

【錘】スイ　つむ・おもり
〔同〕垂
〔本〕
〔同〕錐
〔草〕
〔草〕
〔草〕

【錆】セイ　さび
〔俗〕錆
〔同〕鐄
〔草〕

【錣】テツ　しころ
〔俗〕
〔草〕

【錨】ビョウ　いかり
〔俗〕錨
〔草〕

【錬】〔鍊〕レン　ねる
〔俗〕
〔草〕
〔草〕

【録】〔錄〕ロク　しるす
〔俗〕录
〔俗〕
〔同〕
〔俗〕録
〔草〕
〔草〕
〔草〕
〔草〕
〔草〕

【鍋】カ　なべ
〔同〕
〔同〕
〔同〕
〔同〕鍋
〔同〕
〔草〕

【鍔】ガク　つば
〔同〕
〔同〕
〔同〕
〔草〕
〔草〕
〔草〕

【鍵】ケン　かぎ

【鍬】ショウ　くわ・すき

【鍛】タン　きたえる

【鎖】〖鎖〗サ　くさり

【鎮】〖鎭〗チン　しずめる

【鎚】ツイ　つち

【鎌】〖鎌〗レン　かま

〔鎹〕かすがい

〔鎺〕はばき

【鏖】オウ　みなごろし

【鏵】カ

【鏡】キョウ　かがみ

【鏟】サン

【鏘】ショウ
[俗] [草] [草]

【鏓】ソウ
[俗] [草]

【鏑】テキ　かぶらや
[同] [同] [草]

【鏝】マン
[俗] [草] [草]

【鏤】ロウ　える・ほる
[俗] [草] [草]

【鐚】ア　びた
[同] [草]

【鐘】ショウ　かね
[俗] [俗] [草]

【鐫】セン　ほる・える
[同] [俗] [同]

【鐔】タン　つば
[俗] [草] [草]

【鐙】トウ　たかつき
[同] [草] [草]

【鐂】リュウ
[俗] [草]

【鏻】リン
[俗] [草]

【鐸】タク
[俗] [草] [草]

【鑁】バン
[同] [草]

【鑈】ジョウ
[俗] [草]

【鑓】やり
【鑑】カン かがみ
【鑢】リョ やすり
【鑞】ロウ
【鑪】ロ
【鑰】ヤク かぎ
【鑽】サン きり・きる
【鑿】サク うがつ・のみ
長部
【長】チョウ ながい

門部

【門】モン　かど

［同］［草］［草］

【閉】ヘイ　とじる

［俗］［俗］［俗］［俗］［俗］［草］

【開】カイ　ひらく・あける

［俗］［俗］［俗］［古］［本］［俗］［古］［同］［同］［草］［草］［草］

【間】〔閒〕カン・ケン　あいだ・ま

［古］［俗］［草］

【閑】カン　のどか・ひま

［俗］［俗］［草］

【閏】ジュン　うるう

［俗］［俗］［古］［同］［俗］［同］［草］［草］

【閣】カク　たかどの

［俗］［草］［草］

【関】〔關〕カン　せき

［俗］［俗］［俗］［俗］［俗］［本］［俗］［草］［草］

【閥】バツ　てがら

［俗］［草］［草］

【閲】〔閱〕エツ　けみする

［同］［草］［草］

【閻】エン
〔同〕閆　〔草〕　〔草〕

【閹】エン
〔同〕　〔同〕　〔草〕

【闈】イ　くぐり
〔俗〕　〔草〕　〔草〕

【闉】イン
〔俗〕　〔草〕　〔草〕

【闊】カツ　ひろい
〔同〕　〔同〕　〔俗〕濶
〔本〕　〔俗〕濶　〔草〕

【闃】ゲキ　しずか
〔同〕　〔草〕

【闕】ケツ　かく
〔同〕缺　〔同〕　〔同〕
〔俗〕　〔俗〕　〔俗〕
〔草〕　〔草〕　〔草〕

【闔】コウ　とじる
〔本〕　〔俗〕　〔草〕

【闘】〔鬪〕トウ　たたかう
〔俗〕斗　〔俗〕　〔俗〕
〔同〕　〔俗〕　〔俗〕

阜（阝）部

【阜】フ　おか
〔同〕阝　〔俗〕　〔本〕
〔同〕　〔俗〕　〔俗〕
〔古〕　〔草〕　〔草〕

【阨】アイ・ヤク　せまい・ふさがる
〔同〕阸　〔草〕

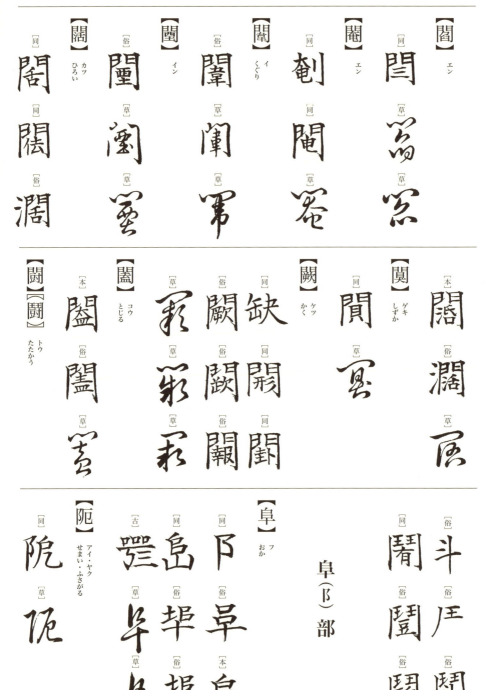

【阪】ハン さか
[同] 坂　[同] 岅　[草]

【防】ボウ ふせぐ
[同] 埅　[草]　[草]

【阿】ア おもねる
[俗]　[草]　[草]

【陀】タ・ダ
[俗] 陁　[同] 岮　[同] 陁　[同] 陀　[同] 岮　[草]

【附】フ つく・つける
[俗] 坿　[草]　[草]

【限】ゲン かぎる
[古] 𨸏　[草]　[草]

【陋】ロウ せまい
[同] 陋　[俗] 陃　[本] 陋　[俗]　[草]　[草]

【院】イン かきね
[同] 垸　[俗]　[俗]　[草]　[草]　[草]

【陥】〔陷〕カン おちいる
[同] 坎　[同] 陷　[俗] 臽　[俗] 萷　[同] 峪　[草]

【陝】キョウ せまい
[同] 陜　[草]　[草]

【降】〔降〕コウ おりる
[古] 夅　[俗] 夅　[俗] 降　[同] 𡲬　[本] 䧄　[草]　[草]　[草]

【除】ジョ のぞく
[俗] 余　[草]　[草]

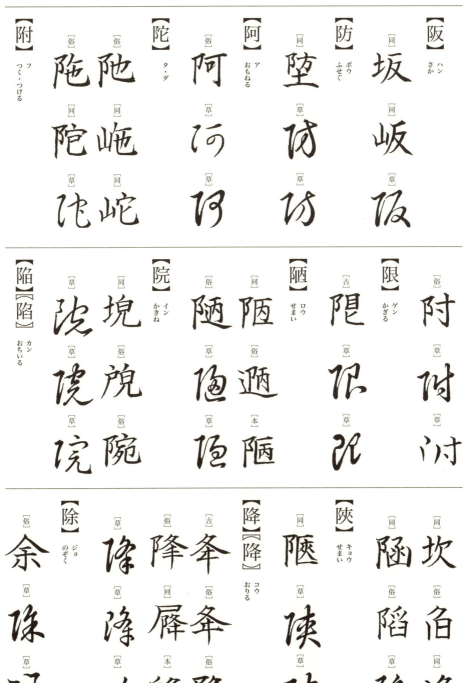

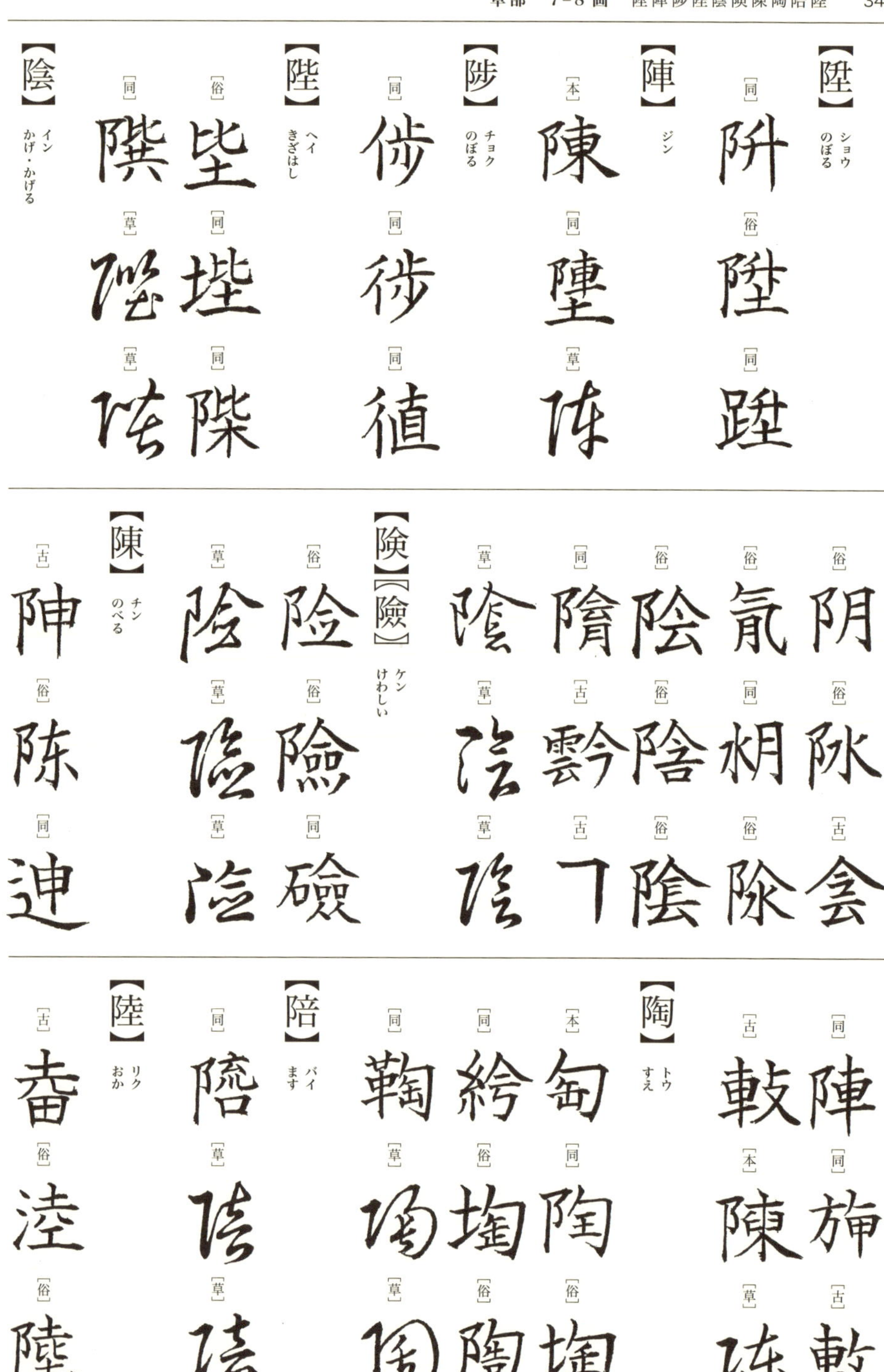
【陞】ショウ のぼる
【陣】ジン
【陟】チョク のぼる
【陛】ヘイ きざはし
【陰】イン かげ・かげる
【険】【險】ケン けわしい
【陳】チン のべる
【陶】トウ すえ
【陪】バイ ます
【陸】リク おか

〔俗〕陸　〔俗〕陸　〔草〕陸

【隆】〖隆〗 リュウ　たかい・さかん

〔俗〕隆　〔同〕隆　〔俗〕隆

〔俗〕隆　〔俗〕隆　〔俗〕隆

〔俗〕隆　〔同〕隆　〔俗〕隆

〔本〕隆　〔俗〕隆　〔俗〕隆

〔草〕隆　〔草〕隆　〔草〕隆

【陵】 リョウ　みささぎ

〔俗〕淩　〔俗〕陵　〔同〕琌

〔古〕陵　〔古〕餕　〔草〕陵

〔草〕陵　〔草〕陵

【階】 カイ　きざはし

〔同〕堦　〔草〕階　〔草〕階

【隅】 グウ　すみ

〔同〕隅　〔草〕隅　〔草〕隅

【随】〖隨〗 ズイ　したがう

〔古〕遀　〔同〕遀　〔古〕髓

〔草〕随　〔草〕随　〔草〕随

【隊】〖隊〗 タイ　おちる

〔古〕墜　〔草〕隊　〔草〕隊

【陽】 ヨウ　ひ

〔俗〕阦　〔俗〕阳　〔俗〕阰

〔俗〕氜　〔同〕埸　〔同〕陜

〔俗〕陽　〔俗〕陽　〔俗〕階

〔同〕陽　〔同〕陽　〔草〕陽

【隈】 ワイ　くま

〔同〕隈　〔草〕隈　〔草〕隈

【隘】 アイ　せまい

〔俗〕阨　〔同〕阸　〔俗〕隘

〔俗〕隘　〔俗〕隘　〔草〕隘

[草] 糅 [草] 綮 [草] 粲

隹部

【隺】カク つる
[俗] 寉 [草] 隺

【隼】ジュン はやぶさ
[本] 鵻 [同] 鶽 [草] 隼

【隻】セキ ひとつ
[俗] 侯 [俗] 侯 [俗] 隻
[俗] 隻 [草] 隻 [草] 隻

【雀】ジャク すずめ
[同] 鳶 [同] 鳶 [草] 雀
[草] 雀 [草] 雀 [草] 雀

【雁】ガン かり
[俗] 厂 [同] 鴈 [俗] 鴈
[俗] 鴈 [同] 鴈 [同] 鴈
[俗] 鴈 [同] 鴈 [草] 雁

【雇】〔雇〕コ やとう
[俗] 雇 [俗] 雇 [俗] 僱
[草] 雇 [草] 雇

【集】シュウ あつまる・あつめる
[同] 亼 [俗] 集 [同] 僬
[同] 雧 [本] 雧 [草] 集
[草] 集 [草] 集 [草] 集

【雋】セン・シュン すぐれる
[同] 雋 [草] 雋 [草] 雋

【雄】ユウ お・おす
[俗] 雄 [俗] 鳩 [草] 雄

【雅】〔雅〕ガ みやび
[古] 疋 [本] 雅 [草] 雅

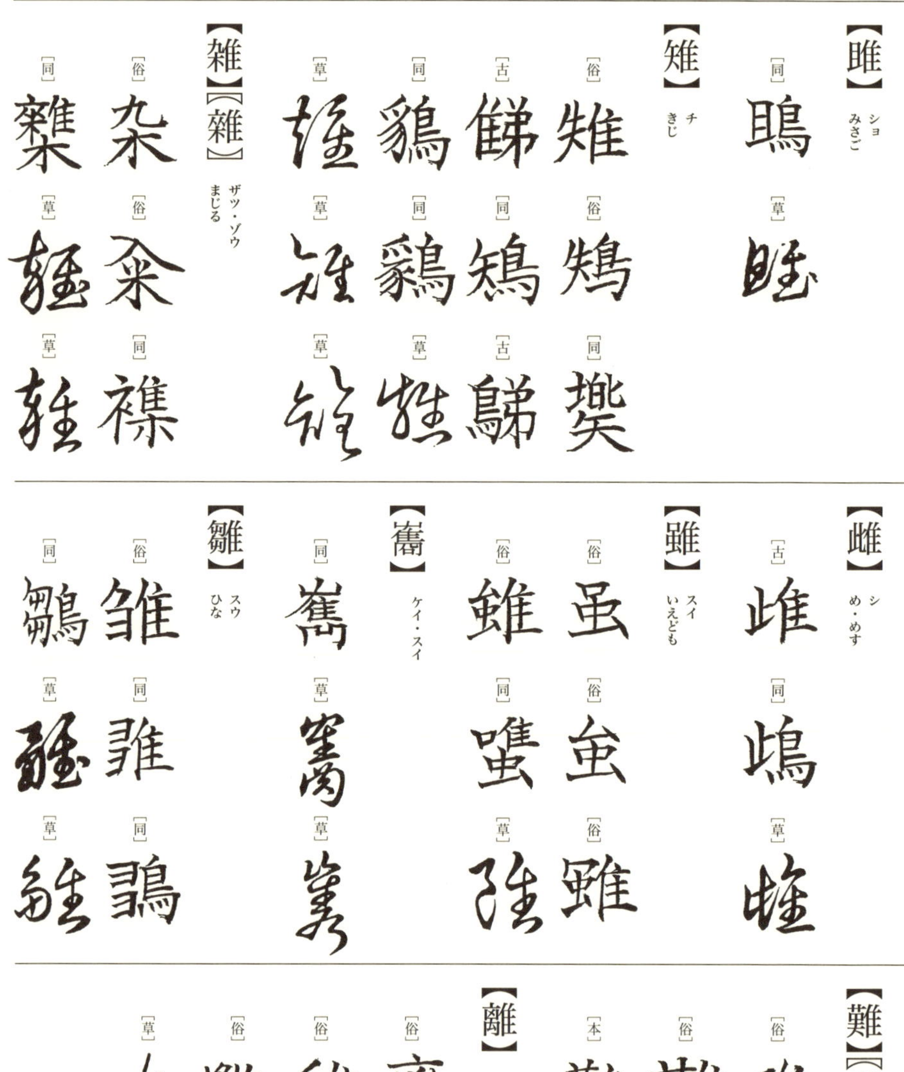

【雎】ショ　みさご

【雉】チ　きじ

【雑】〖雜〗ザツ・ゾウ　まじる

【雌】シ　め・めす

【雖】スイ　いえども

【巂】ケイ・スイ

【雛】スウ　ひな

【難】〖難〗ナン　かたい

【離】リ　はなれる

雨(⻗)部

【雨】ウ　あめ・あま

[古] [古] [俗] [古] [草] [草]

【雪】【雪】セツ　ゆき

[俗] [本] [古] [俗] [草] [草]

【雫】ダ　しずく

[同] [草]

【雲】ウン　くも

[本] [俗] [俗] [草] [草] [草]

【雰】フン　きり

[同] [草]

【電】デン　いなずま

[俗] [俗] [俗] [同] [同] [本] [草] [草] [草]

【雷】ライ　かみなり

[古] [本] [同] [本] [同] [草]

【零】レイ　おちる・こぼれる

[俗] [俗] [同] [同] [俗] [同] [俗] [同] [同] [草] [草] [草]

【需】ジュ　もとめる

[俗] [同] [本] [草] [草] [草]

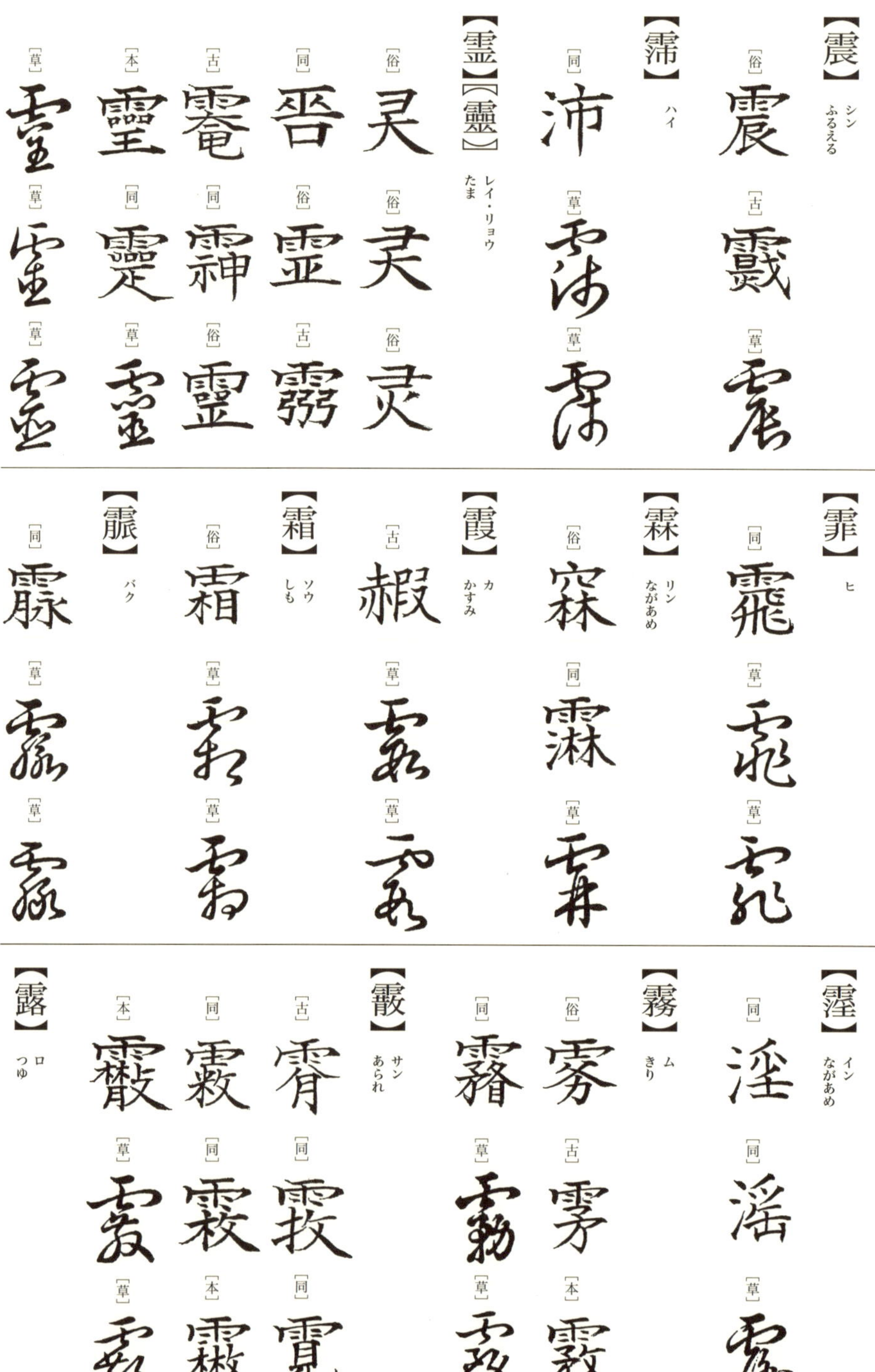
【震】シン ふるえる
【霈】ハイ
【霊】【靈】レイ・リョウ たま
【霏】ヒ
【霖】リン ながあめ
【霞】カ かすみ
【霜】ソウ しも
【霢】バク
【霪】イン ながあめ
【霧】ム きり
【霰】サン あられ
【露】ロ つゆ

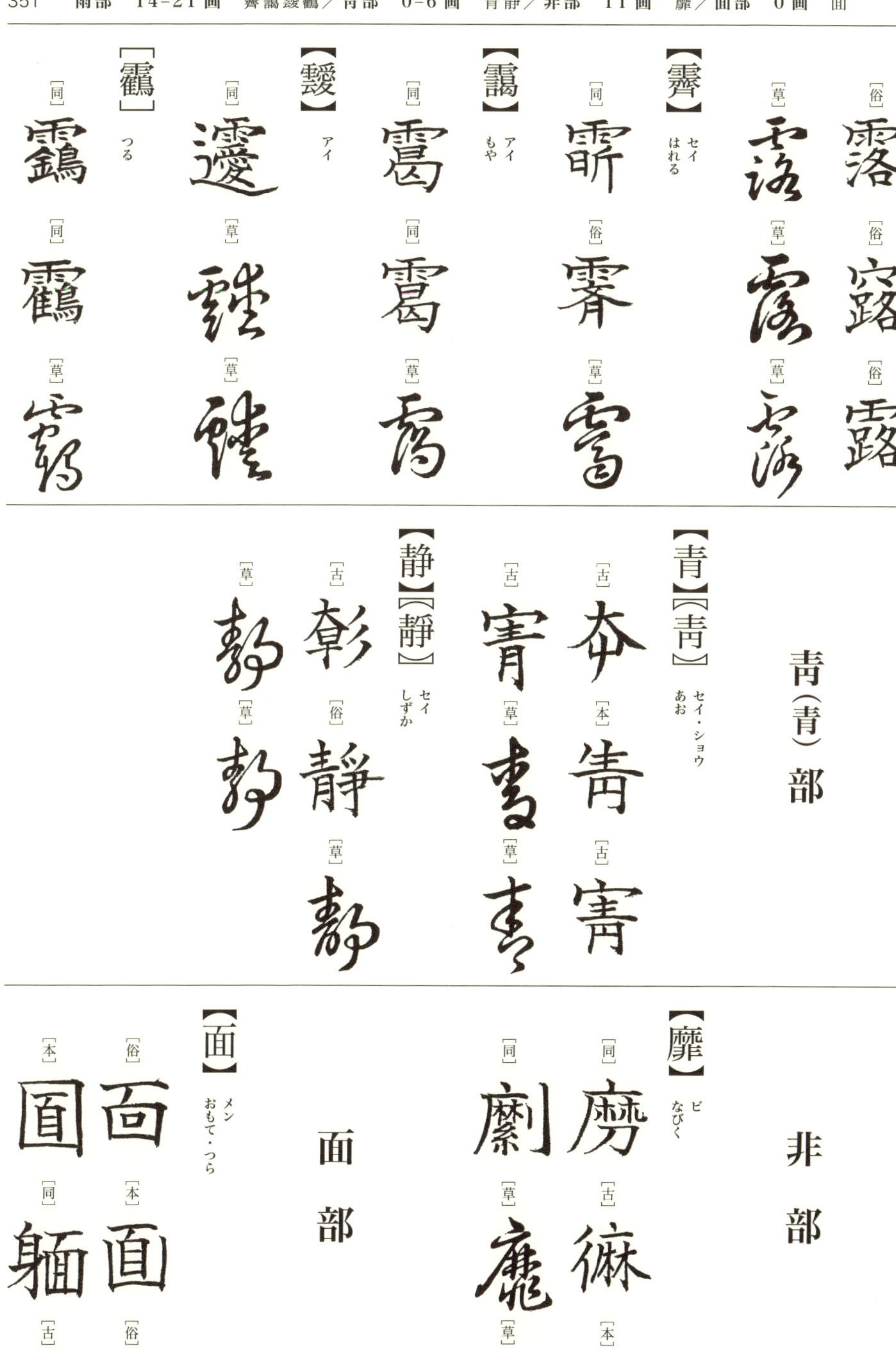

【霽】セイ　はれる

【靄】アイ　もや

【靉】アイ

【靏】つる

青（青）部

【青】〖青〗セイ・ショウ　あお

【静】〖靜〗セイ　しずか

非部

【靡】ビ　なびく

面部

【面】メン　おもて・つら

革部

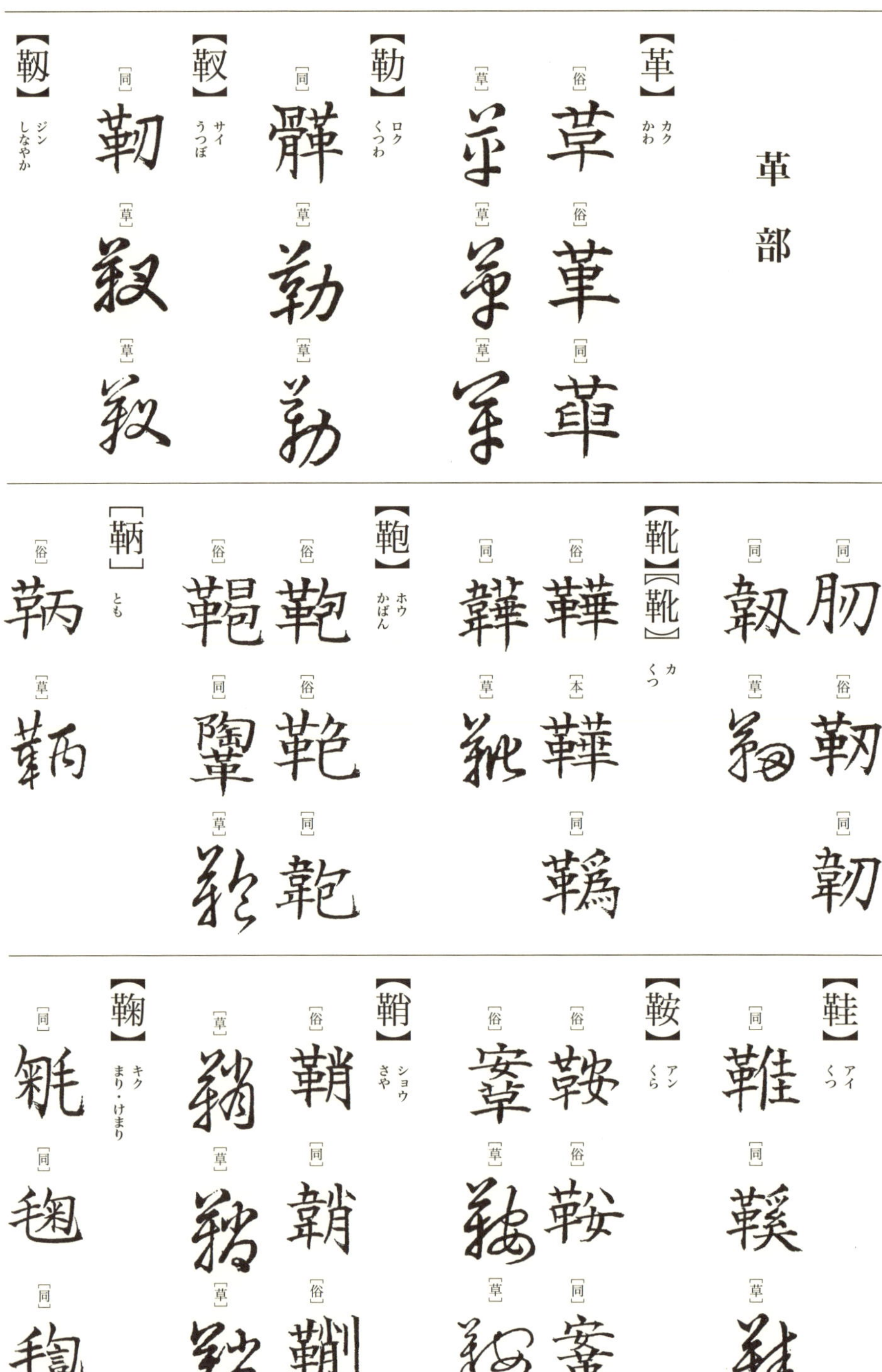
【革】カク　かわ
〔俗〕〔俗〕〔同〕〔草〕〔草〕〔草〕
【勒】ロク　くつわ
〔同〕〔草〕〔草〕
【靫】サイ　うつぼ
〔同〕〔草〕〔草〕
【靭】ジン　しなやか
〔同〕〔同〕〔俗〕〔草〕〔同〕
【靴】〖鞾〗カ　くつ
〔俗〕〔同〕〔本〕〔草〕〔同〕
【鞄】ホウ　かばん
〔俗〕〔俗〕〔俗〕〔同〕〔同〕〔草〕
［鞆］とも
〔俗〕〔草〕
【鞋】アイ　くつ
〔同〕〔同〕〔草〕
【鞍】アン　くら
〔俗〕〔俗〕〔俗〕〔草〕〔同〕〔草〕
【鞘】ショウ　さや
〔俗〕〔草〕〔同〕〔草〕〔俗〕〔草〕
【鞠】キク　まり・けまり
〔同〕〔同〕〔同〕

［同］䩞　［同］𩌏　［同］鞻　［草］

［草］

【鞭】ベン　むち

［俗］鞕　［同］𩍗　［草］

【鞴】フク

［同］絥　［同］䩉　［俗］

［同］韛　［同］　［同］

【鞹】カク

［俗］鞟　［草］

【韁】キョウ　きずな

［同］繮　［草］　［草］

【韆】セン

［俗］　［草］　［草］

韋（韋）部

【韋】イ　なめしがわ

［俗］　［俗］　［俗］

［同］　［草］　［草］

【韎】バツ

［俗］　［草］　［草］

【韍】フツ　ひざかけ

［俗］　［草］

【韑】イ

［俗］　［草］

【韐】コウ

［俗］　［草］

【韓】〔韓〕カン　いげた

［俗］　［本］　［草］

【韔】チョウ　ゆみぶくろ

［俗］　［草］　［草］

【韙】イ よい
【韗】ウン
【韞】ウン つつむ
【韝】コウ ゆごて
【韜】トウ つつむ
【韛】ハイ ふいごう
【韡】イ さかん
【韠】ヒツ ひざかけ
【韤】ベツ
韭部
【韭】キュウ にら
【韱】セン
音部
【音】〖音〗オン・イン おと・ね

【韻】イン ひびき
[俗]匀 [同]韵 [同]賱
[俗]韻 [草]韻 [草]韻

【響】【響】キョウ ひびく
[俗]响 [古]亯 [同]𩐘
[同]響 [同]諃 [同]韽
[俗]響 [草]響 [草]響
[草]響 [草]響

頁部

【頁】ケツ かしら・ページ
[俗]页 [本]頁 [俗]頁
[古]頁 [草]頁 [草]頁

【頃】ケイ ころ
[俗]頃 [同]頃 [同]頃
[草]頃 [草]頃 [草]頃

【頂】チョウ いただき
[俗]顶 [俗]頂 [同]頂

【順】ジュン したがう
[同]順 [同]順 [草]順
[古]順 [俗]順 [俗]順
[草]順 [草]順 [草]順

【須】ス・シュ まつ
[同]須 [俗]須 [同]須
[同]鬚 [俗]鬚 [草]須
[草]須 [草]須 [草]須

【頑】ガン かたくな
[俗]頑 [俗]頑 [草]頑

【頸】ケイ くび

【頽】タイ くずれる

【頭】トウ・ズ あたま・かしら

【頼】〔賴〕ライ たのむ

【頻】〖頻〗 ヒン しきりに
〔同〕〔古〕〔俗〕〔草〕

【額】 ガク ひたい
〔同〕〔草〕〔草〕

【顎】 ガク あご
〔同〕〔草〕

【顔】〖顏〗 ガン かお
〔同〕〔同〕〔草〕

【顕】〖顯〗 ケン あきらか
〔草〕〔草〕〔草〕〔古〕〔古〕〔俗〕〔俗〕〔本〕〔草〕〔草〕〔草〕

【題】 ダイ ひたい
〔俗〕〔同〕〔草〕

【類】〖類〗 ルイ たぐい
〔俗〕〔俗〕〔俗〕〔草〕〔同〕〔草〕

【願】 ガン ねがう
〔俗〕〔俗〕〔同〕〔俗〕〔俗〕〔同〕〔俗〕〔同〕〔草〕

【顛】 テン いただき
〔俗〕〔俗〕〔俗〕〔草〕〔俗〕〔草〕

【顧】〖顧〗 コ かえりみる
〔俗〕〔俗〕〔俗〕〔俗〕〔俗〕〔俗〕

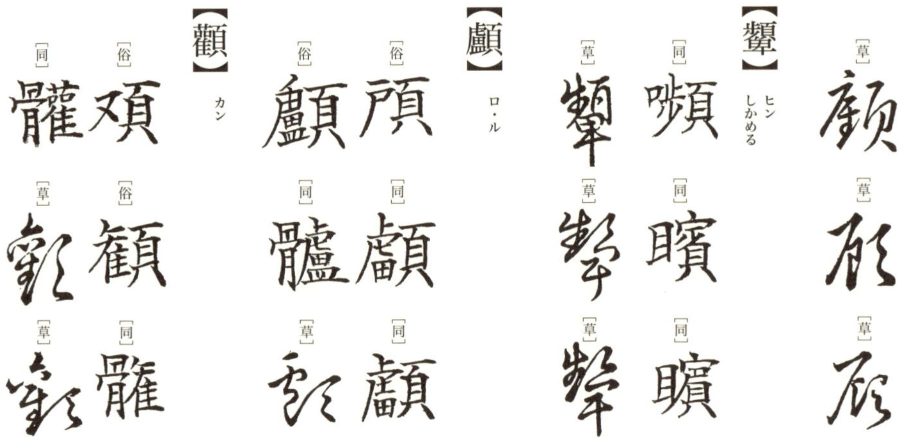

風部

【風】フウ かぜ

【颯】サツ

【颻】ヨウ

【飄】ヒョウ つむじかぜ

【飆】ヒョウ つむじかぜ

飛部

【飛】ヒ　とぶ

〔俗〕飞　〔俗〕　〔俗〕

〔俗〕　〔古〕　〔俗〕

〔俗〕　〔同〕　〔草〕

食（飠・𩙿）部

【食】〔食〕ショク　くう・たべる

〔古〕　〔俗〕　〔俗〕

【飢】〔飢〕キ　うえる

〔本〕　〔本〕　〔同〕

〔同〕　〔古〕　〔草〕

〔俗〕　〔同〕　〔同〕

〔草〕　〔草〕　〔草〕

【飧】ソン　めし

〔俗〕　〔同〕　〔俗〕

〔草〕　〔草〕　〔草〕

【飲】〔飲〕イン　のむ

〔同〕　〔古〕　〔同〕

〔古〕　〔古〕　〔同〕

〔同〕　〔同〕　〔同〕

〔同〕　〔古〕　〔草〕

〔草〕　〔草〕

【飪】ジン

〔同〕　〔草〕

【飭】チョク　いましめる

〔俗〕　〔草〕　〔草〕

【飩】トン

〔俗〕　〔草〕

【飯】〔飯〕 ハン めし
〔同〕〔俗〕〔草〕

【飫】 ヨ あきる
〔俗〕〔草〕〔草〕

【飴】 イ あめ
〔俗〕〔同〕〔同〕〔草〕〔草〕〔草〕

【飼】〔飼〕 シ かう
〔同〕〔同〕〔俗〕〔草〕〔草〕〔草〕

【飾】〔飾〕 ショク かざる
〔俗〕〔俗〕〔俗〕〔俗〕〔俗〕〔俗〕〔俗〕〔俗〕〔同〕〔同〕〔草〕〔草〕

【飽】〔飽〕 ホウ あきる
〔俗〕〔同〕〔同〕〔同〕〔古〕〔同〕〔草〕〔草〕

【餈】 シ

【餌】 ジ え・えさ
〔俗〕〔俗〕〔草〕〔同〕〔同〕〔俗〕〔同〕〔同〕〔草〕〔草〕

【餉】 ショウ かれい
〔同〕〔同〕〔同〕〔同〕〔草〕〔草〕

【餅】〔餅〕 ヘイ もち
〔俗〕〔草〕〔草〕

【養】〔養〕 ヨウ やしなう

【餐】サン

古　同　俗　同　俗　草　同　同　俗　俗　同　草

同 飡　同 湌　俗　同　草

【餔】ホ　めし

同 哺　同 𥺏　草

【餧】イ・ダイ

同 餵　草　草

【館】〔舘〕カン　やかた

俗 舘　俗 舘　俗 舘　草　草　草

【餞】セン　はなむけ

俗　草　草

【餱】コウ　ほしいい

同 糇　草　草

【餴】フン

同 饙　草　草

【饂】ウン

俗　草

【饉】キン

同 殣　同　草

【饐】イ　すえる・むせぶ

同　古　草

【饑】キ　うえる

同 飢　同　草　草　草　草

【饒】ジョウ　ゆたか

俗　俗　草

【饌】セン　そなえる

［本］饌　［同］餌　［同］籑
［本］籑　［草］饌　［草］饌

【饗】キョウ　あえ・うける

［俗］饗　［同］饗　［草］饗

【饕】トウ　むさぼる

［同］叨　［同］飼　［俗］飺
［同］號　［俗］饕　［同］餡
［俗］饕　［俗］饕　［草］饕
［草］饕　［草］饕

首部

【首】シュ　くび

［同］百　［古］旹　［古］𩠐
［同］䭫　［草］首　［草］首

【馘】カク　くびきる

［同］聝　［俗］馘　［草］馘

香部

【香】コウ　か・かおり

［古］皀　［俗］香　［同］香
［古］香　［古］香　［草］香

【馨】ケイ　かおる

［同］馨　［同］馨　［同］馨
［草］馨　［草］馨　［草］馨

馬部

【馬】バ　うま・ま

［俗］馬　［古］影　［古］馭
［俗］马　［俗］马　［草］馬

【馭】ギョ
〔同〕御　〔草〕馭　〔草〕馭

【馲】タク
〔同〕驝　〔草〕馲

【馳】チ　はせる
〔俗〕馳　〔同〕[illegible]　〔草〕馳

【駅】〔驛〕エキ　つぎうま
〔俗〕驛　〔草〕驛　〔草〕驛

【駆】〔驅〕ク　かける
〔同〕[illegible]　〔同〕駈　〔古〕敺
〔同〕歐　〔同〕[illegible]　〔俗〕[illegible]
〔俗〕[illegible]　〔同〕駈　〔同〕[illegible]
〔同〕[illegible]　〔草〕驅　〔草〕驅
〔草〕驅　〔草〕驅　〔草〕驅

【駄】ダ
〔俗〕駄　〔俗〕駄　〔草〕駄

【駕】ガ
〔同〕駋　〔草〕駕　〔草〕駕

【駒】ク　こま
〔俗〕[illegible]　〔草〕駒　〔草〕駒

【駝】ダ
〔同〕駞　〔同〕[illegible]　〔草〕駝

【駘】タイ
〔同〕[illegible]　〔同〕[illegible]　〔草〕駘

【駑】ド
〔同〕[illegible]　〔草〕駑　〔草〕駑

【駭】ガイ　おどろく
〔俗〕駭　〔俗〕駭　〔草〕駭

【駱】ラク　かわらげ
〔同〕[illegible]　〔同〕[illegible]　〔草〕駱

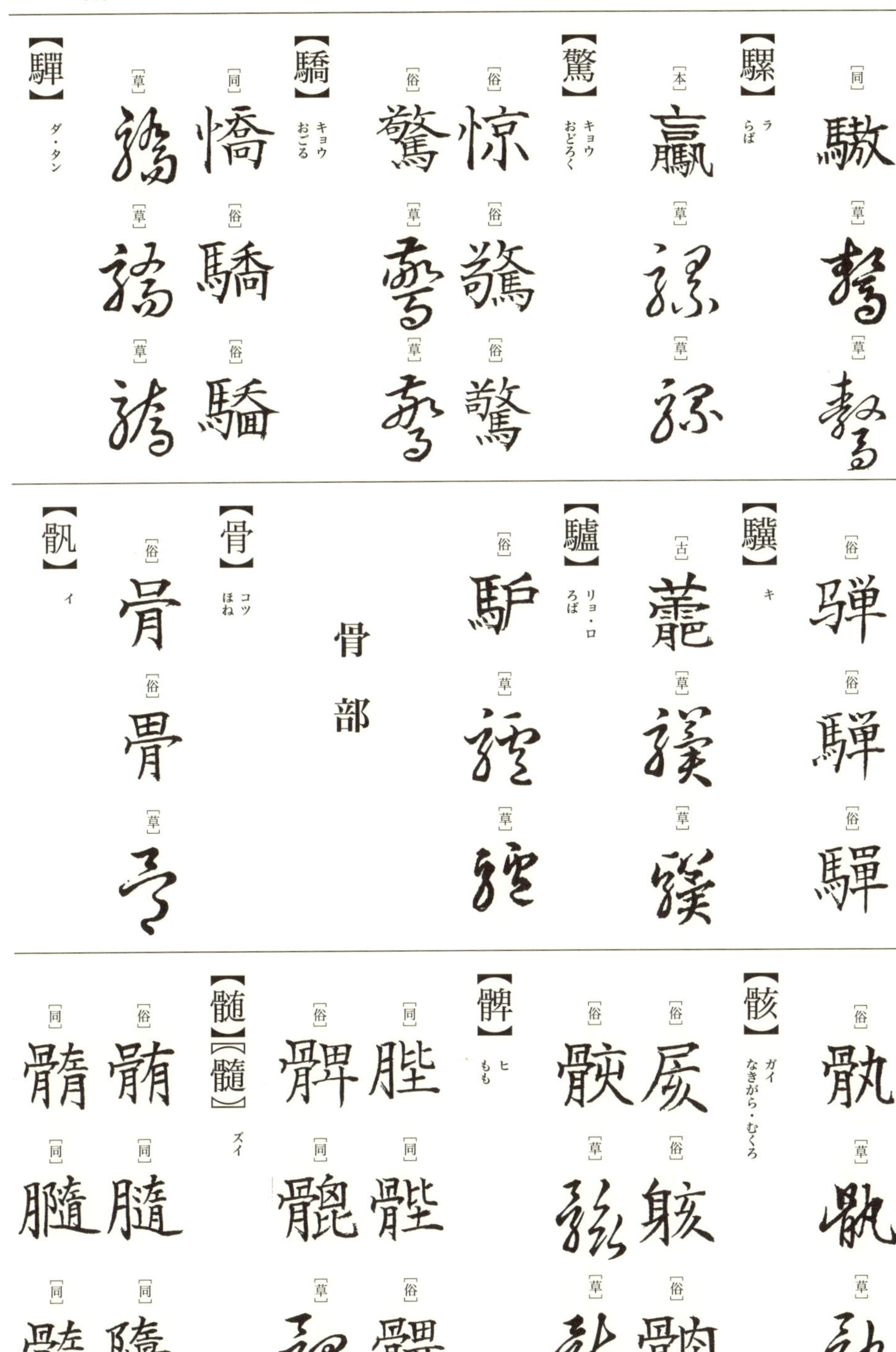
【騾】ラ らば
【驚】キョウ おどろく
【驕】キョウ おごる
【驒】ダ・タン
【驥】キ
【驢】リョ・ロ ろば
骨部
【骨】コツ ほね
【骫】イ
【骸】ガイ なきがら・むくろ
【髀】ヒ もも
【髄】〔髓〕ズイ

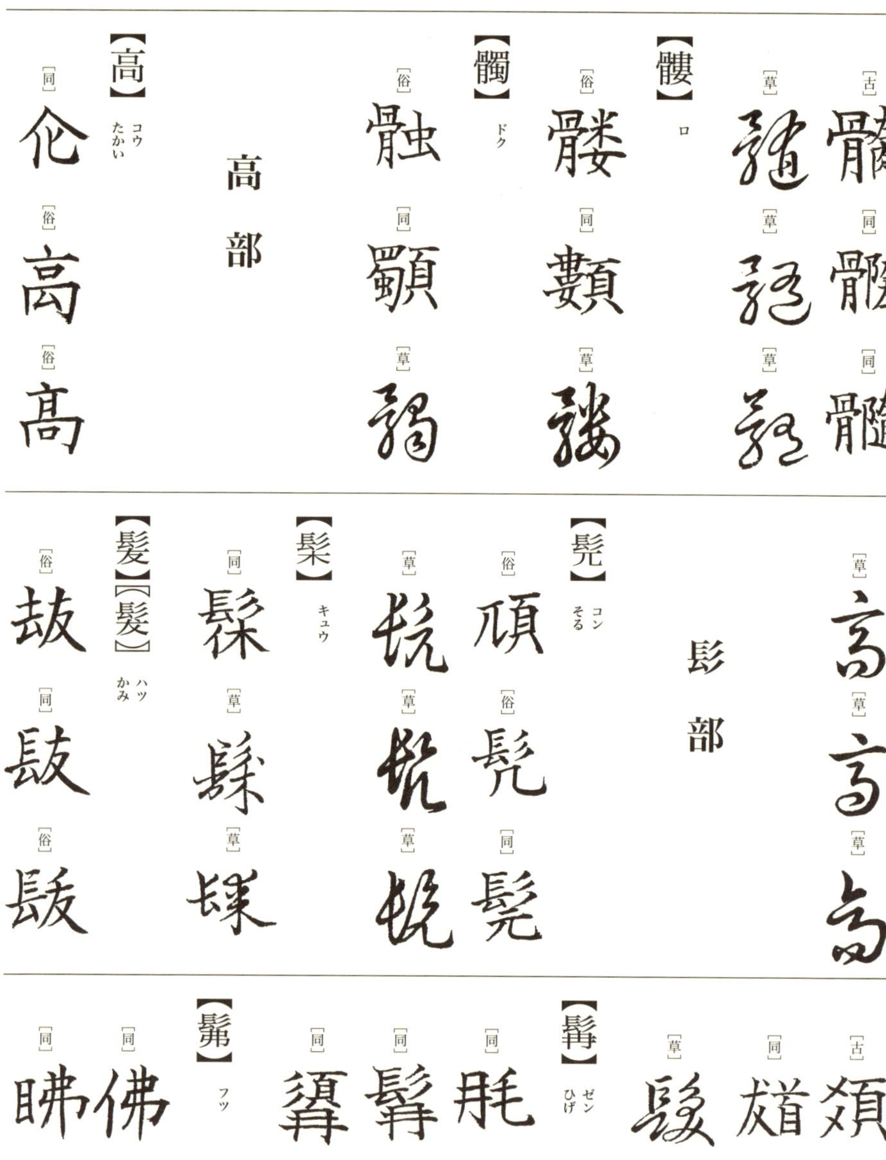

【髏】ロ

【髑】ドク

高部

【高】コウ　たかい

髟部

【髡】コン　そる

【髤】キュウ

【髪】【髮】ハツ　かみ

【髯】ゼン　ひげ

【髴】フツ

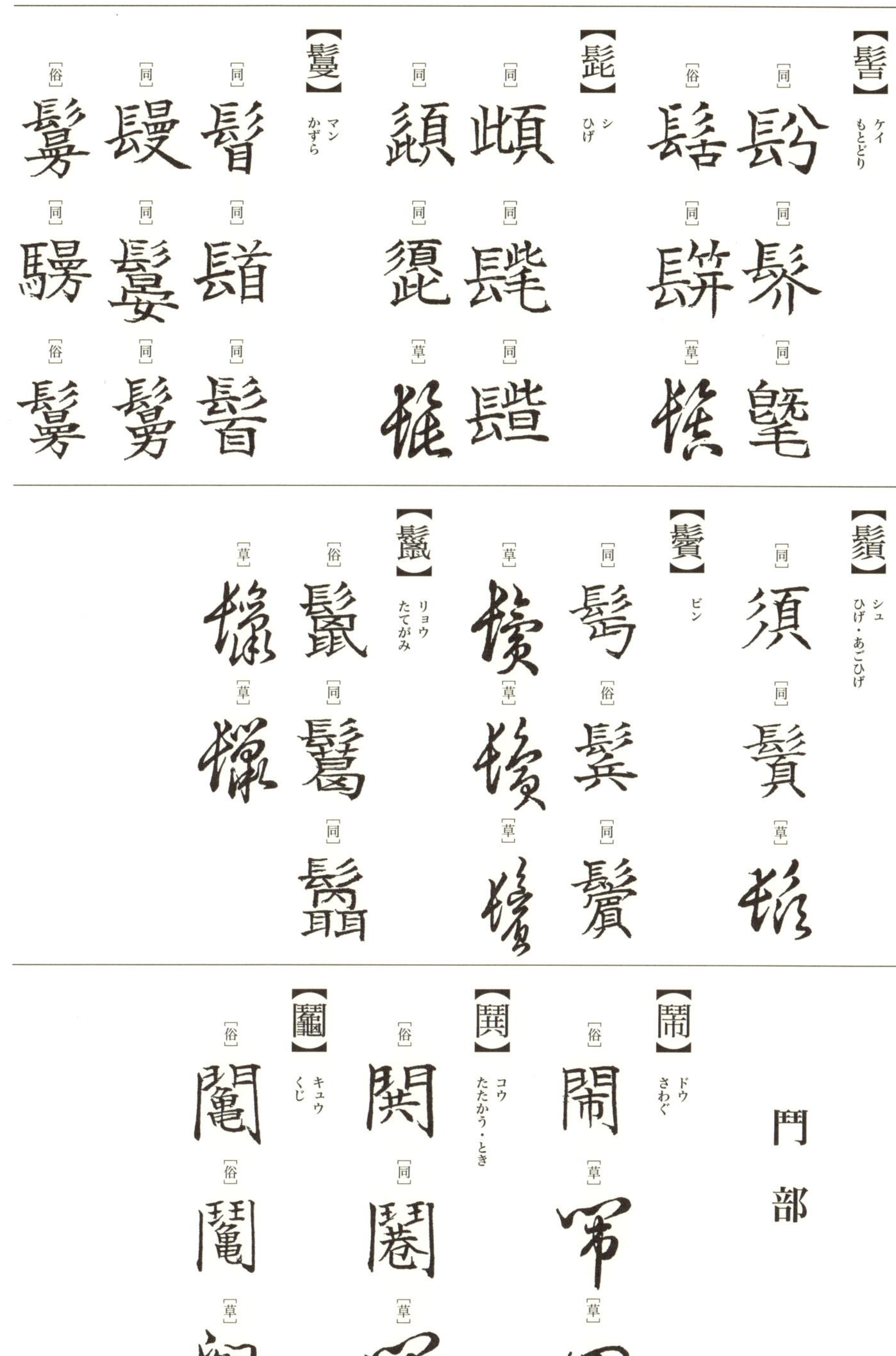
【髻】ケイ もとどり
【髭】シ ひげ
【鬘】マン かずら
【鬚】シュ ひげ・あごひげ
【鬢】ビン
【鬣】リョウ たてがみ
門部
【鬧】ドウ さわぐ
【鬨】コウ たたかう・とき
【鬮】キュウ くじ

鬯部

【鬱】ウツ　しげる

[俗]欝　[俗]欝　[俗]欝　[同]鬱　[俗]欝　[草]

鬲部

【鬲】レキ・カク　かま

[本]鬲　[同]䰛　[古]　[同]　[同]　[同]

[同]　[草]　[草]

【融】ユウ　とける・とかす

[同]䖢　[同]蝙　[俗]融　[俗]融　[草]　[草]

鬼部

【鬼】キ　おに

[俗]鬼　[俗]鬼　[古]䰟　[同]魄　[古]魂　[同]　[草]　[草]　[草]

【魁】カイ　さきがけ

[古]魁　[同]魁　[草]

【魂】コン　たましい

[俗]䰟　[俗]鬼　[同]　[同]　[草]　[草]

【魃】バツ　ひでり

[俗]魃　[草]　[草]

【魅】ミ　みいる

[同]彔　[同]　[俗]彪　[同]　[同]　[俗]

【醜】シュウ みにくい
【魍】モウ
【魎】リョウ
【魑】チ すだま
【魔】〔魔〕マ
魚部
【魚】ギョ うお・さかな
【魯】ロ おろか
〔魪〕なまず
【鮓】サ すし
【鮏】セイ さけ

〔同〕

〔同〕

〔同〕

【鯎】うぐい

〔同〕

〔草〕

【鯒】こち

〔同〕

〔同〕

〔同〕

【鯐】すばしり

〔同〕

〔草〕

【鯨】ゲイ　くじら

〔本〕

〔草〕

〔草〕

【鯤】コン　はららご

〔同〕

〔同〕

〔草〕

【鯖】セイ　さば

〔俗〕

〔草〕

〔草〕

【鯯】セイ　このしろ

〔同〕

〔草〕

【鯛】〔鯛〕チョウ　たい

〔同〕

〔俗〕

〔草〕

【鯲】どじょう

〔同〕

〔同〕

〔同〕

【鯰】なまず

〔同〕

〔同〕

〔同〕

〔同〕

〔草〕

〔同〕

【鰙】わかさぎ

〔同〕

〔同〕

〔同〕

〔同〕

〔草〕

【鰐】ガク　わに

〔同〕

〔俗〕

〔同〕

〔草〕

〔草〕

〔草〕

【鰌】シュウ　どじょう

〔同〕

〔草〕

〔草〕

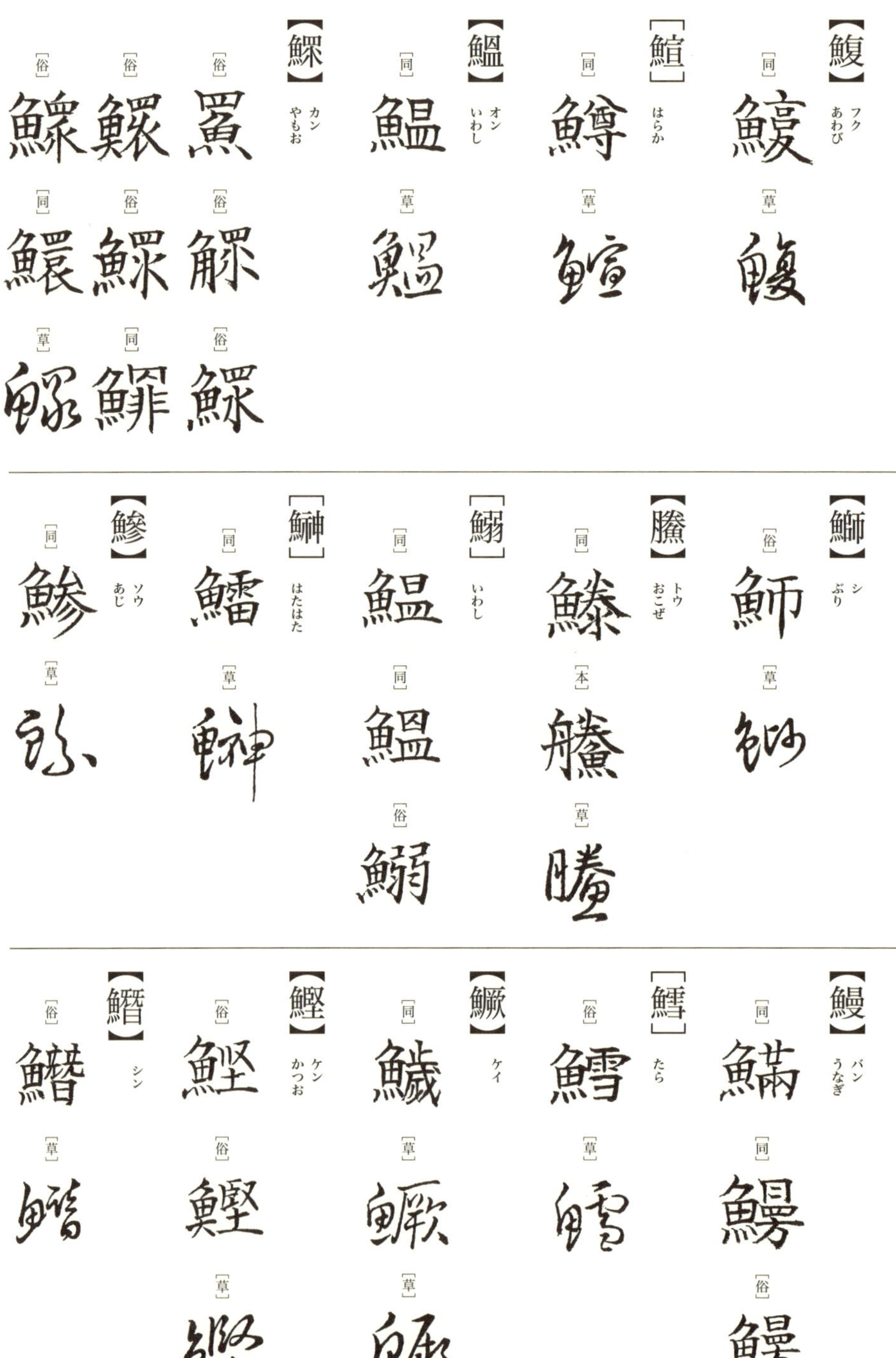
【鰒】フク　あわび
同　草
［鰚］はらか
同　草
【鰮】オン　いわし
同　草
【鰥】カン　やもお
俗　俗　俗
俗　俗　同
俗　同　草
【鰤】シ　ぶり
俗　草
【鰧】トウ　おこぜ
同　本　草
［鰯］いわし
同　同　俗
［鰰］はたはた
同　草
【鰺】ソウ　あじ
同　草
【鰻】バン　うなぎ
同　同　俗
［鱈］たら
俗　草
【鱖】ケイ
同　草　草
【鰹】ケン　かつお
俗　俗　草
【[魚晉]】シン
俗　草

【鱓】セン　ごまめ

【鱒】ソン　ます

【鱠】えそ

【鱜】キョウ

【鱮】ショ　たなご

【鱝】フン　えい

【鱗】〔鳞〕リン　うろこ

【鰼】しいら

【鱩】はたはた

【鱫】アイ　むつ

【鱭】セイ　えつ

【鱶】ショウ　ふか

【鱸】ロ　すずき

鳥部

【鴝】ク
〔同〕〔草〕

【鴟】シ とび
〔同〕〔草〕〔同〕〔草〕〔同〕〔草〕

【鴫】しぎ
〔同〕〔草〕

【鴻】コウ おおとり
〔古〕〔草〕〔同〕〔草〕〔同〕〔草〕

【鵄】シ とび
〔同〕〔同〕〔草〕

【鵈】シ
〔同〕〔草〕

【鵆】ちどり
〔同〕〔草〕

【鴾】とき
〔同〕〔草〕

【鵝】ガ がちょう
〔同〕〔同〕〔同〕

〔同〕〔草〕〔草〕

【鵑】ケン
〔同〕〔俗〕〔草〕

【鵠】コク くぐい
〔同〕〔草〕〔草〕

【鵜】テイ う
〔同〕〔同〕〔草〕

【鶏】〔鷄〕ケイ にわとり
〔俗〕〔俗〕〔同〕〔同〕〔草〕〔草〕

【鶂】ゲキ
【鶉】ジュン うずら
【鶇】トウ つぐみ
【鵡】ム
【鵺】ヤ ぬえ
【鶚】ガク みさご
【鶿】ジ
【鶯】オウ うぐいす
【鶴】カク つる
【鷆】テン
【鷗】オウ かもめ
【鷸】イツ しぎ

鹿部

【鹿】ロク　しか
[俗]　[俗]　[俗]　[俗]　[草]　[草]

【麃】ホウ　おおしか
[同]麅　[草]　[草]

【麇】キン　のろ・くじか
[同]麏　[同]麕　[草]

【麒】キ
[同]　[俗]　[草]

【麗】レイ　うるわしい
[同]　[俗]　[草]
[古]丽　[古]　[同]
[俗]　[同]　[俗]
[古]　[草]　[草]

【麓】ロク　ふもと
[俗]梺　[古]　[俗]
[同]　[草]　[草]

【麞】ショウ　のろ・くじか
[同]獐　[草]　[草]

【麟】〔麟〕リン
[同]　[同]麐　[草]

【麤】ソ　あらい
[俗]　[同]粗　[俗]
[俗]　[俗]　[同]
[俗]　[草]　[草]

麥（麦）部

【麦】〔麥〕バク　むぎ
[俗]　[俗]　[俗]

〔俗〕〔俗〕〔俗〕

〔草〕〔草〕〔草〕

【麩】フ　ふすま

〔俗〕〔俗〕〔同〕

〔同〕〔草〕

【麴】キク　こうじ

〔俗〕〔俗〕〔俗〕

〔俗〕〔同〕〔同〕

〔俗〕〔同〕〔草〕

〔草〕〔草〕

【麵】メン　むぎこ

〔俗〕〔同〕〔俗〕

〔俗〕〔草〕

麻（麻）部

【麻】〔麻〕マ　あさ

〔俗〕〔同〕〔同〕

〔俗〕〔草〕〔草〕

【麼】モ

〔俗〕〔草〕〔草〕

【麾】キ　さしずばた

〔同〕〔俗〕〔本〕

〔同〕〔草〕〔草〕

黃（黃）部

【黃】〔黃〕コウ・オウ　き

〔俗〕〔古〕〔同〕

〔古〕〔草〕〔草〕

黍部

【黍】ショ　きび

【黎】レイ　おおい・くろ

黑（黒）部

【黒】〖黑〗コク　くろ・くろい

【黙】〖默〗モク　だまる

【黛】〖黛〗タイ　まゆずみ

【黥】ゲイ　いれずみ

【黯】アン

【黴】バイ　かび

黽部

【黽】ビン・ベン　あおがえる

【鼇】ゴウ

【鼈】ベツ　すっぽん

鼎部

【鼎】テイ　かなえ

〔同〕〔俗〕〔俗〕〔古〕〔草〕

〔同〕〔同〕〔俗〕〔草〕〔草〕

〔俗〕〔俗〕〔俗〕〔草〕

鼓部

【鼓】コ　つづみ

〔同〕〔同〕〔俗〕〔俗〕〔同〕

〔同〕〔同〕〔俗〕〔俗〕〔同〕

〔同〕〔俗〕〔俗〕〔同〕〔草〕

【鼗】トウ　ふりつづみ

〔同〕

〔同〕

〔草〕

【鼛】コウ　おおつづみ

〔俗〕

〔草〕

〔草〕

鼠部

【鼠】ソ　ねずみ

〔俗〕〔俗〕〔俗〕

〔俗〕〔俗〕〔俗〕

〔俗〕〔同〕〔草〕

【鼬】ユウ　いたち

〔同〕

〔草〕

〔草〕

【鼴】エン　もぐら

［同］［草］［草］

鼻（鼻）部

【鼻】〔鼻〕ビ　はな

［本］自　［俗］［俗］　［俗］［草］［草］

【齇】サ

［同］［草］

齊（斉）部

【斉】〔齊〕セイ　ひとしい

［同］［俗］［古］　［俗］［俗］［本］　［俗］［俗］［本］　［俗］［俗］［俗］　［本］［俗］［俗］　［俗］［俗］［草］　［草］［草］

【斎】〔齋〕サイ　ものいみ

［古］［俗］［同］　［同］［俗］［俗］　［同］［俗］［同］　［草］［草］［草］

【齎】セイ・サイ　もたらす

［俗］［同］［草］

【齏】セイ　あえる

［同］［同］［同］　［草］［草］［草］

齒（歯）部

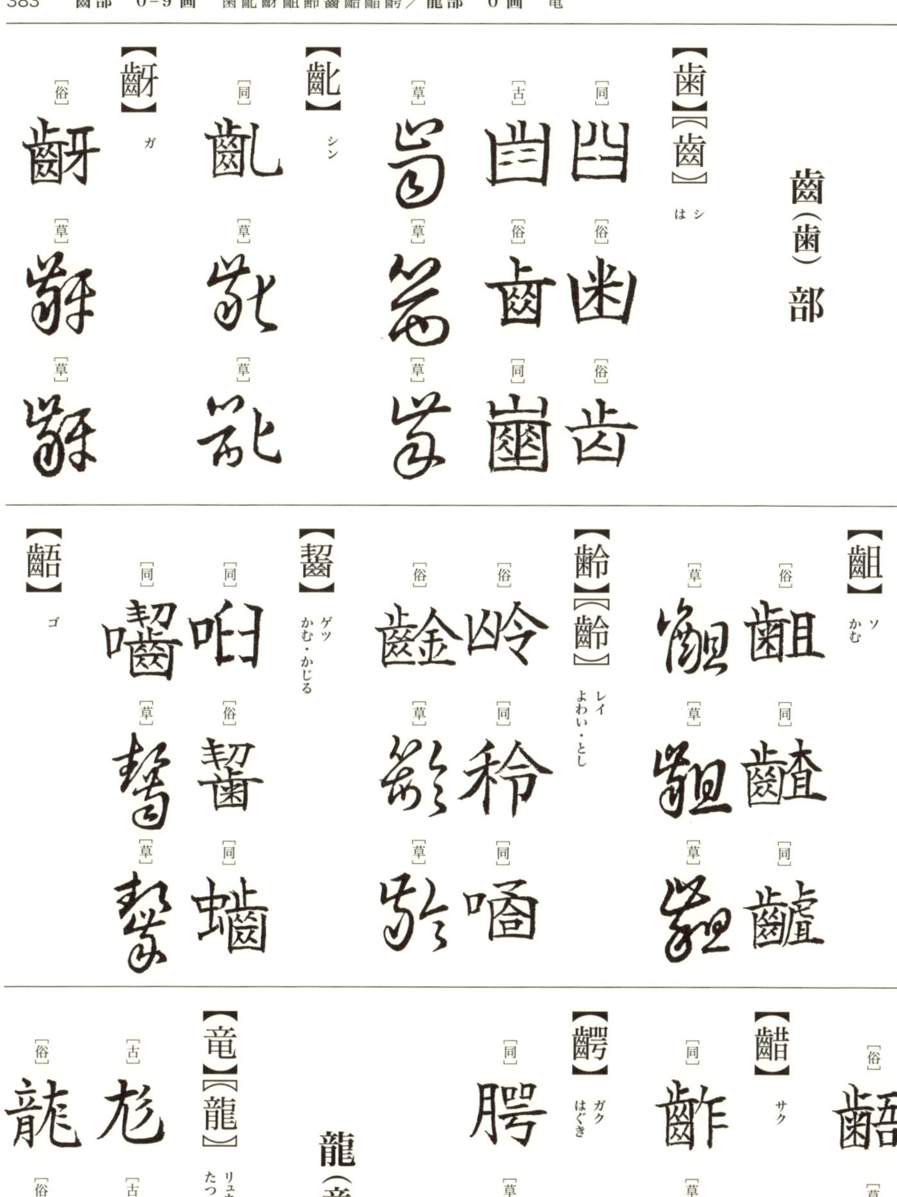
【歯】〔齒〕はシ
【齔】シン
【齖】ガ
【齟】ソ かむ
【齢】〔齡〕レイ よわい・とし
【齧】ゲツ かむ・かじる
【齬】ゴ
【齰】サク
【齶】ガク はぐき

龍（竜）部

【竜】〔龍〕リュウ たつ

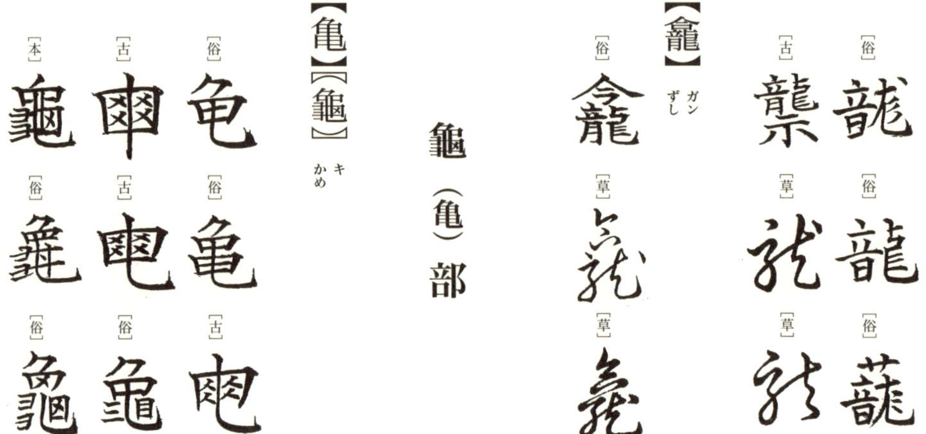

【龕】ガン　ずし

龜（亀）部

【亀】〖龜〗キ　かめ

日本難字異体字大字典【文字編】

合字

合字

合字は見出し字の漢字の画数順に配列した。片仮名は最初に掲出した。

〔コト〕

〔トイウ〕

〔トキ〕

〔トモ〕

〔ヨリ〕

〔二十〕はた

〔二百〕にひゃく

〔三十〕みそ

〔三十〕みそ

〔三十〕みそ

〔三十〕みそ

〔久米〕くめ

〔大才・太歳〕たいさい

〔日下〕くさか

〔木工〕もく

〔木綿〕もめん

〔木鞍〕くら

〔木甑〕きそ

〔四十〕よそ

〔四十〕よそ

〔四十〕よそ

〔声聞〕せいぶん

〔忌寸〕いみき

〔我等〕われら

〔采女〕うねめ

〔和尚〕わじょう　おしょう

〔金奩〕きんれん

〔金奩〕きんれん

〔金箸〕きんちょ

〔金椀〕きんわん

〔金椀〕きんわん

〔金剛〕こんごう

〔室生〕むろう

〔毗登〕びとう
〔涅槃〕ねはん
〔華厳〕けごん
〔勘定〕かんじょう
〔麻呂〕まろ
〔麻呂〕まろ
〔菩薩〕ぼさつ
〔菩提〕ぼだい
〔釈迦〕しゃか

〔電気〕でんき
〔電車〕でんしゃ
〔電車〕でんしゃ
〔瑠璃〕るり
〔聞書〕ききがき
〔権利〕けんり
〔縁覚〕えんがく
〔頭巾〕ずきん
〔薩埵〕さった

〔薩埵〕さった
〔灌頂〕かんじょう
〔贔屓〕ひいき

日本難字異体字大字典「文字編」終

井上 辰雄（いのうえ・たつお）
1928年生れ。東京大学国史科卒業。東京大学大学院（旧制）満期修了。熊本大学教授、筑波大学教授を歴任す。筑波大学名誉教授。文学博士。
著書等 『正税帳の研究』（塙書房）、『古代王権と宗教的部民』（柏書房）、『隼人と大和政権』（学生社）、『火の国』（学生社）、『古代王権と語部』（教育社）、『熊襲と隼人』（教育社）、『天皇家の誕生―帝と女帝の系譜』（遊子館）、『日本文学地名大辞典〈散文編〉』（遊子館、監修）、『日本難訓難語大辞典』（遊子館、監修）、『古事記のことば―この国を知る134の神語り』（遊子館）、『古事記の想像力―神から人への113のものがたり』（遊子館）、『茶道をめぐる歴史散歩』（遊子館）、『図説・和歌と歌人の歴史事典』（遊子館）、『在原業平―雅を求めた貴公子』（遊子館）、『万葉びとの心と言葉の事典』（遊子館）、『常陸風土記の世界』（雄山閣出版）など。

墨書：
加藤 まり子（かとう・まりこ）
鹿児島大学教育学部卒業。書家。

日本難字異体字大字典 コンパクト版〈文字編〉
2017年10月30日 第1刷発行

監修者　井上辰雄
編　集　日本難字異体字大字典編集委員会
　　　　編集著作権者　瓜坊 進
発行者　遠藤伸子
発行所　株式会社 遊子館
　　　　152-0003 東京都目黒区碑文谷 5-16-18-401
　　　　電話 03-3712-3117　FAX 03-3712-3177
印刷・製本　シナノ印刷株式会社
装　幀　中村豪志
定　価　外箱表示

ISBN 978-4-86361-030-9 C3500（全2巻）

※本書は『日本難字異体字大字典』（遊子館）の縮刷版です。

遊子館の辞典

日本難訓難語大辞典　定価（本体 16,000 円＋税）ISBN978-4-946525-74-2
井上辰雄 監修
B5 判・上製・488 頁
「読めない」「引けない」日本語がすぐわかる。国文学、歴史用語、古文書、古記録、宛字、外来語、動植物用語など、各分野より 1 万 6000 余語を幅広く採字した本格的な難訓難語解読辞典。

日本文学地名大辞典 — 詩歌編（上・下）　揃価（本体 36,000 円＋税）ISBN978-4-946525-17-9
大岡　信 監修
B5 判・上製・セット箱入・総 1200 頁
万葉から現代まで、北海道から沖縄まで日本の詩歌に詠まれた地名を解説。豊富な詩歌作品例による地名表現の実証資料辞典。収録地名 2500 余。和歌・連歌・短歌・俳句・近代詩 1 万 5000 余の作品を時代順に収録。都道府県別地名索引・歌枕地名（旧国名別）索引・俳枕地名索引完備。

日本文学地名大辞典 — 散文編（上・下）　揃価（本体 36,000 円＋税）ISBN978-4-946525-34-6
井上辰雄 監修
B5 判・上製・セット箱入・総 800 頁
『古事記』から『街道を行く』まで、1800 余の作品例による文学地名表現辞典。収録地名 1200 余。日本文学の主要な散文・宴曲・歌謡・狂言・謡曲作品を分類して時代順に収録。400 図におよぶ歴史図絵収録。都道府県別地名索引完備。

〔日本文学史蹟大辞典〕　全 4 巻
井上辰雄・大 岡 信・太田幸夫・牧谷孝則 監修
各巻 A4 判・上製・セット箱入／地図編 172 頁・地名解説編 480 頁／絵図編（上・下）480 頁
史蹟地図＋絵図＋地名解説＋詩歌・散文作品により、文学と歴史を統合した最大規模の文学史蹟大辞典。史蹟約 3000 余、詩歌・散文例約 4500 余。歴史絵図 1230 余収録。
日本文学史蹟大辞典 — 地図編・地名解説編　揃価（本体 46,000 円＋税）ISBN978-4-946525-31-5
日本文学史蹟大辞典 — 絵図編（上・下）　揃価（本体 46,000 円＋税）ISBN978-4-946525-32-2

〔短歌・俳句・狂歌・川柳表現辞典〈歳時記版〉〕　全 6 巻
大 岡 信 監修　各巻 B6 判 512 ～ 632 頁、上製箱入
万葉から現代の作品をテーマ別・歳時記分類をした実作者・研究者のための作品辞典。他書を圧倒する情報量。全項目 7300 余。全作品 3 万 7000 余。全時代の作品を年代順に収録。作品の出典明記。季語の検索に便利な「歳時記」構成。四季索引完備。
短歌俳句 植物表現辞典　定価（本体 3,500 円＋税）ISBN978-4-946525-38-4
短歌俳句 動物表現辞典　定価（本体 3,300 円＋税）ISBN978-4-946525-39-1
短歌俳句 自然表現辞典　定価（本体 3,300 円＋税）ISBN978-4-946525-40-7
短歌俳句 生活表現辞典　定価（本体 3,500 円＋税）ISBN978-4-946525-41-4
短歌俳句 愛情表現辞典　定価（本体 3,300 円＋税）ISBN978-4-946525-42-1
狂 歌 川 柳 表 現 辞 典　定価（本体 3,300 円＋税）ISBN978-4-946525-43-8

部首索引

部首見出しの収録頁を示した

一画

一〈いち〉 二
丨〈たてぼう〉 四
丶〈てん〉 四
丿〈の〉 四
乙（乚）〈おつ〉 五
亅〈はねぼう〉 六

二画

二〈に〉 六
亠〈なべぶた〉 七
人（亻・𠆢）〈ひと・にんべん・ひとがしら〉 九
儿〈にんにょう〉 二三
入〈にゅう〉 二四
八（丷）〈はち〉 二四
冂〈けいがまえ〉 二五
冖〈わかんむり〉 二六
冫〈にすい〉 二七
几〈つくえ〉 二七
凵〈かんにょう〉 二八
刀〈かたな〉 二九
刂〈りっとう〉 二九
力〈ちから〉 三三
勹〈つつみがまえ〉 三六
匕〈さじ〉 三六
匚・匸〈はこがまえ・かくしがまえ〉 三六
十〈じゅう〉 三七
卜（⺊）〈ぼく〉 三八
卩（㔾）〈ふしづくり〉 三九
厂〈がんだれ〉 四〇
厶〈む〉 四一
又〈また〉 四一

三画

口〈くち〉 四三
囗〈くにがまえ〉 五五
土〈つち〉 五七
士〈さむらい〉 六五
夂・夊〈ふゆがしら・すいにょう〉 六五
夕〈ゆうべ〉 六六
大〈だい〉 六七
女〈おんな〉 七〇
子〈こども〉 七五
宀〈うかんむり〉 七七
寸〈すん〉 八一
小（⺌）〈しょう・なおがしら〉 八二
⺍〈つ〉 八三
尢（尣・兀）〈おうにょう〉 八三
尸〈しかばね〉 八四
屮（屮）〈めばえ〉 八六
山〈やま〉 八七
巛（川）〈かわ〉 九一
工〈たくみ〉 九一
己（巳・已）〈おのれ〉 九一
巾〈はば〉 九二
干〈かん〉 九五
幺〈いとがしら〉 九六
广〈まだれ〉 九六
廴〈えんにょう〉 九九
廾〈にじゅうあし〉 一〇〇
弋〈しきがまえ〉 一〇〇
弓〈ゆみ〉 一〇一
彐（⺕）〈けいがしら〉 一〇三
彡〈さんづくり〉 一〇三
彳〈ぎょうにんべん〉 一〇四
忄〈りっしんべん〉 一一三
扌〈てへん〉 一二三
氵〈さんずい〉 一七八
犭〈けものへん〉 二〇四
丬→爿〈しょうへん〉 二〇一
艹→艸〈くさかんむり〉 二六九
辶→辵〈しんにゅう〉 三一一
阝→邑〈おおざと〉 三三九
阝→阜〈こざとへん〉 三四二

四画

心（⺗）〈こころ・したごころ〉 一〇七
戈〈ほこづくり〉 一一八
戶（戸）〈とだれ〉 一二〇
手〈て〉 一二一
支〈しにょう〉 一三三
攴（攵）〈ぼくづくり〉 一三三
文〈ぶん〉 一三六
斗〈とます〉 一三六
斤〈おのづくり〉 一三七
方〈かたへん〉 一三八
无（旡・无）〈すでのつくり〉 一三九
日・曰〈にち・ひらび〉 一三九
月（⺼）〈つき〉 一四六
木〈き〉 一五三
欠〈あくび〉 一七〇
止〈とめる〉 一七一
歹〈がつ〉 一七二
殳〈ほこづくり〉 一七三
毋〈なかれ〉 一七五
比〈くらべる〉 一七五
毛〈け〉 一七五
氏〈うじ〉 一七六
气〈きがまえ〉 一七六
水（氺）〈みず・したみず〉 一七七
火〈ひ〉 一九四
灬〈れんが〉 一九八
爪（爫・⺤）〈つめ・つめかんむり〉 二〇〇
父〈ちち〉 二〇一
爻（㐅）〈こう〉 二〇一
爿（丬）〈しょうへん〉 二〇一
片〈かたへん〉 二〇二
牙（牙）〈きばへん〉 二〇二
牛（牜）〈うし〉 二〇二
犬〈いぬ〉 二〇四
王→玉〈たま〉 二〇七
礻→示〈しめす〉 二三九
耂→老〈おいかんむり〉 二六二
辶→辵〈しんにゅう〉 三一一

五画

玄〈げん〉 二〇七
玉（王）〈たま・たまへん〉 二〇七
瓜〈うり〉 二一〇
瓦〈かわら〉 二一〇
甘〈あまい〉 二一一
生〈いきる〉 二一一
用〈もちいる〉 二一二
田〈た〉 二一二
疋（⺪）〈ひき・ひきへん〉 二一五
疒〈やまいだれ〉 二一五
癶〈はつがしら〉 二一八
白〈しろ〉 二一八